近代中国农业生产结构的演变研究

李进霞 著

厦门大学出版社
XIAMEN UNIVERSITY PRESS
国家一级出版社
全国百佳图书出版单位

图书在版编目(CIP)数据

近代中国农业生产结构的演变研究/李进霞著.—厦门:厦门大学出版社,2021.5
ISBN 978-7-5615-7947-3

Ⅰ.①近… Ⅱ.①李… Ⅲ.①农业生产结构—研究—中国—近代 Ⅳ.①F321

中国版本图书馆 CIP 数据核字(2021)第 000531 号

出 版 人 郑文礼
责任编辑 施建岚

出版发行 厦门大学出版社
社　　址 厦门市软件园二期望海路 39 号
邮政编码 361008
总　　机 0592-2181111　0592-2181406(传真)
营销中心 0592-2184458　0592-2181365
网　　址 http://www.xmupress.com
邮　　箱 xmup@xmupress.com
印　　刷 厦门集大印刷有限公司

开本 720 mm×1 000 mm　1/16
印张 18.75
字数 347 千字
版次 2021 年 5 月第 1 版
印次 2021 年 5 月第 1 次印刷
定价 68.00 元

厦门大学出版社
微信二维码

厦门大学出版社
微博二维码

国家社科基金后期资助项目
出版说明

后期资助项目是国家社科基金设立的一类重要项目，旨在鼓励广大社科研究者潜心治学，支持基础研究多出优秀成果。它是经过严格评审，从接近完成的科研成果中遴选立项的。为扩大后期资助项目的影响，更好地推动学术发展，促进成果转化，全国哲学社会科学工作办公室按照“统一设计、统一标识、统一版式、形成系列”的总体要求，组织出版国家社科基金后期资助项目成果。

全国哲学社会科学工作办公室

前 言

中国自古以来就是以农立国,它的基本特征是以农业为生存基础和政治基础,农业是国家政权赖以正常运转的经济支撑,我们的先人历来主张“食为政首,农为邦本”“国以民为本,民以食为天”“农伤则国贫”等。在传统的竞技状态下,农业生产问题是关系国家安定的大问题。19世纪中叶,中国在资本主义的冲击下被迫进入近代化进程,延续数千年的“以农立国”的思想和实践受到挑战。进入20世纪,在传统和现代的冲突与调和中,农民、农业、农村问题成为不同学者和不同政权关注的焦点。在中国近代化的进程中,始终伴随着农业生产结构的演变。农业生产结构是农业生产力合理组织、生产力要素合理配置和开发利用的一个基本问题,若要实现近代化,解决传统部门和现代部门断裂的问题,必须关注属于生产力范畴的农业生产结构的变化问题。

本书所关注的农业生产结构主要指农业在国民生产中的比重结构、农业内部各部门(以种植业、畜牧业、林业、渔业和副业为划分依据)间的结构关系及其内部的生产结构。这些结构指标既包括产值结构,也包括土地利用结构以及各种作物之间的种植面积结构、粮食亩产量比较、农产品商品化程度等等。本研究将验证以下几方面的观点:(1)近代农业生产的各个方面都取得了一定的进展,虽然这种进展是缓慢的,在某一阶段甚至出现了倒退,但不可否认农业经济有增长的一面。(2)在农业生产中,种植业仍然居于主导地位,其产值占农业总产值的80%以上。种植业内部以粮食作物为主,经济作物和其他作物很少,但是经济作物生产的扩展是不容忽视的。畜牧业是农业生产中仅次于种植业的一大部门,其产值在农业总产值中所占的比重基本在20%以下。其他各业的产值比重更是少之又少。(3)从近代农业生产结构的演变来看,种植业产值比重呈现波浪式下滑趋势,而畜牧业、林业、渔业和副业的产值比重有不同程度的上升,畜牧业的发展尤为明显。(4)从农业生产的经济效益分析,近代中国经历了粮食亩产量和劳动生产率波浪式下滑的发展轨迹。这并不意味着整个农业生产一直在衰落,近代,尤其是1840—1936年,粮食总产量仍然是上升的。同时,随着经济作物商品化的不断发展,经济作物的生产量不断上升,这一变化在一定程度上弥补了因粮食作物发展滞后而造成的生产不足。(5)1840—1936年,无论是农产品的商品量还是商品值,大都是在增加的。自1937年以后,农产品商品化不但没有什么发展,反而有所倒退。农产品商品化的发展,在一定程度上改善了农业生产结构。

近代,我国经济仍然是以农业为主,农业生产结构的变化是经济发展过程中的必要环节,是实现经济现代化的必由之路。根据本研究可以发现,1840—1936年,中国的农业生产结构发生了较为可喜的变化,生产结构更加合理和均衡,农业商品经济取得明显的发展。但是,农业生产结构在整体上仍然没有摆脱以种植业(尤其是粮食作物生产)为主的状况;农业生产的经济效益相当低下;农产品商品化程度总体上并不充分。这些都说明近代我国的农业生产仍然是落后的、不发达的。

当前我国正在积极推进农业供给侧结构性改革,农业生产结构的优化是供给侧结构改革的重要内容。本研究以史为鉴,通过对近代中国农业生产结构及其演变的分析,充分认识农业生产的历史积淀,为当前优化和调整农业生产结构提供分析的理论和学术依据,为今后的相关研究奠定良好的文献基础。

目 录

第一章　绪论

中国历史上就是一个农业大国，俗话说“无农不稳，无粮则乱”，这生动地说明了农业在国家经济中的基础地位。在传统的竞技状态下，解决以农业、农村、农民为主体的三农问题是关系国家安定的大问题。对三农问题的关注和研究，一直是学术界的一个重点。2015 年底以来，农业供给侧结构改革成为中央部署的经济发展重点任务，供给侧改革的重中之重就是“调结构”，而农业生产结构正是其中的关键环节。研究农业生产结构的变动规律，分析影响农业生产结构的因素，寻找优化农业生产结构的动力机制，是推进农业供给侧改革和实现农业现代化的重要内容。

第一节　研究目的及意义

19 世纪中叶，中国在外国资本主义的冲击下被迫进入近代化进程，延续数千年的“以农立国”的思想和实践受到挑战。进入 20 世纪，在传统和现代的冲突和调和中，农民、农业、农村成为不同学者和不同政权关注的焦点，在社会学、经济学领域内对农村的调查研究广泛展开，兴起了乡村建设运动、土地改革、乡村合作运动等。当时的经济社会学者普遍认为，中国的农民问题的确是一个难以破解的谜题。解决农业、农村、农民问题，“要经无数学者的考察，许多时日的试验，全体国民的努力，方才有一些眉目”[①]。

在近代特定的历史条件下，农业问题的重要性是不容忽视的。农业经济是国民经济的主要组成部分，根据权威学者巫宝三先生的估算，1933 年全国国民所得中，农业净产值占国民总产值的 61%[②]，足见近代农业在国民经济中的重要性。中华人民共和国成立至今，如何处理农业和工业的关系，如何提高农民生活水平，日益成为关系中国现代化全局的关键问题。中共中央、国务院连续多年出台指导“三农”工作的中央一号文件，持续强调要调整农业结构，增加农民收入，建设社会主义新农村等重要任务。

在中国近代化进程中，农业结构调整贯穿始终。农业生产结构，在宏观上包含了农业在整个国民经济中的比重，在中观上主要是指农业内部各个

---

① 记者.农民问题与中国之将来[J].东方杂志，1927，24(16)：1-4.

② 巫宝三.中国国民所得(一九三三年)(上册)[M].南京：中华书局，1947：12.

生产部门（种植业、畜牧业、林业、渔业、副业）之间的比例关系，在微观上则涵盖了每个农业生产部门内部的结构，如种植业内部粮食作物与经济作物的结构关系，粮食作物内部各种作物之间的结构关系，经济作物内部以及畜牧业内部等结构的变化。可以说，农业生产结构是农业生产力合理组织、生产力要素合理配置和开发利用的一个基本问题，若要实现近代化，解决传统部门和现代部门断裂的问题，务必要高度关注属于生产力范畴的农业生产结构的变化问题。因此，本书着力关注近代中国的农业生产结构，试图对其进行多角度的、较为全面的分析，力求揭示近代农业生产结构的总体状况及其变化过程。

首先，本书将对近代农业生产方面（包括种植业、畜牧业、林业、渔业和副业）的资料进行梳理。与近代农业生产相关的文献资料比较繁杂，而且零乱，已有的研究大都局限于某个领域的发掘整理，还没有学者对这些分散的资料进行系统的整理。本书以农业生产结构为主线，对近代农业生产的相关资料进行梳理，为今后的相关学术研究奠定一部分文献基础。

其次，本书力图揭示近代中国农业生产结构的整体状况，对近代中国农业生产结构做出相应的评价，对其发展中进步的一面予以肯定，同时探究农业生产不发展甚至衰退的原因。

最后，本书通过总结近代中国农业生产的经验教训，为当前更好地调整和优化农业生产结构提供决策参考。近代，我国在农业生产方面有很多经验教训，也付出过沉重的代价。当前，我国已融入世界经济体系，如何在开放的市场环境下更好地发展农业生产，如何调整农业生产结构以适应经济全球化的发展趋势，这些都是摆在我们面前的重要课题。知史而后明，了解近代中国农业生产结构变化，有助于我们更好地调整当代农业生产结构，使我们在新的环境下更好地发展农业生产。

第二节　研究现状

关于近代中国农业经济的研究，国内外均有较多著述。学者们研究的重点大多围绕近代中国农业发展与不发展的宏观方面，而对于近代中国农业生产尤其是农业生产结构的具体研究却相当缺乏。

一、关于近代中国农业生产的研究状况

近代中国的农业经济一直是经济史研究中的焦点内容，关于近代中国农业的发展与不发展，自 20 世纪 20 年代以来产生了几派不同的观点，至今

仍然未能统一。比较有代表性的观点主要有三种:第一种观点认为近代中国的农业经济是衰退的,称为衰退论;第二种观点认为近代中国的农业经济是增长的,称为增长论;第三种观点是介于以上两种观点之间的,认为近代中国的农业是一种"过密型增长",但是农业生产技术处于停滞状态,农业产量的提高并不是农业技术发展的结果,虽然单位面积产量增加了,但是劳动生产率是下降的。关于近代中国农业经济的研究大多集中于农业生产方式、农民生活状况、农地分配情形等方面,虽然也不乏引用一些关于农业生产统计调查方面的资料,但是鲜有专门针对近代中国农业生产的实证性研究。

(一)农业衰退论的研究

从 20 世纪 20 年代到 80 年代期间,中国内地的大部分学者和日本研究近代中国农业的学者大都支持农业经济衰退论的观点。他们认为中国农业从 1840 年到 1949 年间呈衰退趋势,农民一直采用传统的手工劳动方式和古老的耕作方法,地权越来越集中于少数人手中,传统家庭的副业生产几乎崩溃,城市无法从农村得到粮食而不得不依赖进口,农产品和手工业品的出口不断下降,农民生活日益贫困而不得不离开农业和农村。① 张瑞德也描述过,当时的农业危机,并不是暂时性的现象,大规模的饥荒、移民、父母出卖儿女、农民进城行乞、乡村失业、负债等成为普遍现象。② 以陈翰笙、薛暮桥、吴觉农、钱俊瑞、孙冶方、冯和法、孙晓村为代表的中国农村经济研究会,曾经开展过大量的农村调查工作,他们主要运用阶级分析方法,重点揭示了中国农村中的封建剥削和各个阶级之间的关系,认为封建地主的剥削和帝国主义的入侵是造成农村经济衰退的主要原因。章有义、吴慧、刘克祥等学者也基本赞同此观点,但是关于农业生产的数据分析要比陈翰笙等更多一些,章有义认为近代中国农业的总产量是增长的,但人均产量和单位面积产量却不是增长的,他认为农业生产力在 18 世纪已经达到顶峰,之后就一直处于停滞状态。卢锋、魏丽英、王天奖、符长泉、吴存浩、郑庆平、万振凡等学

① 陈翰笙,薛暮桥,冯和法.解放前的中国农村(第 1～3 辑)[M].北京:中国展望出版社,1985—1989;冯和法.中国农村经济资料及其续编[M].上海:黎明书局,1935;范苑声.中国农村经济社会研究[M].上海:神州国光社,1937;金轮海.中国农村经济研究[M].南京:中华书局,1937;千家驹.农村与都市[M].南京:中华书局,1935;钱亦石.中国农村问题[M].南京:中华书局,1935.

② 张瑞德.中国近代农村经济的发展与危机——晚近一些问题的评述[C]//近代中国农村经济史论文集.台北:"中研院"近代史研究所,1989:724.

者也都认为近代中国的农业单产是下降的，并且分析了农业不发展的原因。① 这些研究中关于近代中国农业生产方面的数据资料为本书的研究奠定了较好的文献和数据基础。

(二)农业增长论的研究

我国台湾学者王业键、日本学者河地重造以及西方学者马若孟、珀金斯、费维凯等都认为近代中国的农业生产是获得了一定的增长的。王业键提出，从清初到1933年，中国的人口增长了三倍左右，在粮食进口量非常微小的情况下，能够满足人口增长的需要，中国的农业生产应该是取得了相当的增长的。② 日本学者河地重造的研究认为中国农业在20世纪30年代的单位面积产量，比当时的美国实际上还要高出许多。③ 美国学者珀金斯认为从明初到1949年中国的人口增加了7～9倍，农业产量的增长也与此相当。马若孟分析了1870—1937年间，中国农民在人口不断膨胀的同时生活水平并没有降低，同时还满足着城市的粮食和农产品需求，这说明了农业经济的增长。④

大陆部分学者自20世纪90年代以来也开始倾向于此观点，同意近代中国的农业是有一定发展的。吴承明的分析指出，20世纪以来粮食总产量是在增长的，并且于1936年达到高峰。在此期间中国农业生产力和生产方式的改变虽然缓慢，但也不是没有，基本上适应了人口增长的需求。⑤ 吴柏均、徐秀丽、唐文起、邓亦兵、刘克祥、庄维民等分别论述了无锡、河北、江苏、

---

① 章有义.近代徽州租佃关系案例研究[M].北京：中国社会科学出版社，1988；章有义.海关报告中的近代中国农业生产力状况[J].中国农史，1991(2)；章有义.近代东北地区农田单位面积产量下降的一个实证[J].中国经济史研究，1990(3)：35-41；吴慧.中国历代粮食亩产研究[M].北京：农业出版社，1985；刘克祥.1927—1937年农业生产与收成、产量研究[J].近代史研究，2001(5)；卢锋.近代农业的困境及其根源[J].中国农史，1990(3)；魏丽英.论近代西北农村经济的破产及其主要原因[J].甘肃社会科学，1992(5)；王天奖.从单产看近代河南农业生产[J].史学月刊，1991(1)；符长泉.30年代中国农业危机及其影响[J].中国社会经济史研究，1993(2)；郑庆平.中国近代的农业危机[J].中国农史，1985(4)；郑庆平.对中国近代农业生产力的基本估计[J].晋阳学刊，1994(6)；万振凡.江西近代农业的生产关系与生产力[J].江西社会科学，1993(6)；吴存浩.中国近代农业危机表现[J].中国农史，1994(3).

② WANG Y C.Land taxation in imperial China(1750—1911)[M].Cambridge,Mass.:Harvard University Press,1973.

③ 河地重造.1930年代中国农业生产力构造的最近动向[J].经济学杂志，1949(6)：1-29.

④ BRANDT L.Commercialization and agricultural development:central and eastern China,1870—1937[M].New York:Cambridge University Press,1989;RAWSKI T G.China's transition to industrialism[J].Foreign affairs,1980;RAWSKI T G.Economic growth in prewar China[M].Berkeley:University of California Press,1989;MYERS R H.How did the mordern Chinese economy develop? —A Review Article[J].Journal of Asian studies,1991,50(3):601-628；马若孟.中国农民经济——河北和山东的农民发展[M].史建云，译.南京：江苏人民出版社，1999：330-331.

⑤ 吴承明.中国近代农业生产力的考察[J].中国经济史研究，1989(2).

北京、东北、山东等地农业的发展及局限。王方仲通过分析农村地价的涨落,发现20世纪前30年中农村地价呈上涨趋势,他认为这与农业生产情况良好,农产品价格上涨是紧密相关的;1931年以后,农村的地价却猛跌,这归因于土地收益的下降。徐秀丽等学者研究了近代冀鲁豫三省的粮食生产,指出19世纪中后期,受长期战乱和严重自然灾害的影响,农业的产量(包括总产和单产)都是下降的;19世纪八九十年代以后,农业开始复苏;20世纪前30年,农业技术有所更新,政府也采取了一些鼓励农业发展的政策,粮食生产量持续增长,农业收益表现良好。[①] 目前,越来越多的学者开始赞同农业经济增长论的观点,也有学者部分支持此观点,比如李金铮认为,中国近代的农业生产是"相对发展",但是"绝对落后"。[②]

(三)农业生产的内卷和农业技术的停滞论

以黄宗智、Elvin Mark为代表的部分学者的观点介于衰退论和增长论之间,他们认为中国近代的农业没有经历真正意义上的技术和制度变革,农产量的提高是以单位工作时间内边际报酬递减为代价的,仅仅是刚刚跟上人口增长的步伐。农产量的提高不是技术革新的结果,而农业劳动投入量的增加,虽然单位面积的产量增加了,但是单位劳动力的产量却下降了。[③]

对上述三种观点的评述也颇多,张丽提出,农业衰退论的提出更多地建立在文字描述上,相应的数据材料却很少,也就是缺少定量分析而多是定性分析,他认为这些描述不能反映近代农业的全貌;而农业增长论的观点又显得过于乐观,许多结论建立在间接资料和假设推理的基础上,缺乏对农业生产资料的具体分析;此外,内卷和技术停滞论把近代以来的中国农业放进14世纪以来的传统农业框架中进行对比分析,实际上二者是不可同日而语的。因此,张丽提出了"非平衡化与不平衡"这一观点来描述近代中国的农业经济,即传统的经济秩序被打乱,而新的经济平衡尚未建立,强调这一时

① 吴柏均.无锡区域农村经济结构的实证分析[J].中国经济史研究,1991(1);徐秀丽.近代河北农地灌溉的发展[J].近代史研究,1993(2);唐文起.江苏地区农业近代化述略[J].学海,1993(5);邓亦兵.民国时期北京农业述略[J].北京社会科学,1993(2);刘克祥.清末和北洋时期东北地区的土地开垦和农业发展[J].中国经济史研究,1995(4);庄维民.近代山东农业科技的推广及其评价[J].近代史研究,1993(2);丛翰香.近代冀鲁豫乡村[M].北京:中国社会科学出版社,1995:329.

② 李金铮.二十年来中国近代乡村经济史的新探索[J].历史研究,2003(4):170.

③ CHAO K.Man and land in Chinese history:an economy analysis[M].Stanford:Stanford University Press,1986;黄宗智.华北的小农经济与社会变迁[M].南京:中华书局,1986;黄宗智.长江三角洲小农家庭与乡村发展[M].南京:中华书局,1992;王业键.近代中国农业的成长及其危机[J].台湾"中研院"近代史研究所集刊,1987(7);MARK E.The pattern of the Chinese past:a social and economic interpretation[M].Stanford:Stanford University Press,1973.

期社会的动荡不安。①

不管是哪种观点的提出，都有其存在的合理性和片面性，而这些研究主要是针对农业生产的发展与不发展做出自己的评价。本书将在梳理前人研究成果的基础上，抛开观点上的分歧，把所有关于近代中国农业生产的资料挖掘出来，重新整理，重新分析，通过大量的数据资料梳理来揭示近代中国农业生产的原貌，并将分析重点集中于农业生产结构的研究。

二、关于近代中国农业生产结构的相关研究

通过整理大量的文献资料可以看出，关于近代中国农业经济、农业生产方面的研究成果较多，且都侧重于农业发展与不发展的定性描述，却没有学者对近代中国的农业生产结构进行全面而深入的研究。本书从农业部门结构（包括种植业、畜牧业、林业、渔业和副业）的角度对近代中国的农业生产进行较为全面而细致的分析。因此，有必要对关于近代农业各部门研究的成果进行梳理。

（一）关于种植业的研究

关于近代种植业的研究成果比较丰厚，但大都涵盖于近代农业生产的分析中。陈翰笙在《三十年来的中国农村》一文中指出，20 世纪初的 30 多年间，中国（尤其是华北、华中等地区）的棉花种植面积迅速增加，米和麦的种植面积则有明显的减少，农民为了交税和获取更高的收益，纷纷种植鸦片。② 由苑书义、董丛林合著的《近代中国小农经济的变迁》考察了安徽、浙江、江西、湖北、湖南等地的棉花、茶叶、烟草种植状况，指出近代中国农村种植经济作物发展迅速，农产品的商品率明显提高。③ 丁长清、慈鸿飞在分析中国农业的现代化过程中，提出近代我国的农业种植结构虽然发生了一些变化，但是在 1914—1946 年，粮食作物种植面积占耕地面积的比例始终在 80%以上，并未改变以粮为纲的总体状况。④ 王思明在分析近代中国农业生产结构的过程中指出，尽管近代中国农业以种植业为主的结构并未发生变化，但是种植业内部的结构却发生了变化。⑤ 孔庆峰《简论中国传统农业经济结构的特色及其局限性》以及陈曼娜、陈伯超《论近代中国社会结构的

---

① 张丽.非平衡化与不平衡——中国近代农村经济[J].南开经济研究，2006(6)：107，112-114.
② 陈翰笙.三十年来的中国农村[J].中国农村，1941(3).
③ 苑书义，董丛林.近代中国小农经济的变迁[M].北京：人民出版社，2001.
④ 丁长清，慈鸿飞.中国农业现代化之路[M].北京：商务印书馆，2000.
⑤ 王思明.中国近代农业生产结构的变化及其动因分析[J].南京农业大学学报，2001(1).

转型——以经济结构为透视点》等都对种植业的生产略有提及。[①]

蒋国宏在《种子革命与社会变迁：长江三角洲地区的农业品种改良研究(1927—1937)》一书中，对比分析了长江三角洲种植土棉和新棉的区域，指出从种植效率上看，棉花品种的改良必不可少。[②] 赵朝峰在分析清末新政与中国农业近代化中提及，清政府 1906 年制定的《禁烟章程十条》，严厉打击了愈来愈猖獗的鸦片种植，同时又提倡引进和推广美国的棉花品种，从而试图改进不良的农业生产结构。[③] 薛暮桥、冯和法在分析农产品的商品化和农村市场中指出，农产品的商品化首先表现在原料种植的增加上。[④] 罗兹曼在分析中国的现代化中指出，稻米、茶叶和棉花是近代中国商品化程度较高的作物，人们根据市场需求的发展，会不断地调整作物种植结构。[⑤] 刘安荣分析了基督教与山西种植业、养殖业和林果业的发展，提出近代基督教传教士和教会学校把甜菜、西红柿以及优质高产的小麦、玉米等农作物新品种引入山西，同时引进和改良农业技术与农具，使山西的种植业向现代化方向转变。[⑥] 南京农业大学王宝卿的博士论文分析了明清以来山东种植结构的变迁，比较全面系统地分析了结构变迁的原因。[⑦] 安徽大学孙鑫的硕士论文研究了近代安徽农业种植结构的变迁。[⑧] 廖建夏分析了近代广西[⑨]种植结构的变化，指出近代公路的修建和航运业的发展，为商品交换提供了便利，也为农业种植结构调整创造了便利条件。[⑩] 广西师范大学的廖国一分析了近代藏族种植业的主要品种及其分布。[⑪] 刘媛、樊志民研究了近代关中种植业结构的变化，揭示关中种植业从小农经济向商品化逐渐过渡过程中存在的一系列危机。[⑫]

---

① 孔庆峰.简论中国传统农业经济结构的特色及其局限性[J].东岳论丛，2003(9)；陈曼娜，陈伯超.论近代中国社会结构的转型——以经济结构为透视点[J].河南大学学报(社会科学版)，1996(4).

② 蒋国宏.种子革命与社会变迁：长江三角洲地区的农业品种改良研究(1927—1937)[M].长春：吉林人民出版社，2007.

③ 赵朝峰.清末新政与中国农业近代化[J].首都师范大学学报，2001(1).

④ 薛暮桥，冯和法.《中国农村》论文选[C].北京：人民出版社，1983.

⑤ 罗兹曼.中国的现代化[M].南京：江苏人民出版社，2003.

⑥ 刘安荣.基督教与近代山西种植业、养殖业和林果业发展初探[J].山西农业大学学报(社会科学版)，2007，6(4)：378-380.

⑦ 王宝卿.明清以来山东种植结构变迁及其影响研究——以美洲作物引种推广为中心(1368—1949)[D].南京：南京农业大学，2006.

⑧ 孙鑫.近代安徽农业种植结构变迁研究[D].合肥：安徽大学，2011.

⑨ 近代广西省份即今广西壮族自治区。

⑩ 廖建夏.近代广西种植结构调整与商品化[J].广西地方志，2009(1).

⑪ 廖国一.近代藏族种植业和农产品加工技术初探[J].农业考古，1999(1)：274-276.

⑫ 刘媛，樊志民.近代关中种植业结构的商品化选择与隐性危机应对[J].西北农林科技大学学报(社会科学版)，2017，17(3)：120-126.

涉及近代种植业的研究成果是比较多的，但是针对种植业生产结构的分析较少，且研究深度不足，缺乏综合性的较为全面的分析。

(二)关于畜牧业的研究

关于近代中国畜牧业的研究，以李群的《中国近代畜牧业发展》一书为代表，该书从社会经济历史角度出发，对1840—1949年的中国畜牧业生产的发展及其变化进行系统的考察和分析。其中关于近代中国畜禽饲养数量的统计资料具有较高的利用价值。此外，中国畜牧兽医学会编的《中国近代畜牧兽医史料集》论述了1840—1965年畜牧业组织机构、畜牧经济、畜牧生产和畜产品加工、改良以及人工授精等方面的发展情况，其中关于畜牧生产的数据也可为本书的写作所用。"当代中国"丛书编委会编写的《当代中国的畜牧业》一书从鸦片战争后、抗日战争时期、新中国成立前夕三个阶段系统、宏观地分析和评价了畜牧业的发展变化。方天堃主编的《畜牧业经济管理》阐述了近几百年来，尤其是1840年以来，由于受到帝国主义、官僚资本主义、封建主义的三重压迫，我国畜牧业遭受了严重的摧残，同时也引进了一些先进的畜牧技术、优良品种以及经营方法。徐旺生的《中国养猪史》将近代中国的养猪历史划分为三个阶段，进行了较为典型的分析。其他学者较多针对各地的畜牧业或畜牧品种进行了区域性的研究。

中国近代畜牧业史的研究内容比较广泛，但是却不够丰富。大多数学者着重于某个地区或某个畜牧品种的研究，缺乏将各个地区联系起来或者将各个畜牧品种结合起来的综合性分析，因此也就缺乏关于畜牧业生产结构的分析内容。

(三)关于林业的研究

马忠良分析了华北、华东、东北、西南、中南、西北六个地区的森林变迁，指出自然条件的改变和人类的社会活动是影响森林变迁的主要原因，而近代森林变迁的主导原因就是人类从事的社会活动。[①] 熊大桐研究了1840年和1947年的森林覆盖率，对比发现森林面积几乎下降了一半。[②] 樊宝敏、董源研究近代中国的森林资源发现，1840—1949年中国的森林资源由17%下降到了12.5%，达到了有史以来森林破坏的最高峰。[③] 何凡能等对1700—1998年近三百年的森林变迁进行了分析，指出森林覆盖率下降了9.2%，其中东北、西南和东南三个地区的森林覆盖率下降最为严重，甚至超

---

① 马忠良.中国森林的变迁[M].北京：中国林业出版社，1997.

② 熊大桐.中国近代林业史[M].北京：中国林业出版社，1989.

③ 樊宝敏，董源.中国历代森林覆盖率的探讨[J].北京林业大学学报，2001(4)：60-65.

过了20%。[①] 金麾、董源分析了清政府的林业政策对各地森林状况的影响。[②]

近代中国森林遭到毁坏的原因，不仅有乱砍滥伐、毁林垦种、森林火灾、砍树做燃料等历史原因，在近代还有帝国主义的掠夺和战争的破坏。多数学者都同意这一观点。农林部林业司、樊宝敏、冯君实、金麾等都论述了森林破坏所造成的一系列恶果。[③] 陈嵘于1934年收集整理了林政方面的史料，出版了《历代森林史略及民国林政史料》，较为详细地阐述了近代出台的各项林业政策，并做出评述。[④] 王长富对近代东北地区的林业进行了深入的研究，记录从清末到日伪时期东北的森林资源开发和利用以及林政情况，并对日俄掠夺东北森林资源进行了较多的描述。[⑤] 张竞文结合实际案例分析了日本的森林调查机构和森林调查的特点，记述了日本对东北森林资源的掠夺及其对东北经济环境造成的影响。[⑥] 庄维民分析了山东地区清末引进国外良种以及民国前期的林业改良和推广情况。[⑦] 杨海蛟分析了明清时期河南的林业变化。[⑧] 崔旺对山西的林业变迁进行了研究。[⑨] 于亚娟对日据以来台湾林业的变迁进行了研究。[⑩]

关于近代林业史的研究不可谓不丰富，研究内容和研究角度也非常多，但也存在一些不足之处：一是研究内容上集中于森林变迁的研究，集中于区域性的研究，而缺乏对林业资源变化的宏观、定量研究，也就是没有关于林业生产结构方面的研究；二是研究中多是一些史料的堆积，缺乏深入而细致的实证研究；三是史料的搜集还不够深入，还有很大的挖掘空间。

(四)关于渔业的研究

关于近代渔业的研究相对比较匮乏，清宣统三年，即1911年，沈同芳出

---

① 何凡能，葛全胜，戴君虎，等.近300年来中国森林的变迁[J].地理学报，2007(1)：30-40.

② 金麾，董源.清代社会发展对森林的影响[J].北京林业大学学报，2008(3)：14-17.

③ 农林部林业司.中国之林业[M].南京：农林部林业司，1947：38；樊宝敏.中国历史上森林破坏对水旱灾害的影响——试论森林的气候和水文效应[J].林业科学，2003(3)：136-142；冯君实.中国历史大事年表[M].沈阳：辽宁人民出版社，1985：703；金麾.清代人类活动对森林的破坏[D].北京：北京林业大学，2005；金麾.清代森林变迁史研究[D].北京：北京林业大学，2008.

④ 陈嵘.历代森林史略及民国林政史料[M].南京：金陵大学农学院森林系林业推广部，1934.

⑤ 王长富.东北近代林业经济史[M].北京：中国林业出版社，1991.

⑥ 张竞文.20世纪上半期日本对中国东北森林资源的调查与掠夺[D].长春：东北师范大学，2007.

⑦ 庄维民.近代山东林业技术的改良[J].古今农业，1996(2)：23-32.

⑧ 杨海蛟.明清时期河南林业研究[D].北京：北京林业大学，2007.

⑨ 崔旺.山西森林变迁史略[J].山西林业科技，1982(4)：13-18；崔旺.五台山森林变迁史略[J].山西林业科技，1987(3)：37-41，25；崔旺.太原森林变迁史略[J].山西林业科技，1989(2)：43-49.

⑩ 于亚娟.日据以来台湾林业变迁之研究[D].福州：福建师范大学，2007.

版的《中国渔业历史》[①]一书，在一定程度上描述了中国渔业的历史发展轮廓，对于历史上各地所使用的各种渔船、渔具也做了介绍，内容虽然有些简单粗糙，但这本书的确算得上是中国渔业研究的首部著作。1936 年李士豪和屈若搴合著了《中国渔业史》[②]，此书较为系统地介绍和梳理了渔政设施的发展、渔业试验与调查历史，以及渔业技术和水产教育方面的历史演变、水产贸易的发展、帝国主义对中国侵渔的历史过程。同样是 1936 年，李士豪还编撰了《中国海洋渔业现状及其建设》[③]一书，主要从国内和国际两个角度考察了 20 世纪 30 年代的中国海洋渔业建设，对我国沿海渔业的衰落以及造成衰落的原因都有详细的分析，特别突出了日本侵渔的情形，描述十分翔实。张宝树于 1954 年出版《中国渔业》[④]一书，分省讨论了我国沿海渔业经济的发展状况。1983 年张震东和杨金森合作出版了《中国海洋渔业简史》[⑤]，该书堪称 1949 年以后中国海洋渔业史研究的开山之作，书中对中国各省份的海洋渔业生产状况、生产力、渔业机构、渔业制度等方面都有较为详细的阐述，对于当时渔民的生活、渔业捐税以及日本侵渔的情形都描述得相当透彻。1993 年 7 月，丛子明和李挺合作出版了《中国渔业史》[⑥]，该书按照原始渔业、传统渔业和现代渔业三个发展阶段，相当系统地论述了中国渔业的发展进程。欧阳宗书对该书的评价是，该书历经九年的时间编撰而成，集中了全国渔业史学界最高水平的学术队伍，代表了国内中国渔业史研究的最高水平。[⑦] 1998 年欧阳宗书出版著作《海上人家——海洋渔业经济与渔民社会》，他以渔民开发海洋渔业为主要研究线索，从整个社会经济系统的角度探讨海洋渔业的发展变化，并对渔业生产和渔民的关系做出了相当重要的论述。

国外学术界关于江浙海洋渔业史的研究更少一些。2009 年，哈佛大学亚洲研究中心出版了 *Fishing Wars and Environmental Change in Late Imperial and Modern China*[⑧] 一书。该书探讨了中国海洋渔业自 20 世纪初以来的发展。该书写作角度偏重于环境史方面的研究，重点论述了民国期

---

① 沈同芳.中国渔业历史[M]//沈同芳.万物炊累室类稿：甲编二种乙编二种外编一种（铅印本）.上海：中国图书公司，1911.

② 李士豪，屈若搴.中国渔业史[M].上海：上海书店出版社，1984.

③ 李士豪.中国海洋渔业现状及其建设[M].上海：商务印书馆，1936.

④ 张宝树.中国渔业[M].北京：中华文化出版事业委员会，1954.

⑤ 张震东，杨金森.中国海洋渔业简史[M].北京：海洋出版社，1983.

⑥ 丛子明，李挺.中国渔业史[M].北京：中国科学技术出版社，1993.

⑦ 欧阳宗书.海上人家——海洋渔业经济与渔民社会[M].南昌：江西高校出版社，1998：6.

⑧ MUSCOLINO M S. Fishing wars and environmental change in late imperial and modern China[M]. Cambridge, Mass.: Harvard University Asia Center, 2009.

间舟山渔业和环境之间的相互影响，反映生态环境和人类政治、经济、社会各方面相互影响的复杂性。2010 年比利时鲁汶大学 Gianluca Ferraro 发表著述 *Domestic Implementation of International Regimes in Developing Countries: the Case of Marine Fisheries in China*①，其中分析涉及中国海洋渔业发展过程中中央和地方的权力分配，政府与民众之间的利害冲突，以及吸收和借鉴西方现代管理经验等方面的问题。

此外，一些较高水平的学术论文也涉及了中国渔业的发展状况。山东学者王颖 2006 年发表的《山东海洋渔业的近代化》②，以山东半岛的海洋渔业为中心，对山东在推进渔业发展上的政策努力做出了重点论述，比如举办水产教育、创立渔业公司，以及吸收借鉴现代科学技术等，说明了融合机构与科技力量对于推进渔业现代化的积极作用。都樾、王卫平 2009 年在《中国农史》上发表的《张謇与中国渔业近代化》③一文，重点论述了张謇为推进中国渔业的现代化所做出的各种积极贡献。李勇 2010 年在《安徽史学》上发表的《近代苏南渔民贫困原因探究》④，集中考察了苏南渔民的生存状况，揭示中国渔业在封建势力和帝国主义侵略的双重打击下所出现的种种衰退现象。此外，上海师范大学丁留宝 2010 年完成的博士学位论文《统制·民生·现代化：上海鱼市场研究（1927—1937）》⑤，围绕上海渔业的发展，较为详细地阐释了国民政府救济渔业的各种思路、措施及其施行效果。论文大多使用的是上海档案馆的一手资料，学术价值相当高。中国海洋大学李志民在 2011 年完成的硕士学位论文《近代青岛海洋渔业的变迁》⑥，以青岛的海洋渔业发展为考察对象，重点揭示青岛海洋渔业向现代化转型的演变过程，包括青岛海洋渔业从一开始的发展停滞到后来的引进先进技术的管理方式改进，进而重新步入正轨的曲折进程。

综上所述，以上研究成果基本反映了中外学术界关于中国近代海洋渔业历史总体研究的现状。但是大量的研究中依然缺乏关于渔业生产方面的数据史料，更遑论关于渔业生产结构的分析了。

（五）关于副业的研究

中国的经济基础在农村，农村副业则是农村经济的重要组成部分。关

---

① FERRARO G.Domestic implementation of international regimes in developing countries: the case of marine fisheries in China[M].Belgium:Catholic University of Leuven,2010.

② 王颖.山东海洋渔业的近代化[J].齐鲁渔业,2006(9).

③ 都樾,王卫平.张謇与中国渔业近代化[J].中国农史,2009(4).

④ 李勇.近代苏南渔民贫困原因探究[J].安徽史学,2010(6).

⑤ 丁留宝.统制·民生·现代化:上海鱼市场研究(1927—1937)[D].上海:上海师范大学,2010.

⑥ 李志民.近代青岛海洋渔业的变迁[D].青岛:中国海洋大学,2011.

于近代中国农村副业的研究成果也比较丰富，主要集中于农村副业的地位、农村副业衰落的原因、怎样挽救农村副业等方面的内容。20世纪二三十年代，经济、社会和政治各界的学者为了这方面的研究，开展了多次的乡村调查活动，一些学者在完成调查报告的同时，也提出了自己关于形势判断的观点。这些乡村调查主要包括：李景汉在河北定县开展的社会调查、晏阳初和梁淑浜对于乡村建设试验区的调查，还有以陈翰笙为代表的关于无锡重点农村和河北保定的调查以及全国范围内的抽样调查，还有国民政府主持开展的全国农村经济普查和定期的经济统计；此外，南京金陵大学的美籍学者卜凯(J.L.Buck)教授，带领他的学生开展了大规模的中国农村经济调查，日本人在此期间也开展了关于"满铁"华北、华东农村的全面调查。尽管这些乡村调查的内容和重点不尽相同，但从学术研究的角度来说，这些调查资料都为以后的中国农村经济研究提供了不同程度的数据支持。

围绕上述乡村调查，经济学界进行了大量的农村经济研究，其中不乏关于农村副业的研究内容。翟克著作的《中国农村问题之研究》一书，概述了当时中国农村副业出现的典型问题。① 章鹏若1934年出版著作《农村复兴之理论与实际》，其中对农村副业的概念进行了解释，并且分析了农村副业的重要性以及中国农村副业出现的衰退情形。② 王世颖、冯静远1934年出版著作《农村经济及合作》，对30年代中国农村的经济状况、农村合作组织的发展、农村一些副业的情况都做了阐述，提出了关于农村经济的基本理论观点。③ 范苑声1936年在上海出版的《中国农村社会经济研究》著作，也对农村副业的概念做出了解释，同时也分析农村副业在农业发展中的重要作用，对农村副业的种类和范围进行了一定程度的划分。④ 国民政府实业部统计处1937年编印的《农村副业与手工业》收集了16篇与农村副业有关的论文，如：许士廉写作、彭家礼翻译的《中国乡村建设》，罗敦伟的《国民经济与手工业》，曾宪琳的《发展我国手工业之途径》，沙琳、戴啸洲等的《我国蛋业与世界蛋业市场》，余知勇的《世界重要茶叶市场之剖析》，等等。1943年陈洪进和薛维宁合著的《农家副业概况》一书，对农村副业的种类进行了调查，同时分析了农村副业赖以生存的自然环境和社会条件，还有战争给中国农村副业带来的重创。⑤ 1948年南京中国农民银行主持编著出版了《中国

---

① 翟克.中国农村问题之研究[M].广州：国立中山大学出版部，1933.
② 章鹏若.农村复兴之理论与实际[M].上海：商务印书馆，1934.
③ 王世颖，冯静远.农村经济及合作[M].上海：黎明书局，1934.
④ 范苑声.中国农村社会经济研究[M].上海：神州国光社，1936.
⑤ 陈洪进，薛维宁.农家副业概况[M].南京：农林部农产促进委员会，1943.

农村副业问题及其应有之改进》，该书简要论述了中国农村副业在发展中出现的各种情形、遇到的问题，以及如何解决和改进的方法。[①]

20 世纪 30 年代，中国农村经济普遍出现了衰退，农民生活日益恶化，学者和社会各界人士都对此给予了很大的关注，纷纷提出改善农村生活、恢复农村经济的建议措施，其中一些学者提出了发展农村副业以振兴农村经济的观点。如王毓铨 1935 年发表的《中国农村副业的诸形态及其意义》一文，重点分析了农村副业在农业发展中的积极作用，同时分析了农村副业存在的各种形态。[②] 范飞黄 1933 年发表的文章《农村副业与农村社会问题》强调了在维护农村社会稳定和农民家庭和谐中农村副业不可忽视的重要作用。[③] 张保丰 1936 年发表的《国民经济建设中之农村副业》一文，站在经济全局的角度，强调了农村副业对推动国民经济全面发展的积极作用。[④] 张奇英 1935 年发表的论文《中国农村副业研究》，也认为农村副业对于农业经济发展具有相当重要的推进作用。[⑤] 1937 年发表在《国民经济》上的徐思予的文章《农村副业与现阶段国民经济建设》、姚同樾的文章《对农村副业问题应有之认识》以及祝平的文章《发展农村副业与国民经济建设》，也都强调了农村副业发展的重要性，号召人们对农村副业给予更多的重视。[⑥] 此外还有相当一部分学者都提出了类似的观点或者做了更深入的研究。上述研究大体反映了 20 世纪 30 年代以后农村经济衰落背景下农村副业的特点。

中华人民共和国成立以后，有关农村副业的研究以 1978 年改革开放为分界线，可分为两个阶段。

改革开放之前，关于中国农村副业的研究相对较少，主要有：季君勉出版的《农村副业》一书，分上下两篇介绍了农村副业的概念、重要性、推广、选择和分类等角度的内容[⑦]；伶俐、程万孚发表在《历史教学》上的文章《太平天国的茶丝输出贸易》论及太平天国在占领江南时期的茶丝贸易情况[⑧]；钱宏 1954 年发表的文章《鸦片战争以前中国若干手工业部门中的资本主义萌

---

① 南京中国农民银行.中国农村副业问题及其应有之改进[M].南京：南京中国农民银行，1948.

② 王毓铨.中国农村副业的诸形态及其意义[J].中国经济，1935，3(1).

③ 范飞黄.农村副业与农村社会问题[J].中国经济，1933，1(3).

④ 张保丰.国民经济建设中之农村副业[J].前途杂志，1936，4(3).

⑤ 张奇英.中国农村副业研究[J].中国实业杂志，1935，1(9).

⑥ 徐思予.农村副业与现阶段国民经济建设[J].国民经济，1937，2(4)；姚同樾.对农村副业问题应有之认识[J].国民经济，1937，2(4)；祝平.发展农村副业与国民经济建设[J].国民经济，1937，2(4).

⑦ 季君勉.农村副业[M].上海：广益书局，1950.

⑧ 伶俐，程万孚.太平天国的茶丝输出贸易[J].历史教学，1956(5).

芽》，以马克思主义理论为基础，分析了资本主义萌芽在中国封建社会部分手工业中出现的问题。[①] 夏鼐 1972 年发表在《考古》上的文章《我国古代蚕、桑、丝、绸的历史》，以新发现的考古材料为基础，分析了中国古代蚕、桑、丝、绸的演变过程[②]；许正 1960 年发表在《安徽史学》上的文章《安徽茶业史略》，对安徽茶业的发展演变史进行了简要的分析。[③]

1978 年改革开放以后，尤其是 1980 年代末、1990 年代初以来，对于农村副业的研究范围越来越宽广，研究的焦点向学术和现实角度聚集，问题讨论和观点分析越来越趋向客观。在对近代中国宏观经济的分析中涉及副业研究的有：2006 年国风出版的著作《中国农业的历史源流》，把中国的农业从古代历史源头分析到了现代，内容涉及自然和农业社会条件、农村人口增长、农业技术的引进推广以及各流域农业的发展等等，其中不乏关于农村家庭传统副业的历史概况的介绍。[④] 苑书义和董丛林 2001 年出版的合著《近代中国小农经济的变迁》，主要内容包括在封建生产关系下近代中国的农民、农户家庭、农村生产力，以及随着历史的发展，中国农民与市场的关系、农民的阶级变化、农村生产关系在革命根据地的演变、农村生产力的解放等问题。其中也涉及了农村工副业的变化、农副产品的商品化、各种副业的发展情况等。[⑤] 乌廷玉等 1993 年出版的著作《现代中国农村经济的演变》，阐述了从 20 世纪 20 年代到 40 年代以及新民主主义革命时期中国农村经济的演变过程，其中也提及了农村副业的种类以及农业与副业的关系方面的内容。[⑥]

手工业作为副业的重要一分子，其研究成果也相当丰富。如汪敬虞主编的《中国近代经济史（1895—1927）》一书，对 1895—1927 年中国手工业的发展状况做了专门的论述，以十个典型的手工业态为范例，对近代中国的手工业经济情况进行了综合评价。[⑦] 黄逸平 1992 年出版的《近代中国经济变迁》一书，探讨了近代中国手工业由兴盛到衰落的演变过程，以及副业兴衰对中国近代化的影响。[⑧] 在近代中国农村手工业研究方面的一个代表性著作是 2007 年彭南生出版的《半工业化——近代中国乡村手工业的发展与社

---

① 钱宏.鸦片战争以前中国若干手工业部门中的资本主义萌芽[G].北京：中国科学院历史研究所第三所集刊，1954(2).

② 夏鼐.我国古代蚕、桑、丝、绸的历史[J].考古，1972(2).

③ 许正.安徽茶业史略[J].安徽史学，1960(3).

④ 国风.中国农业的历史源流[M].北京：经济科学出版社，2006.

⑤ 苑书义，董丛林.近代中国小农经济的变迁[M].北京：人民出版社，2001.

⑥ 乌廷玉，陈玉峰，张占斌.现代中国农村经济的演变[M].吉林：吉林人民出版社，1993.

⑦ 汪敬虞.中国近代经济史(1895—1927)[M].北京：人民出版社，2000.

⑧ 黄逸平.近代中国经济变迁[M].上海：上海人民出版社，1992.

会变迁》，该书主要分析了中国江南、华北、华南等地区的蚕丝、纺织等行业，论述涉及手工业的经营制度、手工业技术与市场以及农村社会变迁过程中手工业"半工业化"的兴衰及其中断过程。[①] 王翔 2002 年出版的《中国近代手工业的经济学考察》、彭南生 2002 年出版的《中间经济：传统与现代之间的中国近代手工业（1840—1936 年）》等书，主要分析了近代中国副业中的手工业由盛而衰的曲折历史，包括手工业在农业中的地位以及近代中国手工业兴衰的原因。[②] 王翔 2005 年出版的《近代中国传统丝绸业转型研究》一书，指出近代以来，由于清政府解除了自我封闭的政策，同时海外市场的需求增加，传统丝织手工业得以不断发展，但在逐步走向现代化的过程中又因传统农民的封闭守旧思想而迟步不前。[③] 1990 年徐新吾主编的《中国近代缫丝工业史》一书，对近代机器缫丝业发展过程中手工缫丝业的发展也着重进行了阐述。[④]

在区域农村副业发展的研究成果中，对华北地区的农村副业研究相对丰富一些。侯建新 2002 年出版的《农民、市场与社会变迁——冀中 11 村透视并与英国乡村比较》一书，以冀中 11 个乡村为考察对象，分析了近代冀中的农业生产情形，农村土地产权和产业结构的变化、农民消费和生活负担、农村雇工情况等内容，并与英国的乡村进行了比较，其中论及乡村工副业的比较分析，农、工副业产值占农民每年创造价值的比重等内容。[⑤] 徐浩 2002 年出版的《农民经济的历史变迁——中英乡村社会区域发展比较》一书，同样以英国乡村为比较对象，将中国华北乡村的人口、环境、粮食生产、耕地、农民非生产性支出与消费等进行比较，同时也对农村工副业和城乡市场进行了比较分析。[⑥] 唐致卿 2003 年出版的《近代山东农村社会经济研究》一书，主要内容是关于山东农业的传统经济形态、自然社会环境、农业生产力、农村土地制度、农业经营等，对山东农村的手工业和副业发展也有专门的论述。[⑦] 张佩国 2000 年出版的《地权分配·农家经济·村落社区——1900—1945 年的山东农村》一书，以近代山东为考察对象，分析其农业的生态环

---

① 彭南生.半工业化：近代中国乡村手工业的发展与社会变迁[M].北京：中华书局，2007.

② 王翔.中国近代手工业的经济学考察[M].北京：中国经济出版社，2002；彭南生.中间经济：传统与现代之间的中国近代手工业（1840—1936 年）[M].北京：高等教育出版社，2002.

③ 王翔.近代中国传统丝绸业转型研究[M].天津：南开大学出版社，2005.

④ 徐新吾.中国近代缫丝工业史[M].上海：上海人民出版社，1990.

⑤ 侯建新.农民、市场与社会变迁——冀中 11 村透视并与英国乡村比较[M].北京：社会科学文献出版社，2002.

⑥ 徐浩.农民经济的历史变迁：中英乡村社会区域发展比较[M].北京：社会科学文献出版社，2002.

⑦ 唐致卿.近代山东农村社会经济研究[M].北京：人民出版社，2003.

境、土地经营、土地占有、农业增长、村落社区、国家权力等内容，其中也有关于山东农村副业发展的内容。[①] 陈岗 2006 年发表的文章《近代四川商业性副业》认为，在人口增长和对外贸易不断扩大的历史背景下，近代四川的商业性副业有了明显的发展，农产品商品化的程度不断提升，并且渐渐摆脱了小农经济的束缚，走向国际市场；同时也指出，在半殖民地半封建的社会经济环境下，商业性副业前进的道路注定不是一帆风顺的。[②] 刘荣臻、赵晋胜 2004 年发表的文章《民初农家副业的类型与发展动因——以 1912 至 1927 年的山西为例》，分析了民国初年以来，农村副业的类型以及发展的动因，指出农村副业在小农经济发展的推动下逐渐成为农村家庭收入的重要来源。[③] 黄正林 2009 年的文章《民国时期甘肃农家经济研究——以 20 世纪 30—40 年代为中心》，以民国时期甘肃农村为研究对象，分析了当地的农村副业发展情况。[④] 福建师范大学汤露 2006 年的硕士学位论文《民国时期龙岩县农户兼业经济考察》，以民国期间龙岩县农户的兼业经济为研究对象，分析了这些兼业经济行为的特征、形态、发展过程以及变化原因等问题，同时分析了龙岩县农村社会经济发展受农户兼业行为的影响，对如何推动今后闽西地区的农村经济发展提出了自己的观点。山西大学刘荣臻 2004 年完成的硕士学位论文《农村副业与乡村社会变迁：以 1912—1927 年山西为例》，分析了 1912—1927 年山西农村的副业变迁情况。

海外学者也一直关注中国农村经济的发展，对近代中国农村副业的研究成果也相当丰硕。费梅儿、林仁川（荷兰学者）1998 年出版的《泉州农业经济史》一书，对泉州农村副业的发展情况做出了详细的论述。[⑤] 李明珠（美国学者）1996 年出版的《近代中国蚕丝业及外销（1842—1937 年）》一书，以中国 1842—1937 年的蚕丝出口为考察对象，分析了蚕丝出口对我国经济造成的影响。[⑥] 黄宗智（美国学者）2000 年出版的《长江三角洲小农家庭与乡村发展》《华北的小农经济与社会变迁》等著作，分析了长江三角洲和华北地区农民在土地日益减少、收入不断下降的情形下，发展乡村植棉业、蚕丝

---

① 张佩国.地权分配·农家经济·村落社区：1900—1945 年的山东农村[M].济南：齐鲁书社，2000.

② 陈岗.近代四川商业性副业[J].古今农业，2006(2).

③ 刘荣臻，赵晋胜.民初农家副业的类型与发展动因——以 1912 至 1927 年的山西为例[J].晋阳学刊，2004(2).

④ 黄正林.民国时期甘肃农家经济研究——以 20 世纪 30—40 年代为中心[J].中国农史，2009(1):33-48.

⑤ 费梅儿，林仁川.泉州农业经济史[M].厦门：厦门大学出版社，1998.

⑥ 李明珠.近代中国蚕丝业及外销(1842—1937 年)[M].上海：上海社会科学院出版社，1996.

业等副业来支撑生活、维持生计的生活情形。[①] 马若孟(美国学者)1999 年出版的《中国农民经济:河北和山东的农民发展,1890—1949》,以河北和山东的农村为考察对象,调查分析了农村发展编篮筐、草帽辫等手工业活动来填补耕作收入不足以维持生计的情形。[②] 顾琳(日本学者)著作、王玉茹等人翻译的《中国的经济革命:20 世纪的乡村工业》一书,考察 20 世纪中国河北高阳地区的织布业发展情形,强调了以织布业为代表的农村手工业发展对推动社会经济增长的积极作用。[③] 詹姆斯・C.斯科特(美国学者)著作、程立显等人翻译的《农民的道义经济学:东南亚的反叛与生存》一书,通过对东南亚农民的考察分析,提出农村副业在农民的所有生存安全方案中具有必不可少的重要意义。[④]

三、关于近代中国农业生产结构的数据资料现状

研究近代中国农业生产结构的演变,需要大量的、比较完整的系列统计数据。但是从目前的数据资料状况来看,关于近代中国农业经济的统计资料十分匮乏,比如 1840 到 1911 年,清政府关于农业生产的统计记录几乎是空白的,有些学者根据当时的田赋负担来推算粮食的亩产量,只能反映一时的生产情况,却无法反映亩产量逐年变化的情况;还有的学者(如美国学者珀金斯和日本学者尾上悦三等)首先预估人均粮食占有量,然后依据近代中国人口的变化情况来推测粮食产量的变化,再结合其间的耕地面积推算每年的亩产量。珀金斯假定近代中国的人均粮食占有量是 570 斤[⑤],吴慧等人假定的人均粮食占有量是 600 斤[⑥]。因为假定的人均粮食占有量不同,同时对人口数量的估算也不相同,所以不同的学者计算出来的粮食总产量差别也相当大,进而亩产量的估算也有很大的差别。

20 世纪以来,农业生产的发展日益受到重视,有关农业生产的统计数据也逐渐增加,如北洋政府农商部调查统计了 1914 到 1918 年的农业生产

---

① 黄宗智.长江三角洲小农家庭与乡村发展[M].北京:中华书局,2000;黄宗智.华北的小农经济与社会变迁[M].北京:中华书局,2000.

② 马若孟.中国农民经济:河北和山东的农民发展,1890—1949[M].南京:江苏人民出版社,1999.

③ 顾琳.中国的经济革命:20 世纪的乡村工业[M].王玉茹,张玮,李进霞,译.南京:江苏人民出版社,2009.

④ 詹姆斯・C.斯科特.农民的道义经济学:东南亚的反叛与生存[M].程立显,刘建,等译.南京:译林出版社,2001.

⑤ 1 斤=500 克;德・希・珀金斯.中国农业的发展(1368—1968 年)[M].宋海文,等译.上海:上海译文出版社,1984.

⑥ 吴慧.中国历代粮食亩产研究[M].北京:农业出版社,1985.

贸易情况，编撰了《农商统计表》；南京金陵大学农业经济系的调查数据截止到 1933 年；中央农业实验所调查统计的数据期间延长到 1936 年。以乔启明、巫宝三为代表的多数学者都对 30 年代中国的农业生产做出过数据估算，但大都是针对某一个年度的估计，缺少历年变化数据。此外，中央农业实验所对抗日战争时期中国的 15 个省份曾做过较大范围的统计调查。

需要强调的是，农业本身不仅包括以粮食为主的种植业，还包括林业、渔业、副业、畜牧业等，上述研究和统计、估算的数据大都是针对农业种植业的，并且种植业生产数据是以粮食、棉花、油料为主，对其他农业产业的统计估算数据少之又少。比如关于畜牧业的研究资料，只有美国学者珀金斯关于 1914—1918 年和 1931—1937 年的平均值估算、金陵大学卜凯教授关于 1933 年的牲畜数量估计，以及中央农业实验所对 1933—1936 年的牲畜数量的估计。关于林业的研究资料，只有 1933 年巫宝三估计的林业净产值数据、国民政府实业部记录的 1933 年林木采伐量和 1935 年全国森林面积的估计，以及珀金斯 1914—1918 年、1931—1937 年的平均森林面积估计数。关于渔业的统计资料，只有侯海潮对 1933 年鱼产量和各种鱼类产值的估计，实业部对 1933 年渔场数量和渔业产量的统计及 1934 年的海洋渔获物数量统计。关于副业的研究统计，中央农业实验所有 1938—1946 年的历年副业生产估计数，但是其界定的副业范围相当宽泛，把原本不属于副业的蔬菜、果木、家畜等内容也涵盖其中，因此不能算是真正的副业统计。除此之外，就是一些地方年鉴或者地方志中会看到零星的记载，但是数据都是不系统的，无法作为整体研究农业生产结构的基础材料。

综上所述，关于近代中国农业生产的统计数据资料是非常贫乏的，可以说残缺程度是极其严重的，特别是关于历年生产数据的变化方面，资料近乎空白，这种研究基础反映了实现本研究的难度，同时也体现了本研究的重要性。

第三节　理论基础和指标体系

农业生产结构不同于农村产业结构。农村产业结构是以第一产业、第二产业和第三产业为角度划分的，其中第一产业就是农业，而第二和第三产业则是工业和服务业等其他行业。农村产业结构探讨的是在农村范围内的一、二、三产业此消彼长的发展关系。而本研究所指的农业生产结构则是以第一产业即农业为分析主体，把农业内部划分为种植业、畜牧业、林业、渔业和副业等产业，进而研究农业内部各产业部门在生产演变过程中此消彼长的动态发展过程。

农业生产结构是一个多层次、多级别的结构复合体，一般来说，农业生产结构主要包括种植业、畜牧业、林业、渔业和副业等部门，而种植业又包括粮食作物、经济作物等，粮食作物和经济作物又可以分别划分为多种具体的作物种类。本书所要研究的是近代中国的农业生产结构，包括种植业、畜牧业、林业、渔业和副业等的生产发展情况及其结构关系，粮食作物和经济作物之间及其内部的结构关系，农产品商品化以及畜牧业、林业、渔业、副业生产等问题。

一、理论基础

本研究在综合历史资料的基础之上，主要运用以下经济学相关理论：

（一）比较优势理论

这一原理最早是由大卫·李嘉图提出的，主要针对国际贸易过程中不同国家而言，应当各自利用优势生产技术生产和出口具有比较优势的产品，这样可以实现双赢的效果。这一理论同样适用于一个国家的不同地区之间，以及不同地区、不同领域的生产者之间。农业生产者在进行农业生产的过程中，应当选择具有技术优势的农产品即生产效率较高的农产品来生产和出售，利用出售得来的收益再购买自己需要的但是自己生产又缺乏效率的农产品，这样可以提高农民的总体收益。

（二）生产者行为理论

农业生产者是农业生产的主体，其微观决策行为的变化引起种植业、畜牧业、林业、渔业、副业等规模和品种的结构性变化，这种变化是农业生产结构变化的主要内容。在此过程中，农民作为行为生产者本身，是农业生产结构变化的主体。经济学家在研究农业结构变动问题时非常重视生产者行为，力图以农户微观决策为出发点来考察农业生产结构变动的机理。各国学者曾基于农户的理性假设对农户生产反应行为进行了大量研究，他们发现，农户生产决策行为是非常复杂的，有许多因素直接或间接对决策行为起影响作用。农户在重视价格因素的同时，其生产者行为也受到外部环境等其他因素的影响。比如市场体系的完善程度、农产品竞争环境等客观因素的间接影响；而这些客观的非价格因素对农户生产决策行为的影响是不容忽视的，有时甚至超过了价格因素的作用。[①]

① 陆文聪.粮食市场化改革的农业结构变动效应及对策研究[M].北京：中国农业出版社，2005：17-24.

(三)结构变迁理论

农业生产结构的变迁也要遵循自身的发展规律,在农业生产过程中,生产的专业化程度和农产品的商品化程度必将不断提高,与此同时,传统的封闭落后、单一自给的农业生产状况也将逐渐消失,取而代之的是开放的、综合的农业生产结构。农业生产结构在历史演变的过程中必将不断地得到优化和调整,而其变化的基本方向就是以市场调节为基础,以农业专业化为基本途径,兼顾经济、社会和生态效益,最终实现农业的高产、优质和高效。

二、指标体系

反映农业生产结构的指标主要有:

(1)土地利用结构:指种植业、畜牧业、林业等各业之间的土地占用比例关系。

(2)播种面积结构:指种植业内部粮食作物与经济作物之间的结构比例。

(3)农业产值结构:指农业总产值占国民生产总值的比重,以及农业生产中种植业、畜牧业、林业、渔业及副业之间的产值比例关系。

(4)农业经济效益结构:指农业单位面积产量、劳动生产率等指标。

(5)农业商品产值结构:指农产品商品化程度,包括粮食作物和经济作物的商品化发展以及商品率。

本书将综合运用以上指标,对近代中国的农业生产结构状况及其演变进行较为全面的考察。

第四节　研究方法及结构安排

一、研究方法

本书采用的研究方法以马克思主义唯物辩证法和历史文献法为基础,在分析中主要采用实证与规范分析相结合、动态与静态分析相结合、宏观与微观分析相结合的方法。

(一)马克思主义唯物辩证法

作为科学研究的基本方法,马克思主义唯物辩证法适用于所有的科学研究工作,因此本研究也将其作为开展研究工作的指导思想与方法。唯物辩证法强调世间万物都不是一成不变的,都是在变化和发展中存在的,因此近代中国农业生产结构的研究也应该是动态的过程。事物都有一个量变到质变的演进过程，而农业生产结构的变迁也有它从低级到高级的不断变化过程。一般情况下，决定农业生产结构从简单到复杂、从量变到质变演化的是社会分工和生产力的变化。坚持马克思主义唯物辩证思想，才能使本研究保持客观而不偏离初衷。

（二）历史文献法

本研究要想顺利完成，必须获取大量的一手资料。笔者通过北京、天津、上海等地的档案馆及各大高校的图书馆，搜集本研究所需的各种数据资料。坚持历史文献研究法，就是在对数据进行梳理和比对分析的基础上，保证所有的研究观点都建立在可靠的文献数据实证基础上。

（三）实证与规范分析相结合

实证分析是研究经济问题的基础，分析近代中国的农业生产结构必须建立在大量数据资料的实证分析基础上，揭示近代中国农业生产的概况。但是仅仅反映其发展状况是不够的，必须在实证分析的基础上，运用规范分析方法提出自己的观点，即对近代中国农业生产的基本情况作出评价，同时对今后农业生产结构的优化指明正确的努力方向。因此，实证与规范分析缺一不可，二者结合才能完成一项完整的研究。

（四）静态与动态分析、宏观与微观分析相结合

对近代中国农业生产结构演变过程的分析，分析的是一个历史变化过程，它不是静止的某一个时间点的分析，因此是一个动态的分析过程。动态分析又离不开静态数据的支撑，因此本研究必须将静态分析与动态分析相结合。同时，对近代中国农业生产结构的研究是一个宏观的大课题，宏观分析是必不可少的，但是宏观分析的观点又离不开微观数据资料的支持，因此本研究也要将宏观与微观分析结合起来。通过静态与动态分析、宏观与微观分析的综合运用，实现对近代中国农业生产结构全方位的系统分析。

二、结构安排

本研究针对近代（主要是 1840—1936 年）我国农业生产结构的状况及其演变做出较为全面的分析，分析内容围绕农业生产中的土地利用结构、农业产值结构、种植业内部生产结构、农业生产的经济效益以及农产品商品化程度等指标体系展开。根据研究的需要，本书共分为十一章：

第一章，绪论。主要介绍本研究的目的及意义、国内外研究现状、本研究的理论基础、指标体系、研究方法及结构安排。

第二章，近代中国农业生产的自然和经济基础。从自然条件和社会经济条件两个角度，分别介绍了近代我国农业生产自身的特点，农业生产面临的地势、土壤、气候、雨量等自然条件，以及人口、土地利用、农业经济形态、农耕技术和农业政策等社会经济基础条件。

第三章，近代中国农业土地利用结构。从人口与耕地关系，农业内部种植业、畜牧业、林业、渔业、副业各部门的土地利用比重关系进行分析。

第四章，近代中国农业产值结构。分析近代中国农业产值在国民生产总值中的比重，以及农业内部种植业、畜牧业、林业、渔业、副业的产值比重及其演变。

第五章，近代中国种植业生产结构。分析近代中国粮食作物、经济作物的生产发展，以及粮食作物与经济作物的结构变动关系、粮食作物内部各种作物之间的结构关系、经济作物内部各种作物之间的结构关系。

第六章，近代中国的农产品商品化。着重分析粮食作物和经济作物的商品化情况，以及农产品商品化对农业生产的影响。

第七章，近代中国畜牧业生产结构。从畜牧业生产的布局、畜牧品种、畜牧业内部生产结构角度展开分析。

第八章，近代中国的林业生产。从近代中国林业资源概况、林业生产、林产品加工及贸易角度分析。

第九章，近代中国的渔业生产。分析有史以来的渔业生产，近代渔业生产及贸易情况。

第十章，近代中国的副业生产。以家庭棉纺织业、蚕丝织业等为主分析近代副业生产的发展情况。

第十一章，总结、评价及展望。总结近代中国农业生产结构的特征及其当代启示。

第二章　近代中国农业生产的自然和经济基础

农业是人类通过劳动利用生物对太阳能进行直接或间接的积蓄、转化与利用，以谋求人类的衣食之源的生产活动。它既受到自然环境的影响，也受到社会经济条件的影响。自然条件影响农业生产的区域分布，社会经济条件影响农业生产的方式和效率。本章以农业生产的特点为基础，围绕农业生产的自然条件和社会经济条件，分析近代中国农业生产的基础环境，作为分析近代中国农业生产结构的前提。

第一节　农业生产的特点

农业生产的内容十分丰富，既包含以粮食为代表的种植业，又包括畜禽养殖、林木培育、水产品饲养以及以纺织、桑蚕为代表的手工副业。农业生产有效地利用了自然资源和以人类为代表的社会资源，生产出能够为人类生存延续提供保障的农产品，因此农业是一个特殊的、必不可少的部门，农业生产是人类赖以生存的基础，它有自身的显著特点：

一、农业生产汇聚了自然再生产和社会经济再生产两个过程

农业生产的主要对象是在大自然中生存的动物和植物，这些动物和植物的生存、发展都要遵循自然规律，始终离不开自然界的参与，从这个意义上说，农业生产是一种自然再生产的过程。并且，农业生产的过程中始终受到自然环境的巨大影响，当自然环境提供了风调雨顺的条件时，农业生产就可以获得丰收；一旦发生洪水、干旱、台风或者地震等自然灾害，农业生产必将受到无可避免的巨大损失。与此同时，农业生产的每一阶段都离不开自然环境的支持，阳光和水源充足的话，农产收获就高一些，反之则低一些。可见，农业生产与自然再生产是你中有我、我中有你的共生局面，二者是不可分割的。

作为特殊的复杂生产活动，农业生产不仅与自然再生产同呼吸共命运，同时又离不开以人类劳动为代表的社会再生产。没有人类劳动的参与，自然界可以生产出一些产品，但是它们不能满足复杂的人类社会需求。农业

生产区别于单纯的自然再生产的重要依据就是人类社会资源的参与，人类在农业生产过程中注入劳动、技术、肥料等资源，可以大大提高农业产出，同时也优化改良了农作物的品类，使它们更加符合人类生活的需要。社会资源的参与，从技术进步、品种改良到提高劳动效率，都对农业生产做出了巨大的贡献。因此，农业生产不仅包含了自然再生产过程，同时也包含了社会再生产的过程，它是二者的有机统一。

二、农业生产离不开土地的支撑

农业生产，尤其是种植业生产，必须建立在大量的土地基础上。比如种植业的粮食、蔬菜等作物，没有土地是难以种植的；畜牧业的牲畜、家禽饲养也需要牲圈、草地、水塘等地面环境；林业生产的果木、林木栽培更加离不开土地；渔业生产同样要靠土地上面的河水来进行。可见，几乎所有的农业生产活动都离不开土地，这也充分证明了农业与自然的共生关系。土地在农业生产中扮演两个不同的角色，一个是农业劳动的对象，一个是农业生产的资料。大多数农业生产是在土地上进行的，而土地质量的好坏又直接影响农业生产的收成。因此，农业与土地密不可分。尤其是土地资源作为一种自然资源时，它的数量不是取之不尽、用之不竭的，人类要想长久地存活下去，必须好好处理与土地的关系。要保护土地的质量，平衡土地的利用，用地的同时也要养地，实现土地生产力的可持续发展。土地的可持续利用，是农业生产必须要处理好的一大问题。

三、农业生产受区域、节气的影响，具有周期性

农业生产在受到自然和社会条件制约的同时，也受到生产地域、生产季节等因素的影响，表现出较长的周期性。

（一）农业生产受地域条件的影响

农业生产中各种作物品种的生存条件是不一样的，有的适合在温暖潮湿的环境中生产，有的则喜欢在凉爽寒冷的环境中生存，有的需要较多的阳光照射，有的则适宜阴冷的生存环境。因此，地域条件对农业生产的影响也是非常重要的，并不是每个地方都适合种植所有的农作物，各种农作物的生产都需要不同的地域条件。即便在一个国家范围内，从东部到西部，从南部到北部的地域特征都是不一样的，适合种植的农作物品种也千差万别。比如我国南方的地域条件适合种植水稻，而北方则适合种植小麦，这样就形成了农业生产的不同区域。有些畜禽品种也对地域条件有不同的选择，比如小鸡喜欢生活在地面上，鸭子则喜欢水陆两栖；果木的生长就更挑地域了，

南方的水果有香蕉、荔枝、椰子等，而这些都不适合在北方生存。此外，平原和山区的不同地域特点，所适合的农业生产项目也大不相同。可见，农业生产受地域条件的影响是显著的。

(二)农业生产受季节的影响

不同的作物，生长培育的时间都是不一样的，这就是受季节的影响。比如冬小麦，要在每年的9—10月，即寒露至霜降之间播种，第二年的4—5月，即立夏、小满之间收割；而春小麦是在春节后播种，当年的8—9月收割。再比如养鸡，一般是在春暖花开之后开始喂养小鸡，到夏季的时候就养成了。如果在冬季开始饲养，因为天气寒冷，小鸡的成活率会非常低。因此，农业生产受季节的影响也是相当大的，各种作物、畜禽等的生存、生长和成熟都有最适合的季节，遵循这一规律就可以获得较好的收成，违背这一季节规律，则可能导致事倍功半的效果。正是由于农业生产的季节性，也使得人们在农闲的时候得以放松一下，为收割时的大量劳动积蓄能量。

(三)农业生产的周期性

正是由于地域和季节的影响，农业生产表现出周期性。每种农作物都有一个培育、生长、成熟的发展阶段，成熟以后才能再开始下一轮的培育成长过程，这就是农业生产的周而复始。比如小麦，四五月收割以后，待土地休养一段时间，到八九月就可以开始下一轮的播种了。再比如水稻，有的地区一年可以成长一轮，有的地区如南方一年就可以收获三轮，这些都离不开自然条件的支持。有的牲畜、林木从生长到成熟需要几年甚至几十年。这些都是农业生产周期性的表现。在农业生产的过程中，必须首先了解生产对象的周期性特点，按照成长规律来培养和生产，才能有效地获得相应的农产量。

第二节　近代中国农业生产的自然条件

有史以来，人类和自然就是密不可分的。原始社会时，人类还不懂得如何利用自然，环境对人类的生存发展影响巨大，甚至操纵人类的命运。随着人类文明的发展，人们对环境的适应性越来越强，逐渐懂得了如何更好地在自然环境中生存。随着人类文明的不断进步，人们对自然条件的依赖程度也在不断变化。但是人类的生产活动始终不可能摆脱自然条件的影响，在近代中国农业生产发展的历史过程中，自然环境包括地势、土壤、气候等因素都对农业生产有着不可忽视的影响。

一、地势

中国的地势西部海拔高，东部海拔低，大致呈阶梯状。这一特征对农业生产的影响主要表现在以下两个方面：

（一）水平地带性差异明显

水平地带性包括纬度地带性和经度地带性。纬度地带性是因太阳高度随纬度变化而引起的热量条件南北之间递变的规律。热量是农业生产的重要条件之一，热量带对农业的分布具有较大的制约作用。一般地，除高山、高原外，热量由北至南逐渐增加，农业生产的热量条件及对热量资源的利用程度也随之提高。我国领土南北跨越纬度近 50 度，跨越 9 个温度带，是世界上热量带最多的国家。世界上主要的粮食作物与经济作物在我国均有种植。南北纬度大，热量资源沿纬度分布呈地带性差异。种植制度自一年一熟至一年三熟，作物、畜禽与林木的种类和品种繁多。各地带的农业结构和布局及农业生产类型各有特色，农业生产潜力各不相同。因此，纬度地带性的特点是我国农业生产多样性与南北之间形成巨大差异的重要因素。

经度地带性是沿海向内陆水分状况由湿润向干旱的递变规律。我国东西跨越经度约 61 度，从西北内陆到东南沿海依次有干旱区、半干旱区、半湿润区和湿润区之分。干旱、半干旱地区的面积，略超过湿润、半湿润地区的面积。因此，东南部湿润、西北部干旱是中国最主要的地域差异。在东部湿润、半湿润地区自然地带系统内的农业区域主要是农业区、农林区与林农区，西北干旱、半干旱地区自然地带系统内的农业区域主要是牧业区、农牧区与牧农区。

（二）地形起伏多山

山多、高原广，是我国地貌的显著特征。地形崎岖起伏，使自然地域差异趋于复杂，农业分布愈显多样。主要地貌因素如海拔高度、地势起伏、高原山体大小、山脉走向等，对光照、热量、水分等条件具有强烈的影响，从而打乱了纬度地带性和经度地带性因素所形成的水平地带分布规律，造成了自然地域差异的复杂性，使土地资源类型复杂多样。

我国地势西高东低，可分为明显的三级阶梯。在全国土地面积中，海拔 500～1 000 米的一级阶梯，多为平原、低山、丘陵，面积仅占 35%，宜农土地较少，垦殖指数仅 10.5%。而且我国耕地资源集中分布在大兴安岭、太行山、巫山与雪峰山一线以东的最低一级地形阶梯上。此界线以西与青藏高原之间为第二阶梯，主要是海拔 1 000～2 000 米左右的高原与盆地，其中长城以南的黄土高原、四川盆地、云贵高原等均在季风影响范围内，也有不少耕地分布。最高一级阶梯为青藏高原，它的存在从热力与动力方面增强了季风作用，高原面内部因高海拔与封闭的地形而发展为高寒环境。青藏高原东南部因有高原屏障，寒潮不易到达，出现热带气候，谷地南缘农作物可一年三熟，并可种植热带作物。上述各地带界线在我国均有重要的农业意义。东北-西南向的山脉，如大兴安岭，东侧与西侧相比，年均温高 2～4℃，年降水量多 100～200 毫米，成为农业与牧区的过渡带。

二、土壤

马尔白(C.F.Marbut)将土壤分为两大类——钙层土(含有石灰质的中性或碱性土)和淋余土(不含石灰质的酸性土)。梭卜(J.Thorp)根据我国的土壤分布，在地图上自东向西画出一条分界线：从山东半岛北部边境的高地起，向西南经过济南，沿津浦铁路南行，至将近皖省凤阳县境折而向西，直达伏牛山的西端，再由此向西沿伏牛山、熊耳山、秦岭的北部以及岷山的山脊，直达青海省。此线以北的土壤，多属于钙层土。此线以南的土壤，多属于酸性的淋余土。钙层土区主要是杂粮生产区域；而淋余土区，特别是冲积土区，是产米最适宜的地带。

卡赞宁将中国的土壤划分为冲积层土壤、黄土与红土三类。这种划分，在农作物的分布上也很有意义。[①] 这三种土壤的分布情况是：

(1)冲积层土壤。在我国河川平原，主要为冲积层或沉淀土壤，主要分布于长江及其支流流域、长江三角洲、珠江流域、珠江三角洲及运河附近区域。这些土壤都比较肥沃，形成我国著名的产米地带。

(2)黄土。我国最大的黄土地带分布在西北各省，东部和中部的黄土早已消灭，只在伏牛山和黄山的山侧还有一些隐蔽着的黄土。此外，山东西部的大多山上也多是黄土。黄土土质肥沃，土性松散，是我国盛产杂粮的区域。

(3)红土。我国整个南部地区都属于红土区域，四川也有大部分的红土带。红土不及冲积层土壤和黄土肥沃，对于农作物的适宜性也都逊于它们。因此在广东，凡是冲积层土壤地带，都是深耕的农业经营，种植桑、稻、豆；而在红土区域，则实行疏放经营，种植茶、甘薯和树木。

根据这些划分可以看出，我国的土壤有两种特性：一是土壤类别较多，且土性复杂多变。比如大平原的土壤，有肥美的泥渣，也有砂石的沉淀，有泥砂混合的土壤，也有低湿的沼泽[②]，因此可以种植很多种农作物。二是就

---

① 卡赞宁.中国经济地理[M].焦敏之，译.上海：光明书局，1937：50-55.

② 李庆逵.中国土壤之概述[J].地理学报，1934，1(2)：110-128.

土壤品质来说，我国北部较优于南部，尤其是西北各省向来被称为灾荒地区的，其土质更佳，只是由于雨量缺乏，因此产量不丰。由此也可见，农作物生产环境的好坏，是各种自然因素综合作用的结果。

近代中国的农作物种类有二十余种，各自适宜的土壤也有同有异，从而形成我国农业生产在区域间的不同分布。就其与土壤的关系，可以概括为三大类：

(1)适宜于黏性土或腐殖质沃土的，有小麦、燕麦、玉蜀黍、蚕豆等。

(2)适宜于砂性土或在较贫瘠的土地也可种植的，有陆稻、大麦、黑麦、荞麦、稗、大豆、甘薯、马铃薯、花生、油菜等。

(3)依气候或其他因素不同有时需要黏性土，有时需要砂性土，有时需要砂泥混合土的，有水稻、粟、高粱、黍、稷等。

从土壤的划分和农作物所需土壤的差别，可以看出土壤与农业生产的关系。大体来说，如以梭卜的分界线为准，则该线以北区域，农作物以小麦、小米、高粱等为主；而该线以南区域，则以水稻为主。这与卜凯教授所划分的“主麦地带”和“主稻地带”，在界线上大致相同。据卜凯教授的调查，“主麦地带”的土壤均属于钙层土，各种农作物所占的比重，从面积上来说，小麦约占 40%，小米(粟)为 27%，高粱为 18%；而“主稻地带”的土壤则都属于淋余土，农作物中稻占绝对优势，其面积约占 68%。①

三、气候

我国地处欧亚大陆东部、太平洋西岸，加上西南境内又有全球最高的高原——青藏高原，受季风影响大、范围广大。我国季风气候显著，不但对自然景观的形成、演变、结构、功能及地域差异有显著影响，而且对我国农业生产的结构、布局、种植制度、农业节律与产量也有重要影响。

第一，众所周知，北纬 20～40 度的大陆大都为亚热带沙漠气候与冬雨夏干、冬温夏热的地中海式气候。而我国东部亚热带地区光、热、水配合良好，是主要水稻产区，并生产多种特有的经济作物与果树，山地有常绿阔叶林。这与世界同纬度地区相比是得天独厚的气候环境。

第二，冬夏季风是两种温湿性质相反的气候，季风影响所及地域的自然过程具有相应的季节变化，夏季雨热同期、作物生长旺盛，这是我国农业气候的显著特征。

第三，夏季风北伸很远，夏季南北温差很小。哈尔滨与广州最热日平均

① BUCK J L.Land utilization in China[M].Shanghai:The Commercial Press,1937:32.

气温相差不足6℃。北方气温比世界上同纬度地区偏高，一年生喜温作物北界向北推移，水稻、小麦等喜温作物可达北纬50度；冬季风势力强盛，冬季气温比世界同纬度地区低，小麦等越冬作物和多年生喜温植物北界向南推移。

第四，雨热同季是季风气候的基本特征，但各农业大区的水热配合有所差异，这与季风进退形成各地的雨季有密切关系，因此，作物生长期水分盈亏状况的时间变化与地域差异，也会影响作物的产量变化等。

第五，因夏季风强弱的影响，降水量年际变化大，农业气象灾害频繁。年降水量愈小，相对变率愈大。华北是东部季风区降水最不稳定的地区，年变率高于25%，华南及华东沿海受热带气旋影响，年变率亦在15%以上。降水的地区差异，是影响地区农业产量稳定程度的重要因素。

气候是自然条件的一部分，气候的变化可以引起自然条件的变化，但是反过来自然条件的变化又会影响到气候。中国气候有三大影响因素：一是复杂多变的地形，二是经度、纬度的跨度大，三是东部季风气候非常显著。这三大因素的共同作用下，造就了中国的三大自然区域：青藏高寒区、西北干旱半干旱区和东部季风区。三大自然区域中仅东部季风区的面积就占全国陆地面积的45%，季风区的人口占全国的95%。由于地带不同，光照、热量和水源条件不同，形成了不同的生产条件，强烈地影响着中国农业生产的布局（见表2-1）。

华夏文明就开端于东部季风区。季风区①的气候特点是春、夏、秋、冬四季分明，并且夏季高温的同时雨量也较多，季风区北部水少，南部水相对多一些；土壤的特点是北方土壤偏碱性且松软细腻，南方的土壤偏酸性且黏重；季风区的光热条件较好，长江和黄河流域夏季时间较长且温度高，适宜农作物长时间地生长。② 有利的光、热、水资源条件为长江、黄河流域的农业生产提供了极大的便利，这也是该地带农业生产发达的主要原因。

---

① 中国农业文明主要发祥地黄河、长江流域属于该区。一般认为，新疆、柴达木盆地中西部、藏北高原西部、贺兰山和阴山以北的内蒙古地区属大陆性气候区，其他地区都是季风区。

② 林之光，张家诚.中国的气候[M].西安：陕西人民出版社，1985：423-424.

表 2-1　中国三大自然区域的主特征

自然区域	自然带和亚带	温度指标/℃			主要植被和土壤	农业特征
		年≥10℃积温	最冷月气温	年平均极端最低气温		
东部季风区	温带	<4 500	<0	<-10		有“死”冬
	1.寒温带	<1 700	<30	<-45	针叶林、漂灰土	一季极早熟作物
	2.中温带	1 700～3 500	-30～-10	-45～-25	针阔混交林、暗棕壤	一年一熟，春麦为主
	3.暖温带	3 500～4 500	-10～0	-25～-10	落叶阔叶林、棕壤	两年三熟，冬麦为主，苹果、梨
	亚热带	4 500～8 000	0～15	-10～5		冷季种喜凉作物，热季种喜温作物
	4.北亚热带	4 500～5 300	0～5	-10～-5	常绿落叶阔叶林、黄棕壤	稻麦两熟，茶、竹
东部季风区	5.中亚热带	5 300～6 500	5～10	-5～0	常绿阔叶林、黄红壤	双季稻两年五熟，柑橘、油茶
	6.南亚热带	6 500～8 000	10～15	0～5	季风常绿阔叶林、亦红壤	双季稻一年三熟，龙眼、荔枝
	热带	>8 000	>15	>5		喜温作物全年都能生长
	7.边缘地带	8 000～8 500	15～18	5～8	半常绿季雨林	喜温作物一年三熟，咖啡
	8.中热带	>8 500	>18	>8	季雨林、砖红壤	木本作物为主，橡胶
	9.赤道热带	9 000	>25	>20	珊瑚岛常绿丛、磷质石灰土	可种热带作物
西北干旱半干旱区	10.干旱中温带	<4 000	<-10	<-20	草原与荒漠、棕钙土	一年一熟，有冬麦和棉花
	11.干旱暖温带	>4 000	>-10	>-20	灌丛与荒漠、棕漠土	两年三熟或一年两熟
青藏高寒区		≥0℃积温	最暖月气温			
	12.高原寒带	<500	<6		—	“无人区”
	13.高原亚寒带	500～1 500	6～10		高寒草原、高山草原土	只有牧业
	14.高原温带	1 500～3 500	10～18		山地针叶林山地森林土	有农、林业

资料来源：全国农业区划委员会.中国自然区划概要[M].北京：科学出版社，1984:71.

四、雨量

近代中国由于灌溉制度的不完善，形成"靠天吃饭"的习惯，使得降雨量在农业生产的布局和农作物收获的丰歉上，更具有决定性作用。我国北方土质本来是非常优良的，但是由于雨量十分缺乏，因此不适宜种植水稻，并且种了小麦和杂粮也常因天旱而歉收。从全世界角度来看，干燥区和半干燥区（全年雨量在 20 寸[①]以下的）占 55%。[②] 我国干燥区域，即全年雨量少于 20 寸的，据竺可桢、涂长望、张宝堃等在《中国雨量图》中的描述，凡在北纬 30 度以北及东经 90 度以西的地带均属于干燥区。从雨量图上看，干燥区所占的面积仍在 55%以上，高于全世界的标准。

（一）雨量的区域分布

我国长江流域以南降雨量都比较丰富，长江流域以北，愈向北方及西北方向的降雨量逐渐变少（见表 2-2）。

据竺可桢的研究，我国的降雨，不是地形雨就是暴风雨（由大陆低气压、台风或热雷雨形成），没有季风雨可言[③]，皆因为我国各地区雨量的最高点大多与风暴路径最多地带的移动完全吻合；凡是夏季风暴路径集中之处，亦即雨量丰富之区。这就形成长江流域的干旱与华北多雨季相联系的现象。[④] 比如 1931 年 7 月，温带风暴异常活跃于长江流域，东北风肆虐，导致洪涝灾害的暴发，与此同时华北地区却在经历旱灾。1934 年夏，长江流域苦旱，而东三省及华北各地则以洪水为灾。这种长江流域与华北区域由于风暴雨所形成的此消彼长现象，构成我国雨量的区域分布之一大特色。

表 2-2　我国全年平均雨量及其变率

地　名	记录年份	各年平均雨量/毫米	变率/%
广州	1911—1932	1 735	15
梧州	1911—1932	1 311	12
桂林	1916—1926	1 986	14
昆明	1901—1925	1 040	16
福州	1911—1932	1 484	22

---

① 1 寸=33.33 毫米。

② SMITH L W.Agricultural meteorology[M].Germany:Springer,1976:82.

③ 竺可桢.东南季风与中国之雨量[J].地理学报,1934(1).

④ 涂长望.中国雨量与世界气候[J].英国皇家学会集刊,1931,4(38).

续表

地　名	记录年份	各年平均雨量/毫米	变率/%
长沙	1911—1932	1 345	17
重庆	1911—1932	1 124	13
九江	1911—1932	1 342	16
汉口	1911—1932	1 263	18
宜昌	1911—1932	1 122	13
杭州	1905—1929	1 505	16
芜湖	1911—1932	1 186	21
上海	1911—1932	1 162	13
镇江	1911—1932	1 016	20
开封	1923—1926	520	31
青岛	1899—1924	649	23
济南	1916—1925	529	19
大名	1908—1925	525	25
天津	1911—1932	548	24
北平	1911—1932	617	32
牛庄	1911—1931	609	22
沈阳	1906—1920	631	20
哈尔滨	1899—1920	542	20

资料来源:《1911—1932 年长江流域之水灾与雨量》。

(二)雨量时间分布

雨量的时间分布包括季节变化和历年的变迁。根据竺可桢的研究,我国降雨的季节性变化受季风系统的控制。海风是带着潮湿的空气来的,故而海风一来就容易下雨;陆风则是干燥而不带湿气的,陆风一来就容易导致干旱。陆风与海风的交替使得我国干季与雨季更迭,形成冬季干冷而夏季潮湿多雨的特点。大致来说,我国雨量的季节变化与农作物的生长周期基本匹配。从历年雨量的变化来看,如表 2-2 所示,我国全年平均雨量变率,各地由 12%到 32%不等;具体来说,华北的平均雨量变率较华南大一些,如开封、北平高达 30%以上,华北旱荒迭见即雨量变率过大所致。

(三)雨量与农业生产

雨量对农业生产的影响也是相当大的。如前所述,华北区域因为雨量缺乏,不适宜种植稻米,而华南由于雨量充足,水稻种植面积达 68%。郝德博士(W.Hande)对于华北地区的土地利用曾做过专门的研究,他发现,年平均降水量300毫米为该区农产品不需要灌溉就可以获利的极限,年平均200毫米以下,农事经营逐渐减少。农业兴盛的水草田,都在高山山麓丘陵地带,因为那里有融化雪水与地形雨可供农业生产利用。甘州、肃州附近农民,观日光则喜,见阴云则忧,盖以其赖南山融解之雪水,此供灌溉之故。[①]梁庆椿曾因我国在气象及农产统计方面缺乏历史数据,自己设计了一套统计方法,以空间数列表示各省雨量与农作物产量的关系,该法用19省每亩稻的生产率,与其4—7月间的总雨量做成相关,计算结果显示相关系数为0.704[②],可见,雨量与我国各省稻的生产率有正相关关系。

我国雨量的季节分配,虽大致与农作物生长期相对应,但仍有不适宜之处。梁庆椿曾以各省主要农作物在生长期应需雨量为标准,与该省在此作物生长期实际所获得的平均雨量相比较,观察我国雨量季节分配的适宜程度。

我们从表2-3可以看出,19省中有8省的主要农作物遭受雨量不足。若加入宁夏、甘肃、青海、新疆、西藏、西康等雨量稀少的省份,则我国雨量不足的地区一定多于雨量有余的地区。在没有灌溉条件的缺雨地区,平常年份的雨量已经不足以供给农作物的生产需要,一旦遭遇旱灾,其歉收程度可想而知。与此同时,我国的雨量不仅在季节分配上不能充分满足农业生产的需要,而且由于作物生长期各年雨量变率过大,致使农业生产经常遭受旱灾的打击。所幸我国各地的农业生产,并不全靠雨水,也有相当部分地区以灌溉来弥补水量的不足,因此农业生产实际的缺水程度,并不像这里的数据所描述的那样。

表2-3　各省主要农作物生长期应需雨量与实际雨量之比较

省　别	主要农作物	生长期	应需雨量/毫米	实际雨量/毫米	雨量余缺
察哈尔	小麦	5—8月	310	282	—
绥远	小米	5—8月	310	254	—
河北	冬小麦	9月—次年4月	483	106	—
山东	冬小麦	9月—次年4月	483	143	—
山西	小米	5—8月	310	277	—
河南	冬小麦	9月—次年4月	483	151	—
陕西	冬小麦	9月—次年4月	483	174	—
四川	稻	4—8月	710	660	—

① 竺可桢.中国气候之要素[J].卢鋈,译.地理学报,1935,2(1/2).

② 梁庆椿.中国旱与旱灾之分析[J].社会科学杂志,1935,6(1).

续表

省　别	主要农作物	生长期	应需雨量/毫米	实际雨量/毫米	雨量余缺
安徽	冬小麦	9 月—次年 5 月	483	721	+
湖北	稻	4—8 月	710	839	+
湖南	稻	4—8 月	710	829	+
江西	稻	4—8 月	710	962	+
江苏	冬小麦	9 月—次年 5 月	483	554	+
浙江	稻	4—8 月	710	834	+
福建	稻	4—8 月	710	823	+
广东	稻	4—8 月	710	1 202	+
广西	稻	4—8 月	710	873	+
云南	稻	4—8 月	710	713	+
贵州	稻	4—8 月	710	791	+

资料来源：梁庆椿.中国旱与旱灾之分析[J].社会科学杂志，1935，6(1).

第三节　近代中国农业生产的社会经济基础

一个地方即使土壤、气候等自然环境都适宜于某种农作物的生产，也不一定就种植该农作物；或者一个地方的自然条件适宜种植好几种农作物，但是却只种植其中一种。这是为什么呢？因为农业生产不仅受到自然条件的影响，社会经济因素也同样重要。比如在农产品商品化程度较高的地区，市场价格常常引导着农产品生产的扩张或者压缩；而在家庭自给经济的形态下，家庭的需要又是决定生产种类的重要因素。由此可知，农业生产的种类与方式，实际上是由长期演进和复杂因素形成的，想要调整和优化农业生产结构，必须找到根本因素，才能有的放矢，取得效果。影响农业生产的社会经济因素也是非常多的，这里主要分析人口、土地、农业经营形态、农耕技术及农业政策对农业生产的影响。

一、人口

即使人均消费量不变，随着人口的增加，对于粮食的需求也会增加。从农业生产方面来说，受到人口增多的压迫，收获量大的农作物必将代替收获量小的，这就是“人口密度影响粮食生产的法则”。[①] 因此，即使生产环境相同，人口密度的差异也影响到农作物生产的供求。而农业生产在区域间的分布，更与人口密度在地理上的分布有着“如影相随”的密切关系。

我国人口的分布，受地理环境的影响很大。大体来讲，东南部的人口密度较高，越往西北地区，人口密度越低。胡焕庸曾论我国各地人口密度的差异：“以通常情形而论，大抵山地人口不如平原之密，游牧区人口不如农耕区之密；同属于农业社会矣，然旱粮区域之人口不如稻作区域之密，一熟区域之人口不如二熟、三熟区域之密。吾国最富裕之区域，如长江三角洲，每平方公里人口密度可达五百以上，然如蒙古、新疆、西藏各地，面积虽广，大都贫瘠而无人居，其每平方公里之人口密度大都在一人以下。此种人口稀密不同之原因，绝非由于偶然分布之不平均。盖完全由于各地生产力之不同”。[②] 我国各地人口密度之差异如此，按照前述“人口密度影响粮食生产的法则”，在人口密度高的区域种植收获量大的作物，事实确实如此。如长江三角洲之江喇叭口与成都平原，人口密度在每平方公里 600 人左右，在我国属于人口密度最高的区域，其粮食作物纯粹是稻作；河北平原与豫东、鲁西之黄河冲积平原，虽与长江三角洲同系冲积平原，但人口密度较低，每平方公里 300 人左右，其作物生产以杂粮为主；其他区域人口密度更低的，农业生产则较为疏放。

二、土地

土地利用程度以及人均耕地面积的大小，显然也是影响农业生产的关键因素。

（一）土地利用程度

土地利用程度一般用垦殖指数或者复种指数来表示。垦殖指数指的是耕地面积占土地总面积的百分比。关于近代我国的土地利用程度，并没有精确的调查数据，大多是估计得来。据刘大钧的估计，全国 25 省的垦殖指数平均为 15.4[③]，张心一估计为 10.3[④]，吴文晖估计全国 26 省的垦殖指数平均为 13[⑤]。究竟谁的估计更为准确，我们很难判断。另据土地委员会在民国二十四年（1935 年）的调查，全国 20 省的垦殖指数平均为 22。因为这 20

---

① HEDRICK W O. The economic of a food supply[J]. The journal of social forces, 1924, 2(5): 28.

② 胡焕庸. 中国人口之分布[J]. 地理学报, 1935, 2(2).

③ 刘大钧. 中国经济问题[M]. 上海：商务印书馆, 1929.

④ 张心一. 中国农业概况估计[M]. 南京：金陵大学出版社, 1932.

⑤ 吴文晖. 现代中国土地问题探究[J]. 新社会科学季刊, 1934(4).

省编在我国东南部,其垦殖指数较上述估计更高,同时因其数字来自调查,所以其垦殖指数较上述估计更可信;不足之处就是其调查范围仍然没有涵盖全国。从上述数字可见,近代中国的垦殖指数是相当低的。与同期的世界各国比较,我国的垦殖指数仅高于新开辟的澳大利亚、加拿大、阿根廷和瑞典,而比其他各国都低,并且竟比丹麦、印度、匈牙利低八成之多。况且上述估计均未包括边区省份,若将蒙古、西藏、西康、青海等畜牧区域一起计算,则我国的垦殖指数要更低得多。[①]

(二)土地分配情况

近代中国平均每户及每人所占有的耕地面积是非常狭小的。据土地委员会的调查,全国 16 省平均每户占有耕地面积为 15.2 亩。[②] 如以家庭人口平均 5 人计算,则每人耕地面积约为 3 亩。另据美国贝克(Baker)的估计,我国平均每人的耕地面积为 4.4 亩,陈长蘅估计为 3.4 亩,吴文晖估计为 3 亩,张心一估计为低于 3 亩。由此可知,全国平均每人占有的耕地面积仅为 3 亩左右。依照 E.M.East 所定的标准,要维持适当的生活,每人须有 2 英亩[③](约合 12 华亩)的耕地;又据 T.H.Middleton 的研究,每人应有 1.3 英亩到 2.5 英亩(约合 8 到 15 华亩)的耕地,才能维持适当的生活。[④] 显而易见,我国每人拥有的耕地面积,远在适当标准以下。由此可知,我国土地与人口的对比上,或是相对于现有人口数的耕地面积过于狭小,或是相对于现有耕地面积的农业人口过多。

在土地问题方面,最大的一个问题是土地分配不均。根据农商部在 1917 年的统计数据,占有耕地面积少于 10 亩的农户在全国总农户中占 36.1%,占有耕地面积 10 亩以上同时又少于 30 亩的农户比重为 26.6%,占有耕地面积 30 亩以上且低于 50 亩的农户比重为 20.5%,占有耕地面积 50 亩以上的农户比重只有 16.8%。[⑤] 可见多数农户占有的耕地面积较小,土地的分配极为不均。国民政府内政部于 1932 年统计了全国 17 省 836 县的耕地使用情况,得到的结果比 1917 年更为严重:占有耕地面积 10 亩以下的农户比重达到 58.6%,这部分农户所占有的耕地总面积只占 17 省调查面积的 16%。此外,土地委员会 1935 年对全国 16 省 163 县的调查结果(表 2-

① 王效文,陈传钢.中国土地问题[M].上海:商务印书馆,1937:77.

② 1 亩=666.67 米^2。

③ 1 英亩=6.070 284 6 亩=4 046.856 422 4 米^2,市亩和华亩均等同亩。

④ MIDDLETON T H.Food production in war[M].Oxford:Clarendon Press,1923:440-442.

⑤ 萧楚女.中国的农民问题[M]//中央党史研究室《萧楚女文存》编辑组,广东革命历史博物馆.萧楚女文存.北京:中共党史出版社,1998.

4)也显示,有35.6%的农户占有的耕地不足5亩。[①]

表2-4　16省农村耕地占有状况

占有耕地面积/亩	农户		耕地		每户平均占有耕地/亩
	数量	占比/%	面积	占比/%	
小于5	461 128	35.61	1 217	6.20	0.002 64
5～9.9	310 616	23.99	2 245	11.44	0.007 23
10～14.9	170 604	13.17	2 090	10.65	0.012 25
15～19.9	103 468	7.99	1 802	9.18	0.017 42
20～29.9	106 399	8.22	2 589	13.19	0.024 33
30～49.9	80 333	6.20	3 053	15.56	0.038 00
50～69.9	28 094	2.17	1 646	8.39	0.058 59
70～99.9	17 029	1.31	1 408	7.17	0.082 68
100～149.9	9 349	0.72	1 124	5.73	0.120 23
150～199.9	3 146	0.24	514	2.62	0.163 38
200～299.9	2 587	0.20	623	3.17	0.240 82
300～499.9	1 368	0.11	518	2.64	0.378 66
500～999.9	674	0.05	453	2.31	0.672 11
1 000以上	196	0.02	344	1.75	1.755 10
合　计	1 294 991	100.00	19 626	100.00	0.015 16

资料来源:工乃式.重划耕地与增加农产[J].中农月刊,1936,2(1/2).

1935年中央农业实验所对全国22省农户的调查显示,35.8%的农户经营的土地面积不足10亩,25.2%的农户经营的土地面积在10到20亩之间,14.20%的农户经营的土地面积在20到30亩之间,16.5%的农户经营的土地面积在30到50亩之间,只有8.3%的农户经营的土地面积超过了50亩。由此可见,有61%的农户土地经营面积不到20亩。国民党农民部1926年的统计资料清晰地显示了农村土地的占有情况,农村总人口中45%为有地人口,55%为无地人口(包括雇农、佃农和游民等)。在有地人口中,14%的地主占有了62%的土地数量。具体如表2-5所示。

① 工乃式.重划耕地与增加农产[J].中农月刊,1936,2(1/2).

表 2-5 农村社会成分构成

成 分	占地面积/亩	人口占比/%		土地占比/%
		有地人口	农村人口	
贫农	1～10	44	19.80	6
中农	10～30	24	10.80	13
富农	30～50	18	8.10	19
中小地主	50～100	9	4.05	19
大地主	100 以上	5	2.25	43

资料来源：费正清，费维恺.剑桥中华民国史（1912—1949 年下卷）[M].刘敬坤，叶宗敭，曾景忠，等译.北京：中国社会科学出版社，1994：75.

上述种种数据表明，近代中国的土地分配情况是非常不均衡的。大多数农民没有土地或者拥有极少的土地，而大量的土地被少数地主阶层占有。土地数量少导致经营规模狭小，难以提高劳动效率，农业生产的产量和质量都很难有大的改进。小块的土地也无法使用机械农具来生产，大多农民依然是用手工的传统农具进行生产劳动，条件好些的再配一些畜力，但都摆脱不了小农经济的生产局限性。落后的生产力和生产关系是生产效率低下的直接原因，20 世纪 30 年代，美国农民用 35 天来播种 1 公顷的棉花，同期的中国农民则要用 131 天才能完成；美国农民只用 3 天就可以耕种 1 公顷的小麦，而同期的中国农民则要花费 64 天才能完成同样的工作量；再比如玉米，美国农民用 6 天可以播种 1 公顷玉米，中国农民却要用 57 天；种植同样面积的棉花、小麦和玉米，美国农民所使用的时间只有中国农民的 26.4%、4.7%和 10.9%。耕地的有限性决定了农民的劳动成果绝大部分只能用于生存消费，据统计，农民的食物消费支出占据农民总收入的 63%，能够用于其他消费支出的收入非常有限，这些都是由土地问题导致的。①

三、农业经营形态

农业经营形态可以从三方面观察：一是从农场面积的大小，观察我国农业生产属于大农经营还是小农经营；二是从租佃关系与雇佣关系的深化程度来观察它是属于企业经营还是属于家族经营；三是从农产品的商品化程度观察它是属于市场生产还是属于自给经营。从上述三点来分析，我国的农业经营显示出以下特征：

（一）小农经营

对近代中国农业经营形态的调查和研究，金陵大学的卜凯教授在《中国

① 佚名.当前我国劳动力及资本问题[J].中农月刊，1948，9(2).

农家经济》(*Chinese Farm Economy*)和《中国土地利用》(*Land Utilization in China*)两本书中的调查是范围最广的。卜凯在《中国农家经济》的调查中显示，全国 7 省 17 县平均农场面积为 2.13 公顷①，合 31.95 华亩，平均作物面积也相同②；在《中国土地利用》中的调查结果是，全国 22 省平均农场面积为 3.76 英亩，合 22.82 华亩。③ 笔者认为这两次调查的数据都偏高。张培刚曾就几种比较可靠的农场经营数字进行比较观察，其结果各地农场面积均比卜凯的调查数字小得多。张培刚在《清苑的农家经济》中调查河北清苑县的平均数值为 15.3 亩；冯紫岗在《嘉兴农村调查》中调查浙江嘉兴县的平均数值为 16.2 亩；汤惠荪、杜修昌在《中国农家经济之记账的研究》中调查长江流域四处的平均数值为 11.9 亩；雷男等在《贵州农业概况调查》中调查贵州五县的平均数值为 15.4 亩；《广西年鉴》第二回中显示广西全省平均数值为 13.0 亩；土地委员会《全国土地调查报告纲要》中显示全国 16 省的平均数值为 15.8 亩。以上这些关于农场面积的调查，因其调查方法较科学，并且调查区域较广，故具有一定的代表性。由这些数字可以看出，我国农作区各省农场经营面积平均值在 12 亩到 16 亩之间，平均约为 15 亩，这一数字与卜凯两次的调查数字都相差较大。

以平均农场面积 15 亩来看，近代中国的农业明显属于小农经营的类型。法国的“巴登式农场”素以小农经营驰名于世界，其平均农场面积仍有 3.6 公顷，合 54 华亩，比我国平均农场面积高近 3 倍，可见我国平均农场面积有多狭小。如果按照德国农业经营学者崔朵夫(Seedorf)的分类标准，我国的农场经营不仅属于小农经营，而且大多属于“过小农经营”或“碎地经营”。在这种经营形态下，由于土地面积过于狭小，不足以充分利用家庭劳动，更不足以维持最低限度的家庭生活，于是经营主或家庭中其他成员，便不得不另觅工作机会，或者去做雇工，或者兼营副业。

(二)家族经营

所谓“家族经营”是指“经营的各个部门大部分都以家庭自有人工在自有土地上支持着”的这种形态。从租佃关系来说，近代中国尚以自耕农占优势。据中央农业实验所民国二十三年(1934 年)的调查，全国 22 省平均自耕农占 46%，半自耕农占 25%，佃农占 29%。④ 一般来说，华北地区自耕自田的程度较华南深一些。比如河北清苑县农村，纯自耕农占 85%，农家所

---

① 1 公顷＝15 亩。

② BUCK J L.Chinese farm economy[M].Shanghai: The Commercial Press,1930:44.

③ BUCK J L.Land utilization in China[M].Shanghai:The Commercial Press,1937.

④ 实业部中央农业实验所农业经济科.农情报告[J].实业部中央农业实验所,1933,3(4).

有田地留为自耕的占95%，农家使用的田地属于自有的占90%，平均每家农场面积(15.3亩)和平均每户所有田亩(14.2亩)极为相近。[①] 从雇佣关系上同样可以表现出家族经营的特性。据卜凯的计算，全国7省17县的农场支出，家工费用为64.22元，占全体农场支出的47%，雇工费用为24.87元，占18%[②]，简单地说，我国农业劳工中，自有劳工约占三分之二。清苑县的数字，表现得更突出：该县纯雇主与纯雇农仅各占3%，半雇主(自有一部分劳工)占8%，此外86%的农家都是用自有劳工来经营农业。[③] 在佃租关系较为发达的浙西区域也是同样的情形。据嘉兴县的调查，自有劳工所占百分比：自耕农为77%，半自耕农为84%，佃农为76%。[④] 本来，任何农业经营方式，如果所用劳工中，自有劳工占一半以上即属于家族经营的形态，而根据上述调查，近代我国自有劳工占三分之二以上，其具备家族经营的色彩是不言而喻的。

(三)自给生产

近代中国农产品的出售比例是非常低的，就粮食作物来说，稻的出售比例为15%，小麦为29%，玉米为19%，高粱为25%，小米为10%，大麦为18%。就畜养产品来说，据在河北清苑县的调查，500户农家中出售畜养产品的农家仅36户，占7%，出售的畜养产品以鸡蛋和猪肉为主，鸡蛋的出售比例普遍为40%～50%，猪肉的出售比例在40%～80%不等。[⑤] 从畜养产品和粮食作物比较来说，前者商品化程度远高于后者，但是近代中国的农业生产大部分是粮食生产，因此粮食作物的商品化程度也显示了我国农业生产经营尚停留于自给生产的阶段。

小农或过小农经营、家族经营及自给生产这三点，构成近代中国农业生产的显著特征。

四、农耕技术

我国农业起源很早，战国时农业生产已经表现得十分活跃，到西汉已进入较高级的农业社会，农业技术有所进步，农业生产力大为提高。因为在西汉时，铁器已经逐渐成为劳动工具并且居于重要地位，所谓“铁器者农夫之死生也”[⑥]，同时牛耕也渐渐推行，因此，昔之农耕以木器及人力为主者，今

---

① 张培刚.清苑的农家经济(第二部)[M].南京：中央研究院，1937.

② BUCK J L.Chinese farm economy[M].Shanghai: The Commercial Press，1930：77.

③ 张培刚.清苑的农家经济(第二部)[M].南京：中央研究院，1937.

④ 冯紫岗.嘉兴县农村调查[M].杭州：国立浙江大学，1936：98-99.

⑤ 张培刚.清苑的农家经济(第二部)[M].南京：中央研究院，1937.

⑥ 桓宽.盐铁论[M].上海：上海人民出版社，1974。

则渐以铁器为主，并知兼用牛力，此二者诚为农耕技术上划时代的进步。此外有纪胜之的区种法、土壤改良术及赵过的代田法[①]，均表示那时农耕技术的突飞猛进。自秦汉到清末，历时虽两千多年，但农耕技术并没有多大进步。鸦片战争后国外经济势力侵入，我国转而沦为半封建半殖民地经济形态，除农村变为列强销售剩余商品的尾闾外，国内并未引进农业革命模式，也没有促进农耕技术的显著改良，至近代我国农业生产除江苏无锡一带曾使用插稻机器外[②]，一般的动力都仍以人力、畜力、水力为主，工具仍是简单的木器、铁器和木铁混合器。

农耕技术直接影响农业生产的效率，间接影响各种农业生产经营方式的转换，苏联的稻米经营就是一个显著的例子。“自古以来，稻作都是限于小农场的。自从苏联成立后，即归国营农企业经营。每一农企业所占的耕地达数千公顷，可称世界最大的农业组织。以前传下来的手工植稻，不复延用；现在从飞机的播种起，到机器收割为止，完全机械化。有许多区域，例如乌克兰稻作区，已达到世界收获记录的范畴。”[③]欧美各国自农业革命后，农业技术大大改进，谷物生产量激增，得以一部分供人食用，一部分供饲畜，转而增加每人食肉与食乳量，还有剩余用于大量出口。中国想要调整农业生产结构与改善人民消费水平，就应当在农业技术方面多加努力。

五、农业政策

劳动生产力的提高是农业生产发展的根本动力，但是在政权混乱更替的社会环境中，农业生产极其容易陷入一种特殊的“均衡”状态——停滞中。在此情形下，作为制度创新方面最有优势的社会组织，政府对于打破这种“均衡”和推动社会进步起着尤为重要的作用。近代初期，处于内外多重压力下的晚清政府，也曾试图通过各种手段来促进农业生产的发展，颁布了一些振兴农业的政策法令。作为一种制度供给，政府这些政策法令的实施，对于推动中国农业近代化也起到了一定的积极作用。

(一)设立专门的政府农务机构

近代初期，中国的经济尤其是农业生产，经历着人口增加、天灾人祸不断以及西方资本主义的重重打击。晚清政府日益陷入财政困顿的经济危机中，一些有识之士受到西方农学知识输入的启发，开始重新探寻经济发展的出路。他们通过反思中外商战的结果，重新意识到农业的重要性，开始再次

---

① 森各克已.中国社会经济史[M].陈昌蔚，译.上海：商务印书馆，1937：145-150.

② 韦建雄.无锡三个农村的农业经营调查[J].中国农村，1936，1(9).

③ 密克哈罗夫.苏联新地理[M].谭俊，译.北京：商务印书馆，1955：193.

强调农为国本、农业强国等思想。张謇在1897年的《请兴农会奏》中提道："立国之本不在兵和商，而在于工和农，而农尤为重要"。[①] 张之洞在1898年所呈的一份奏折上也指出，国家富强的途径"不外乎农、工、商三事，而农务尤为中国之根本"。[②] 这些为数不少的有识之士的劝谏，都是试图让政府的官僚体制更加理性，希望政府设立专门的农业服务机构，真正地促进农业生产的发展。臣僚的呼吁，财政的困顿，导致晚清政府的价值观发生较大的改变，开始认同农工商是强国之本的观点。1902年，晚清政府责成特派官员"专办商务"，同时命令各地官员要立即恢复农工事务。1903年9月，清政府又在中央设立专门的产业行政机构——商部，商部内分别设立四个部门：会计司、通艺司、保惠司和平均司，负责财政、交通、工、农、矿等事务。其中平均司的主要职责就是管理与农业生产相关的农务、开垦、蚕桑、畜牧、水利、山林等事务。由此，晚清政府建立了为农业筹划发展的专门责任机构，为农业生产的改进和发展奠定了良好的社会条件。

1906年，随着新政实施的深入，清政府把原来的工部也合并到商部中，其名称也变更为农工商部。与此同时，把原来的平均司也改名为农务司，专职负责农政事务，把原来由户部负责的"屯垦、农桑、畜牧、树艺"事务和原来由工部负责的"河工、水利、堤防"等一切与农业相关的事务，都由农务司管辖。此外，清政府把各地的商务局也都变更为农工商务局，同时设立劝业公所。通过这些调整，中央和地方有关农业的行政职责更加明确和详细，农业事务有了集中的领导和负责机构，为农业生产的顺利发展和农事的改良奠定了合法的行政和制度基础。

（二）兴农措施

中国在农产品出口贸易上的劣势地位，使得晚清政府意识到振兴农业的重要性，提出："商务初基，以提倡土货为要义，而商之本在工，工之本在农，非先振兴农务，则始基不立，工商亦无以为资"。[③] 要想振兴农业，不仅应当设置专门的农务责任机构，还要在制度方面采取相应的措施，改良传统的农业生产要素，借鉴吸收先进的农业生产技术，促进农业现代化的发展。为此，晚清政府也先后实施了多项振兴农业的措施，包括开展农学教育、传播农业技术、设立农会组织等。

第一，开设农务学堂，推进农业教育。人才的培养是农业变革中的重要因素，晚清政府认识到当务之急是振兴教育，尤其是农业教育。自1903年

① 张謇.张謇全集(第2卷)[M].南京：江苏古籍出版社，1994.
② 张之洞.张之洞全集(第2册)[M].石家庄：河北人民出版社，1998.
③ 刘锦藻.清朝续文献通考[M].上海：商务印书馆，1937：378.

开始，晚清政府先后发布了倡行农学教育的一系列法令措施，将开设农务学堂规定为基本国策。随后不久，清政府又颁布了多个章程，详细规定了农务学堂的初、中、高三级规划设置，以及每一级学堂的专业学科设置等。据统计，到 1909 年，全国共设立高级农务学堂 5 所、中级学堂 31 所、初级学堂 75 所，在校学生共计 6 028 人；到 1912 年，全国已有各类农务学堂 263 所，在校生 15 379 人。[①] 这些农务学堂的设立和农业人才的培养，为近代中国农业生产的发展提供了初步的人力资源。

第二，开办农事试验场，推广农业技术。农业技术是农业生产的直接动力，农业技术的引进和传播需要相应的制度安排。在晚清政府的支持和倡导下，各地农业试验机构纷纷成立。1902—1906 年，济南、保定、武昌、沈阳、福州等地相继成立了省属的农事试验场。1906 年 4 月，农工商部为了树立农业模范，成立了中央直属的农事试验场，内部设立了八科试验项目，包括农林、畜牧、动物、蚕桑、博物、书记、会计、庶务等，中央农事试验场作为全国性的农事基地，负责甄选优良的作物品种，改良传统落后的农业生产技术，对全国的农事振兴具有强烈的示范效应。[②] 在此之后，各省纷纷成立自己的农事试验场。截至 1911 年，全国已经开设 20 多处较大规模的农事试验场，更有诸多民间的小规模农事试验所层出不穷。这些农事试验场往往与地方的农事学堂联合起来，从事农业科技知识的试验和传播应用，这标志着近代中国农业生产的教育传播实现了体系化，摒弃过去仅依靠经验进行农事的传统，开始通过实验的方式对农业生产进行改良和拓展。

第三，设置农会组织，辅助农业管理。农业是弱质部门，在提高资源配置效率、降低生产经营风险方面，介于国家和社会之间的农会组织具有不可替代的重要作用。早在维新运动时期，一些有识之士就曾成立过研究农学的带民间性质的学术活动团体。商部成立后，晚清政府意识到农会对农业发展的重要性，1907 年 7 月，袁世凯批饬成立直隶农务总会，农工商部通令各省照办。在此之后，为了有效整顿农务，清政府发布了《农务会试办章程》和《奏定农会简明章程》二十三条，明确规定农会组织的成立条件、成员资格、职责任务、结构划分以及如何管理等内容，从制度上保障农会的存在和正常运转。政府对农会组织合法性的肯定，旨在通过农会这一辅助机构，更加有效地推进农业生产要素的推陈出新，更深入地推进农业生产的发展。有了合法的地位，农会组织便迅速发展壮大起来，到清末民初的时候全国县级以上的地区基本都有了农会组织。各地的农会组织在政府农务机构的领

① 王笛.清末民初我国农业教育的兴起与发展[J].中国农史，1987(1).

② 李文治.中国近代农业史资料(第 1 辑)[M].北京：三联书店，1957.

导下，推广农业政策法令，传播农业信息，发挥了重要的作用。

从上述措施可以看出，近代初期政府所实施的一系列促农措施，都是围绕提高农民知识、改良和推动农业发展为目的而展开的。这也表明，晚清政府对农业不再实行过去那种强制性的征赋式管理，而是改为向农业生产提供服务的管理方式；对农事的管理也已经制度化，这标志着政府对农业生产管理方式的进步。

（三）开放垦荒，奖励垦务

近代初期，虽未更改传统的土地占有方式，晚清政府却推行了一些有利于农业发展的政策——开放和奖励垦荒。开垦荒地可以拓展土地耕种面积，然后设立垦殖公司，把这些开垦出来的土地组织起来，可以进行规模化的经营，实现大农生产对小农生产的替代。1902—1904 年，晚清政府先后开放了吉林、奉天、黑龙江和东南盐场的荒地以供开垦。1906 年底又颁布要求，各省查报荒地，务使国无旷土，野无游民。同时，为解决垦荒过程中的资金问题，农工商部推行了奖励措施，凡是别出心裁的自制物品，足以提倡土货抵制洋货的，皆给予奖励。1909 年 4 月，农工商部制定了包含 22 个条款的《推广农林简明章程》，对开垦荒地、促进农业发展做出了具体的规定。这些政令的实施和督促，为地方垦务的拓展提供了政策导向。垦殖面积的扩大和政府奖励措施的推行，促进农业生产经营方式的重大变革，农业垦殖公司逐渐诞生和壮大起来。到 1912 年止，全国范围内的农垦公司达 171 家，资本总额 630 多万元。农垦公司的扩大发展，也表明近代中国农业发展的新趋向，是自然经济解体的一个继续。

制度的改变是经济现代化的必要条件之一。近代初期，晚清政府推行的支持和帮助农业发展的一系列政策法令和行动措施，在一定程度上可以视为一种制度安排，虽然这种安排是由政府“规定了特殊比赛规则”的。[①]这些为农服务的政令措施作为一种过渡，对推动近代中国农业生产的进步起到了相当积极的功效，也为后来政府的农业经济制度提供了可资参考的蓝本。

第四节　近代农业生产环境的恶化

农业收成和土地产量受到自然环境和社会生态环境中多种因素的制约。受天灾人祸的影响，我国近代农业生产出现不同程度的波动。

---

① 舒尔茨.经济增长与农业[M].北京：北京经济学院出版社，1991.

一、农业自然灾害

我国地理范围宽广，农业生产的地域性差异也很大。由于东部季风气候显著，并且每年气候变化的波动性强，导致自然灾害频发，对农业生产相当不利。农业生产本身对气候的依赖性就比较大，抗拒自然灾害的能力也非常低。自然灾害不仅恶化了生产环境，也阻碍了农业生产的顺利发展。近代我国经常发生的农业自然灾害中，干旱和洪涝最常发生，其次就是台风、低温冷害、冰雹、干热风等，每年都有不同程度的发生。

（一）洪涝

洪涝灾害是由暴雨引起的，我国是个多暴雨的国家，从暴雨的形成来说，可分为由锋面活动形成的锋面暴雨、由台风活动形成的台风暴雨和局地气候形成的暴雨。我国又是典型的季风气候区，副热带高压活动的强弱决定了夏季风的强弱，并影响到雨季的迟早和强度。

我国降雨量最多的是长江、珠江、海河、淮河等流域，这些地区也是雨涝灾害最严重的地区，其他地区因降水量的不同也都存在不同程度的雨涝灾害。有关统计表明，我国 2 000 多年以来发生过的较严重的洪涝灾害大约有 1 000 多次，几乎每两年要暴发一次。1931 年我国发生大范围的洪涝，全国 16 省都遭受不同程度的灾害，尤其是江淮流域的 8 个省份，受灾面积达 900 多万公顷，超过了全部耕地面积的四分之一。洪涝灾害导致农业收成下降，水稻比常年减产 26%，高粱和玉米减产程度达 71%，棉花更是比常年减产 76%。黄河流域历年发生过的决堤次数超过 1 500 次，基本上每三年要决一次堤，由此导致黄河多次改道，比较大的改道就有 26 次，平均每一百年改道一次。据记载，1928 年到 1946 年间，黄河发生泛滥就达 17 次。1938 年发生的黄河泛滥，安徽、河南、江苏三省的受灾面积超过 5.4 万平方公里。此外，海河流域也是洪涝频发，从 1368 年到 1949 年共发生 387 次，每三年要暴发两次。①

洪涝灾害对农业的危害，除对水利设施的破坏外，主要表现为对农作物的淹没而造成的受灾减产。水稻是耐淹能力较强的作物，但各生长期耐淹性有异。秧苗期耐淹性最强，短期淹水不会造成伤害；分蘖至拔节期受淹影响根茎生长，甚至倒伏；孕穗以后淹水会引起稻穗死亡；抽穗期以后，较长时间淹水会引起缺氧早衰甚至腐烂，严重影响产量。小麦是旱地生长的农作物，土壤里面水分不宜过多。尤其在育苗期、拔节至抽穗期和结实灌浆期，

---

① 张养才，何维勋，李世奎.中国农业气象灾害概论[M].北京：气象出版社，1991.

缺水或者浇水过多都会对其生长不利。湿、渍害是江淮流域三麦产量不稳的主要原因。玉米需水量虽大，却不耐涝，涝害、湿害是造成玉米减产的主要原因。

(二)干旱

我国历史上有许多祈雨记载，可见干旱与洪涝一样也是我国最主要的农业自然灾害。据有关记载，从公元前206年到1949年的2155年间，旱灾共发生1 029次，几乎每两年要发生一次。一般持续时间长，影响范围大。最常见的是南方的冬旱，北方的春旱、冬春连旱，长江流域的伏旱，西北则全年偏旱。近400年来，我国北方平均每百年发生旱灾少则31次，多则91次。17世纪三四十年代，我国由北向南推进的连续7～8年的干旱，是我国近500年来最严重的一次。[①] 大面积农田连年颗粒无收，民不聊生，以至成为朝代更替的重要原因。

我国的干旱按发生季节分冬春旱、伏旱、秋旱。冬季大陆性干冷气团控制广大地区，降水普遍较少。春季我国华北、西北和东北地区，太阳辐射强，气温回升快，空气干燥，风力大，蒸发强盛。一旦长期无雨或少雨，就会造成严重的冬春旱。春旱会阻挠冬小麦返青之后的正常生长，导致小麦的结穗数和穗粒数下降，粒重也会降低；春旱还影响春播作物的出苗和苗期生长，易造成秧苗断垅、幼苗生长不良。江淮流域梅雨结束后进入伏天，在副高控制下，天气晴朗，光照比较强烈，水汽蒸发较快。这个时候正是春播农作物旺盛的生长期，需要较多的水分来滋养，在此阶段若长期高温少雨就易形成伏旱。伏旱影响北方春播作物的正常生长，影响麦茬作物适时播种，在南方则主要影响晚稻的适时栽插。“春旱不算旱，夏旱丢一半”就是这个道理。入秋后降水量迅速减少，但作物因灌浆成熟需大量耗水，在台风活动较弱的年景，易形成秋旱。长江流域秋旱发生概率比春旱高，秋旱危及晚稻生长、秋播小麦的出苗和冬前生长。

(三)低温冷害

低温冷害包括冬季由强寒潮引起的大幅度降温，夏季东北地区低温和南方冬季的冻雨及秋季的早低温。寒潮是从北方(西伯利亚)向南侵袭的大范围强冷空气，通常伴随着大风、雨雪和剧烈降温。我国东北地区，如果夏季晴天较少，高温日数少，易造成夏季低温。夏季低温使作物贪青晚熟，若遇早霜则粮食作物粒重下降，严重影响产量。历史资料表明，东北地区夏季低温是由厄尔尼诺引起的东亚夏季低温的一部分。秋低温是长江中下游地

① 张养才，何维勋，李世奎.中国农业气象灾害概论[M].北京：气象出版社，1991.

区常见的低温冷害形式，当地称为“寒露风”。这一时期正值江南晚稻抽穗扬花阶段，秋季低温容易造成空壳、瘪粒，使粮食减产。2—4 月，江南先后进入早稻育秧阶段，这时若有北方冷空气南下与暖湿气流交绥，易造成低温连阴雨天气。若持续长久，则造成大面积烂秧、死苗。

此外，与低温冷害相随的是霜冻，按产生的时间可分为早霜（初霜）、晚霜（终霜）。早霜出现在晚秋初冬，它往往与秋低温相随，晚霜出现在早春初夏，它往往与春低温相伴。霜冻也是我国广泛发生的对多种作物产生伤害的农业自然灾害。就大面积生产的主要作物而言，是否发生霜冻灾害，还取决于种植制度和作物种类。在一年一熟地区，初霜冻造成的伤害较严重，终霜冻的危害相对较轻。这是因初霜冻日年际变化很大，遇到初霜显著提早年份，秋收作物尚未成熟就可能被冻死，造成严重减产。在一年两熟地区，终霜冻危害较重，初霜冻较轻。尤其在北部终霜冻日年际变化大，是最不稳定的地区之一。终霜冻害发生概率较高，南岭以北的一年三熟地区，初、终霜冻害都较轻。南岭以南和闽南一年三熟地区，相对多霜冻。因为冬季较温暖，小麦、油菜、蚕豆等喜凉作物在有霜期内进入穗、花分化期，还有花生、甘薯等喜温作物生长。有些地区还种植南亚热带、热带经济作物，都对霜冻十分敏感。而这些地区的初、终霜冻日的年际变化也很大，遇到强寒潮暴发，冷空气越过南岭，造成大幅度降温而发生霜冻，时常造成很大的经济损失。云南及贵州南部霜冻灾害比较频繁，由于地形复杂、作物多样，终霜冻日年际变化大，常危害小春作物、烤烟、甘薯及热带经济作物，造成的损失也较大。

（四）台风、干热风与冰雹

热带西太平洋是全球最主要的台风活动区，占全球生成台风的 38%。我国平均每年有 7 次台风登陆，登陆地区几乎遍及我国沿海地区，其中华南沿海占 89%，浙江及其以北沿海占 11%。台风登陆所引起的暴雨、狂风、巨浪和海潮，给人民生活生产带来巨大的负面影响。其中台风对农业的灾害，除风力的机械损伤外，主要表现为由暴雨引起的洪涝灾害。在我国 1931—1977 年的 26 场强暴雨中，有 15 场是由台风引起的，占 58%。由台风带来的风暴潮，特别是在生产力水平低下的近代，给人民生命财产安全造成极大的伤害。如 1922 年南海大风暴潮，“平地水深丈余，低下者数丈，乡村被卷入海涛中”，已大大超过农业灾害的范围。

干热风是一种高温低湿并伴有一定风力的农业灾害天气，其名称因地而异，有“火风”“热风”“旱风”“热东风”等不同称谓，但高温低湿为其共同特征。干热风的危害主要发生在北方春末夏初时期，主要影响冬、春小麦和棉花，此时正值小麦灌浆乳熟阶段，在干热风袭击下，小麦茎叶迅速枯黄，光能利用降低，灌浆期缩短，千粒重明显下降。实践证明，受干热风影响，小麦会减产 10%～20%，重者可达 30%以上。[①]

冰雹是一种局地性强、季节性明显、来势猛、持续期短的农业灾害，对作物的伤害主要是机械损伤，强烈的冰雹可以在短时间内将全部作物毁尽无遗。我国地形复杂多样，是一个多雹地区。东部地区主要降雹带有显著的自春至夏、由南向北的推移过程，大致比主要雨带的推移早一个月左右。西部地区受地形影响，情况十分复杂。青藏高原雹带 4 月主要出现在藏东南至滇西北，7 月北移到昆仑山区，以后逐渐南退。青海北部和甘肃河西地区雹带的季节变化以祁连山为中心，由春至夏、由平原低谷向高山推移，7—8 月雹带延至海拔 4 000 米的山地。我国冰雹在西部山区最多，平均每年有 15～35 个雹日；东部地区雹日虽少，但冰雹直径比西部山区更大，且作物密布。正值作物生长旺期，雹线过境同时有大风、暴雨、雷暴袭来，因此，对农业损害极大。

二、天灾人祸导致农业收成下降、农产品销路不畅

1840 年鸦片战争以后，在帝国主义列强的炮火侵略下，中国社会被迫由封建社会沦为半殖民地、半封建社会。列强疯狂掠夺我国的资源，乱砍滥伐、破坏森林，导致生态环境日益恶化。清代以前东北地区林海茫茫，清代中叶清政府对东北弛禁以后，随着农耕区的不断扩大，平原周围的森林被砍伐殆尽。而大兴安岭北段、小兴安岭及长白山森林遭到摧残，主要是日俄帝国主义势力侵入以后大规模砍伐的结果。1903 年中东铁路筑成以后，帝俄趁机在铁路沿线掠夺森林资源；日本帝国主义侵占华北以后，更是疯狂地砍伐森林，使得交通沿线和靠近江河的森林迅速消失。大兴安岭中南段的森林也被砍伐殆尽，抢掠一空。小兴安岭和长白山地区的木材，还被运到朝鲜和日本本土。日军侵占华北期间，对华北北部残存的山地森林进行了毁灭性的破坏，使得华北地区几乎寸木不生。这些破坏性活动导致我国森林覆盖率急剧下降，黄河中游地区的森林覆盖率下降到 3%，长江流域及其以南山地森林的面积也大幅减少。

由于战乱不断，森林植被锐减，腐朽的清政府、北洋军阀政府无力治理大江大河，生态环境恶化，各地水利失修，农田排灌设施湮废，抵御自然灾害的能力大为降低，使得近代全国范围内水旱灾害频繁，给农业所造成的损失

---

① 张养才，何维勋，李世奎.中国农业气象灾害概论[M].北京：气象出版社，1991.

也越来越严重。这一切直接导致农业收成的普遍下降。清政府曾统计1841—1911年各省的农业收成指数,其中以南方6个省份(包括安徽、浙江、湖南、湖北、福建、江西)和北方4个省份(包括陕西、山西、河南、直隶)为代表,每十年一平均,形成表2-6。

表2-6　南北10省夏、秋10年平均收成数统计表(1841—1911年)

时　间	夏收成数				秋收成数			
	北方4省		南方5省		北方4省		南方6省	
	成数	指数	成数	指数	成数	指数	成数	指数
1841—1850年	7.1	100	7.2	100	7.0	100	7.1	100
1851—1860年	6.1	86	7.3	101	6.6	94	7.1	100
1861—1870年	6.1	86	6.6	92	6.1	87	6.7	94
1871—1880年	5.9	83	6.5	90	5.9	84	6.5	92
1881—1890年	6.0	85	6.6	92	5.8	82	6.3	89
1891—1900年	5.9	83	6.2	86	5.5	79	6.2	87
1901—1911年	5.9	83	6.2	86	5.5	79	6.3	89

资料来源:李文治.中国近代农业史资料(第一辑)[M].上海:三联书店,1957:755-760.

注:夏收栏缺浙江,故为5省。

表2-6显示,从1841年到1911年的70年间,不管是南方还是北方,秋收还是夏收,农业收成基本都呈现下滑的趋势。1841—1850年,全国的农业收成都在七成左右;1901—1911年,农业收成已经下降到六成甚至五成半的局面。如以1841—1850年的年收成数为100,那么1901—1911年则为79～89,60年间下降了11～21个百分点;南北比较,不论夏收或秋收,北方的年成分数均比同期的南方地区低,且下降速度比南方更快,秋收尤为明显。这是由于这一时期北方地区的自然灾害更为频繁,水土流失、土壤沙化和地力枯竭的程度比南方地区更为严重。需要指出的是,从表2-6看,1891—1911年的两个10年间,农业收成的持续下降似乎到达谷底,下滑势头已得到遏制,并有回升的迹象。实际并非如此,上述假象的造成,主要是这两个10年间资料不全,某些收成特别低的省份漏报。如南方的安徽,太平天国起义前的夏、秋收成均在八成以上,太平天国后则降至六成以下;1869—1897年的收成均为五成多;1898年以后各年均未呈报。如果仍按五成半的分数加入统计,则1901—1911年南方的夏、秋收成分别为5.9成和6.1成,而不是表2-6中的6.2成和6.3成,比1891—1900年下降了3个和1个百分点。北方4省中,1875年以后各年缺直隶、山西两省统计,表中数字

也有一定局限性。大量的资料表明，进入 20 世纪后，北方地区的农业收成仍在继续下滑。

20 世纪二三十年代，世界经济危机的爆发使国际大环境进一步恶化。外国资本主义不断向中国倾销商品，洋货大量涌入中国的农村市场，同时中国国内生产的农产品却销不出去，价格不断下降，严重影响了农民的生产积极性。

以粮食为例，我国本来是小麦的出口国，但是从 1923 年以后，就由出超国变成了入超国，并且小麦的进口量逐年上升：1923 年小麦的进口量是 2 595 190担[①]，到 1932 年剧增至 15 085 000 担。与此同时，经济作物的进出口也遇到了同样的问题，比如棉花，从 1929 年开始就出现严重的入超情形，入超量达 1 571 000 担，1930 年入超量达 2 630 949 担，1931 年 3 862 864 担，1932 年 3 049 592 担。[②] 另外，世界经济危机也严重影响了家庭副业的收入。在山东潍县，日产棉布每匹[③]较土布低二三角至七八角，较土布宽两英寸[④]多，而且运销量每年增长，1931 年运潍县布匹仅 726 吨，到 1933 年增加到了2 979吨，两年间增加了 3 倍多，1934 年略有减少，但也较 1931 年增加 2 倍以上。[⑤] 而且外国资本主义还以低价收购原材料。根据记载，“日本驻周(村)收茧之洋庄，复从中把持操纵，上下茧价；但农家蚕既熟，恐其出蛾，价虽甚低，亦势必忍痛出售。”[⑥]从事手工业的农民损失惨重。

综上所述，天灾人祸的频发严重破坏了农业生产，同时也阻挠了农产品贸易的发展。近代天灾人祸发生的规模之巨大、次数之频繁、破坏之惨烈都是史无前例的，这些自然及社会灾害直接造成农业生产环境和农村市场环境的恶化，是引起农业收成下降、农产品销路受阻的重要原因。

---

① 1 担＝100 斤＝50 公斤＝50 千克。

② 翟克.中国农产问题之研究[M].广州：中山大学农学院推广部，1935：271，360.

③ 1 匹等于 4 丈，1 丈为 10 尺，3 尺为 1 米，因此 1 匹大约等于 13.33 米。

④ 1 寸＝2.54 厘米。

⑤ 章有义.中国近代农业史资料(第三辑)[M].上海：三联书店，1957：423.

⑥ 章有义.中国近代农业史资料(第三辑)[M].上海：三联书店，1957：453.

第三章 近代中国农业土地利用结构

土地问题一直是我国农业问题研究的重点，这很大程度上是因为我国人多地少。我国幅员辽阔，自然地理环境复杂多样，水热条件的差异明显，再加上我国山地多，地形的垂直差异大，形成了各具不同自然属性和适宜特点的土地资源类型。在人类长期的利用过程中，由于各地开发历史、经济发展水平、人口与民族构成、科学技术水平、社会经济发展需要及开发利用政策等社会、经济、技术条件的差异，人类利用土地的方向、方式和结构也不同，因而形成了复杂多样的土地利用类型。近代的土地利用主要以农业用地为主，农业用地是指耕地、林地、牧场等。土地利用结构是反映农业生产结构的一个基本方面，本章主要从两个层面来分析：一是人口与土地的比例关系，二是农业内部各部门占用土地的比例关系。

第一节 近代中国的人口与耕地关系

人类创造了历史，而土地为人类提供了生存的保障。古今中外，各个国家都把人口和土地视作统治的基础和财富的源泉。人口与土地是立国之本，从一定意义上说，人类社会的历史就是人口与土地的关系史。从明朝初期到近代，中国的人口调查制度也在不断地发展和变化，从户帖制、黄册到里甲制，从人丁编审到厉行保甲，一直在民政行为和财政行为之间转换，人口调查的对象也从全体人口到部分人口再到全体人口，只有明太祖、乾隆至道光年间的少数历史数据比较可信。

一、近代中国人口的变化

根据严中平等学者对近代我国人口调查数据的整理和汇总结果（见表3-1），从1840年以后的100多年中，中国的人口总体是增长的，但增长数不算太大。据统计，1947年与1840年相比，中国人口总共增加了4 998.10万人，平均每年增加46.71万人，其中东北地区（黑龙江、吉林、辽宁、热河四省）的人口增长较多一些。1850—1910年，人口减少了6 211.10万人，主要原因是战争和饥饿。

表 3-1　1840—1947 年中国人口的变化

年　份	1840	1850	1910	1923	1947
人口/千人	412 817	429 932	367 821	441 482	462 798

资料来源：1840、1850 年数字见严中平，等.中国近代经济史统计资料选辑[M].北京：科学出版社，1955；1910、1923 年数字见实业部中国经济年鉴编纂委员会.中国经济年鉴[M].上海：商务印书馆，1934；1947 年数字见《中华年鉴》(上册)[M].南京：中华年鉴社，1948：91-92.

二、近代中国耕地面积的变化

近代农业生产的劳动生产率本来就很低，因此农业用地的数量与质量基本上决定了农业的产出水平以及农民的生活水平。近代中国的土地面积基本没有发生变化，据 1933 年《申报年鉴》中的数据，我国的土地总面积约为 130.76 亿亩；而在同期，我国的耕地面积则是不断增加的，表 3-2 中的数据可以表明这一点。

表 3-2　近代耕地面积的变化

年　份	1873	1893	1913	1932	1946	1949
耕地面积/千市亩	984 524	996 216	1 017 325	1 248 775	1 410 731	1 468 221
占土地总面积比重/%	7.5	7.6	7.8	9.6	10.8	11.2

资料来源：土地总面积按张梓生、章倬汉《申报年鉴》(申报年鉴社，1933 年)中的 130.76 亿亩计算。1873、1893 及 1913 年的耕地面积系根据国民党实业部中央农业实验所农业经济科《农情报告》(实业部中央农业实验所，1934 年)数据推算而得；1932 年耕地面积见张心一《中国农业概况估计》(金陵大学出版社，1932 年)；1946 年数据见《中华年鉴》(下册)(中华年鉴社，1948 年)；1949 年数据见《全国农业生产恢复时期基本统计资料》(国家统计局，1950 年)。

注：市亩是我国传统的面积单位，1 市亩＝666.67 米^2。

从表 3-2 还可以看出，农业用地也就是耕地在国土面积中的比重是不断攀升的，这也是由于人口的增加需要和有能力开垦出更多的耕地。中国自古以农为本，对农业资源的开发利用始终没有停止过。但近代的农业资源并不丰富。中国的地理条件是多山地少平原，能够开发利用成耕地资源的平原土地更是贫乏，气候、土壤条件适宜且雨水充分的平原也是少之又少。因此，耕地资源十分有限，随着人口的不断增长，耕地面积如不能及时增加，将难以满足国人生存发展的需求。

三、近代人口与耕地关系的变化

近代以来，中国的人口数量与耕地面积都发生了变化，但是不同的学者统计的数据存在一定的差别，表 3-3 中的数字来自陈彩章、陈长蘅以及国民党政府立法院统计处、《申报年鉴》、《中华年鉴》等比较权威的几处统计数据。虽然表中的人口数据与表 3-1 的数据有所差别，但对近代人口的变化趋势反映都是一致的，即都表现出人口总量不断增长的趋势。耕地面积数据亦与表 3-2 有所差别，但均反映了不断增加的变化趋势。

表 3-3　近代中国的人口与耕地

年　份	人口/千人	耕地面积/千市亩	人均耕地/亩
1833	398 942	679 986	1.70
1863	404 946	751 762	1.86
1872	329 563	755 536	2.29
1887	337 590	840 842	2.49
1900	366 810	847 784	2.31
1910	368 147	1 455 236	3.95
1916	409 500	1 276 894	3.12
1934	462 153	1 228 367	2.66
1947	462 798	1 410 731	3.05

资料来源：1833、1863 及 1910 年数字见陈彩章.中国历代人口变迁之研究[M].上海：商务印书馆，1946。1872、1887、1900 及 1916 年数字见陈长蘅.中国人口论[M].上海：商务印书馆，1932。1934 年数字见申报年鉴社.申报年鉴[M].上海：申报年鉴社，1935：2。1947 年数字见中华年鉴(上册)[M].南京：中华年鉴社，1948：91-92；中华年鉴(下册)[M].南京：中华年鉴社，1948：1239.

根据表 3-3 数据可以观察到近代我国人地关系的变化，即人均耕地面积从 1833 年的 1.70 亩增长到 1947 年的 3.05 亩。1910 年人均耕地面积显示是个峰值，人均 3.95 亩，但随后又持续下降，到 20 世纪三四十年代才开始回升。表 3-4 是根据章有义先生的研究，对近代中国人口与耕地面积的重新估算，也反映了近代中国人口与耕地面积虽有波动但是总体上升的变化趋势。

表 3-4　中国近代各时期人口与耕地面积

时　间	1812 年	1851 年	1887 年	1912 年	1928—1936 年	1949 年
人口/千人	365 447	436 299	376 144	455 243	510 789	545 831
耕地面积/千市亩	1 050 259	1 076 846	1 125 960	1 259 269	1 416 963	1 444 400

资料来源：章有义.近代中国人口和耕地的再估计[J].中国经济史研究，1991(1).

由于统计调查口径的不同，不同学者估计的人口数、耕地面积等数据略有差别，但总体变化趋势是一致的。近代中国的人口变化是波动式上升的；

而在此期间，由于垦荒和开发土地的增加，耕地面积也在不断增加，人均耕地面积随人口变化略有起伏，但总体趋势也是上升的。

第二节　农业内部各部门的土地利用结构

农业内部的土地利用结构，就是要解决面积有限的农用土地如何在农业内部各部门（种植业、畜牧业、林业等）之间进行合理配置的问题。近代关于农业内部各部门的土地占用关系、比重变化，没有任何官方的全面统计，只能依据近代一些较为权威的调查数据进行观察。

一、近代中国的土地利用结构

学者丁长清、慈鸿飞根据20世纪二三十年代陈长蘅、乔启明的估算，以及《中国农业经济概要》一书中的估计，汇总出近代中国耕地、牧场、森林用地以及其他用地的面积和比重，见表3-5。其中，牧场数据来自陈长蘅的估计，转引自乔启明编《中国农村社会经济学》第199页。根据陈长蘅的估算，察哈尔、热河、宁夏、绥远、新疆、西藏、西康、青海等省，除耕地外约有牧地64 000平方英里[①]，合248 640 000市亩，约占该省区总面积的26%。另据中华人民共和国农业部政策研究室编的《中国农业经济概要》（农业出版社，1982年）估计，“我国现有草原面积为478 615万亩，其中可以利用的草原为336 514万亩，在农区约有可以放牧的草山草坡104 028万亩，……两项合计582 643万亩左右，约占国土总面积的40.40%。”

表3-5　中国近代耕地、牧场、林地和其他土地比较表

类　别	占比/%	面积/千公亩[②]
耕地	9.84	9 443 753
牧场	17.27	16 576 000
林地	9.49	9 108 789
其他	63.40	60 841 458
合　计	100.00	95 970 000

资料来源：丁长清，慈鸿飞.中国农业现代化之路[M].北京：商务印书馆，2000：155.

表3-5中森林面积是根据国民政府实业部编的《民国二十五年全国实业概况》表48的数字计算的。该书估计，全国林作地面积为43 958 390千

① 1英里^2＝258.998 811公顷＝2 589 988.11米^2。

② 1公亩＝0.15亩＝100米^2。

公亩，占总面积 95 970 000 千公亩的 45.80%，其中森林用地为 9 108 789 千公亩，占总面积 9.49%，宜林地 34 849 601 亩，占总面积 36.31%。

表 3-5 基本反映了近代中国土地利用的概况，耕地（主要是种植业用地）的面积在全部土地面积中的比重不足 10%，牧场（主要是畜牧业用地）的面积比重近乎耕地面积的两倍，而林地的面积与耕地面积基本相当。把耕地、牧场和林地加在一起的农业用地面积只占全部土地面积的三分之一，可见农业用地的数量相当有限。

二、八大农区的土地利用结构

20 世纪二三十年代，中国掀起了一股农村社会研究的热潮，学者们首次用现代方法对农村社会和经济问题展开了实地调查研究。当时身为南京金陵大学农业经济系主任的美国人——卜凯教授，带领学生组织了两次大规模的农村社会经济调查，第一次是在 1921—1925 年，调查范围涉及 7 省 17 县 2 866 家农户。1929—1933 年的第二次调查是范围最广的，涉及我国 22 省 168 县 16 786 家农户，这次调查“范围之广是空前的，除东三省以外，几乎遍及全国。从调查成果上看，其统计结果的深度、广度和系统上，也是以前少有的”。[①] 在两次调查的基础上，卜凯教授完成了《中国农家经济》和《中国土地利用》两本著作。卜凯教授在两本书中提供了大量的数据和表格，这些数据“反映出当时中国农业生产与农民生活的实际情况，为研究中国农村经济提供了重要材料”。[②]

在卜凯教授所著的《中国土地利用》一书中，对 20 世纪 30 年代中国八大农区（指春麦区、冬麦小米区、冬麦高粱区、扬子水稻小麦区、水稻茶区、四川水稻区、水稻两获区、西南水稻区，以秦岭-淮河为小麦带和水稻带的分界线）的耕地、牧场和林地的比例做出统计，见表 3-6。表 3-6 是对全国土地利用情况的一个观察统计，表 3-6 则是针对近代中国的八大农区进行观察，数据有一定的差异。八大农区中，不考虑其他用地，耕地面积所占的比重最大，其次是林地，而牧场面积则是最小的，林地和牧场面积加在一起还不及耕地面积的一半。这说明在中国主要农区内的农业生产，仍然是以种植业为主的。

---

① 侯建新.二十世纪二三十年代中国农村经济调查与研究评述[J].史学月刊，2000(4)：125-131.

② 刘菘生，刘葆金.中国农业经济教育史[M].北京：中国农业科技出版社，1997.

表 3-6　八大农区耕地、牧场、林地和其他土地比较表

类　别	占比/%	土地面积/公里²
耕地	27.0	950 282
牧场	4.6	161 900
林地	8.7	306 202
其他	59.7	2 101 180

资料来源：丁长清，慈鸿飞.中国农业现代化之路[M].北京：商务印书馆，2000：155.

中国自古以来就形成了独特的自然条件和社会特点，除北部少数传统的牧区以外，农业生产一直是以种植业即耕种为主的，而畜牧业、林业和渔业都是居于辅助和次要的地位。与欧美国家相比，土地利用的情形大不相同。如表 3-7，20 世纪 30 年代初期，中国的耕地比重为 27.0%，而意大利和德国的耕地比重都超过了 40%；同时欧美等地的牧地比重均远远超过中国，英国的牧地比重竟达 56.8%，而中国只有 4.6%；林地比重也是如此，美国的林地比重超过 30%，而中国的林地比重只有 8.7%。

表 3-7　30 年代初中外土地利用比较

单位：%

国　家	总土地	耕　地	牧　地	林　地	其他用地
中国	100	27.0	4.6	8.7	59.7
意大利	100	44.6	20.1	16.0	19.3
德国	100	43.8	17.4	27.2	11.6
英国	100	22.5	56.8	—	—
美国	100	22.6	35.1	31.9	10.4

资料来源：BUCK J L. Land utilization in China[M]. Shanghai: The Commercial Press，1937：172.

欧美国家的耕地中，也有相当一部分用于畜牧生产。卜凯调查的 20 世纪 20 年代的数据显示，意大利耕地中用于牧草生产的比重为 26.2%，德国的耕地中用于牧草生产的比重是 34.6%，英国的比重达到 53.7%，而同期中国的耕地中只有不到 10%的比重用于牧草生产，90%以上的耕地是用于种植业的。① 卜凯于 1929—1933 年对中国 22 省 154 县的 168 处农业生产的调查中显示，农区中用于作物生产的土地比重为 89.6%，只有11.1%的土地被用于牧地和林地。而同期美国农区土地中仅用于畜牧业生产的土地比重就有 47%。②

① BUCK J L.Land utilization in China[M].Shanghai：The Commercial Press，1937：204-206.

② BUCK J L.Land utilization in China[M].Shanghai：The Commercial Press，1937：173-174.

中国将近四分之三的牲畜被用作牵引的动力，其余四分之一才被用于消费性的奶、肉和皮毛生产。与此相反，美国的牲畜只有五分之一被用于牵引动力，英国的牲畜只有十分之一。中国的畜牧业生产虽然在农业中的比重不高，但是在单位面积的动物密度上却相当高，远高于日本和美国，同时接近英国密度的二分之一。这主要是由于中国的传统一直是多种经营，正是由于多种经营的特点才使得中国精耕细作的农业体系普遍建立起来。家庭畜禽的广泛生产为种植业生产提供了可靠的有机肥料来源，有机肥料的不断投入又使得作物生产得到可持续的长远发展。

究竟一个国家内部的耕地、牧地和林地等之间如何配置才是最合理的、最有利于保持生态平衡的呢？大多专家认为，林地面积应当占据30%，耕地面积应当占据60%，其他用地占据10%。[①] 据此标准与表3-6中的数据对比发现，八大农区的林地面积比重只有8.7%，距30%还有相当大的差距；耕地面积的比重也只有27.0%，与60%的标准相差一半以上。可见，近代我国的土地利用结构是相当不合理的。比如林业，由于历史的原因，不但没有得到发展，反而不断遭到破坏。20世纪30年代，我国林地面积占国土总面积的比重将近10%。到1949年，林地面积只剩下10.8亿亩，在国土总面积中的占比（森林覆盖率）只有7.5%。森林覆盖率低，是造成我国中部和西北各省区水旱频发的最为重要的原因，也是我国农业内部各部门生产结构极不合理的一大表现。

近代我国草原面积非常广大，居世界第二位，在世界草原总面积中的占比达到12.7%，仅次于澳大利亚和苏联。如果以直接可以利用的草原面积336 514万亩计算，则居世界第四位。我国草原面积的广大，为畜牧业生产的发展提供了良好的自然条件，但是这些大片的草原及其他可供放牧的草地在近代并未被充分地开发利用，这也是导致我国畜牧业生产不发达的重要原因。

---

① 乔启明.中国农村社会经济学[M].上海：商务印书馆，1945：200.

第四章　近代中国农业产值结构

农业产值结构是反映农业生产结构的核心内容，生产的目的是创造经济效益，产值则是经济效益的最直接体现。本章主要从横向和纵向两个角度来分析近代中国的农业产值结构。

第一节　关于近代中国农业产值的若干估计

关于近代中国农业产值的情况，缺乏较为系统而全面的调查数据，这里选择一些具有较高参考价值的估算数据，首先分析农业产值在国民所得中的比重，然后分析一定时期内农业内部各部门的产值结构。

一、农业产值在国民所得中的比重

巫宝三先生根据大量的统计调查数据估算了1933、1936及1946年的中国国民所得(见表4-1)，其数据使我们能够更加清楚地了解三四十年代中国的国民经济状况。

表4-1　1933、1936及1946年的国民所得

单位：百万元

业　别	1933年	1936年	1946年	
			折合1933年价格	折合1936年价格
农业	12 593	16 641	11 482	14 702
矿冶业	238	294	90	85
制造业	1 889	2 475	1 202	1 679
营造业	221	196	21	19
运输交通业	922	1 042	850	873
商业	2 541	2 566	2 318	2 272
银行保险业	200	294	759	883
住宅劳役	934	934	842	842
自由职业	171	215	242	276
家内劳役	141	141	141	141
政府劳役	642	1 001	1 378	1 666
总　计	20 492	25 799	19 325	23 438

资料来源：《社会科学杂志》1947年第9卷第2期，第19页。

从表 4-1 可以看出，农业产值在国民所得中是占据绝对优势的，农业的基础地位相当稳固。1933—1936 年农业产值以及国民所得都是在增加的，说明这一期间农业生产的经济环境比较稳定，没有发生大的事件或者天灾，国民生产取得了较大的进展。而 1946 年的国民所得和农业产值均较 1933 年和 1936 年明显下降，这当然与多年的抗日战争有直接关系。战争使社会环境恶化，直接影响到农业生产与国民经济的发展。这一期间我国农业产值在国民所得中的比重见表 4-2。

表 4-2　1933、1936 及 1946 年的国民所得分类占比

单位：%

业　别	1933 年	1936 年	1946 年	
			折合 1933 年价格	折合 1936 年价格
农业	61.5	64.5	59.4	62.7
矿冶业	1.1	1.1	0.5	0.4
制造业	9.2	9.6	6.2	7.2
营造业	1.1	0.8	0.1	0.1
运输交通业	4.5	4.0	4.4	3.7
商业	12.4	10.1	12.0	9.7
银行保险业	1.0	1.1	3.9	3.7
住宅劳役	4.6	3.6	4.4	3.6
自由职业	0.8	0.8	1.3	1.2
家内劳役	0.7	0.5	0.7	0.6
政府劳役	3.1	3.9	7.1	7.1
总　计	100.0	100.0	100.0	100.0

资料来源：《社会科学杂志》1947 年第 9 卷第 2 期，第 20 页。

表 4-2 中的数据更加直观地表明，农业产值在国民所得中的比重基本在 60%以上，其他各业中比较突出的商业也只占到总产值的 10%左右。1933—1936 年农业产值的比重由 61.5%上升到 64.5%，增长了 3 个百分点。但是到 1946 年，农业产值的比重却下降了，而银行保险业、自由职业和政府劳役的产值比重却上升了，说明这一时期，社会环境的恶化对农业的打击是很严重的。

二、农业内部的产值结构

关于近代中国农业内部各部门的产值结构缺乏系统的第一手统计资料，巫宝三先生在计算 1933 年中国国民所得的过程中，曾对全国农业净产值做出一个估算，如表 4-3 所示。

表 4-3　1933 年农业净产值及占比

类　别	净产值/千元	占比/%
作物：	11 110 661	90.5
稻麦等 28 种作物	9 860 407	80.3
特种作物	192 301	1.6
蔬菜水果	1 057 953	8.6
牲畜	699 169	5.7
木材	285 512	2.4
渔产	175 575	1.4
总　计	12 270 917	100.0

资料来源：巫宝三.中国国民所得(1933 年)[M].南京：中华书局，1947：46.

表 4-3 中的作物类可以理解为种植业，其中稻麦等 28 种作物归为粮食作物类，特种作物和蔬菜水果归入经济作物类，这里没有考虑副业生产所创造的产值。从这一估计结果来看，种植业占农业总产值的 90.5%，其中粮食作物占 80.3%，仍然突出了粮食种植在农业中的主导地位；在种植业以外的其他各业中，畜牧业较为发展，产值高于林业和渔业的产值，渔业产值是最低的，也是近代农业生产中最不发达的一部分。

此外，阿尔伯特·费惟凯在《中华民国经济的趋势》一书中也对 1933 年的中国农业各业产值做出了估计，见表 4-4。

表 4-4　1933 年中国各种农产品的产值及其在农业总产值中所占的比重

业　别	产值/亿元	占比/%
种植业产品	157.3	82.01
畜牧业产品	13.7	7.14
林业产品	6.0	3.13
渔业产品	4.1	2.14
其他各种杂业产品	10.7	5.58
各业总计	191.8	100.00

资料来源：《中华民国经济的趋势》。

表 4-4 与表 4-3 的估计结果相比，增加了种植业、畜牧业、林业、渔业以外的其他副业生产所创造的产值，所估计种植业产品的产值比重(占农业总产值的 82.01%)要低一些，而畜牧业、林业、渔业的产值比重则相对要高一些，合起来占农业总产值的 12.41%左右，其中畜牧业占 7.14%，林业占

3.13%，渔业占2.14%。在此我们不必考虑谁的估计更加精确，我们只需要知道二者的共同之处：它们都体现了我国农业以种植业（尤其是粮食作物种植）为主的特征；同时，在种植业以外的各业中，畜牧业的产值比重要高于其他各业；种植业、畜牧业、林业、渔业产值的比重均呈现依次由大到小的变化趋势。

许涤新、吴承明在《中国资本主义发展史》中对 1936 年种植业、林业、畜牧业、渔业等部门产值及农业总产值，做出了比较详细的估算。在此基础上，我们进一步计算出农、林、牧、渔各业在农业总产值中所占比重，其结果如表 4-5 所示。

表 4-5　农业各部门产值及其在农业总产值中所占的比重(1936 年)

业　别	产值/万元	占比/%
种植业	1 245 402	85.9
粮食作物	867 476	—
经济作物	263 781	—
园艺	114 145	—
林牧渔业	205 099	14.1
林业	27 490	—
畜牧业	156 454	—
渔业	21 155	—
农业总产值	1 450 501	100.0

资料来源：许涤新，吴承明.中国资本主义发展史(第三卷)[M].北京：人民出版社，1993:774-775.

表 4-5 显示，1936 年种植业产值（包括粮食作物、经济作物、园艺）1 245 402万元，林牧渔业产值 205 099 万元，农业总产值 1 450 501 万元，其中种植业产值占 85.9%，林牧渔业产值占 14.1%，农业种植业仍占较大比重。

第二节　近代中国农业产值结构的演变

上文估算仅仅是针对某一年或若干年内的农业产值的估计，不同的学者所估计的结果有差异，我们无法从上文估计中看出农业产值结构在整个近代发生了哪些变化。美国学者珀金斯在《中国农业的发展》一书中，对中国近代若干时段的农业总产值做出估算，其结果如表 4-6 所示。

表 4-6　主要农产品产值及其在农业总产值中所占的比重

业　别	1914—1918 年		1931—1937 年		1957 年	
	产值/百万元	占比/%	产值/百万元	占比/%	产值/百万元	占比/%
粮食作物	10 169.1	74.6	10 961.7	70.1	13 321.3	68.8
经济作物	2 323.4	17.0	3 280.8	20.9	3 297.9	17.0
以上小计	12 492.5	91.6	14 242.5	91.0	16 619.2	85.8
畜牧业	1 141.4	8.4	1 404.4	9.0	2 740.6	14.2
总　计	13 633.9	100.0	15 646.9	100.0	19 359.8	100.0

资料来源：德·希·珀金斯.中国农业的发展(1368—1968 年)[M].宋海文，等译.上海：上海译文出版社，1984：385.

从表 4-6 可以看出，1914—1957 年农业种植业在农牧业总产值中所占比重虽有所减少，但仍在 85%以上，畜牧业在农牧业总产值中的比重虽有所增加，但仍在 15%以下，也显示出农业种植业的主体地位。同时，从表 4-6 可以看出，在 20 世纪二三十年代后半期，中国的农业生产结构发生了变化，种植业中粮食作物产值比重下降，经济作物产值比重上升；种植业与畜牧业相比，种植业产值比重下降，畜牧业产值比重上升。这一数据反映了在抗日战争爆发前，中国的农业生产结构曾经出现了向均衡方向努力发展的趋势。

国家统计局统计科学研究所研究员莫曰达先生借鉴了多个学者的估算结果，对近代我国的农业总产值做出了较为系统的估算(见表 4-7)，在此借鉴这一研究成果来分析近代中国农业产值结构的演变。表 4-8 近代中国农业生产结构的演变数据是由表 4-7 计算而得。

表 4-7　近代中国历年农业总产值

单位：千元

年　份	农业总产值	种植业	林　业	畜牧业	副　业	渔　业
1840	11 017 150	8 600 685	150 840	1 503 379	603 361	158 885
1894	12 886 709	10 254 247	190 380	1 550 311	693 685	198 086
1911	14 057 171	11 044 492	240 304	1 775 036	785 306	212 033
1920	11 603 610	8 479 714	211 944	1 821 767	907 407	182 778
1933	17 751 814	13 552 793	380 062	2 421 321	1 082 711	314 927
1936	17 768 472	13 764 631	351 783	2 246 926	1 099 321	305 811
1946	14 323 899	10 998 614	292 985	1 763 259	1 013 206	255 835
1949	12 255 423	8 995 531	242 942	1 964 668	840 145	212 137

资料来源：莫曰达.1840—1949 年中国的农业增加值[J].财经问题研究，2000(1).

表 4-8　近代中国农业生产结构的演变

单位：%

年　份	种植业	林　业	畜牧业	副　业	渔　业	农业总产值
1840	78.07	1.37	13.64	5.48	1.44	100.00
1894	79.57	1.48	12.03	5.38	1.54	100.00
1911	78.57	1.71	12.63	5.58	1.51	100.00
1920	73.08	1.83	15.70	7.82	1.57	100.00
1933	76.35	2.14	13.64	6.10	1.77	100.00
1936	77.47	1.98	12.64	6.19	1.72	100.00
1946	76.78	2.05	12.31	7.07	1.79	100.00
1949	73.40	1.98	16.03	6.86	1.73	100.00

资料来源：根据表 4-7 数据计算。

从表 4-7、表 4-8 的计算结果中，我们可以做出以下分析：

(1)从表 4-7 的数据来看，1840—1949 年中国农业生产前进的步伐十分缓慢，甚至有衰退的迹象。农业总产值经历 100 多年的变化只是从 110.2 亿元增长为 122.6 亿元，增长率 11.25%。100 多年的发展变化不是一直上升或者一直下降，而是曲折变化的过程，大致可分为以下几个变化区间：

1840—1894 年，增长 17.0%，平均年增长 0.3%；

1894—1911 年，增长 9.1%，平均年增长 0.5%；

1911—1936 年，增长 26.4%，平均年增长 0.94%；

1936—1946 年，经过抗日战争，农业生产总值下降 19.4%，平均年下降 2.1%；

1946—1949 年，经过解放战争，农业生产总值再下降 14.4%，平均年下降 5.1%。

从上述分析来看，近代中国在 1936 年以前，农业生产是在不断向前发展的，尤其在 1911—1936 年发展最为迅速，农业总产值的增长率最高。可以预见，如果没有抗日战争的破坏，农业生产是有可能继续向前发展的。然而，事实是抗日战争的确爆发了，它使中国的农业生产受到重创，农业总产值陡然下降，并且一蹶不振。经过连年战争，到 1949 年，农业生产已经下降到接近 1840 年时的情形，导致这近 110 年的农业发展几乎功亏一篑。

(2)表 4-7 中的种植业、畜牧业、林业、渔业和副业的产值变化趋势，基本与农业总产值的变化相同，但各业的变化速度却不尽相同。种植业作为农业中的主业，是导致农业总产值变化的主要因素，从表 4-7 中可以计算出，种植业总产值在 1840 年至 1949 年间，从 86 亿元增加到将近 90 亿元，仅增长4.6%;同期,畜牧业总产值从15亿元增加到19亿多元,增长率为30.7%;林业总产值从1.5亿多元增加到2.4亿多元,增长率为61.1%;渔业总产值从近1.6亿元增加到2亿多元,增长率为33.5%;副业总产值从6亿多元增加到8亿多元,增长率为39.2%。由这组数据可以看出,导致农业发展缓慢的主要因素就是种植业,因为它的增长速度最慢,而其他各业的增长速度均超过了农业总产值的增长速度(11.2%)。

(3)表4-8反映了近代中国农业生产结构的变迁,从总体来看,种植业平均占农业总产值的76.7%,是农业生产的主体;其次是畜牧业、副业、林业和渔业,平均占农业总产值的13.6%、6.3%、1.8%和1.6%。这样的排序在整个近代都没有显著的变化,甚至在1978年改革开放以前,仍然是这样的结构排序(见表4-9)。

表4-9 1949—1979年中国农业总产值构成

单位:%

年 份	种植业	林 业	畜牧业	副 业	渔 业
1949	82.5	0.6	12.4	4.3	0.2
1957	80.5	1.7	12.9	4.4	0.5
1965	75.8	2.0	14.0	6.5	1.7
1970	74.7	2.2	12.9	8.7	1.5
1979	76.4	3.2	16.0	3.0	1.4

资料来源:国家统计局.中国农村统计年鉴[M].北京:中国统计出版社,1950—1980.

(4)表4-8中,从1840至1949年,种植业比重同比下降了6.0%;同时,林业、畜牧业、副业和渔业比重则分别上升了44.5%、17.5%、25.2%和20.1%。虽然平均结构比重没有明显变化,但是各业的比重变化反映了农业生产结构的改善:种植业的比重下降,其他各业的比重上升。这期间我们仍然可以将这些波动划分为以下几个阶段:

1840—1894年,种植业、林业、渔业比重同比分别上升1.9%、8.0%和6.9%;畜牧业和副业比重分别下降11.8%、1.8%。

1894—1911年,种植业、渔业比重同比分别下降1.3%和1.9%;林业、畜牧业和副业的比重分别上升15.5%、5.0%和3.7%。

1911—1936年,种植业比重同比下降1.4%;林业、畜牧业、副业和渔业比重分别上升15.8%、0.1%、10.9%和13.9%。

1936—1946年,经过抗日战争,种植业、畜牧业比重同比分别下降0.9%和2.6%;林业、副业和渔业比重分别上升3.5%、14.2%和4.1%。

1946—1949 年，经过解放战争，种植业、林业、副业和渔业比重同比分别下降 4.4%、3.4%、3.0%、3.4%；畜牧业比重上升 30.2%。

综观上述波动，种植业的比重在 1894 年之前虽略有上升，但自 1894 年之后开始下降，并且 1894—1936 年下降的速度越来越快，1936—1946 年虽下降速度有所缓和，但 1946—1949 年又突然加速下滑；在此期间农业总产值的波动情况却并不与种植业的波动完全一致，如表 4-7 所示，1840—1894 年的农业总产值与种植业比重同时呈现上升趋势，1894—1911 年的种植业产值比重开始下降，但农业总产值仍然在上升；1894—1936 年的农业总产值虽略有起伏，但总体仍然是明显上升的趋势，而在此期间的种植业产值比重却持续下降，畜牧业产值比重持续上升，其他各业也不时有上升的表现；受战争影响，1936—1949 年的农业总产值与种植业产值比重同样呈现明显下降趋势。由此可见，种植业在农业中虽然仍占据主导地位，但是它在农业生产结构中的影响力已经有所下降，种植业的变化已经不能代表整个农业产值的变化趋势。同时，畜牧业、林业、渔业等部门在农业生产中的地位不断增强。

农业土地利用结构和农业生产的产值结构是从大农业的整体出发，分析近代中国农业生产的总体结构。农业内部按照部门可以划分为种植业（小农业）、畜牧业、林业、渔业和副业五大部分，从第五章开始我们将陆续分析农业内部各个部门的生产结构，力求揭示近代中国农业生产结构的全貌。

第五章　近代中国种植业生产结构

本章主要分析农业中比重最大的部门——种植业的生产结构，种植业内部生产的农作物，有的学者把它划分为粮食作物、经济作物及园艺作物等，其中粮食作物和经济作物是两个最主要的作物类型，而园艺作物在本章后面分析种植业内部生产结构时也将其归入到经济作物类中。近代中国生产的粮食作物主要有水稻、小麦、玉米、大麦、高粱、粟、黍、燕麦、荞麦、甘薯、马铃薯等。其中，水稻的种植面积最广，地位最重要，其次是小麦。经济作物包括茶叶、棉花、烟草、大豆、罂粟、花生、甘蔗、芝麻、油菜籽、桐油等。园艺作物主要包括各种水果、蔬菜、花卉等。本章首先阐述近代中国粮食作物和经济作物生产的基本情况，然后分别分析种植业内部粮食作物和经济作物的生产结构。

第一节　近代中国粮食作物生产的发展

种植业是农业生产的重中之重，而粮食则是种植业内部的重中之重，“民以食为天”其中的“食”主要指的就是粮食，没有粮食，就不能满足人们最基本的生存需要，其他的也无从谈起。因此粮食生产历来是国民生产的基础产业，它的地位是不容置疑的。近代中国的粮食生产处在极其恶劣的社会经济环境中，不断遭受战乱和灾荒的折磨，它的生产是否就是一蹶不振呢？我们通过具体详细的史料考察和数据分析就可以比较真实地了解其发展情况。

一、粮食作物种类及其分布

自周秦以来，中国的农业生产就是以种植作物为主要内容。因为各地自然条件和气候等因素的不同，逐渐形成了北方的旱作农业体系和南方的水田农业体系。其中北方主要生产的作物是黍、粟、菽、麦等，南方则主要生产水稻，小麦和水稻是中国的主要作物品种。

(1)水稻。水稻是一年生禾本科植物，高约 1.2 米，叶长而扁，圆锥花序由许多小穗组成。所结子实即稻谷，去壳后称大米或米。中国是水稻的原产地之一，约有四千七百多年栽培历史。早在战国秦汉之际，水稻就已成为长江流域的主要粮食作物。浙江河姆渡村于1973年挖掘出土了大量的碳化水稻颗粒，经专家测定为6 900年前的遗物。除此之外，在湖北武昌、江苏无锡、河南渑池、安徽肥东等县市的新石器时代遗址中也都发现了稻粒或稻壳。这说明我国不但南方广大地区早已种植水稻，北方栽培水稻的历史也有四五千年了。

水稻作物喜欢在高温潮湿和日照短的条件下生存，但对土壤的要求并不高。晚清民国时期，水稻产量最多的地区基本分布在长江流域和东南诸省。一是长江三角洲，主要在江苏太湖流域及浙西各省；二是洞庭湖附近区域，俗语说“两湖熟，天下足”；三是四川省的成都平原；四是安徽省巢湖区域；五是江西省的鄱阳湖及赣江流域；六是湖北省汉水流域及长江沿县；七是珠江三角洲地区。其余产米地区，如福建、广西、贵州、云南等省个别区域，则不可与上述地区同日而语。天津主产的中国著名的小站稻品种，就是袁世凯在小站练兵时引进的，后经天津南郊的高庄子李氏大地主改良后成为今天的小站稻。此稻米口味好，做成米饭后松软可口，是天津主要的粮食产品之一。

(2)小麦。小麦属一年生或越年生草本科，一般认为其原始种是一种野生小麦，经长期天然杂交和人工选择，逐步进化。关于小麦的起源产地，有多种说法，多数认为源于黑海南岸，但1955年在安徽省的亳县钓鱼台新石器时代遗址中发现大量的碳化小麦籽粒，有力地证明了我国在四五千年前就已经开始栽培小麦了。

小麦适宜生长在温带日照时间较长的地区，在我国许多地方都可栽培。从北纬18度到北纬50度，从平原地区到海拔四千米的西藏都可以种植小麦。小麦是我国北方各省栽培最广的作物之一。从南宋起，政府曾经几次在南方各省推广小麦种植，但是效果不甚明显。入清以后，政府又在湖南、湖北、江苏、浙江、安徽等省推广，湖南成效甚微，而湖北、江苏等省却很有成效。小麦之所以在湖北、江苏等省获得推广，主要原因在于：这些省区地势低洼，易遭水灾，种水稻不易保证收获，而种小麦却可以保证有种有收，因为小麦一般在四五月份就可以收割，而洪水汛期一般是在六七月份，小麦的收割期早于洪水汛期。

近代，小麦在我国分布极为广泛，其中，黄河下游流域及长江北部各省为主产区，特别是山东、河南以及江苏、安徽北部，乃著名的小麦生产地带。其次，四川、湖北、山西、河北小麦产量也颇丰。另外，陕西、甘肃、东三省的小麦产量亦不在少数。

(3)玉米。玉米在各地的称呼不太一致，有的地方叫作大蜀黍、玉蜀黍和棒子，有的地方则称为苞谷、苞米、玉麦、玉蓤，还有的地方叫作芦黍、寿六谷和珍珠米等，属禾本科。玉米在全球的播种面积仅次于小麦和水稻，居第三位。有考古资料证明，玉米的原产地是南美洲，美洲的印第安人于七千年前就已经开始种植玉米。因为玉米适宜在旱地栽培，西欧殖民者在侵入美洲后将玉米种子带回至欧洲，此后玉米便在欧洲和亚洲广泛传播。中国大概是在16世纪中叶开始引进玉米栽培作物，18世纪玉米又传播到印度。目前，世界各大洲都有玉米种植，其中北美洲和中美洲的玉米种植面积是最大的。我国关于玉米的记载，最早出现在明正德《颍州志》(1511年)上。根据各省的通志、府县志以及其他文献的记载，玉米在明朝已经传播到山东、河北、陕西、河南、江苏、甘肃、浙江、安徽、广东、福建、广西和云南12个省份。清朝初期的五十多年间，地方志中记录的玉米种植省份比明朝进又多了6个省(包括山西、辽宁、湖北、湖南、四川和江西)。随后，地方志中关于玉米的记载越来越多，从1511年到1718年的二百多年间玉米的种植已经传遍我国20个省份。

玉米喜温，为短日照作物。玉米是我国华北、东北和西南山区等旱粮地区人民的主要粮食之一。玉米在我国北方各省的种植很早，也很普遍。由于它有着耐旱、耐瘠地的优点，因而，在清代至近代，我国南方一些省区，尤其是四川、云南、贵州、湖南的山区，也普遍推广种植。

(4)大麦。大麦属禾本科大麦属，是有稃大麦和裸大麦的总称。一般有稃大麦称皮大麦，其特征是稃壳和籽粒粘连；裸大麦的稃壳和籽粒分离，称裸麦，青藏高原称青稞，长江流域称元麦，华北称米麦等。一般认为大麦起源于埃塞俄比亚和东南亚。近年来，我国科学家在西藏和川西地区发现有野生大麦分布。据推断，我国有可能是大麦的起源地之一。大麦的种植在我国也是历史悠久的，距今五千多年的新石器时代中期，古羌族在黄河上游地区就开始种植大麦了。

大麦的特点是早熟，比较耐得住旱、盐、瘠薄和低温冷凉等环境，因而其种植也很广泛。大麦的种植分布和小麦相仿，因其适应性强，在我国分布广泛。大麦盛产区域集中在江苏、安徽北部以及山东、河南和湖北，其次在四川、华南稻作区以及河北、山西两省均有种植。据统计，我国大麦种植面积在20世纪30年代已经达到9 570万亩，总产85亿公斤①；50年代，面积缩小到5 809万亩，总产34.5亿公斤；70年代，面积又扩增到9 750万亩，总产99亿公斤，每亩产量101.5公斤。

① 1公斤=1千克。

(5)高粱。高粱是禾本科,高粱属,是人类栽培最古老的作物之一。据考古学家研究认为,高粱原产于非洲的埃塞俄比亚,以及印度和我国西南部的干旱地带。中国高粱的称呼也很多,如秫秫、蜀黍、茭子、芦粟等。关于高粱的原产地和传播途径,没有统一的说法:一种说法是由非洲(或印度)传入中国;另一种说法是中国原产。由于高粱在中国的栽培过程中历经了长期的驯化,已经逐渐形成自己独有的特点,与起源于非洲的高粱品种在很多植物学形态和农艺性状上都有显著的差别。高粱在我国属于最早栽培的一种禾谷类作物,据相关历史资料证明,高粱在我国至少也有五千年的栽培历史了。据《本草纲目》记录:“蜀黍北地种之,以备粮缺,余及牛马,盖栽培已有四千九百年。”

高粱具有抗旱、耐涝、耐酸、耐碱的能力,是干旱地区以及低洼和盐碱地区的重要粮食作物之一。高粱在我国的产区,一是河北、山东、河南三省及江苏、安徽北部,二是东北三省,其他如山西、察哈尔、湖北、四川等省也有种植。

(6)粟。粟为一年生草本植物,子实为圆形或椭圆小粒。北方通称“谷子”,去皮后称“小米”。粟在数千年前的中国、日本、东印度诸岛即有栽培,我国是栽培粟最早的国家,我国古代称之为“五谷之长”。现在世界上公认粟是起源于我国的黄河流域。

粟性喜高温,生育适温为 22～30℃,海拔 1 000 公尺[①]以下均适合栽培。粟在我国黄河以北长城以南地区广泛种植。粟的生产区域,首推河北、山西、河南和山东地区,其次为陕西、甘肃、察哈尔、绥远和东三省等地区。

(7)黍。黍是禾本科的一年生草本植物,原产于中亚细亚及亚洲东部接近大陆性气候的地区。最早的史前游牧部落人群,就开始种植黍了。在古代民族逐渐向西方迁移的过程中,黍的种植又被引入西方;公元前 8 千年到公元前 4 千年的中石器时代,黍的种植又传入欧洲;到公元前 4 千年的新石器时代,黍的种植已经扩及从南部的巴尔干半岛到北部斯堪的纳维亚南部的范围。据普林尼(1 世纪)记载,黍在罗马时代就是斯拉夫民族的主要粮食作物。古代埃及也有少量栽培。18 世纪黍从欧洲传入美洲。中国也是有史以来就把黍作为五谷之一来种植的,山西作为黍作物的主产省,在公元前 6 世纪的周代就把黍作为最主要的农作物品种之一。

(8)燕麦。燕麦最早起源于我国,也有传说最早起源于亚美尼亚地区,原被看作麦田中的杂草。由于它的适应能力强,大小麦常有歉收,而它却生

① 1 公尺=3 尺(市尺)=1 米。

长良好，所以它逐渐演变成为一种独立的栽培作物，在世界各地广泛种植。

(9)荞麦。荞麦属蓼科一年生草本植物，原产于黑龙江至贝加尔湖一带，是各类作物中唯一非禾本科的谷类作物。荞麦耐瘠、耐酸、耐旱，适应性强，生长期仅 60～90 天，一般作为填闲补种以增加复种指数。在受灾地区乃是补种救灾最适宜的作物。

(10)甘薯。甘薯又名番薯、山芋、红薯等，一般认为甘薯原产于美洲，明代万历年间(公元 1593 年)从菲律宾等地传入我国。最早是在福建等沿海地区试种，后来迅速推广至内地各省。当时，影响农业生产的灾害，主要是旱、水、蝗三大灾害。甘薯耐旱、耐瘠，其可食部分是块根，大水冲不走，蝗虫吃不到。由于甘薯具有耐旱、防水、防虫的优点，又可以种植在贫瘠缺水的山坡地带，有利于扩大耕地面积，因而，它一进入中国就迅速推广开来。

甘薯作为补充性粮食作物，在我国分布区域很广，种植区域也不十分集中。产量较多的区域主要有三：一是广东、广西、福建、江西、湖南；二是成都平原；三是河北、河南、山东和江苏北部地区。

(11)马铃薯。马铃薯的原产地是南美洲，在哥伦布发现美洲大陆后，马铃薯又被传入欧洲，很快便在爱尔兰普遍种植，成了当地的主要粮食，因而马铃薯又被称作爱尔兰薯。我国又把马铃薯称作洋芋，地方上也有不同的称呼，比如山西俗称马铃薯为山药蛋，广东又把它叫作爪哇薯、荷兰薯。1700 年福建的康熙《松溪县志》中提到的马铃薯，是我国最早关于它的文献记录。然后就是 1788 年湖北的乾隆《房县志》提到的洋芋，也是关于马铃薯的记载。与甘薯适宜温暖地区栽培有所不同，马铃薯的栽培适宜在高寒地区，并且在南方高热地区种植的话容易出现品种的衰退。这便是甘薯在我国引入较早、传播较快而马铃薯则传入较晚、传播较慢的原因。直到近百年来，中国马铃薯的种植才开始迅速传播，《申报年鉴》的估计数据显示，马铃薯在我国 1933 年的栽培面积达五百多万亩，到 1959 年已经超过了三千万亩。其中内蒙古高原和西北黄土高原的马铃薯种植面积约占全国的一半，东北地区的马铃薯种植面积约占全国的 35%，成为我国马铃薯的主要种植区。[①]

二、粮食生产区域的划分

自然地域条件的差异直接影响到粮食生产的区域分布，不同作物自身的生长条件、对自然环境的要求是不同的，因此造成了不同作物在我国各地区的不同分布。学者张心一和卜凯分别对当时我国的粮食生产进行了区域划分。

---

① 万国鼎.中国古今粮食作物的变化及其影响[J].齐鲁粮食，1962(8).

(一)张心一对我国粮食生产区域的划分

张心一将我国的粮食生产划分为五个区域,即稻作区、小麦稻作区、冬麦区、春麦区和牧草区。

(1)稻作区。包括浙、闽、粤、桂、赣、湘、贵、苏、皖、鄂南部和川、滇东南部地区。

(2)小麦稻作区。包括苏、皖中部,鄂北部,川大部及滇、康小部分区域。

(3)冬麦区。包括鲁、豫全部,苏、皖、川北部,康西部以及冀、晋、陕、甘南部地区。

(4)春麦区。包括辽、吉、黑三省,热、绥、宁南部,冀、晋、陕北部,甘省大部及青、康西部地区。

(5)牧草区。包括外蒙,新疆,青、康西部及察、绥、甘、宁北部地区。

张心一的划分较为粗略,但是覆盖面较宽。

(二)卜凯对我国粮食生产区域的划分

金陵大学的卜凯教授根据自己的研究,对中国的农作物分布做出了更加详细的划分(见表5-1)。他以占农家劳动20%的农作物为标准,将全国22个主要农作省划分为两大地带,各地带又细分为若干附属区。① 下面进行具体介绍:

1.主麦地带

大致而言,长江以北区域均属于主麦地带,因该区域内小米、高粱等杂粮颇多种植,也可称为杂粮地带。在农作物种植面积中,小麦占40%,高粱占15%。主麦地带又细分为三个区:

(1)春麦区。包括长城以北各地及宁、甘两省大部。该区域农作物种植面积中,小米占34%,春小麦占18%,马铃薯占15%。因此,实际上称为小米区更为恰当。

(2)冬麦小米区。包括晋、陕、甘三省及冀省太行山以西地区和豫西。该区域农作物种植面积中,冬小麦占40%,小米占31%。

(3)冬麦高粱区。包括鲁全境、豫冀之大部及苏、皖北部。该区域农作物种植面积中,冬小麦占46%,小米占23%,高粱占19%。虽为冬麦高粱区,其实小米种植面积大于高粱种植面积。

2.主稻地带

长江流域及以南区域都属于主稻地带,该区域水稻种植占有绝对优势。水稻种植占到作物总面积的68%。此地带又细分为五个区:

---

① BUCK J L.Land utilization in China[M].Shanghai:The Commercial Press,1937:23-24,32-38.

(1)长江稻麦区。包括鄂东、豫南及苏、皖两省大部,其中鄂东、苏南均属于长江流域,豫南部为淮河发源地,属于淮河流域,皖省则跨长江、淮河两大流域。长江稻麦区夏季栽种水稻,冬季种植小麦、大麦。该区域农作物种植面积中,夏季水稻占58%,冬季小麦占31%,大麦占19%。

(2)稻茶区。包括皖南、浙东及赣、湘两省大部。区域内多为山区,非常适合种植茶叶,并且产量颇丰。因为茶叶多生长在山区,与农田不争,又由于区内有洞庭、鄱阳两湖,极适于种植水稻。该区域内农作物种植面积中,水稻占73%,油菜占13%。

(3)四川稻区。包括川省大部、陕南以及湘鄂西部交界地区。该区域内农作物种植面积中,水稻占41%,小麦占19%,玉米占14%,油菜占13%。

(4)双季稻区。包括粤省全境、桂省西江流域和闽、赣两省南部。此区域高温多湿,植稻可一年两收,故称为双季稻区。区内水稻种植占有绝对优势,其他作物有红薯、甘蔗等。该区域内农作物种植面积中,水稻占80%,红薯占12%,甘蔗占6%。

(5)西南稻区。包括云、贵两省大部及桂省西部。区域除种植稻谷之外,还广种蚕豆。该区域内农作物种植面积中,水稻占60%,蚕豆占17%,玉米占14%。

表5-1 各农业生产区主要农作物占总种植面积比重

单位:%

生产区	主要农作物				合　计
	谷类与种子	块根类	水果	蔬菜	
主麦地带	88.4	3.1	1.3	1.2	94.0
春麦区	90.7	3.8	—	0.7	95.2
冬麦小米区	87.9	1.6	0.9	2.4	92.8
冬麦高粱区	87.9	3.6	2.0	0.8	94.3
主稻地带	83.2	3.5	0.5	1.1	88.3
长江稻麦区	83.7	1.1	>0.1	0.7	>85.6
稻茶区	84.9	3.1	0.2	1.4	89.6
四川稻区	79.5	7.4	—	1.9	88.8
双季稻区	79.8	10.6	3.3	1.6	95.3
西南稻区	83.6	1.5	0.3	0.6	86.0
全国平均	85.4	3.3	0.9	1.1	90.7

资料来源:BUCK J L. Land utilization in China[M]. Shanghai: The Commercial Press,1937:209.

上述划分显示了中国农作物生产的地理差异，由于自然条件的不同以及外界因素的影响，导致不同地区的作物种类有不同程度的差别。各种作物在全国范围的不同分布，导致不同的产量和效益，直接影响农业生产结构的变化。

三、粮食作物的生产情况

粮食作物的生产是农业生产的重中之重，它的收成好坏直接影响人们的生存和生活水平。由于近代农业生产环境的恶化，农业生产技术的落后与保守，使得粮食作物的品种难以优化改良，各地的粮食产量并不乐观。并且观察整个近代的粮食生产可以发现，许多地区粮食的单产不但没有上升的迹象，反而出现下滑的变化趋势。近代的粮食生产可以从四个阶段或角度来观察：一是近代前期的粮食生产，二是北洋军阀时期的粮食生产，三是国民党统治区的粮食生产，四是革命根据地的粮食生产。

（一）近代前期的粮食生产

中国近代的种植业仍以粮食作物为主，粮食种植面积在近代前期约占全国耕地面积的 90%，后期随着农村商品经济的发展，粮食的比重有所下降。从粮食的产地看，长江流域及其以南地区，以水稻为主，小麦、红薯、玉米、高粱、豆类为辅；黄河流域及其以北地区，以小麦、玉米、高粱、小米为主，红薯、豆类、水稻为辅。20 世纪初，北方的水稻和南方的小麦种植有所推广。据岳琛主编的《中国农业经济史》介绍，近代耕地面积虽然比清代前中期略有增加，但粮食平均亩产只有 100～125 公斤，比清代前中期的 180 多公斤大大降低。另据吴承明著的《中国资本主义与国内市场》一书和赵文林、谢淑君著的《中国人口史》一书有关资料推算，1840 年中国粮食总产量约为 1 165 亿公斤，人口总数 4.19 亿人，人均粮食产量约为 278 公斤；到 1894 年甲午战争这一年，全国粮食总产量为 1 164 亿公斤，总人口为 3.88 亿人，人均粮食产量为 300 公斤。同 1840 年比，经过 50 多年，粮食总产量不但没有增加，反而有所下降，人均粮食产量因人口减少而略有上升。到 1919 年，全国粮食总产量为 1 197.5 亿公斤，总人口为 4.40 亿人，人均粮食产量约为 272 公斤，同 1840 年比，总产量虽有增加，但人均产量却下降了。[①]

从清政府所掌握的存仓米谷数来看，鸦片战争以后，粮食情况也是很不妙的。据梁方仲编著的《中国历代户口、田地、田赋统计》介绍，在乾隆年间，

---

① 岳琛.中国农业经济史[M].北京：中国人民大学出版社，1989：428；吴承明.中国资本主义与国内市场[M].北京：中国社会科学出版社，1985：109；赵文林，谢淑君.中国人口史[M].北京：人民出版社，1988：543.

清政府所掌握的存仓米谷数多数年份都在 3 000 万石①以上，特别是乾隆三十八年(1773 年)至六十年(1795 年)这二十多年间，每年都达到 4 000 万石左右，最多的年份超过 4 500 万石。到道光三十年(1850 年)，人口比乾隆末年增加 10 121 万人，存仓米谷数只有 2 749 万石，比乾隆末年减少 1 226 万石。

分地区看，粮食产量有增有减。原来未开垦的荒地较多，以后又从外省流入大量人口的省份，粮食产量增加较多。如四川省，粮食总产量清前期在 20～45 亿斤之间，清中期在 60～100 亿斤之间，清后期在 170～190 亿斤之间，具体情况如表 5-2 所示：

表 5-2　清代四川耕地面积和粮食产量

时　期	年　份	耕地面积/万清亩②	折合市制/万市亩	粮食面积/万市亩	粮食总产量/万市斤③
清前期	康熙六十一年(1722 年)	2 054.4	1 894.2	1 761.6	207 868.8
	雍正七年(1729 年)	4 590.3	4 232.3	3 936.0	464 448.0
清中期	乾隆四十九年(1784 年)	4 619.1	4 258.8	3 960.7	598 065.7
	嘉庆十七年(1812 年)	7 783.8	7 176.5	6 674.2	1 007 809.9
清后期	同治十二年(1873 年)	9 492.4	8 752.0	8 139.4	1 749 971.0
	光绪二十三年(1897 年)	9 582.2	8 927.0	8 302.1	1 784 951.5
	宣统二年(1910 年)	10 280.8	9 478.9	8 867.0	1 889 064.2

资料来源：王笛.跨出封闭的世界——长江上游区域社会研究[M].北京：中华书局，1993:108.

四川省 1910 年粮食总产量为 188.91 亿斤，分品种的产量比例是：稻谷占总产量的 62.4%，小麦占 5.4%，豆类占 13.6%，杂粮占 11.1%，薯类占 7.5%。有些地区，或者受战乱的影响，或者由于农村商品经济的发展，经济作物种植面积增加，粮食生产下降，由余变缺。

中国近代前期粮食生产虽然很不景气，但在推广优良品种等方面还是做了不少工作的。光绪三十年(1904 年)，安徽芜湖农务局引入日本早稻种子“女郎”号试种，到光绪三十三年(1907 年)已在当地全面推广，各地在推广高产作物玉米、高粱、红薯等方面也取得了显著成效。清朝末年种粮食除

① 1 石=120 斤，1 斤=0.5 千克。

② 清朝时一亩地约等于现在的 0.92 亩，约为 614.4 米^2。

③ 市斤同斤。

使用农家肥外，1904 年沿海的广东、福建等地开始进口化肥，用于农业和粮食生产。①

(二)北洋军阀时期的粮食生产

北洋军阀时期，受到封建政权和天灾人祸的破坏，农业生产更加衰退。耕地面积逐年减少、劳动力大批死亡；在军阀混战、割据的情况下，河防废弛、堤坝失修、河床淤塞加上官吏营私舞弊，一遇水旱失调即成重灾。如 1925 年 8 月黄河南岸大堤在黄花寺附近发生决口，被淹的范围达两千方里②，受灾民众达两百万人，两千多个村镇受灾，财产损失达数千万元。1926 年山东黄河南岸堤坝冲塌，淹没面积 800 方里，损失 2 000 万元以上，像这样的水患，除使人民生命财产受到损失之外，淤泥盖地，耕地肥力也遭到很大破坏。此外，风、蝗、旱、涝、瘟对农业生产也造成巨大的破坏。如 1926 年虫旱灾害遍及东三省和直隶、山东、湖北、湖南、江苏、安徽、河南、江西、浙江等省，受灾饥民千百成群，食草根树皮皆尽，甚至以观音土为饭，造成大批劳动力死亡，农业生产遭到巨大破坏。

1.粮食生产地区分布

粮食生产以水稻和小麦为主。水稻主要分布在我国北纬 31 度以南，沿长江各省和甘肃、陕西水利便利地区，东北三省西部部分地区生产旱稻。除供本省食用外，尚有输出长江流域 7 省。据 1924 年估计长江流域 7 省产米量约为 2.80 亿担③（见表 5-3），全国稻产量居世界首位。

表 5-3　1924 年 7 个主要产米省区的耕地面积、稻田面积及稻米产量

省　别	耕地面积/亩	稻田面积/亩	年稻米产量/担
江苏	48 480 000	29 240 000	59 760 000
湖北	87 944 000	26 357 000	47 860 000
湖南	91 430 000	22 858 000	39 840 000
安徽	74 810 000	22 443 000	48 000 000
江西	87 940 000	13 192 000	39 940 000
四川	165 653 000	41 885 000	27 650 000
浙江	56 670 000	22 892 000	16 600 000
合　计	612 927 000	178 867 000	279 650 000
7 省产量占全国产量比重	—	—	70.63%

资料来源：《中国经济周刊(英文版)》1924 年第 152 期，第 11 页。

① 岳琛.中国农业经济史[M].北京：中国人民大学出版社，1989：426-427.

② 1 方里＝250 000 米²。

③ 1 担＝1 市担＝100 斤＝50 千克。

小麦在中国的各个省份都有种植，主要分布在东北三省、山西、河南与四川长江流域中部，民国以来由于面料工业发展，小麦栽培面积增加，年产量也有提高，依据许道夫编的《中国近代农业生产贸易统计资料》一书统计，1914 年全国 28 省小麦生产量约为 405 478 千市担①。

2.经济作物排挤粮田面积

民国以后，经济作物挤占粮田面积的现象是普遍的，如 1922 年前后汕头地区花生面积挤占水稻，湖北种植棉花也挤占了粮田等。若从全国种植面积来看，1914—1918 年粮食面积占 88.4%，油料占 8.8%，棉花占 2.8%；1924—1929 年粮食面积占 83.2%，油料占 12.7%，棉花占 4.1%。②

北洋军阀时期粮食作物品种和栽培技术有了改良，虽然它不像经济作物那样受到各界和外国侵略者的重视，但也开始被人注意。如农商部于 1922 年开始征集推广优良稻种和白麦种等。1925 年上海面料公司委托东南大学试种小麦。“满铁”在东北各地进行水稻栽培试验等。但受北洋政府财政贫乏、人民文化水平低、从业者中饱私囊等影响，粮食增产效果并不明显。

3.粮食产量

学者汪敬虞先生综合多个地区的粮食产量资料，将近代中期全国主要粮食作物、纺织原料作物和油料作物的亩产估计列为表 5-4。

表 5-4　近代中期几种主要农作物单位面积产量估计

单位：斤/亩

地　区	粮食作物			纺织原料作物		油料作物		
	稻谷	小麦	杂粮	棉花	麻	大豆	花生	芝麻
华中、华南区	270	110	135	25	75	90	270	120
华北区	150	80	110	35	70	100	250	90
东北区	250	125	140	20	75	150	—	—
平　均	260	105	130	28	72	120	255	100

资料来源：汪敬虞.中国近代经济史[M].北京，人民出版社，2000：1212.

表 5-4 的数字是在参考若干年份实际产量的基础上，对常年产量所做的综合估计。需要指出的是，表中稻谷是原粮，而小麦、杂粮是成粮。如按 7：10 的比例将成粮还原成原粮，则小麦、杂粮的全国平均亩产分别为 150 斤和 186 斤。根据表 5-4 所提供的粮食单位面积产量，假定稻谷、小麦和杂粮

① 市担同担，1 市担＝50 千克。

② 许道夫.中国近代农业生产及贸易统计资料[M].上海：上海人民出版社，1983：338.

种植面积比重依次约为 30%、25% 和 45%，即可计算出全国的粮食总产和单产，结果列为表 5-5，这一时期全国的粮食亩产为 199 斤，说含糊一点，也就是 200 斤左右。纺织原料作物主要是棉花，其亩产为 28 斤；麻类 72 斤；油料作物中，大豆、花生、芝麻亩产依次为 120 斤、255 斤和 100 斤，这里的花生是带壳花生，如以 100 斤花生剥 65 斤花生米计算，则花生米亩产 166 斤。参照有关统计资料估计，油料作物内部大豆、花生、油菜籽、芝麻等 4 种作物种植面积之比大致为 5：2.5：2：0.5，据此估算出包括大豆、花生、油菜籽、芝麻在内的全国油料作物平均亩产为 133 斤。这里虽然缺油菜籽的亩产数字，但因其亩产大致介于大豆和花生之间，对现有的计算结果影响不会太大。

表 5-5　近代中期粮食产量估计

品　种	种植面积/千亩	单产/斤	总产/千斤
稻谷	390 158	260	101 441 080
小麦	325 132	150	48 769 800
杂粮	585 237	186	108 854 082
合　计	1 300 527	596	259 064 962

资料来源：汪敬虞.中国近代经济史[M].北京：人民出版社，2000：1213.

上述估计数字是 19 世纪末至 20 世纪 20 年代末期的，代表了近代中期粮食产量的一般情况。

近代中期的粮食亩产量变化，根据吴慧先生的《中国历代粮食亩产研究》推算，1905 年粮食平均单产 221.7 市斤，到 1925 年为 229.9 市斤，20 年间亩产仅增加 3.7%（见表 5-6），可见粮食生产是停滞的。

表 5-6　粮食单位面积产量

年　份	单位亩产/市斤	比上年增加/%
1905	221.7	—
1910	223.1	0.63
1915	225.1	0.90
1920	227.4	1.02
1925	229.9	1.10

资料来源：吴慧.中国历代粮食亩产研究[M].北京：农业出版社，1985：199.

(三)国民党统治区的粮食生产

1927 年国民党成立南京政府之后，并未改变中国农村的封建土地制度和剥削程度，广大农民依然生存在田赋、地租、兵差、高利贷、苛捐杂税等各种剥削压榨的环境中，农村人口中占人口 4%的地主占有耕地 50%以上，5%的富农占有耕地的 18%，20%的中农占有耕地的 15%，而 70%的贫雇农仅占有 17%的耕地①，可见农村的两极分化是相当严重的。地权的集中必然带来地租剥削的加重和地租率的不断提高，农民的生产生活压力愈加严重。1929 年世界资本主义各国爆发了全面经济危机，各资本主义国家为了摆脱这次危机纷纷向外倾销过剩商品。英、美等国通过买办和利用中国封建地主、商人在中国市场上低价倾销洋米、洋麦，侵夺了我国的米谷市场，造成“谷贱伤农”“丰收成灾”，致使土地荒芜，地价暴跌，粮食生产遭到很大打击。抗战时期这种情况也一直在延续。抗战胜利以后，国民党四大家族一边大量引进美国农产品倾注到中国市场，一边又积极搜集美国需要的中国农产品输出到美国，增强了对美国的依赖性，进而使得国民党统治区的农业经济更加的殖民化。由于通货膨胀导致的货币贬值，地主阶层纷纷把货币地租恢复为实物地租，以保证实际地租不下降。农民们因为交不起地租而不得不借高利贷，从而陷入无力自拔的还债深渊。农村经济遭到破坏，广大农民的经济状况急剧下降，再加上天灾人祸，更加速了中国农村的破坏，土地荒芜十分严重。另外由于国民党大规模打内战，到处抓丁，使农村劳动力、耕畜、农具严重破坏，农业生产大幅度下降。新中国成立前夕，粮食生产下降的程度直接威胁着全国人民的生活，农民虽终岁辛劳种粮却得不到粮食，有的地方靠吃野菜、树根、观音土充饥，再加上物价飞涨，到 1949 年蒋管区的经济已全面崩溃。

1.抗战前的粮食生产

抗战前我国耕地面积没有较准确的统计，都是根据抽样调查推算的。一般都以张心一先生所著《中国农业概况估计》一书的统计数字为依据，认为抗战前我国 25 省耕地面积约为 12.5 亿亩。也有以国民党政府主计处统计局的统计数字为根据，认为我国 27 省耕地面积为 13.97 亿市亩。新中国成立后来中平先生估计 1929—1933 年我国 29 省耕地面积应在 14.17 亿亩。根据 1934 年国民党政府实业部中央农业实验所《农情报告》所载，民国元年至抗战前中国耕地总数没有增加。另据国民党政府内政部、海关、邮政部及学者估计的平均数推算，1931 年我国人口已达 4.7 亿，较 1911 年人口约增加 1 亿，农民已达 3.19 亿，每个农民人均占有耕地约为 4.37 市亩，占有粮食作物面积约为 4.27 市亩，其中以东北三省和察绥人均占有量最高，山

① 岳琛.中国近代农业经济史[M].北京：中国人民大学出版社，1989：149-150.

西、河南、陕西次之，四川、安徽、湖北再次之。[①]

(1)抗战前耕地利用状况

根据国民党政府土地委员会1934年对江苏等16省163县的调查，旱地约占耕地面积的57.06%，水田约占31.27%。其中水田占50%以上的省份有浙江、安徽、江西、湖北、湖南、福建、广东、广西。旱地占耕地面积50%以上的省份有河北、山东、山西、河南、陕西、察哈尔、绥远。但察绥两地荒地较多，绥远荒地竟占到耕地面积的23.91%(见表5-7)。

表5-7　各种土地所占的比重(1934年调查)

省　份	调查县数	调查户数	各种土地所占的比重/%						
			共计	水田	旱地	山林地	池塘地	荒地	其他
江苏	12	218 149	100.00	46.65	45.52	2.61	0.54	1.59	3.09
浙江	15	116 212	100.00	71.28	13.68	12.35	0.28	0.82	1.59
安徽	12	107 649	100.00	53.19	40.05	2.09	1.26	1.04	2.37
江西	5	23 697	100.00	85.86	8.80	1.31	0.45	2.09	1.49
湖北	11	106 546	100.00	51.31	33.57	8.08	1.89	2.04	3.11
湖南	14	240 211	100.00	59.46	8.43	21.13	3.79	3.82	3.37
河北	23	158 105	100.00	5.15	87.17	0.37	0.32	3.67	3.32
山东	18	233 061	100.00	0.15	93.55	0.59	0.43	1.62	3.66
山西	2	6 415	100.00	8.64	84.93	0.04	0.02	3.54	2.83
河南	12	187 673	100.00	7.70	86.62	0.48	0.40	1.28	3.52
陕西	12	61 654	100.00	5.28	88.97	0.80	0.05	1.43	3.47
福建	10	79 735	100.00	69.95	22.80	3.12	0.19	1.08	2.86
广东	2	14 513	100.00	85.51	14.19	0.07	0.21	0.01	0.01
广西	12	26 769	100.00	63.93	20.64	8.23	1.48	2.66	3.06
察哈尔	1	1 428	100.00	0.56	84.05	0.00	0.00	15.23	0.16
绥远	2	3 105	100.00	2.66	71.82	0.18	0.51	23.91	0.92
总　计	163	1 584 922	100.00	31.27	57.06	4.99	1.00	2.60	3.08

资料来源：国民党政府主计处统计局.中国土地问题统计分析[M].南京：正中书局1994:31.

据南京金陵大学农业经济系对我国22省154县163个区16 786个田场的调查，1929年至1934年，我国八大农区的农地用途中，作物面积占89.6%，道路、水池、坟地等共占3.9%，农舍占3.4%，森林、牧场、柴山、有树

① 实业部中央农业实验所农业经济科.农情报告[J].实业部中央农业实验所，1934.

木的牧场、有生产的水面共占 3.1%，可见农用土地中约 90%用于种植作物，10%为其他用途。

(2)各种粮食作物所占比率

抗战前我国粮食作物分布的总情况是南方以水稻为主，北方以小麦和杂粮为主。根据国民党政府主计处统计局的统计，全国耕地为 14 138 814 市顷[①]，粮食作物面积为 13 656 684 市顷推算。粮食作物面积占耕地面积的比率应为 96.6%。又根据张心一先生《中国农业概况估计》及国民党政府土地委员会的调查，水稻约占 20%，小麦约占 22%，高粱约占 10%，小米约占 10%，玉米和大麦各占 6%。

若从复种指数来看，根据张心一先生在抗战前对江苏等 25 省作物面积的估计，各省作物面积为耕地的 123%，而国民党政府土地委员会估计则为 135%，两者差异可能与调查的范围不同有关。可见抗战前，我国耕地平均复种指数不高，粮食作物又占了绝大比重，果林蔬菜种植面积太少。这正是旧中国农业生产力水平低下、商品经济不发达、人民只顾温饱问题所致。

(3)粮食总产值和产量的估计

抗战前粮食总产值占农业生产值的比重，据美国学者珀金斯的估计，1931—1937 年粮食总产值为 103.1 亿～109.6 亿元，农业总产值为 194 亿～198 亿元，粮食总产值约占农业总产值的 53.1%～55.4%。同期刘大中、叶孔嘉估计，粮食总产值为 126.4 亿元，农业总产值为 211.7 亿元，粮食总产值约占农业总产值的 59.7%。[②]

对抗战前粮食产量的估计，各方发表的数字差别较大。根据吴传钧在 1931—1936 年对中国 22 个省份的调查显示，小麦的年平均总产量约为 4.5 亿市担，稻谷的总产量年平均约为 10 亿市担，杂粮的年平均产量为 11 亿市担，22 省的粮食年平均总产量约为 25 亿～26 亿市担。而且各省杂粮种植远较稻、麦广，产量也较稻、麦多。

近代中国南北各地作物的单位面积产量，情况比较复杂，不同地区之间，同一地区的不同地块之间，不同农户之间，同一作物的不同品种之间，尤其是不同年成之间，单位面积产量高低悬殊，变化无常。加之资料缺乏，很难做出全面而精确的统计。只能根据一些零星资料，对若干主要作物的单位面积产量做一些粗略的描述和估计。近代关于粮食亩产的调查研究大都集中在 20 世纪二三十年代，许多学者根据这些调查资料对粮食作物的亩产

---

① 1 市顷＝100 亩＝66 666.67 米^2＝6.67 公顷。

② 德・希・珀金斯.中国农业的发展(1368—1968)[M].宋海文，等译.上海：上海译文出版社，1984：35.

进行了估计，现将几位学者的研究总结如下（表 5-8）。

表 5-8　全国主要粮食作物亩产量的四种比较

单位：市斤/市亩

作　物	卜凯估计 1929—1933 年	章有义估计 1931—1937 年	珀金斯估计 1931—1937 年	国民政府估计 1924—1929 年
水稻	453	331	342	334
小麦	147	142	114	136
大麦	133	156	150	149
高粱	160	185	170	168
小米	160	164	160	159
玉米	173	184	193	177
甘薯	1 053	1 027	1 052	1 029

资料来源：刘克祥.1927—1937 年农业生产与收成、产量研究[J].近代史研究，2001(5)：97-98.

从上述学者的估计结果来看，总体上，水稻、小麦与杂粮之间比较，水稻的单产和总产都是最高的（甘薯除外），水稻的亩产量要比小麦至少高出一倍左右，各种杂粮的亩产量也稍高于小麦，这一结果与以上两表的估计结果是一致的。如果再考虑到经济作物产量的话，那么各种作物的亩产量从大到小的顺序应该是：水稻、杂粮、小麦、经济作物。据有关专家统计，在全国人民的口粮消费结构中，杂粮与水稻、小麦几乎占有平等的地位，区别在于各地所依赖的杂粮品种有所差异而已。经济作物由于发展不够充分，它的亩产量没有明显的扩张。

2.抗战时期的粮食生产

抗日战争爆发后，河北、山东、河南、江苏、浙江、安徽、广东、山西、湖北、察哈尔、绥远等约占全国四分之一的地区相继成为战区和沦陷区，涉及的耕地面积约占全国的二分之一，而且大都是膏腴之地、殷阜之区。因此抗日战争爆发之后，我国的粮食生产受到前所未有的破坏，粮食产量的下降非常显著。中国现代史资料显示，如果把抗战前的各种粮食产量指标均定为 100 的话，1938 年小麦的产量只有 45，大米的产量是 81，小米的产量只有 20，大麦的产量是 58，高粱的产量是 23，大豆的产量是 34。[①] 抗战以来湖南、四川、浙江、云南、广东、贵州、湖北、河南、江西、福建、甘肃、陕西、宁夏等各省的种植面积都在下降，拿 1938—1942 年种植面积的平均数与 1937 年的种

① 事实问题研究会.抗战中的中国经济[M].北京：中国现代史资料编委会（翻印），1957：32.

植面积相比较，甘薯、粳稻、豌豆、烟草的种植面积都下降了10%，玉米、小麦、蚕豆、大麦、糯稻、花生的种植面积均下降了20%，大豆和棉花的种植面积都下降了30%，高粱下降了40%，小麦则下降了50%，只有油菜的种植面积是增加的，但是增幅仅仅为5%。

粮食减少的原因主要是苛捐杂税过重，农业生产缺少资金投入。抗战时期佃农租种地主土地的租期不定，佃农时时受到被撤佃的威胁，使佃农无力也无心经营土地。同时由于租赋过重，除去种子、肥料外，所剩寥寥，有的靠典当度日，严重地打击了农民生产的积极性。据四川调查，在成都平原，一个种20亩田地的佃农，在1939年一年内现金负担9种，共增加了368.8元，劳动力方面负担6种，共费时45天，占去和减少了农民从事农业生产的资金和时间。[①] 由于战时物资涨价，农业生产成本显著提高，也影响了农业产量的增加。

3.抗战胜利后的粮食生产

抗战胜利后，蒋管区的粮食生产并没有得到改善，由于生产资料短缺和其他生产条件的破坏，粮食亩产量下降了。1947年籼粳稻亩产量仅相当于1936年的69.6%，小麦相当于战前的91.4%，高粱相当于战前的80.4%，小米相当于战前的78.97%，玉米相当于战前的97.1%。可见国民党统治区的粮食生产没有得到恢复（见表5-9和表5-10），而且粮荒更加严重。

表5-9 主要粮油作物单位面积产量的变动（1936—1947年）

作　物	年单位面积产量/（斤/市亩）			1947年相当于1936年的占比/%
	1936年	1946年	1947年	
籼粳稻	355	139	247	69.58
小麦	151	140	138	91.39
高粱	209	183	168	80.38
小米	176	166	139	78.98
玉米	176	179	171	97.16
大豆	161	148	150	93.17
油菜籽	84	75	85	101.19
芝麻	82	75	69	84.15
花生	250	225	227	90.80

资料来源：严中平，等.中国近代经济史统计资料选辑[M].北京：科学出版社，1955：361.

① 刘秋直.战时四川粮食生产[J].四川经济季刊，1945，2(4)：155-158.

表 5-10　主要粮油作物总产量的变动(1936—1947 年)

作　物	年产量/千市担		
	1936 年	1946 年	1947 年
稻	1 034 125	956 926	942 794
小麦	480 897	430 955	430 570
高粱	233 201	228 411	203 027
小米	196 544	234 782	198 602
玉米	170 455	230 261	215 440
大豆	203 086	168 000	159 178
油菜籽	49 625	64 569	74 505
芝麻	17 360	14 428	12 979
花生	53 940	44 832	44 761

资料来源:严中平,等.中国近代经济史统计资料选辑[M].北京:科学出版社,1955:360.

抗战时期我国粮食生产遭到严重的破坏,抗战胜利后农民喘息未定,国民党又挑起内战,到处抓丁要粮,农民也无心无力从事农业生产。粮食生产进一步衰退,粮食更加短缺。1947 年,稻、麦收成仅为平常年份的六成,全国大米的短缺量达到 190 万吨,小麦的短缺量达 150 万吨。加上 1948 年的严重灾情,旱涝灾害波及湖北、湖南、广西、广东、浙江、江苏、安徽等十余省,无家可归的农民达两千万人以上,被荒芜土地 2 000 万亩,肥育湖南一省因水灾损失稻谷达到 5 000 万市担,连同其他省的损失约达 9 000 万市担,而蒋介石政府征实、征借配额竟增为 8 000 万市担,另收购军粮 1 000 万担,较 1947 年还增加三分之一。当年美援运到的粮食不到 10 万吨,也只够城市配售粮食的 40%。[①] 国民党统治区的农民在苛捐杂税、通货膨胀、拉丁抓夫、征实摊派以及高利盘剥的重重压迫下迅速崩溃,纷纷破产,粮食危机十分严重。1947 年,许多城市组织起来开展反饥饿反内战的学生运动;1948 年,包括南京、上海、天津、北京等在内的九大城市的工人也都发动了反饥饿的斗争。农村无数饥民被迫出来抢夺米粮,发生抢米风波,国民党政府不得不出动军警来镇压,国民党统治区的经济面临全线崩溃的危机。

(四)革命根据地的粮食生产

革命根据地是在 1927 年以后逐渐建立和发展起来的,到抗日战争末期,中国共产党领导的军队已经解放了一亿多人口,建立了陕甘宁边区、晋

① 孟宪章.中国近代经济史教程[M].南京:中华书局,1951:337-338.

绥、晋察冀、晋冀鲁豫、晋冀豫、山东、鄂豫皖、湘赣、苏南、淮北、淮南、琼崖、皖中、广东、冀鲁豫、苏中、苏北、浙东、湘鄂赣19个抗日根据地。

中国共产党在革命根据地开展了轰轰烈烈的土地革命,形成了一套比较完备的土地制度改革方案。同时组织开展大生产运动,建立农业互助合作社,发展生产。在政策方面,大力开垦荒地,扩大耕地面积。奖励开荒、通过移民转移劳动力、兴修水利、重视改良土壤和精耕细作,同时号召各行各业支援农业,支持农业技术和农业科学研究。在实施一系列积极有效的政策措施的基础上,革命根据地很快恢复了粮食生产并使粮食产量迅速得到提高。比如广昌县,土地革命前当地的粮食亩产量平均160斤左右,革命后亩产迅速上升为300斤。再比如于都县,没有实现土改分田前的粮食亩产量还不到200斤,到1933年粮食亩产就提高到三四百斤。正如1934年毛泽东指出的"红色区域的农业,现在显然是在向前发展中","现在有些地方不但恢复了而且超过了革命前的生产量"。[①] 抗战时期,革命根据地的粮食生产受到连续自然灾害以及反动势力的多次围攻,也曾出现极度困难的情形。但是在中国共产党的领导和人民群众的不懈努力下,革命根据地很快就挺过了困难期,开始恢复和提高农业生产。解放战争时期,1948年除了个别战乱和天灾非常严重的地区外,各革命根据地的粮食收成都有所上升。比如华北地区的粮食产量就比1947年上涨了7%,东北地区的粮食产量上升了12%,晋绥地区的粮食增产了8%。再比如陕甘宁边区,1937年9月边区政府成立的时候,拥有862.6万亩的耕地面积,粮食年产量约111.6万石。1943年的时候,其粮食产量已达184多万石,比1937年的粮食产量上涨了65%。并且粮食的产量已经超过了消费需求量,1943年当地共消耗162万石粮食,出现了20多万石的余粮。再到1944年的时候,陕甘宁边区的粮食产量达200万石,同时不再从外地购粮,而是将多余的粮食输出外地。[②] 1949年全国解放的时候,陕甘宁地区的耕地面积已经增加到5 672万亩,粮食产量也达到1 336.4万石[③],与1937年相比,粮食产量增加1 200余万石,增长幅度近9倍。其他革命根据地的情形也是类似的,粮食产量都在逐年增加,如晋察冀根据地,由于兴修水利改善了农业生产的条件,每年的粮食增产量都超过了100万石。[④] 这为保证粮食供给,支援革命战争起

---

① 毛泽东.毛泽东选集(第1卷)[M].北京:人民出版社,1966:117.

② 中国社会科学院近代史研究所《近代史资料》编译室.陕甘宁边区参议会文献汇编[M].北京:中国社会科学近代史研究所,2013:284.

③ 陕西粮食史编辑室.陕西粮食史志资料[M].西安:陕西粮食史编辑室,1987:44.

④ 罗平汉.农业合作化运动史[M].福州:福建人民出版社,2004:357.

到了很大的作用,同时也为新中国的农业发展奠定了经济基础。

四、粮食亩产量的变化

近代我国的粮食亩产量总体变化趋势是下降的,根据吴慧先生对中国历代粮食亩产量的研究(表 5-11 和表 5-12),自战国中晚期以来,中国的粮食亩产经历了下降—上升—下降—上升—下降的曲折变化过程。

表 5-11　粮食亩产的历史对比

单位:公斤/亩

时　期	战国中晚期	西汉末	唐	宋	明	清中叶
粮食亩产	180.0	132.0	170.6	154.5	173.0	183.5

资料来源:吴慧.中国历代粮食亩产研究[M].北京:农业出版社,1985:95.

表 5-12　1931—1949 年中国粮食亩产量的变化

单位:公斤/亩

年　份	1931	1932	1933	1934	1935	1936	1946	1947	1949
播种面积亩产	107.9	115.6	114.6	101.4	108.2	116.3	108.8	93.8	68.5
耕地面积亩产	135.5	147.7	146.4	130.5	139.1	146.1	136.6	120.0	88.8

资料来源:吴慧.中国历代粮食亩产研究[M].北京:农业出版社,1985:95.

表中的数据变化显示,近代以前,自战国中晚期至清中叶,粮食亩产量经历下滑后上升回复到原来的水平,即亩产没有出现大的变化。从 1931 年到 1949 年,不论是播种面积亩产还是耕地面积亩产,都呈现明显的下滑趋势。其间虽曾略有上升,但又很快大幅下滑。1949 年的粮食亩产与清中叶相比下降了百分之五十到六十多的水平。致力于近代中国农业生产和贸易资料统计的许道夫先生也对近代中国的粮食亩产量进行了估计,如表 5-13 所示。

表 5-13　1914—1947 年全国粮食亩产量

单位:市斤/市亩

时　间	1914—1918 年	1924—1929 年	1931—1937 年	1938—1947 年
亩产量	252	259	222	212

资料来源:许道夫.中国近代农业生产及贸易统计资料[M].上海:上海人民出版社,1983:338-339.

注:每石按照 120 斤计算。

因为统计估算的口径不一致,许道夫的粮食亩产数据与吴慧的数据不尽相同。但是从数据的变化来看,两位学者的数据都显示出粮食亩产在近代下降的趋势。说明近代我国的粮食生产的确出现了较大程度的衰退。

关于中外农作物亩产量比较的数据，也基本集中在20世纪初。表5-14所列的中国统计数是1921—1925年的，而外国统计数据则是1909—1913年的。

表5-14 中外各国农作物每公顷产量之比较

单位：公担[①]

国家	水稻	小麦	玉米	棉花
中国	25.6	9.7	7.5	1.8
丹麦	—	33.1	—	—
比利时	—	25.3	—	—
英国	—	21.2	—	—
日本	30.7	13.5	—	—
法国	—	13.1	—	—
美国	16.8	9.9	16.3	2.0
印度	16.5	8.1	—	—
阿根廷	16.8	6.2	13.8	—
俄国(欧洲部分)	—	5.9	—	—
意大利	—	—	15.8	—
罗马尼亚	—	—	13.1	—
埃及	—	—	—	4.5
墨西哥	—	—	—	4.4
巴西	—	—	—	3.0

资料来源：章有义.中国近代农业史资料(第二辑)[M].上海：三联书店，1957:407.

表5-14数据表明，中国的小麦产量居中下水平，而玉米、棉花的产量更低，只有水稻的产量稍高一些，但仍然低于日本的产量水平。并且，中国的统计数比外国的统计数晚了约10年，但仍然如此之低，由此可见中国近代的农业生产水平的低下。

关于近代粮食亩产量的系统资料很少，美国学者珀金斯有一计算，日本尾上悦三根据珀金斯的计算，并结合他自己所掌握的中国东北的材料加以调整，做出下面的统计表(见表5-15)：

① 1公担=100公斤。

表 5-15　中国近代粮食单位面积产量的估算

年　份	人口数/万人	粮食生产量/吨	耕地面积/万公顷	粮食生产用耕地面积/万公顷	单位面积产量		每人平均耕地面积/市亩
					吨/公顷	市斤/市亩	
1840	42 027	12 608	9 100	7 735	1.630	217.3	3.248
1845	42 236	12 671	9 145	7 773	1.630	217.3	3.248
1850	42 446	12 734	9 190	7 311	1.630	217.3	3.248
1855	41 298	12 389	9 129	7 760	1.597	212.9	3.316
1860	39 808	11 942	9 060	7 709	1.549	206.5	3.765
1865	38 868	11 660	9 052	7 694	1.515	201.9	3.493
1870	39 728	11 918	9 131	7 761	1.336	204.7	3.448
1875	40 588	12 176	9 200	7 828	1.555	207.3	3.403
1880	41 448	12 434	9 287	7 894	1.575	209.9	3.361
1885	42 308	12 692	9 364	7 959	1.595	212.7	3.320
1890	43 168	12 950	9 442	8 025	1.614	215.1	3.281
1895	43 915	13 175	9 512	8 085	1.630	217.3	3.249
1900	44 571	13 371	9 582	8 144	1.642	218.9	3.224
1905	45 577	13 673	9 671	8 220	1.663	221.7	3.183
1910	46 643	13 993	9 833	8 358	1.674	223.1	3.162
1915	47 719	14 316	9 973	8 477	1.689	225.1	3.135
1920	48 855	14 657	10 108	8 592	1.706	227.4	3.104
1925	50 201	15 060	10 273	8 732	1.725	229.9	3.070
1930	51 559	15 468	10 433	8 868	1.744	232.5	3.035
1935	53 276	15 983	10 586	8 998	1.776	236.7	2.981
1940	54 113	16 234	10 659	9 060	1.792	238.9	2.955
1945	54 757	16 427	10 612	9 020	1.821	242.7	2.907

资料来源：吴慧.中国历代粮食亩产研究[M].北京：农业出版社，1985：199.

在表 5-15 中，粮食用耕地占耕地面积的比例定为 85%，如 1840 年每人粮食耕地面积即为 2.76 市亩，占 3.248 市亩的 85%。2.76 市亩×217.3 市斤＝599.7 市斤；又如 1945 年每人粮食耕地为 2.47 市亩，2.47 市亩×242.7 市斤＝599.5 市斤。其实这张表的粮食亩产量(市斤/市亩)是按以下公式计算得出的：

$$\frac{\text{人口数}\times\text{每人占有粮食数量(都按 600 市斤计算)}}{\text{人口数}\times\text{每人平均耕地面积}\times 85\%}$$

也就是以 600 斤÷每人平均粮食耕地面积来计算粮食平均亩产。在缺乏资料的情况下，要衡量一段时间的亩产量，不是具体计算各个年份的亩产，这种算大账的方法也不失为出路之一，但前提是要有比较正确的人口数字和耕地数字用以计算每人平均粮食耕地数，同时需要有比较正确的人均占有粮食数字。

吴慧认为，表 5-15 所定的粮食耕地占耕地面积的 85%的比例偏大。吴慧参照严中平等主编的《中国近代经济史统计资料选辑》中关于农作物单位面积产量的变动及总产量的统计表，应用调和平均的公式计算出 1931—1947 年的粮食亩产量数字，如表 5-16 所示：

表 5-16　1931—1947 年的粮食亩产量

年　份	作物播种面积合计/顷	产量合计/千市担	单位面积产量斤/亩	大豆折原粮后的单位面积产量斤/亩
1931	10 859 271	2 192 263	201.88	215.7
1932	10 589 357	2 338 127	220.80	231.2
1933	10 652 385	2 320 976	217.88	229.1
1934	10 403 356	2 016 138	193.80	202.8
1935	10 784 477	2 344 227	208.10	216.4
1936	10 560 195	2 318 308	219.53	232.7
1946	10 985 047	2 249 335	304.76	217.5
1947	11 895 413	2 149 612	180.71	187.5

资料来源：吴慧.中国历代粮食亩产研究[M].北京：农业出版社，1985：202-203.

尾上悦三的研究结果表明，1840—1945 年中国的粮食亩产量水平稍有下降后开始持续上升，总体呈上升趋势；而吴慧的计算结果表明，20 世纪 30 年代至 40 年代末，中国的粮食亩产水平经历了两次先升后降的波动。但是，吴慧的计算结果仍然显示 1946 年的亩产水平要高于 1931 年，即 1946 年以前粮食亩产水平总体上也是上升的趋势，只有到 1947 年才骤然下降，跌破 30 年代的亩产水平。

莱阳农学院王宝卿教授根据多位学者（包括上述吴慧、许道夫在内）的研究成果，分析了中国自春秋以来的粮食亩产量波动情况。① 他发现，从历代粮食亩产量的走势看，清中前期的亩产水平达到历史最高，而鸦片战争至

① 王宝卿.我国历代粮食亩产量的变化及其原因分析[J].莱阳农学院学报（社会科学版），2005，17(1)：14.

1949 年的粮食亩产水平均没有超过清中前期的水平，呈波浪式下降趋势。1845—1945 年粮食亩产水平有所回升，说明这一时期的农业生产有所恢复和发展。总之，近代的粮食单产水平虽有所波动，但总体趋势是下降的，尤其在 20 世纪 40 年代后期下降剧烈，导致粮食亩产水平跌至历史新低。[①]

五、劳动生产率的变化

农业生产的经济效益不仅体现在粮食亩产量水平的比较上，而且体现在劳动生产率的比较上。[②] 学者吴慧在其研究中也对中国历史上的粮食生产劳动生产率进行了估计，如表 5-17、5-18 所示。

表 5-17　劳动生产率的历史对比

时　期	粮食产量/[公斤/(亩・年)]	人均占有原粮/[公斤/(人・年)]	劳动生产率/[公斤/(劳动力・年)]
战国中晚期	180.0	460.5	1 659.0
西汉末	132.0	496.5	1 789.0
唐	170.6	628.0	2 262.0
宋	154.5	579.5	2 087.5
明	173.0	559.0	2 013.5
清中叶	183.5	314.0	1 131.0

资料来源：吴慧.中国历代粮食亩产研究[M].北京：农业出版社，1985：95.

表 5-18　近代劳动生产率的变化

时　间	1909—1918 年	1924—1929 年	1931—1937 年	1938—1947 年
人均占有原粮/[公斤/(人・年)]	256.0	314.5	250.5	214.0
劳动生产率/[公斤/(劳动力・年)]	715.0	931.5	741.5	633.5

资料来源：吴慧.中国历代粮食亩产研究[M].北京：农业出版社，1985：95.

统计数据表明：中国近代人均年占有粮食量最高时和清中叶持平，低于战国中晚期、西汉末、唐、宋和明代，仅是唐代人均占有粮食量的一半。近代人均年占有粮食量最低时为 214 公斤，合成品粮（七六折）163 公斤，平均每

① 李进霞.近代中国粮食生产的经济效益分析[J].郑州：河南工业大学学报（社会科学版），2012(1)：1-3.

② 李进霞.近代中国粮食生产的经济效益分析[J].郑州：河南工业大学学报（社会科学版），2012(1)：1-3.

月每人13.6公斤，设其中70%为口粮，每人月均口粮9.5公斤。近代粮食劳动生产率低于表中所列的所有朝代，最低时不及唐朝的1/3，最高时还不及宋朝的一半。在近代，粮食劳动生产率呈现先升后降的趋势。20世纪30年代以前的劳动生产率是上升的，到40年代呈现明显下降趋势，这与粮食亩产量的变化趋势基本是一致的。[①]

中国古代粮食生产在全世界处于领先地位，但近代却远远落后于西方国家。在产业革命推动下，欧洲粮食生产开始由手工向机械作业，由经验向理论过渡。19世纪中叶中国粮食生产与西方相比开始落后，但由于历史惯性的作用，差距还不大，双方真正出现大的差距是在20世纪30年代。这时欧美农业科学基础理论迅猛发展，拖拉机等农业机械推广使用，取代了中国粮食生产的领先地位。近代科学技术的发展及应用使欧美农业及粮食生产一跃千里，粮食劳动生产率大大高于中国。当时金陵大学农业经济学教授卜凯认为，中国小麦生产所需人工是美国的23倍，谷米生产所需人工是美国的13.8倍，高粱生产所需人工是美国的13.2倍，黄豆生产所需人工是美国的7.1倍，红薯生产所需人工是美国的5.7倍。历史的纵向，国际的横向比较显示，从近代开始中国粮食生产萎缩、衰落了。[②]

中国近代粮食生产的萎缩、衰落及人均占有粮食量下降、粮食亩产量下降、粮食劳动生产率下降带来了严重后果[③]，吃饭问题越来越严重。19世纪60年代以来，每年都大量进口粮食，其中1926年到1935年的10年间粮食净进口（扣除出口）254亿多公斤，仅1932年一年就进口粮食47亿多公斤，人均10公斤以上。[④]

近代粮食亩产和劳动生产率的下滑，表现出中国传统农业后劲不足的一面，美国黄宗智教授把这种情况称之为“过密型变化”。[⑤] 就是说：因人口压力加大，农民为在有限的土地上得到更多的收益，不惜采取增加单位劳动时间的办法，从而造成劳动生产率下降、边际报酬递减。[⑥] 黄宗智教授的观

① 李进霞.近代中国粮食生产的经济效益分析[J].郑州：河南工业大学学报（社会科学版），2012(1)：1-3.

② 李进霞.近代中国粮食生产的经济效益分析[J].郑州：河南工业大学学报（社会科学版），2012(1)：1-3.

③ 李进霞.近代中国粮食生产的经济效益分析[J].郑州：河南工业大学学报（社会科学版），2012(1)：1-3.

④ 柳武.中国近代粮食生产衰落原因分析[J].科学与社会，2004(2)：60-64.

⑤ 李进霞.近代中国粮食生产的经济效益分析[J].郑州：河南工业大学学报（社会科学版），2012(1)：1-3.

⑥ 黄宗智.中国农村的过密化与现代化、规范认识危机及出路[M].上海：上海社会科学院出版社，1992：72，99.

点很重要，但是有些悲观。吴承明教授曾指出：小农经济是精打细算的经济，它不浪费资本，也不会浪费劳动力。农民不会在自己的田场上“三个人的活五个人干”，或去搞什么“人海战术”。① 那种认为农民会由于人口压力而将剩余劳动力无限地投入到土地中的观点是不符合实际情况的。吴教授还指出：在晚清，即令粮食亩产有所下降，亦不等于总产也一定下降了，因为耕地仍在增加，农业耕作方法仍有改进，农业技术投入也有所进展。② 按照吴教授估算的粮食产量数据，晚清时期的粮食产量要低于嘉庆中期，却高于或远高于晚明和清乾隆中晚期。正是在这种情形下，中国的粮食生产才能在明朝后期养活一亿多人口，到清中期人口增加到两亿、三亿，甚至接近四亿的时候仍然能够维持。再到清晚期甚至民国时期，中国的人口已经达到四五亿之多，也并未出现粮食紧缺而导致的危机现象。综观中国的历史，农业生产与社会秩序一样，不是平直延伸的，而是有曲折，也有停滞和倒退，但是从整体上观察，它总是向前发展的。近代劳动生产率下滑和粮食亩产量的降低，只是农业发展进程中的一个插曲，其中的原因，并不是农业本身所能解释的。③

第二节　近代中国经济作物生产的发展

商品性经济作物，多以出售为种植目的。近代经济作物种植面积在作物总面积中的比例虽然远远低于粮食作物，但经济作物对国计民生的重要作用却不是粮食作物所能替代的。为了追逐利润，农民往往更愿意种植经济作物，因此在一些经济作物栽培比较成熟的地区，经济作物的地位相当重要，甚至会超过粮食作物在当地农业经济中的影响。

一、经济作物的种类及其生产发展

鸦片战争以后，发展较快的经济作物，主要有以下几种：

（一）茶叶

中国是茶叶的原产国，我国西南部的云贵高原、西双版纳地区最早开始种植茶树。有的学者提出印度是茶叶的原产地，因为印度有野生的茶树，但是中国没有，这种说法是不正确的。其实中国早在公元前二百年的《尔雅》

---

① 吴承明.中国近代农业生产力考察[J].中国经济史研究，1989(2).

② 吴承明.市场、近代化、经济史论[M].昆明：云南大学出版社，1996.

③ 李进霞.近代中国粮食生产的经济效益分析[J].郑州：河南工业大学学报(社会科学版)，2012(2).

中就有关于野生大茶树的记载,并且还提到“茶树王”的说法。茶叶自唐朝开始传播到中国西北的多个少数民族地区,逐渐成为人们日常生活所必需的一种饮品,甚至“一日无茶则滞,三日无茶则病”。

近代以前,茶叶就已经是我国的主要经济作物,并且出口到各国。鸦片战争后,随着通商口岸的不断增加,茶叶国际贸易也曾迅速扩大,进而吸引更多人种植茶叶,茶叶的种植范围也迅速增加。19 世纪 90 年代以前,茶叶种植在广东、湖南、安徽、福建、湖北和江西等省都得到了较快的发展。“茶叶一宗,上供税课,下系民生,为东南数省民命攸关。”[①]其在农业生产中的地位至为重要。但自甲午战争以后,随着茶叶贸易的衰落,茶叶种植也急速滑坡。安徽、湖南、福建、江西和广东等地的许多茶山,纷纷荒废丢弃,有的被改种植其他作物。例如,广东南海县,“西樵山多产茶,山人向以植茶为业,官山圩有茶市一区,近高街百步石地方”;但到了 1910 年,就已“茶业失败,山人往往将地售作坟墓,所产茶株比前百不存一,市地亦废,今已夷为民居矣”。[②]

根据许涤新、吴承明在《中国资本主义发展史》一书中的估计,近代中国的茶叶种植面积和茶农户数变化如表 5-19 所示。数据显示,1836—1894 年,茶叶产量、种植面积和茶农户数呈上升趋势,各项数据均有将近一倍的增加量;甲午战争之后,茶叶种植面积收缩,1919 年,我国茶叶种植面积和茶农人口约比 1894 年减少三成左右。

表 5-19　茶叶种植面积和茶农户数估计

时　间	1836—1838 年	1894 年	1919 年
产量/万市担	260.50	468.17	331.75
种植面积/万亩	521.00	936.35	669.50
茶农户数/万户	130.25	234.09	167.38
茶农人口/万人	651.35	1 170.45	836.90

资料来源:许涤新,吴承明.中国资本主义发展史(第二卷)[M].北京:人民出版社,1990:286,970.

(二)棉花

棉花属锦葵目锦葵科木槿亚科棉属,原产于印度。棉花喜热、好光、耐旱、忌渍,适宜在疏松深厚土壤中种植。中国、美国和印度都是棉花产量较高的国家。棉花的主副产品都有较高的利用价值,正如前人所说“棉花全身

① 李文治.中国近代农业史资料(第一辑)[M].上海:三联书店,1957:444.

② 李文治.中国近代农业史资料(第一辑)[M].上海:三联书店,1957:418.

都是宝”。不仅是生活取暖必要的纤维来源，又是饮食必需的油料来源；不仅是富含蛋白的粮食作物，也是纺织和精细化工的原料以及重要的战略物资。

19 世纪 60 年代以前，中国一向从印度进口棉花。美国南北战争爆发后，从英国输入棉花的渠道也被阻断，导致中国进口棉花的来源更加减少。此后不久，日本因为国内机器棉纺织业兴起，跑到中国收购棉花，遂使中国棉花生产量急剧增加。与此同时，外国资本在华棉纺织企业不断建立，中国资本棉纺织企业也相继产生，又使得国内市场对于棉花的需要量迅速增长。以上种种原因，都大大刺激了中国的棉花种植业。鸦片战争之后，上海等地“均栽种棉抵禾稻仅十中之二”。[①] 通州、如皋和海门也都是“一望皆种棉花，并无杂树”。[②] 原本并不种植棉花的华亭县，进入 60 年代以后，也开始“改禾种花”了。另外，“江西、浙江、湖南等处，向只专事蚕桑者，今皆兼植棉花”。[③] 至于江苏、河北、陕西、河南、安徽、山东等省棉田面积也几乎是年年扩大。

根据许涤新、吴承明的估计，1840 年、1860 年、1894 年中国的皮棉产量分别约为 802.48 万、811.98 万、831.75 万担。若以亩产 23 斤（当时的平均水平）的标准核算，全国的棉花种植面积大概有 3 500 万亩左右。[④] 这一时期的棉花种植大多是满足家庭自给需要，农民一般是在种植粮食作物的田间兼种棉花。

甲午战争之后，棉花的种植范围很快扩大。“植棉之地，年有扩张”，“几乎全国均从事植棉”。[⑤] 棉花的主产区也迅速扩张到河北、山西、山东、河南、陕西、浙江、江苏、江西、安徽和湖北等省。比如山西，辛亥革命以前的棉花种植并不多见，“只供日常生活所需，并无余额外销”。[⑥] 但是到了 1919 年，山西全省的棉花种植面积，已经超过 40 万亩。随后又连年扩张，1920 年棉田面积超过 50 万亩，1921 年超过 60 万亩，1923 年超过 80 万亩，到 1926 年剧增至 140 多万亩。[⑦]

民国以来，全国棉田面积呈增加趋势，抗战前的二十多年内共增加棉田 2 300 多万亩、增产皮棉 700 多万担（见表 5-20）。

---

① 李文治.中国近代农业史资料（第一辑）[M].上海：三联书店，1957：418.
② 李文治.中国近代农业史资料（第一辑）[M].上海：三联书店，1957：418-422.
③ 李文治.中国近代农业史资料（第一辑）[M].上海：三联书店，1957：418-422.
④ 许涤新，吴承明.中国资本主义发展史（第二卷）[M].北京：人民出版社，1990：293.
⑤ 章有义.中国近代农业史资料（第二辑）[M].上海：三联书店，1957：196-198.
⑥ 章有义.中国近代农业史资料（第二辑）[M].上海：三联书店，1957：196-198.
⑦ 章有义.中国近代农业史资料（第二辑）[M].上海：三联书店，1957：196-198.

表 5-20　1914—1937 年全国植棉面积与产量

时　间	1914—1918 年	1919—1930 年	1931 年	1932 年	1933 年	1934 年	1935 年	1936 年	1937 年
面积/千亩	40 226	28 381	52 230	52 284	55 890	57 371	52 182	61 615	630 331
产量/千担	3 589 168	8 608	14 570	15 143	16 595	15 849	14 338	20 639	15 617

资料来源：1914—1918 年数字据农商部《第七次农商统计表》，其产量为籽棉，因而数字较大；1919—1930 年数字据农林部棉产改进咨询委员会、全国纺织业联合会编《中国棉产统计》(1948 年)，其产量为皮棉；1931—1937 年数字据《农业统计》，《中农月刊》1949 年第 8 卷 6 期，其产量为皮棉。

表 5-20 数据显示，除开农商部统计时期，从 1919 年起，棉花种植面积和产量均表现为直线增长，其中 1935 年的暂时下降是因为 1934 年的全国性干旱和 1935 年黄河水泛滥影响了华北棉花生产。以面积而言，表中 1937 年的 6 300 多万亩是最大的一年，也是民国时期植棉面积的最高峰。但产量高峰却在 1936 年，因为 1937 年下半年抗日战争爆发，有些棉区未收获即已沦陷，产量未能上报。

抗日战争爆发以后，河北、江苏等重要产棉区先后被日军占领。为解决日益紧张的棉花供应问题，国民政府在后方各省开展拓棉植田、增产棉花的工作。四川省成效显著，如 1942 年四川省扩充棉田 111 万多亩，占当年后方 15 省棉田总扩充面积 231 万亩的 48.1%。[①] 这一结果与当时的四川云集了大量科研人员，又是战时首善之区等因素有关。河南、陕西等省成绩也不错，新增棉田面积都在 2 000 万亩以上。当时陕西省由于受战争影响，粮食紧缺，麦价高昂，农民不愿种棉。陕西省政府为了扭转棉产锐减的不利局面，采取提高棉价、举办棉产贷款，将棉产区田赋改征棉花等方式，刺激棉农生产，扩大了棉田面积。[②] 其他省份如云南、贵州扩展木棉种植面积，新疆扩展长绒棉种植面积均有成效。这些省份棉田增加的数量虽不大，其增长幅度却相当惊人。包括闽、黔、滇、桂、西康、宁、甘、新等省在内的次要棉区在 1943 年只有棉田 80 万亩，1944 年则增加到 117 万亩，1945 年已达 215 万亩，增加了 169%。[③] 但是在整个抗日战争时期，由于战区范围变更，以及一些非生产性因素的影响，如接近汪伪控制区、日军占领区的地方商贩大量偷运棉花[④]、水旱灾荒严重等，国统区棉花种植面积虽然总体上在增加，棉

① 佚名.农林部一年来全国农业建设[M].南京：中国第二历史档案馆藏，1943.

② 佚名.经济情报汇编[J].中农月刊，1942，4(4).

③ 佚名.八年来全国棉田面积与产量一览表[J].农情通讯简报，1945(7).

④ 杨显东.论当前棉业问题与对策[J].中农月刊，1943，10(7).

花总产量却波动起伏很大，无论面积、产量都未恢复到战前 1936 年、1937 年的生产水平(见表 5-21)。

表 5-21　1938—1945 年后方各省植棉面积与产量

时　间	1938 年	1939 年	1940 年	1941 年	1942 年	1943 年	1944 年	1945 年
面积/千亩	17 602	18 055	21 514	21 216	20 296	21 565	23 619	25 023
产量/千担	4 688	5 838	6 078	5 381	4 534	5 676	5 100	7 071

资料来源：中国农民银行经济研究处.农业统计[J].中农月刊，1949，8(6).

(三)大豆

大豆属一年生草本，是重要的油料、食用和饲料作物，中国古名菽，常称黄豆、黑豆、黑皮青豆、青仁乌豆。小粒类型在中国南方称泥豆、马料豆，在东北称秣食豆等。大豆起源于中国，中国学者大多认为原产地是云贵高原一带。现在栽培种植的大豆是在野生大豆的基础上，经过长期的驯化、改良而形成的。大豆在中国的主产区是松辽平原中北部和三江平原、黄淮平原和长江中下游地区，东北地区的大豆产量是最多的。

中国种植大豆的历史虽很悠久，但是在 20 世纪以前，大豆在经济作物中的地位并不突出。进入 20 世纪以后，由于用途的改变，大豆发展成为一种重要的商品性经济作物。豆类出口猛增，畅销日本和欧美各国。据统计，从 1901 年至 1926 年，中国的豆类出口量增长了 10 倍。[①] 出口贸易的猛增，刺激了大豆播种面积的迅速扩大。根据许涤新、吴承明的估计，中国大豆的产量在 1894 年约为四千多万担，其中东北地区的大豆产量有一千三百多万担；1919 年全国的大豆产量约为七千多万担，东北的大豆产量达到三千八百多万担。[②] 可见东北地区是大豆最主要的生产聚集区。

民国时期，中国大豆的产量约占全球总产量的五分之四，东北地区的产量在这五分之四中又占据了 60%～70%。大豆播种面积一般占东北耕地的 20%～30%。随着出口的增加和土地的开发，大豆的种植面积不断扩大，在耕地中所占的比重提高。东北三省的大豆产量，1909 年已接近 200 万吨，1921 年又增到 350 万吨[③]，1923 年又猛增到 1 200 万吨[④]。表 5-22 反映了东北三省大豆种植面积及其在耕地面积中所占比重的变化情况。

① 中国人民大学农业经济系.中国近代农业经济史[M].北京：中国人民大学出版社，1980：91.
② 许涤新，吴承明.中国资本主义发展史(第二卷)[M].北京：人民出版社，1990：987.
③ 章有义.中国近代农业史资料(第二辑)[M].上海：三联书店，1957：204-205.
④ 章有义.中国近代农业史资料(第二辑)[M].上海：三联书店，1957：189.

第一次世界大战期间，由于大豆出口受到影响，大豆种植面积及其在耕地面积中所占的比重，有所下降。大战结束后，立即回升，如表5-22所示，到1926年，无论种植面积和占耕地的比重都明显超过了1914年，1927年又进一步增加，种植面积由1926年的40 542千亩，增加到46 269千亩，在七种主要农作物耕地中所占的比重也由28.7%提高到31.3%。大豆产量也有明显增加。据当时的估计，东北三省的大豆产量，1909年为3 304万余担，1919年为3 802万担，1921年为5 285万担。[①] 1927年更增加到5 770万石。[②]

表5-22 1914—1927年东北三省大豆种植面积及占七种主要农产耕地比重变化表

时间	奉天		吉林		黑龙江		合计	
	面积/千亩	占比/%	面积/千亩	占比/%	面积/千亩	占比/%	面积/千亩	占比/%
1914年	9 363	23.9	9 017	25.5	6 910	30.8	25 290	26.0
1915年	9 126	23.5	5 720	22.2	6 442	21.7	21 288	22.6
1916年	9 151	23.5	3 473	16.8	6 388	25.8	19 012	22.5
1917年	6 965	19.5	9 381	32.2	6 084	24.6	22 430	25.0
1918年	6 977	20.1	8 628	27.6	6 515	24.7	22 120	24.0
1926年	12 180	24.6	17 050	30.7	11 312	31.2	40 542	28.7
1927年	12 533	23.0	17 748	31.6	15 988	42.9	46 269	31.3

资料来源：谔公.东三省经济统计概略[J].中东经济月刊，1931，7(4/5)：221-224.

注：(1)七种主要农作物是大豆、小麦、大麦、玉米、小米、高粱、稻子。这七种农作物耕地之和为100；(2)原面积单位为千英亩，现折成千亩；(3)原占比计算有误，业经核正。

整个东北，几乎各地都有大豆种植，而中东铁路、南满支路以及其他铁路沿线，种植尤多，发展尤速。比如在奉天的沈阳，大豆是“出产大宗，占输出品巨额”。[③] 辽阳种植的各种农作物中，大豆占据首位。[④] 抚松的大豆“出产最多”。[⑤] 通化的大豆在五谷种植中占据首位。[⑥] 安东和铁岭”无处不宜豆”，实为出产大宗。[⑦] 吉林双城的大豆“有地皆种，十岁九稔”。[⑧] 据说农安

① 章有义.中国近代农业史资料(第二辑)[M].上海：三联书店，1957：204.

② 谔公.东三省经济统计概略[J].中东经济月刊，1931，7(4/5合号)：221-224.又据记载，东北大豆总产量，1925年约为5 200万担，1927年为5 900万担，1929年为6 600万担。

③ 赵恭寅.民国沈阳县志(物产)[M].沈阳：辽海出版社，1917：4.

④ 裴焕星，等.民国辽阳县志(实业志)[M].长春：长春市图书馆，1927：1.

⑤ 张元俊.民国抚松县志(物产)[M].长春：吉林省图书馆，1930：66.

⑥ 李春雨.民国通化县志(人民风俗)[M].长春：作新印刷局，1927：51.

⑦ 于云峰.民国安东县志(物产)[M].长春：长春市图书馆，1931：32；黄世芳，陈德懿.民国铁岭县志(物产)[M].台北：成文出版社，1931：18.

⑧ 高文垣.民国双城县志(实业志)[M].长春：吉林省图书馆，1926：37.

县在1914年的大豆种植面积，比其十年之前增加了一倍。[①]

（四）花生

花生又名落花生、双子叶植物，叶脉为网状脉，种子有果皮包被。花生的别称也很多，有的地方叫它地豆、长生果、落地松、落花参，有的地方则叫成番豆无花果、寿果、唐人豆或地果。花生起源于南美洲热带、亚热带地区。

花生约于16世纪传入我国，是光绪后期发展起来的一种全国性经济作物。最初限于福建、广东两省。道光、咸丰时（1821—1861年）花生种植已普遍于中国中部及北部诸省。19世纪八九十年代，由于国内外市场需求量的增加和美国大籽花生的传入，花生栽培很快传种于河南、河北、江苏、安徽、四川、江西、湖北、湖南、浙江、福建、广东，远至陕、甘、云、贵，皆有种植。[②] 其生长条件最适于砂质土壤，山东、河南、河北、皖北、苏北，种植尤多。至民国时，花生已成为农产品出口的大宗货物，1931年出口价值达2 700万关平两[③]，占全国出口总值3%以上。

（五）芝麻

芝麻属脂麻科一年生草本植物，全株长着茸毛。原称胡麻，据说是由西汉的张骞出使西域时引入我国的。经过科学家的多方考证，芝麻的原产地就在中国的云贵高原。浙江湖州市钱山漾的新石器时代遗址和杭州水田畈史前的遗址中，均发现了古芝麻的种子，也证实中国确是芝麻的原产国。

清代，因食用所需，量大而价优，芝麻在河南、安徽、江苏、湖北、河北、山东、浙江种植较多。清末产地重心渐移至长江流域及广东、湖南等省，适宜生长于排水较好之砂质肥沃壤土，寒温两带气候均相宜，亩产量可达一石至二石之间，广东最高产量可达二石七斗。经济价值高，清末至民国时，亦成为大宗出口商品。光绪三十四年（1908年）出口达170余万担，宣统元年至民国二年间（1909—1913年）出口数每年平均达200余万担。根据1917年的调查统计，全国芝麻的种植面积约为409万亩，芝麻的总产量约为260万担。江苏和湖北两省的芝麻种植面积和产量是最多的，这两个省的芝麻种植面积占全国芝麻种植面积的近一半（180万亩，约占44%），两省的芝麻产量合计为168万石，约占全国总产量的64%。直隶、江西、河南、安徽、陕西、广东等省的产量次之。[④]

---

① 大河原厚仁.满洲富源——吉林省[M].黑龙江：露国东清铁路商业部，1987：114.

② 吴承明.中国近代农业生产力考察[J].中国经济史研究，1989(4).

③ 关平银，又称“关平两”“关银”“海关两”，清朝中后期海关所使用的一种记账货币单位，属于虚银两。一关平两的虚设重量为583.3英厘或37.749 5克（后演变为37.913克）的足色纹银（含93.537 4%纯银）。

④ 佚名.中国芝麻之产销情形[J].中外经济周刊，1924(72)：1-226.

民国时期，芝麻的种植有愈来愈向口岸附近和铁路沿线地区发展的趋势。湖北的芝麻种植主要集中在沙市附近地区和汉水流域。20 世纪初，汉水两岸仅由汉口运出的芝麻即达 50 万担以上。[①]

特别值得指出的是，河南和湖北京汉沿线地区、河南陇海沿线地区芝麻种植的迅速扩大。京汉铁路通车后，沿线地区许多原来用于种植粮食和罂粟的耕地纷纷改种芝麻。到 20 世纪二三十年代，这一地区发展为全国最著名的芝麻产区和世界市场芝麻的主要供应地。由于京汉沿线芝麻种植的迅速扩大，加上陇海沿线的发展[②]，河南成为全国芝麻产量最高的省份。[③]

（六）烟草

烟草又叫作淡巴菰、金丝醺，其起源地在大洋洲、美洲和南太平洋的部分岛屿上。美洲印第安人栽培利用烟草应该是最早的，因为 1492 年 10 月，哥伦布率领探险队到达美洲的时候，就看到当地人在吸烟。烟草于 16 世纪中期传入我国，台湾于 1900 年开始试种烤烟，1910 年以后山东、河南、安徽、辽宁等地先后成功种植烤烟，1937—1940 年，烟草种植逐渐扩大到云南、贵州和四川等地，这些地区逐渐成为我国优质烟草的主产区。

近代中国，除西北少数地区外，其余省份均出产烟叶。19 世纪 70 年代以前，出口的烟草数量不多，大多都在国内市场销售。70 年代以后，烟草的出口慢慢增加，烟草的种植范围也逐渐扩大。但在民国前期由于纸烟尚未普及，吸食靠人工卷制，因此其种植分布广泛而零星，30 年代前，常年种植面积为 216 万亩，常年出产烟叶 3.5 亿斤。[④] 当时的烟草依烟叶的性质可以分为三大类，即黄花烟、烤烟和晒烟。黄花烟味浓质次，但因能抗旱、抗寒而广泛分布于北方，较著名的有兰州的青条（水烟）、齐齐哈尔的老青烟（旱烟）。烤烟因系经火烤故成名，为英美烟草公司 1913 年引入，后来逐渐扩大种植，并形成豫（许昌）、鲁（潍坊）、皖（凤阳）、粤（南雄）四大产区。抗日战争爆发后，财政部税务署为增加税源发展生产而在四川沱江流域试验推广形成新的烤烟产区，陕西、云南、贵州相继仿效形成自己的烤烟基地。加上日本人长期经营的台湾烤烟区，全国共有九大烤烟区。晒烟是由阳光晒成的，它是美烟传入以前国内的主要种类，广泛分布于全国，面积集中而有名的晒烟产区有浙、豫、湘、鄂、皖、川、闽等省。[⑤]

---

① 外务省通商局.清国事情[M].东京：外务省通商局，1907：907.

② 据 1931 年的记载，地处豫东北陇海线上的归德（商丘）是全国著名的芝麻产区。

③ 国民政府工商部工商访问局.中国芝麻之贸易情形[J].工商半月刊，1931，3(4)：1.

④ 冯和法.中国农村经济资料[M].上海：黎明书局，1933：171-219.

⑤ 余学熙.我国烟草之地理分布[J].中农月刊，1948，9(2).

随着纸烟销售日见旺盛，种植烟叶有厚利可图，农民因而纷纷弃稻、棉改种烟草。这方面各烟草公司起了极大的诱导作用，如免费提供卷烟让农民吸食然后提供烟草种子等。[①]

全国烟草种植面积因而日渐扩大，达 600 万～800 万亩，产量也跃升至 12 亿斤以上(见表 5-23)。

表 5-23　1933—1937 年我国各省烟草种植面积与产量统计

省　份	面积/千市亩					产量/千市担				
	1933 年	1934 年	1935 年	1936 年	1937 年	1933 年	1934 年	1935 年	1936 年	1937 年
察哈尔	22	21	14	24	—	36	24	12	15	—
绥远	78	77	82	72	72	112	82	116	110	106
青海	—	—	16	14	8	—	—	23	29	12
甘肃	356	329	336	354	329	452	405	432	498	431
陕西	340	350	343	349	372	408	364	346	455	358
山西	368	416	420	364	333	515	582	411	361	343
河北	492	471	317	335	292	645	589	336	491	325
山东	714	783	823	769	821	1 571	1 652	1 454	1 620	1 599
江苏	101	152	82	56	64	172	261	95	84	117
安徽	283	328	340	309	345	393	394	298	480	595
河南	751	694	680	993	1 340	1 427	1 131	1 019	1 495	1 774
河北	262	259	304	367	377	414	401	453	645	508
四川	2 018	1 787	2 275	1 821	1 651	3 269	3 109	4 182	2 763	2 546
云南	234	184	202	304	423	278	248	269	354	609
贵州	557	561	515	591	476	1 053	1 060	1 079	1 178	1 035
湖南	701	665	706	661	684	715	645	737	678	912
江西	107	177	203	282	293	142	182	306	387	369
浙江	241	229	231	237	278	429	268	391	384	414
福建	119	187	140	131	156	194	325	261	268	280
广东	176	167	187	185	258	371	316	415	378	568
广西	—	—	—	—	389	—	—	—	—	423
总　计	7 920	7 837	8 216	8 218	8 961	12 596	12 038	12 635	12 673	13 324

资料来源：中国农民银行经济研究处.农业统计[J].中农月刊，1949，8(7).

---

① 章有义.中国近代农业史资料(第三辑)[M].上海：三联书店，1957：151.

从表5-23可以看出，四川省无论在种植面积还是产量方面都遥遥领先于其他各省，该省烟叶种植面积一度超过200万亩，占全国烟叶种植面积的四分之一。其次是河南、山东等省，尤其是河南，几年内面积几乎增加一倍，这主要是因为南洋兄弟烟草公司在许昌地区建立了重要的原料基地。山东烟草种植面积扩大则与英美烟公司的诱使有关。产量上四川虽然一直雄居各省之冠，但起伏较大。尤其是1936年、1937年受天灾影响，面积减少，产量下降。年产烟叶超过100万担的还有山东、河南、贵州等省，这几个省份的产量合计占全国总产的60%以上。

抗日战争爆发后，主要烟草产区虽未沦陷，但烟草生产仍受到一定的影响。1938年比1937年减种290万亩，减产434万担。为弥补沦陷区烟草生产及增加烟税，后方各省均扩种烟草，1940年一度达到总面积663万亩和总产量1 027万担的战时最高水平。后来由于粮食供应的日益紧张，各省不得不压缩烟草的种植面积，1941—1945年烟草的种植面积均不足600万亩，产量徘徊在800万担左右。[①]

（七）罂粟

罂粟又称罂子粟、阿芙蓉、御米、象谷、米囊、囊子、莺粟，二年生草本植物。罂粟的原产地在地中海东部山区，以及埃及、小亚细亚、土耳其和伊朗等地。罂粟是鸦片这种毒品的原料，它在中国的种植开始于道光年间(1823—1850年)；不过，它的迅速发展，却是在鸦片战争以后。种植罂粟的方法，是从印度传入的。首先种植的是云南，产生了南土；辗转至四川，出现了川土；又传至甘肃，出现西土；渐渐传入贵州、山西和陕西等地。19世纪末期，全国各大省份都有罂粟的种植。江苏宿迁县，全部耕地中，罂粟面积占了“十居其一”。[②] 山西是“膏腴水田，遍种罂粟”。[③] 陕西渭南本来盛产粮食，由于“近亦遍地罂粟”，以至于成了缺粮区，不得不仰给于渭北。[④] 根据许涤新、吴承明的估计，1894年国内种植罂粟的鸦片产量约为32.5万担，价值8 450万关两。[⑤]

鸦片充斥、罂粟遍布是近代尤其是民国时期特有的现象。政府虽时有整顿，但效果不佳。因为征收烟税为一大财源，而军阀政客贩土是公开的秘密。盘踞一方的军阀往往征收烟税以自肥，有的地方甚至强迫农民种植，因

① 中国农民银行经济研究处.农业统计[J].中农月刊，1949，8(7).

② 李文治.中国近代农业史资料(第一辑)[M].上海：三联书店，1957：456-464.

③ 李文治.中国近代农业史资料(第一辑)[M].上海：三联书店，1957：456-464.

④ 李文治.中国近代农业史资料(第一辑)[M].上海：三联书店，1957：456-464.

⑤ 许涤新，吴承明.中国资本主义发展史(第二卷)[M].北京：人民出版社，1990：297；关两同关平两。

此差不多各省都有种植，且互相争利，越种越多。据1935年官方统计，仅川、黔、滇及西北诸地罂粟种植面积就达25万亩[①]，这是相当保守的数字，川、黔、滇是民国时期最主要也是最著名的鸦片产地，因当地山民迷信吸食鸦片有除瘴疠的作用，地方政府允许适量种植。不法商人借机暗中扩种、大量输出，"云烟""川土"就是当时黑市上抢手的俏货。西北种植也不少，有统计数字表明，甘肃省3/4的农田、9/10的作物是罂粟！[②] 该数字未免夸张，但甘肃广种罂粟却是事实，该省偏远的山村唯种罂粟，而村民们心安理得，他们并不知道此为害人之物。[③] 除川黔滇和西北地区外，罂粟也分布在苏浙皖区，各省种植至少一万亩以上(《大公报》，1931年6月3日)；热河区，年种植达150万亩，因为该省公开鼓励种植(《大公报》，1931年7月29日)。两广一带和沪宁杭地区则是鸦片的重要消费中心。

罂粟一般分布在比较偏远的地方，往往也是比较贫困的地方，每亩收成在50～150两(旧制)[④](《大公报》，1931年7月29日)，种植者并不能得到多少利益，有时还抵不了税捐，烟税机关和鸦片商贩才是真正的获利者。因此不从根本上禁绝吸食鸦片的恶习，不从严打击鸦片走私，严禁罂粟就是一句空话，这也是当时罂粟种植失控的主要原因。

(八)油桐

油桐属大戟科，落叶乔木，高3～8米。油桐是我国特有经济林木，它与油茶、核桃、乌桕并称为我国四大木本油料植物。油桐至少有千年以上的栽培历史，直到1880年后，才陆续传到国外。贵州、四川、湖北和湖南四省是我国生产桐油最多的地区，四川桐油的产量居全国第一位。贵州秀山的"秀油"，湖南洪江的"洪油"，是我国桐油中的上品。

桐油的大量出口和明显商品化是20世纪初开始的。四川桐油的出产和出口，主要集中在以万县为中心的川东地区。自1917年万县正式开埠，桐油出口数量日增，开埠当年仅3万余担，20年代初即增加到20余万担，1928年达32万余担。桐油销路的扩大，大大刺激了油桐的种植。20年代前后，万县以及附近的奉节、云阳、开县、开江、忠州、酆县、石柱、涪陵等川东各县，种桐榨油者，"激增不已"。[⑤]

---

① 国民政府主计处统计局.中国土地问题之统计分析[M].台北：华世出版社，1978.

② 章有义.中国近代农业史资料(第三辑)[M].上海：三联书店，1957：48-49.

③ 范长江.中国的西北角[M].北京：新华出版社，1980：188.

④ 旧制的1两＝1斤/16＝37.375克。

⑤ 吕平登.四川农村经济[M].上海：商务印书馆，1936：296；李昌隆.中国桐油贸易概论[M].上海：商务印书馆，1934：附录.

二、园艺作物的种植发展

园艺作物主要指水果、蔬菜等。19 世纪末 20 世纪初，福建的福州和厦门、广东的江门和汕头等地，柑橘等果树的种植面积迅速增加，水果的出口量也是连年上升。根据 1925 年的调查统计，福建的福州一带，每年柑橘的产量达六十多万担，橄榄的产量约三四十万担，龙眼的产量约二十多万担。① 20 世纪初期，汕头以及附近一带的水果罐头业发展迅猛，由此又拓展了柑橘等罐头水果的种植范围，饶平、潮安、焦岭、普宁和惠来等地新果园不断涌现，均发展成为产橘中心。② 1920 年，仅潮州地区出售到香港和上海的柑橘分别有 850 万斤和 1 610 万斤。③ 同期广东江门地区的柑橘等水果也发展十分迅速，出口量每年都在增长。④

在北方，19 世纪 80 年代果树才在山东烟台等地开始栽培，发展到 20 世纪初，果树种植已成为一个十分重要的行业。⑤ 比如烟台地区的福山县，种植海棠和苹果等果树，过去“植仅庭院；近数十年来，以此为业者甚多、每年出口数十万”。⑥ 直隶的昌黎附近地区，以前仅在山边或者贫瘠的土地上种植果树，京奉铁路开通以后，大大畅通了水果的销路，“山间农家恒于农地之内，竞植果树”。⑦ 又有海关报告显示，20 世纪 20 年代的后半期，昌黎地区的一些肥沃土地上，也开辟出很多新果园。⑧ 京汉、津浦沿线一些地区的鸭梨、葡萄、柿子等的种植和商品化也有了发展。奉天京奉沿线和辽东半岛，是这一时期发展起来的水果产区。锦西县大部地区，“居民多以果园为

---

① 佚名.福州生果产额及其进出口情形[J].中外经济周刊，1925(104)：38.

② 中华民国海关总税务司署.Decennial reports：on the trade，industries，etc.of the ports open to foreign commerce，and on the condition and development of the treaty port provinces，1912—1921[M].Statistical Depantment of the Inspectorate General of Customs，1924：175-176.

③ 国立广东大学农科学院.广东农业概况调查报告书[M].广州：国立广东大学农科学院，1929：84.

④ 中华民国海关总税务司署.Decennial reports：on the trade，industries，etc.of the ports open to foreign commerce，and on the condition and development of the treaty port provinces，1912—1921[M].Statistical Depantment of the Inspectorate General of Customs，1924：245.

⑤ 中华民国海关总税务司署.Decennial reports：on the trade，industries，etc.of the ports open to foreign commerce，and on the condition and development of the treaty port provinces，1912—1921[M].Statistical Depantment of the Inspectorate General of Customs，1924：229.

⑥ 王陵基.民国福山县志(物产)[M].烟台：福裕东书局，1931：3.

⑦ 刘克祥.近代城市的发展与资本主义中小农场的兴起[J].中国经济史研究，1998(3).

⑧ 中华民国海关总税务司署.Decennial reports：on the trade，industries，etc.of the ports open to foreign commerce，and on the condition and development of the treaty port provinces，1912—1921[M].Statistical Depantment of the Inspectorate General of Customs，1924：328.

业”。[①] 北镇、海城、辽阳、金州等地，果树栽培不但普遍成为农家重要副业，专业性生产也有所发展。如海城，农家园中庭畔，每植果树三五株、“至园林则山中最多”。[②] 辽阳的果树经营规模，“每处数千百万株，所在多有”。[③]

随着近代工业和城市的发展，城镇郊区和附近农村的蔬菜生产和商品化，也有了相应的发展，通南口岸和铁路沿线农村，尤为显著。城郊地区原来的荒芜贫瘠土地相继改作菜园，甚至原先种植粮食的部分土地，也被改来种植蔬菜。蔬菜的商品化程度提高，销售范围扩大，一些地方的蔬菜不仅供应本地，而且远销外县、外省，乃至国外市场。江苏无锡的茭白，大多行销苏、沪及宜(兴)溧(阳)一带。直隶完县，城关所产菜蔬，“可供全县之用”。[④] 三河邑北的灵山等地，蔬菜收入在农业总收入中可占一半，“北平所需葱蒜，恒仰给焉”。[⑤] 滦县大白菜，被加工腌作冬菜后，“分销全国各省”。[⑥] 山东福山的大白菜，“竟成为出口大宗”。[⑦] 察哈尔万全县，所产蔬菜除售卖各乡外、并行销张家口、宣化、张北、怀安等地。[⑧] 东北地区的情况也是如此。奉天北镇，“近年菜蔬运销外县者甚夥”。[⑨] 铁岭蔬菜“除供给阖城食用外，并贩销他处”。[⑩] 安东的情况是，菘、韭等普通蔬菜供给国内菜市，勾帮、洋白菜、萝卜等则专售日本菜市。[⑪] 蔬菜商品化的发展极大地推动了蔬菜生产的快速发展。

第三节　种植业内部生产结构

粮食作物的栽培，自古以来就在种植业内部占据主导地位。甲午战争以后，棉花、烟草、蚕桑、花生、大豆、芝麻和油菜籽等经济作物的种植面积明显扩大，部分地区甘蔗和茶叶的种植也相当兴旺；通商口岸和城镇郊区的蔬菜、水果等园艺作物栽培也有所发展，部分地区的种植结构逐渐发生变化。

---

① 张鉴唐，刘焕文.民国锦西县志(农业)[M].沈阳：辽宁民族出版社，1929：28-29.
② 廷瑞，张辅相.民国海城县志(实业)[M].海城市：海城市档案局，2002：30.
③ 裴焕星，白永贞.民国辽阳县志(实业志)[M].长春：长春市图书馆，1927：6.
④ 彭作桢.民国完县新志：卷5[M].台北：成文出版社，1934：27.
⑤ 曹桢，苏士俊，吴宝铭，等.民国三河县新志：卷15[M].上海：中华书局，1935：4.
⑥ 袁棻，等.民国滦县志：卷15[M].河北唐山，1937：6-7.
⑦ 王陵基，于中潼.民国福山县志：卷1-3[M].烟台：福裕东书局，1931：3.
⑧ 路联逵，任守恭.民国万全县志：卷2[M].张家口：统一商行印刷部，1934：11.
⑨ 王文璞，吕中清，杨焕文，等.民国北镇县志：卷5[M].台北：成文出版社，1933：26.
⑩ 黄世芳，等.民国铁岭县志：卷8[M].台北：成文出版社，1931：5.
⑪ 王介公，等.民国安东县志：卷6[M].台北：成文出版社，1931：15.

但是，从全国范围看，粮食作物占统治地位的基本格局并未改变。① 个别地区由于某些经济作物的种植衰落，粮食作物的种植面积和比重还有上升的趋势。如著名的茶叶种植区江西，在19世纪90年代初，稻田约占耕地面积的四分之三，茶园占耕地面积的六分之一②；而到20世纪初，茶园比重已降至三十六分之一强，而稻田上升到五分之四弱。③ 19世纪末20世纪初，广东一些地区由于茶叶、甘蔗、花生等经济作物种植的减少，粮食作物种植面积也有上升的趋势。

一、粮食作物在种植业内部的主导地位

鸦片战争后关于农作物播种面积的系统资料十分欠缺，资料较多的是关于20世纪以来，尤其是二三十年代农作物的统计及估计数字，这些统计（及估计）基本上可以反映近代中国各种农作物的生产结构状况。

从全国范围来说，直到清末民初，粮食作物仍占整个种植业播种面积的85%左右，较高的地区比重超过90%。据北洋政府1914年对全国24个省区（缺绥远、宁夏、青海、西藏）的调查统计，全国农作物的种植面积为15.2亿亩，其中粮食作物的种植面积达13亿亩，占据85.3%。纺织原料、油料、烟茶蔗等经济作物的播种面积占总种植面积的10.4%，瓜果园艺作物占4.3%。④ 表5-24是主要作物种植结构的分区统计。它大体反映了清末民初的情况。

表5-24 7大区24省（区）主要农作物结构统计表（1914年）⑤

地区	种植面积/千亩	粮食作物		纺织原料作物		油料作物		烟茶蔗作物		瓜果园艺作物	
		面积/千亩	占比/%	面积/千亩	占比/%	面积/千亩	占比/%	面积/千亩	占比/%	面积/千亩	占比/%
华北区	355 426	293 910	82.7	13 345	3.8	34 700	9.7	728	0.2	12 743	3.6
华东区	192 804	15 547	80.7	12 836	6.7	12 134	6.3	1 671	0.9	10 616	5.5
华中区	391 021	363 754	93.0	5 381	1.5	4 990	1.1	6 168	1.6	70 778	2.8
华南区	79 996	62 467	78.1	1 039	1.3	2 497	3.1	1 825	2.3	12 168	15.2

① 李进霞.近代中国经济作物生产的发展[J].河南商业高等专科学校学报，2009(2).

② 中华民国海关总税务司署.Decennial reports：on the trade，industries，etc.of the ports open to foreign commerce，and on the condition and development of the treaty port provinces，1882—1991[M].Statistical Depantment of the Inspectorate General of Customs，1924：222.

③ 农商部总务厅统计科.第三次农商统计表[M].上海：中华书局，1914.

④ 李进霞.近代中国经济作物生产的发展[J].河南商业高等专科学校学报，2009(2).

⑤ 李进霞.近代中国经济作物生产的发展[J].河南商业高等专科学校学报，2009(2).

续表

地　区	种植面积/千亩	粮食作物		纺织原料作物		油料作物		烟茶蔗作物		瓜果园艺作物	
		面积/千亩	占比/%	面积/千亩	占比/%	面积/千亩	占比/%	面积/千亩	占比/%	面积/千亩	占比/%
西南区	304 653	283 297	93.0	1 545	0.5	3 740	1.2	4 412	1.4	11 659	3.8
西北区	59 417	53 936	90.8	3 060	5.2	955	1.6	227	0.4	1 239	2.1
东北区	140 529	87 616	62.3	6 880	4.9	39 935	28.4	912	0.6	5 136	3.7
合　计	1 523 846	1 160 527	85.3	44 086	2.9	98 951	6.5	15 943	1.0	124 339	4.3

资料来源：据北洋政府农商部《第三次农商统计表》各表计算编制。

注：7 大区范围：华北区包括直、鲁、豫、晋、察、热；华东区包括苏、浙、皖；华中区包括鄂、湘、赣；华南区包括闽、粤、桂；西南区包括川、云、贵；西北区包括陕、甘、新；东北区包括奉、吉、黑。

各种粮食作物的地区分布，南方以稻谷为主，北方以小麦和玉米、高粱、谷子为主。这一时期的重要变化是，稻谷种植逐渐向北延伸，19 世纪末 20 世纪初，华北、东北某些地区都开始稻谷栽培；而小麦种植迅速向南扩展。随着机器面粉业的发展和水稻种植区一年两熟制的推行，小麦成为南方地区一年两熟轮作制的主要作物，栽培地区和种植面积明显扩大。同样的原因，小麦在北方一些地区粮食作物中所占的比重也有不断增高的趋势。另外，无论北方和南方，随着人口的增加和一些地区山坡地的开垦，甘薯、玉米等杂粮种植面积也有所扩大，在部分山区和丘陵地区，甚至发展成为最重要的粮食作物。

在经济作物和园艺作物中，居首位的是油料作物，种植面积达 9 845 万余亩，在粮食以外各类作物中占到 44.2%，在全国种植面积中占 6.5%，其中东北区更高达 28.4%。油料作物的品种，北方以大豆为主，其次为花生、芝麻；南方以油菜籽为主，其次为花生、芝麻和茶籽。除油料作物外，依次为瓜果园艺作物、纺织原料作物和烟茶蔗作物，在全国种植总面积中所占比重依次为 4.3%、2.9%和 1.0%。园艺作物的种植面积比重除华南地区较高外，其他各区所占比重相差不甚悬殊，多为 3%～5%。纺织原料作物主要是棉花和麻类，大部分集中在华北、华东两区，华中、东北两区次之。烟茶蔗作物的种植则集中在华中、华南和西南三区。①

尽管不同粮食作物在不同省份面积大小不同，甚至相差悬殊，但各种粮食作物种植面积的总和在该省中无一例外地都占有相当高的比例，而且有自然条件愈恶劣、生产水平愈低的地区该比例愈高的倾向。据不完全统计，

① 李进霞.近代中国经济作物生产的发展[J].河南商业高等专科学校学报，2009(2).

粮食作物种植面积在作物种植总面积中的比例高于 90%的省份有绥远、察哈尔、宁夏、新疆、山西、福建、广东和广西，比例在 80%～89%之间的省份有陕西、河北、河南、安徽、湖北。湖南、江西、四川、云南、贵州和浙江，比例低于 79%的省份有山东、江苏、东北三省和绥远。热河比例最低，只有 58%，这是一个反常的例子，可能与该省份大量种植罂粟等有关。全国总计，粮食作物面积占作物总面积的 82%①(表 5-25)。

表 5-25 各省份粮食作物面积占作物总面积比例

省 份	粮食作物面积/百万亩	占作物总面积比例/%	省 份	粮食作物面积/百万亩	占作物总面积比例/%
黑龙江	33	68	江苏	116	77
吉林	43	66	安徽	59	82
辽宁	52	75	湖北	71	86
热河	15	58	湖南	39	84
察哈尔	15	91	江西	42	82
绥远	16	94	四川	106	86
宁夏	2	95	云南	29	86
新疆	11	90	贵州	22	86
甘肃	23	93	浙江	46	87
陕西	35	84	福建	27	91
山西	60	91	广东	58	95
河北	102	83	广东	40	94
山东	108	73	总 计	1 296	82
河南	126	81			

资料来源：吕传钧.中国粮食地理[M].上海：商务印书馆，1947：24-26.

注：面积由原表四舍五入折成，因此略有出入。

粮食作物种植面积在作物总面积中的高额比例也在某一具体的粮食作物种植面积占作物总面积的比例上表现出来。据卜凯在 30 年代的抽样调查，各种作物中以粮食作物的面积遥遥领先，占作物总播种面积 10%以上的三种作物都是粮食作物；比例在 5%～9.9%之间的八种作物中只有棉花、油菜不属于粮食作物；比例在 1%～4.9%的十二种作物中，粮食作物占了八种(表 5-26)。

① 热河年种罂粟 150 万亩以上。

表 5-26　各种作物播种面积占作物总播种面积的百分比

单位：%

作　物	占　比	作　物	占　比	作　物	占　比	作　物	占　比
水稻	32.8	大麦	7.6	花生	3.6	鸦片	2.9
小麦	29.2	棉花	6.5	黑豆	3.0	荞麦	1.9
小米	10.9	油菜	6.4	绿豆	2.9	莜麦	1.8
玉米	9.6	豌豆	5.4	芝麻	2.6	黍子	1.8
高粱	9.0	甘薯	5.1	糜子	2.3	裸麦	1.2
黄豆	8.1	蚕豆	4.2	烟草	2.2	……	……

资料来源：卜凯.中国土地利用[M].上海：商务印书馆，1937：262-265.

由于卜凯的调查集中在"水稻地带"和"小麦地带"进行，可能会出现畸高畸低的偏差，但它基本能反映出全国作物结构的大致情况。从表 5-26 中可以看到稻、麦是最主要的粮食作物，水稻、小麦与其他杂粮与经济作物之间的播种面积比例为 32.8∶29.2∶38。实际上全国半数以上地区的人民以稻、麦为主食，其余地区则靠玉米、小米、黍、稷、甘薯、豆类等杂粮为生。

在抗日战争的前夕，对于我国农作物的种植情况，当时国民政府和一些中外人士，曾经有过不少调查。现将两个调查规模较大的有关材料概述如下。第一个是国民党土地委员会的调查。根据该委员会 1934—1935 年对全国 14 个省份（包括浙江、江苏、江西、安徽、湖北、湖南、河南、河北、山东、山西、陕西、绥远、福建和广西）的调查统计，各种作物的种植面积占耕地总面积的百分比是：稻 32.42%，小麦 17.60%，粟 6.85%，玉蜀黍 3.67%，高粱 5.69%，大麦及稞麦 3.25%，其他谷类 5.60%，豆类 10.63%，以上粮食合计 85.71%，油料（未包括大豆）4.00%，棉花 4.04%，烟草 0.10%。

第二个材料是张心一所作《中国农业概况估计》，据该书估计，当时粮食作物占作物总面积的百分比如下：东北区 73%，西北区 90%，北方平原 79%，长江下游 80%，西南区 86%，东南区 91%，全国各区总计 82%。油料作物占作物总面积的 14%，其中花生占 1%，油菜籽 1%，大豆 12%，棉花占 4%，烟叶占 1%以下。

以上调查都说明，在 20 世纪 30 年代，我国粮食作物仍占耕地总面积 80%以上，其他各种作物之和尚不及 20%。像我国这样，粮食作物种植面积占这样大比重的国家，在世界上是不多的。根据国民政府主计处编《中国土地问题之统计分析》一书中引用的《国际农业统计年鉴》的材料，在 20 世纪 30 年代，在世界上 53 个国家中，粮食作物面积占耕地面积 80%以上的，只有 4 个国家，这就是日本占 84%，土耳其占 88%，南斯拉夫占 83%，罗马尼亚占83%,其余49个国家,粮食作物所占耕地面积的比重均在80%以下。

从30年代中叶以后到40年代,我国粮食作物(包括大麦、燕麦、籼粳麦、糯稻、小米、豌豆、蚕豆、高粱、糜子、玉米、甘薯等)、油料作物(包括大豆、花生、油菜、芝麻等)、棉花、烟草等几种主要农作物种植面积占该作物种植面积总数的百分比如表5-27所示。

表5-27 几种主要农作物的种植面积及其占总面积的百分比

年份	总面积/千亩	粮食作物面积/千亩	占比/%	油料作物面积/千亩	占比/%	棉花面积/千亩	占比/%	烟叶面积/千亩	占比/%
1937	660 082	546 941	83	86 236	13	20 223	3	6 682	1
1938	556 068	448 084	81	84 325	15	17 602	3	6 057	1
1939	669 663	557 318	83	88 103	13	18 055	3	6 187	1
1940	673 573	547 069	81	98 364	15	21 514	3	6 626	1
1941	682 188	555 111	81	99 737	15	21 216	3	6 124	1
1942	697 630	572 764	82	98 678	14	20 296	3	5 892	1
1943	710 357	580 373	82	102 460	14	21 585	3	5 930	1
1944	719 940	586 396	82	104 035	14	23 619	3	5 890	1
1945	714 856	581 198	81	102 679	14	25 023	4	5 956	1
1946	726 982	586 456	81	107 890	15	25 800	3	6 836	1

资料来源:国民政府主计处统计局.中华民国统计提要[M].上海:商务印书馆,1935:15.

注:其地区包括浙江、江西、湖北、湖南、四川、河南、陕西、甘肃、青海、福建、广东、广西、云南、贵州、宁夏15个地区。

从上述作物结构和人类社会正常需要看,粮食作物的比重明显偏高,而纺织原料、油料、园艺等作物的比重明显偏低。这是由这一时期人口的巨大压力所造成的,人口的不断增长和耕地的有限性使得人类对食物的需求占据首位,由此也造成了农业生产结构中以粮食作物种植为主要内容的单一结构。人口越来越多,人地关系也越来越紧张,吃饭问题成为最紧迫的问题,这种情形越发强化了农业生产的粮食种植单一化结构。反过来,粮食种植的单一化结构越是强化,农业生产自给自足的封闭性就越强,农产品市场就会萎缩,进而影响城市和整个社会经济的正常发展。①

① 鲁克亮.清代陕西生态环境的破坏与农业生产的衰变[J].周口师范学院学报,2004(1).

二、粮食作物内部生产结构

前文已述及，在粮食作物内部，稻、麦占有绝对比重，二者播种面积和产量都是最高的。据 20 世纪 20 年代初统计，稻、麦（包括大麦）的常年播种面积分别为 3.22 亿亩和 4.37 亿亩，各占全国粮食播种总面积 14.30 亿亩的 22.5％和30.6％，两者合计占 53.1％；稻、麦的常年产量则分别为 977.34 亿斤和 487.48 亿斤，各占常年粮食总产 2 450 亿斤的 39.9％和 19.9％，两者共占 59.8％。其次是豆类，常年种植面积为 2.15 亿亩，占粮食作物播种总面积的 15％；产量 277.37 亿斤，占粮食作物总产的 11.3％。其余依次为高粱、小米、玉米、甘薯等作物（表 5-28）。

表 5-28　全国粮食作物常年种植面积及产量

作　物	面积/百万亩	占比/％	产量/百万斤	占比/％	作　物	面积/百万亩	占比/％	产量/百万斤	占比/％
籼粳稻	284	—	87 305	—	大豆	177	—	23 084	—
糯稻	38	—	10 429	—	豌豆	12	—	1 488	—
稻小计	322	22.5	97 734	39.9	黑豆	5	—	537	—
小麦	342	—	42 338	—	其他豆类	21	—	2 628	—
大麦	95	—	6 410	—	豆类小计	215	15.0	27 737	11.3
麦小计	437	30.6	48 748	19.9	甘薯	27	—	26 809	—
高粱	153	—	23 366	—	马铃薯	5	—	4 046	—
小米	150	—	21 724	—	芋头	2	—	2 443	—
玉米	92	—	14 778	—	其他根薯	1	—	101	—
其他谷类	26	—	2 607	—	块根类小计	35	2.5	8 350	3.4
禾谷类合计	1 180	82.5	208 957	85.3	总　计	1 430	100.0	245 044	100.0

资料来源：冯和法.中国农村经济资料[M].上海：黎明书局，1933：169-179.
注：数字经四舍五入折算处理。本表不含西藏、蒙古、台湾等地区。

从表 5-28 还可以看出，在所有粮食作物中以禾谷类作物种植面积最大，达全部粮食作物种植面积的 82.5％；豆类其次，为 15.0％；块根类作物面积比例最小，只有 2.5％，这表明甘薯、马铃薯（尤其是甘薯）等明清时期已引入中国的作物并不像某些学者所强调的那么重要。① 块根类作物的常年总产量只有 83.5 亿斤，也不及豆类作物 277.37 亿斤的常年总产量。禾谷类作

① 德・希・珀金斯.中国农业的发展（1368—1968 年）[M].宋海文，等译.上海：上海译文出版社，1984：59-60.

物的总产量在粮食作物总产量中的比例同样最高，达 85.3%。

然而这并不表明所有粮食作物均在其产区就地消耗。除了农民自家消费外，多数粮食作物(主要如稻、麦)还以商品粮形式进入流通领域，与其他地区互济余缺，从而流出其集中产区。高粱、大豆等还分别有酿酒、榨油的功用。因此，各种粮食作物在农民食物构成中的比重与其面积、产量比例并不完全等同。据抗战前夕中央农业实验所对全国 22 省(不包括东北三省、台湾省、西藏、蒙古)的调查，每一农民年均粮食消耗量为 551 斤。① 其中以稻米为首，占年粮食消耗总量的 28%；小麦居次，为 16%。这两种比例与稻、麦在粮食作物总面积、总产量中的比例顺序相吻合。然而占第三位、第四位的却是小米和玉米，分别是 13%和 8%，它表明了小米、玉米等耐旱作物在北方干旱地区的重要性。其余依次为大麦(6%)、高粱、黍稷(均 5%)、大豆(4%)、莜麦、荞麦、豌豆、绿豆及豇豆、蚕豆(2%)，剩余 1%为其他粮食作物。② 以上比例清楚地表明，稻、麦(包括大麦)和稻麦以外的其他粮食作物(即所谓杂粮)合计分别占 50%。也就是说，在全国农民的生活中，杂粮和稻麦占有同等重要的地位。

三、近代经济作物的扩展

近代尤其是甲午战争以后，经济作物的种植明显扩大。虽然经济和园艺作物的发展并未改变粮食作物在种植业内部的主导地位，但是经济作物的迅速扩展却是不容忽视的现象，因为它的发展直接影响着农业生产结构的变化，是农业生产结构优化发展的必要条件。晚清和民国时期，农村经济作物播种面积迅速扩大③，油料、棉花等排挤粮食的现象日趋显著，有的地方经济作物播种面积甚至达到耕地面积的 50%以上，从而导致某些经济作物种植专业户的粮食无法自给，必须向市场购买部分粮食。从下列专家的统计中，也可以看出农村粮食和经济作物种植面积变化的轨迹。④

据许道夫统计，1914—1947 年，我国粮、油、棉的种植面积如表 5-29 所示；谷物种植面积增减指数如表 5-30 所示；大豆、花生及棉花种植面积增减指数如表 5-31 所示。

---

① 实业部中央农业实验所农业经济科.农情报告[J].实业部中央农业实验所，1933，6(10).原数字为 614.4 斤，兹将其中大麦、燕麦以 2∶1 比例折算，将甘薯以 4∶1 比例折算，经折算处理后总数为 551 斤。

② 实业部中国年鉴编纂委员会.中国经济年鉴续编(上)[M].上海：商务印书馆，1935：164-165.

③ 李进霞.近代中国粮食的商品化发展[J].河南工业大学学报(社会科学版)，2008(4).

④ 李进霞.近代中国经济作物生产的发展[J].河南商业高等专科学校学报，2009(2).

表 5-29　粮、油、棉的种植面积①(1914—1947 年)

时　间	粮油棉种植面积合计/千市亩	粮　食		油料作物		棉　花	
		种植面积/千市亩	占比/%	种植面积/千市亩	占比/%	种植面积/千市亩	占比/%
1914—1918 年	999 144	883 536	88.43	88 824	8.89	26 784	2.68
1924—1929 年	1 415 098	1 178 068	83.25	179 053	12.65	57 977	4.10
1931—1937 年	1 474 497	1 183 634	80.27	234 395	15.90	56 488	3.83
1938—1947 年	1 422 446	1 162 147	81.70	223 836	15.74	36 463	2.56

资料来源：许道夫.中国近代农业生产及贸易统计资料[M].上海：上海人民出版社，1983：338-339.

注：1914—1918 年“粮食”内不包括甘薯及豆类，“油料作物”内不包括芝麻和油菜籽。

表 5-30　谷物种植面积增减指数②(1924—1947 年)

时　间	稻　类			小 麦	玉 米	高 粱	大 麦	谷 子	糜 子
	籼粳稻	糯 稻	合 计						
1924—1929 年	102	75	98	143	157	131	138	—	—
1931—1937 年	99	64	93	145	164	110	158	84	102
1938—1947 年	100	48	92	133	197	99	125	100	70

资料来源：许道夫.中国近代农业生产及贸易统计资料[M].上海：上海人民出版社，1983：338-339.

注：基期为 1914—1918 年。

表 5-31　大豆、花生及棉花种植面积增减指数③(1924—1947 年)

时　间	大　豆	花　生	棉　花
1924—1929 年	217	121	216
1931—1937 年	177	162	211
1938—1947 年	156	128	136

资料来源：许道夫.中国近代农业生产及贸易统计资料[M].上海：上海人民出版社，1983：338-339.

注：基期为 1914—1918 年。

以上三个统计表说明：

第一，1914—1947 年，农村农作物的种植面积，粮食比重由88.43%滑至 81.70%，油料作物由 8.89%升至 15.74%，棉花由 2.68%升至 4.10%而后滑至 2.56%。④

① 李进霞.近代中国经济作物生产的发展[J].河南商业高等专科学校学报，2009(2).

② 李进霞.近代中国经济作物生产的发展[J].河南商业高等专科学校学报，2009(2).

③ 李进霞.近代中国经济作物生产的发展[J].河南商业高等专科学校学报，2009(2).

④ 李进霞.近代中国经济作物生产的发展[J].河南商业高等专科学校学报，2009(2).

第二，以 1914—1918 年为基期，1924—1947 年谷物种植面积增减指数，稻类从 98 滑至 92，小麦从 143 滑至 133，玉米从 157 升至 197，高粱从 131 滑至 99，大麦从 138 滑至 125，谷子从 84 升至 100，穈子从 102 滑至 70。由此可见，种植面积增加的只有玉米、谷子，其他谷物均呈现缩减趋势。①

第三，以 1914—1918 年为基期，1924—1947 年大豆、花生及棉花种植面积指数，虽有波动，但均超过 1914—1918 年的水平。大豆最高达到 217，最低仍为 156；棉花最高升至 216，最低仍为 136；花生则从 121 升至 162，随后纵然降至 128，但仍超过 121。这说明，1924—1947 年大豆、花生、棉花的种植面积比之 1914—1918 年有了较大扩展。②

20 世纪以来，经济作物，无论是传统的棉、茶、大豆、芝麻，还是新近引入的花生、烟草等，在种植面积和种植区域上都有前所未有的扩展。卜凯在所著《中国土地利用》一书中对 1904—1933 年各种作物播种面积占耕地面积百分比变动做出如下估计(见表 5-32)。③

表 5-32 各种作物播种面积占耕地面积百分比的变动(1904—1933 年)④

作物		调查地区数	1904—1909 年	1914—1919 年	1924—1929 年	1929—1933 年
粮食作物	水稻	17	40	41	37	40
	小麦	29	26	27	27	27
	大麦	10	24	23	20	19
	高粱	14	26	23	20	16
	小米	15	22	18	17	17
	玉米	22	11	14	16	17
	黄豆	7	8	9	10	8
经济作物	油菜籽	5	15	21	27	28
	芝麻	7	4	8	10	9
	花生	18	9	8	11	11
	棉花	29	11	14	18	20
	蓝靛	12	10	7	2	*
	甘蔗	10	7	6	5	6
	鸦片	13	14	3	11	20

资料来源：卜凯.中国土地利用[M].上海：商务印书馆，1937：271；章有义.中国近代农业史资料(第二辑)[M].上海：三联书店，1957：215.

注：* 表示不及 0.5。

① 李进霞.近代中国经济作物生产的发展[J].河南商业高等专科学校学报，2009(2).
② 李进霞.近代中国经济作物生产的发展[J].河南商业高等专科学校学报，2009(2).
③ 李进霞.近代中国经济作物生产的发展[J].河南商业高等专科学校学报，2009(2).
④ 李进霞.近代中国经济作物生产的发展[J].河南商业高等专科学校学报，2009(2).

表5-32的本意不在于精确地反映各种作物相互间的对比关系，而是从各种作物生产在各调查地区的变动情况中，大致反映出各种作物间此消彼长的趋势。从表中可以看出，粮食作物尤其是稻麦在各种作物中所占的绝对比重是最高的，这一结论是毋庸置疑的。从1904年至1933年的变动趋势看，粮食作物的面积比重变化不大，其中小米、高粱和大麦的播种面积比重略显减少，玉米的播种面积比重有比较明显的增加；在经济作物种植中，油菜籽的播种面积占据最大比重，棉花和鸦片等次之。1904—1933年，芝麻、油菜籽、棉花、花生和鸦片的种植面积都是显著增加的，芝麻的播种面积比重增长了5个百分点，油菜籽的比重增长了13个百分点，棉花的比重增加9个百分点，花生的比重增加2个百分点，鸦片的比重则增长了6个百分点。总而言之，在此期间粮食作物的播种面积相对下降，而经济作物的播种面积则相应上升。①

四、经济作物在种植业中的比重变化

据有关资料统计，近代经济作物在种植业播种面积中的比重如表5-33所示：

表5-33　经济作物在种植业中的比重统计

时　间	占比/%
1840年	10.0
1914年	11.1
1934—1935年	12.6
1937年	17.0
1938年	19.0
1939年	17.0
1940年	19.0
1941年	19.0
1942年	18.0
1943年	18.0
1944年	18.0
1945年	19.0
1946年	19.0

资料来源：1840年数据来自许涤新、吴承明《中国资本主义发展史（第一卷）》（人民出版社，1985）第214页；1914年数据来自北洋政府农商部《第四次农商统计表》；1937—1946年数据来自国民政府主计处《中华民国统计提要》第15页资料整理。

① 李进霞.近代中国经济作物生产的发展[J].河南商业高等专科学校学报，2009(2).

由此可见，近代经济作物种植面积在种植业中的比重是明显上升的，1946年比1840年上升了9个百分点。表5-33也揭示了近代种植业内部生产结构的变化，经济作物的比重上升，相应地，粮食作物的比重下降。这一现象说明近代农村的商品化生产有所发展，农业生产结构有所改善。

五、经济作物排挤粮食作物的原因

近代，经济作物有显著的发展，甚至在很多地区出现粮食作物种植受到经济作物排挤的现象：如陕西、山西等地，杂粮的种植受到棉花的排挤；江浙地区的水稻种植受到桑树和棉花的排挤；河南、山东等地的玉米种植受到芝麻、花生和烟草的排挤；东北地区的高粱种植受到大豆的排挤；湖北、湖南的水稻和红薯种植受到花生的排挤。根据中国近代农业史的调查资料，1904—1929年各种作物播种面积的比重变化分别是：粮食作物中小麦的比重变化不大，只有玉米的比重略有上升，其他如小米、高粱、大麦和水稻等比重均有明显减少；经济作物中只有蓝靛和甘蔗的比重略有减少，其他如棉花、花生、芝麻、油菜籽和大豆等比重均有非常显著的增加。①

虽然农业生产的这种结构性变化刚开始或多或少是被动受外部牵动的结果，但影响其长期变动的主要原因是经济规律在发生作用。大量历史资料表明，农民之所以放弃粮食生产而种植经济作物，在种植经济作物时又根据市场需求做出不同的选择，主要原因是期望获得更高的收益。② 比如上海、南汇两县以及浦东、浦西，因为种植棉花较多，"禾稻仅及十中之二"，江浙海边的沙地上，都是棉田。为什么呢？因为各地的纱厂越来越多，经营棉纱的商贩也越来越多，多到什么程度呢，"新花山积，而价值仍复甚涨"，即新棉花像山一样地堆积起来，同时它的价格却一直在上涨。华亭县的农民纷纷把粮田改为棉田，"六磊塘北种花已十之三，再东北十之七矣；大洋泾南种亦十之三，再东南十之六矣"。③ 由于棉花价高而米的价格低，所以种植棉花的人就更多一些。④ 根据1929—1933年对山东棉作改良场的调查显示，1930年前济东农家种植一年熟一次的棉花的收益是种植两年三熟的小麦、大豆、小米和高粱等作物收益的两倍。⑤ 表5-34关于江苏通海垦牧公司的

---

① 章有义.中国近代农业史资料(第二辑)[M].上海：三联书店，1957：215.

② 李进霞.近代中国经济作物生产的发展[J].河南商业高等专科学校学报，2009(2).

③ 王思明.中国近代农业生产结构的变化及其动因分析[J].南京农业大学学报社会科学版，2001(1).

④ 姚光发，等.花亭县志[M].光绪5年：4.

⑤ 金城银行总经理处天津调查分部.山东棉业调查报告[M].天津：金城银行总经理处天津调查分部，1936：40-41.

调查统计数据显示，在经济利益的驱动下，棉花排挤粮食作物的情形非常明显。

表 5-34　江苏通海垦牧公司年垦地各种作物面积统计(1904—1910 年)

单位：亩

年份	已垦地总面积	种植面积							耕未种植面积
		合计	棉	棉麦混合	棉杂粮混合	麦	杂粮	其他	
1904	8 095	906	850	56	—	—	—	—	7 189
1905	8 079	7 879	20	7 834	—	—	21	4	200
1906	14 716	8 771	849	7 700	—	80	110	32	5 945
1907	30 452	16 037	3 334	11 368	499	627	158	51	14 415
1908	28 704	28 652	25 534	961	1 782	67	5	303	52
1909	29 019	29 019	27 272	749	974	—	—	24	—
1910	30 413	30 413	29 164	156	812	41	210	30	—

资料来源：通海垦牧公司.通海垦牧公司开办十年之历史[M].南通：翰墨林编译印书局，1912：103-151.

注：麦包括小麦、大麦、元麦等；杂粮包括高粱、苞米、豆类和黄稗等；其他包括蔬菜、麻、靛菜和柏等。佃耕地最初是混种棉与麦和杂粮的，后来就全部种植棉花了。

另以陕西为例，农业生产一直是以小麦为主打作物，但是从出口角度来看，棉花则更重要一些。因为相同重量的棉花价值远远高于小麦。由于当地生产的棉花大多输出到青海、甘肃、四川一带，以至于本省生产的棉花不能满足省内的需求，还需要从河南等其他盛产棉花的地区输入。因而可知，经济效益是影响农民生产哪些作物种类的重要决策因素。

六、经济作物扩展所产生的影响

种植经济作物可以拓宽农业生产的基础，同时提高农业生产的经济收益，促进国民经济的健康发展。从国际经济来看，19 世纪后期的日本利用蚕丝出口的优势加快了工业化的进程，瑞典通过木材、澳大利亚通过羊毛、美国通过棉花等优势产业，都加速了经济现代化的进程。

我国在清前、中期时已有经济作物的生产经营，但总体上并未取得较大的进展和效果。鸦片战争之后，受到耕地有限和可垦荒地不足的制约，经济作物的扩展势必会排挤粮食作物，因而清末民初的很多地方都出现了棉花争夺粮田和桑树侵占粮田的现象。

比如江苏的南通，“农地约十分之七皆种棉花，因之稻田较少，县民所食之米，须由安徽省或江苏之如皋、东台、无锡、常熟等各县输入，每年约五十万担,值价银约四百万元”。[①] 直隶“新乐、定州、正定及石家庄附近各县,……年来盛行植棉,其种植面积,约占耕地十之七八,以致食粮不足,恒仰给于山西方面也”。[②] “山西、河南、陕西等省,差不多都如此,粮食遂陷于空虚状态”。[③] 广东“晚近蚕业大兴,桑田日辟,禾田日隘,谷米出产转因而日少;又加以农人素乏讲求,墨守故法,一岁所获,益远逊于前。故谷食中一大部分,非仰给于镇江、芜湖、广西,则输入于安南、暹罗,设彼有水旱兵燹之忧,而此即有粒食告罄之惧”。[④] “被花生排挤的作物,山东为小麦和大豆,直隶、河南为高粱及小麦,湖南、湖北则为稻米、棉花和红薯”。冀南某村“五谷类的种植,因花生栽培之故,减少二分之一”,致使该村“粮食已由有余变为不足”。[⑤] 松江府上海、奉贤、南汇三县,种棉豆比水稻多,“棉之盛,其种稻者不过十之三四”。[⑥] 太仓州的 8 000 多顷耕地“种木棉者十之七,种稻者十之三,豆菽杂粮十之一”。由于稻谷种植面积的大幅减少,这些地方都发生了缺粮的危机。

综上所述,近代我国种植业内部生产结构变化的基本趋势是:粮食作物种植面积逐渐下降,而经济作物的种植面积明显扩大。这种趋势逐渐改善了以往单纯以粮食作物种植为主的结构,虽然未能改变粮食作物的主导地位,但是经济作物的扩展已经明显改善了农业生产结构的不均衡现象。因此,经济作物的扩展虽然导致了某些地区出现粮食不足的现象,但是从全局来看,粮食作物依然占据生产的主导地位,经济作物的扩展依然有待于推进,农业生产结构的优化离不开经济作物和粮食作物的均衡发展。

---

① 张仁任.南通县农业概况[J].农商公报,1915(17).
② 佚名.石家庄之经济状况[J].中外经济周刊,1926(181).
③ 杨锺健.北四省灾区视察记[J].东方杂志,1920,17(19).
④ 佚名.广东全省农林试验场成绩报告[J].农商公报,1916(18).
⑤ 纪彬.农村破产声中冀南一个繁荣的村庄[N].天津益世报,1935-08-17.
⑥ 博润.松江府续志(卷 5)[M].江苏:广陵古籍刻印社,1988:5.

第六章　近代中国的农产品商品化

近代农业的发展伴随的是经济的现代化，因此农业生产结构的优化本身就是经济现代化的问题。经济现代化是从市场化开始的，因为市场化是发展工业化的基础。作为经济现代化的第一步，市场化代表着市场经济的形成和发展过程。经济现代化的进程首先要从流通领域开始，然后进入到生产领域，即从市场化发展到工业化。没有第一阶段的市场化，工业化就不可能实现。农产品商品化既是农业生产结构优化的一个重要过程，也是市场化的重要组成部分。适度的农产品商品化不仅是农业生产结构优化的表现，同时也推进生产结构的优化过程，推进经济市场化的发展，因而也促进经济现代化的发展。

经济发展的历史告诉我们，市场化过程永远不会结束。但是市场化总有开始的时候，比如欧洲的市场化进程就开始于地理大发现之后。在中国，自鸦片战争之后，特别是 19 世纪 70 年代之后，传统经济逐渐转型，自然经济逐渐转变为市场经济。[①] 市场经济的发展，推进了近代中国工业化的发展，同时也助推了农产品的商品化。但是，在很大程度上，近代中国的农产品商品化是受国际市场的影响，它的命运主要取决于国际市场，而非国内市场。

国际市场决定我国近代农产品商品化命运的具体表现：首先，由于帝国主义的入侵和对我国政治经济特权的掠夺，国际市场对中国农产品需求的多少直接决定了中国各类农产品生产规模的大小。国际市场的需要量大，生产规模就大，反之则小。换言之，国际市场农产品需求的涨跌，直接决定了近代中国商品性农业生产的兴盛与衰落。比如蓝靛、甘蔗和茶等中国早期生产的传统经济作物，在甲午战争之后，因为国际市场的需求下降，这些作物的生产也很快衰退；而烟草、花生、棉花和蚕桑等经济作物，因为国际市场需求量的增加，其生产也日益壮大起来。再者，由于国际市场对中国农产品市场的控制不断加深，中国农产品价格的操纵权也被迫落入其他国家手中。比如山东济南的棉花市场价格，受到日本大阪市场的操纵。奉天柞蚕丝的市场价格，需要由日本和美国的市场情形来决定。这些情况表明，近代中国的农产品商品化是在受到西方资本主义经济的侵略和操纵下畸形发展

① 刘佛丁，王玉茹，于建玮.近代中国的经济发展[M].济南：山东人民出版社，1997：226，230.

起来的，这是中国近代农产品商品化发展中的一个主要特点。尤其是甲午战争(1894 年)之后，帝国主义列强在中国攫取了一系列政治经济特权，控制了中国的政治经济命脉。帝国主义的经济侵略逐步从商品输出转向资本输出，从流通领域转向生产领域。外国资本直接侵入中国农村，掠夺中国农产品，控制和改变农业生产的结构，以适应资本主义世界市场的需要。[①] 因此，中国近代的农产品商品化，与世界市场对农产原料的需求息息相关。

农产品商品化过程包括经济作物的商品化与粮食作物的商品化。农业商品化首先刺激了经济作物生产的发展，而经济作物的发展又是为了适应资本主义国际市场的需要，它主要分布于自然条件优越并且交通方便的地方，这样就能以最低的运输成本收集大量农产原料运到中心城市或出口海外。于是，近代作物种植的布局，就自然而然地形成相对集中的经济作物专业化区域。而这样的专业化区域一旦形成，区内的粮食就不容易做到自给，需要从区域外调入，因此又刺激了粮食作物的商品化生产。如此相伴引发，交互促进，到 20 世纪初期，几乎所有的农产品都卷入了商品市场，改变了我国传统的农业经济结构。

第一节　近代中国农产品商品化的发展

明朝中叶以后，随着手工业的发展，在中国封建经济中已经孕育着资本主义商品经济的萌芽。到了明清之际，为了满足手工业的原料需求，在一些地区的种植业中已经出现不少商品化生产。以后随着西方资本主义经济的发展，特别是 19 世纪 30 年代末英国工业革命基本完成以后，他们对国内劳动人民加紧剥削的同时，对中国和世界其他地区实行海盗式的殖民掠夺，不平等的对外贸易也逐步增加，就像毛主席说过的，侵入中国的外国资本主义经济大大分解了中国的社会经济，一是打破了中国传统封闭的自给经济，二是推进了中国城乡经济商品化的进程。[②] 在鸦片战争以前的一段时期内，由于国内手工业的发展和国外资本主义的入侵，中国农村商品经济比清前期和中期又有了更大的发展。在整个商品经济中，在城乡商品生产和流通中，粮食始终是最重要最大量的商品，在一定程度上左右其他商品的生产和流通。

一、经济作物的发展，取决于农业能提供多少商品粮

18 世纪以后，中英贸易占了中国对外贸易总额的一半以上。所以，这

---

① 李进霞.近代中国粮食的商品化发展[J].河南工业大学学报(社会科学版)，2008(4).

② 毛泽东.毛泽东选集(第二卷)[M].北京：人民出版社，1991：620.

时期的中外贸易关系，实际上主要是中英两国之间的贸易关系。自 1760 年至 1833 年的 70 多年间，在正当的中英贸易中，中国一直处于有利的出超地位。中国出口到英国的农产品，茶叶是最多的，生丝、土布和大黄等商品次之。就输往英国的茶叶来说，1760—1764 年每年是 42 065 担，1830—1833 年上升到每年 225 840 担，经营中国茶叶的英商利润率一直都在 26%以上，有的竟达 40%以上，中国茶叶还为英国政府提供了国库收入十分之一的税收。①

由于对外贸易和国内丝织、棉织等手工业的发展，引起国内种植业结构发生变化，茶、桑、棉等经济作物面积不断扩大，粮田面积相应减少。在鸦片战争以前，江苏、山东、浙江、河北、湖北等省的许多地方，都已经成为种植和输出棉花的重要地区，如江苏的“松江府、太仓州、海门厅、通州并所属各县，种棉花者多，而种稻者少，每个村庄知务本种稻者不过十分之二三，图利种棉花者十之七八”。江苏苏南和浙江湖州、嘉兴等地是丝绸的重点产区，苏南吴江的盛泽镇丝绸牙行很多，外地富商大贾来此购买丝绸的“摩肩联袂”。因此，植桑养蚕成为这些地区农村的主要产业，许多肥沃的粮田都成为桑园。②

一些地区由于经济作物发展较快，粮田面积减少，引起地区间的粮食余缺情况变化很大。长江三角洲地区在历史上素称鱼米之乡，每年都有粮食外运，远在宋朝，就有“苏常熟，天下足”的说法，即使到了明朝末期，常州、湖州等地仍有大量粮食调出，接济浙江等省的缺粮地区。以后，因桑、棉面积不断扩大，粮食由余变缺，需由湖北、江西、安徽等省调入粮食。③ 原来的“苏常熟，天下足”变为“湖广熟，天下足”。清嘉庆时期，“苏州无论丰歉，江广安徽之客米来售者，岁不下数百万石”。④

就全国而言，在鸦片战争以前以自然经济为主的中国封建社会中，农业结构的调整和经济作物的发展速度取决于农业能为其他产业提供多少商品粮。从事商品生产而种植经济作物的农户，如本身缺粮而其他地区又无法调剂时，他必然还是要以种植粮食为主，毕竟解决温饱问题是从事其他一切活动的前提。

二、在整个商品流通中，粮食位居第一，但粮食商品率不高

在自给自足的自然经济社会中，由于生产力低下，多数人主要为衣食而奔走，从事粮食生产的人要以多余的粮食交换布匹或其他生活必需品；从事

① 凌耀伦，熊甫，裴倜.中国近代经济史[M].成都：重庆出版社，1982：65.

② 孙健.中国经济史——近代部分[M].北京：中国人民大学出版社，1989：50.

③ 吴承明.中国资本主义与国内市场[M].北京：中国社会科学出版社，1985：228-230.

④ 戴逸.简明清史(第一册)[M].北京：人民出版社，1980：342.

其他生产活动的人，也要以其产品交换生活必需的粮食。因此，差不多所有其他商品都直接或间接（通过田租赋税）与粮食相交换。在一定意义上，可以说，农村有多少余粮进入流通领域，成为市场规模和商品总量的一个界限，而粮食商品率成为自然经济解体的一个重要指标。

鸦片战争以前，在整个商品流通中，粮食商品一直位居第一。据吴承明先生在《中国资本主义与国内市场》一书中估算，战前我国国内市场的粮食流通总值约为 39 000 万银两[①]，占国内市场商品流通总值的 42%；棉花约占 24%，居第二位；粮、棉、盐这三类商品合计共约占国内市场商品流通总值的 80%以上。[②] 因此，可以说当时国内的市场结构是以粮食为基础的，主要是交易对象为布匹和盐的小生产者之间交换的市场模式。

由于粮食是商品流通中最重要最大量的商品，因而各种粮食市场也比较繁荣发达，而且有的已经形成比较完整的粮食市场体系。中国四大米市之一的湖南长沙米市，早在鸦片战争以前，就成为沟通南北的重要米市。[③] 四川省在清代康、乾时期是全国调出粮食最多的一个省，在长期的粮食运销过程中，已经形成多层次、多功能、遍及全省的粮食运销网络，除产地有众多小规模的粮食初级市场外，还有转运市场、集散市场和消费市场等，有的市场则兼具多种功能。从各地的粮食运销来说，集散市场是最重要的，如新都、广汉、德阳、金堂、赵镇等地的大米以及广汉、德阳、养马河、赵镇、简阳、新都等地的小麦，都运往赵家渡和石桥两个很大的粮食集散市场，然后再由这两个集散市场运往省内或省外的缺粮地区。川东的合州地当嘉陵江、涪江和渠江三江的汇合口，为川东北粮运的咽喉要道，粮食从各地运入后，90%以上再输出。内江则是四川一个比较大的粮食消费兼集散市场，因该市位于成渝两大城市的中点，地处沱江中游，商业繁盛，人烟稠密，加之本地以产蔗为主，所以各种粮食皆仰给于外地，但输入粮食又并非由当地完全消费，有相当一部分转运自流进等地。[④]

鸦片战争以前，在商品流通领域，粮食行业是最大的也是最普及的一个行业。在这个行业中出现了一些闻名全省甚至全国的大粮商。京师米商祝氏，从明代开始起家，以后“富逾王侯”，“屋宇至千余间，园亭环丽，游十日未竟”。当然，有不少粮商是靠投机取巧、囤积居奇、丰年贱买歉年贵卖而发家的。[⑤]

---

① 此银两与两相同，等于 1 斤的 1/16，约为 37.375 克。

② 吴承明.中国资本主义与国内市场[M].北京：中国社会科学出版社，1985：251.

③ 吴承明.中国资本主义与国内市场[M].北京：中国社会科学出版社，1985：248.

④ 王笛.跨出封闭的世界——长江上游区域社会研究[M].南京：中华书局，1993：208.

⑤ 孙健.中国经济史——近代部分[M].北京：中国人民大学出版社，1989：62.

在鸦片战争以前的整个商品流通中，粮食商品虽然位居第一，但由于粮食生产绝大部分属于自给性生产，粮食商品率是很低的。据吴承明在前述专著中计算，在鸦片战争以前的几年中，全国人口 4 亿左右，粮食总产量约 1 150 多亿公斤（原粮，下同），人均粮食占有量 290 公斤左右。粮食商品量按当时全国吃商品粮的人口匡算：非农业人口约 2 000 万人，人均需商品粮 250 公斤；经济作物专业区 5 000 万人，人均需商品粮 125 公斤；酿造、上浆需用粮 10 亿公斤。以上三项加在一起，一年大约需要商品性粮食 122.5 亿公斤，占粮食总产量的 10.7%。

需要说明的是，上述粮食商品量 122.5 亿公斤，是按照商品粮的消费需求量推算出来的，其中有一部分是农民向地主缴纳的地租和向政府缴纳的赋税，然后再由地主或政府通过商人投入商品流通领域的，并不是农民为粮食流通而生产超过自身正常需要的真正余粮。如果扣除由地租和赋税转化而来的商品粮，粮食商品率肯定要低于 10.7%。

三、近代中国农产品商品化的发展

第一次鸦片战争以后，中国的农产品商品化就开始扩大了。比如生丝的出口量在 1843 年只有 1 400 多担，到 1845 年则超过 1 万担；茶叶出口在 1843 年为 130 000 担，到 1844 年则上升为 530 000 担。[①] 第二次鸦片战争后，中国不少农产品及其加工品的输出急剧增长。参看表 6-1。

表 6-1　1870—1894 年主要农产品及农产制品输出数量统计

单位：担

时　间	1870—1874 年	1875—1879 年	1880—1884 年	1885—1889 年	1890—1894 年	合　计
茶	8 174 745	9 377 546	10 255 027	10 543 670	8 761 244	47 112 232
丝	310 086	366 650	345 159	383 255	477 200	1 882 350
棉	159 632	143 473	158 319	885 613	2 485 599	3 832 636
油	294 547	21 037	28 915	178 848	477 791	1 001 138
烟	43 044	65 522	69 180	234 211	503 975	915 932
豆饼	925 788	251 690	638 231	343 838	6 651 491	8 811 038

资料来源：杨端六.六十五年来中国国际贸易统计[M].南京：中央研究院社会科学研究所，1931；严中平.中国近代经济史[M].北京：人民出版社，1989：965.

可见中国已逐渐成为外国资本主义的原料供应地。

再看粮食生产的商品化。据对 1865—1894 年上海、天津、广州和汉口

① 汪敬虞.十九世纪西方资本主义对中国的经济侵略[M].北京：人民出版社，1983：78-79.

等四埠米、麦、豆进出口量统计资料的分析，四埠合计，1865—1869 年的五年间，米、麦、豆的进口量共计 1 362 859 担，出口量共计 1 292 363 担。1890—1894 年的五年间，米、麦、豆的进口量增加到 53 154 423 担，增加了 38 倍；出口量增加到 36 146 661 担，增加了 27 倍。国内粮食贸易量的增长，是粮食生产商品化进一步发展的具体反映。[①]

1895—1910 年是清朝自然经济加剧解体的阶段。甲午战争后，帝国主义对中国经济侵略的主要途径就是资本输出，其次是商品输出和原料的掠夺，由此也加速了中国农产品的商品化进程。表 6-2 说明 1900—1910 年东北三省的大豆商品化生产主要是提供给世界市场的。

表 6-2　东北三省大豆输出统计表(1900—1910 年)

输往国别	数量/吨	占比/%
日本及高丽(朝鲜)	263 275	43%
欧洲及美国	270 182	44%
国内输销及其他	81 977	13%

资料来源：屈维它.现在的满洲经济[J].前锋，1924(2).

表 6-3 的统计包括渔产、林产，但不包括丝、茶，仍足以说明清末农产品商品化速度的加快。这个时期农产品商品化速度加快的原因，还包括资本主义工业的发展。例如棉花的种植，此时期随着外国资本主义在华开设的棉纺织厂和中国私营资本主义棉纺织厂的增多，原棉需求增长，其种植面积也就更加扩大。不仅原来产棉较多的省份如江苏、浙江、河北、山东等地的植棉面积继续扩大，以前种得不多的地区如湖北、江西、安徽、陕西、河南等省的一些州县也开始大规模种植。

表 6-3　清末农产品输出统计

年　份	农产品输出值/千元	指　数	占出口总值的比例/%
1873	2 866	1.2	2.6
1893	28 423	12.3	15.6
1903	89 496	38.6	26.8
1910	231 957	100.0	39.1

资料来源：章有义.中国近代农业史资料(第二辑)[M].上海：三联书店，1957：146.
注：1910 年的指数为 100。

20 世纪以来，中国农村商品经济也在迅速发展，第一次世界大战前后，

---

① 严中平.中国近代经济史[M].北京：人民出版社，1989：988-990.

农产品的商品化市场就已经迅速扩大了(见表6-4)。一般来说,晚近中国农民经济的商品率,各地一般不低于40%,在专门化的种植区域内,则可达到60%~70%。[①]

表6-4　近代中国农产品贸易的增长趋势(1914—1929年)

项　目	农产品	调查地区数	1914—1919年	1924—1929年
各地输入的农产品	高粱	14	130	144
	水稻	15	102	138
	米	10	107	275
	小麦	25	133	173
本地输出的农产品	水果	16	114	125
	花生	15	123	159
	芝麻	10	114	133
	茶	10	103	79

资料来源:卜凯.中国土地利用[M].乔启明,邵德馨,黄席群,等译.成都:成都成城出版社,1941:493-494.

注:以1904—1909年的数据作为指数100计算。

虽然这里农产品的种类列得太少,但已大致反映出近代中国国内农产贸易的增长趋势,并且这个统计还没有包括农产品商品化率较高的东北地区。1924—1929年茶的指数降低,主要是由于它在世界市场的地位下降了。

总之,自鸦片战争以来,在外国资本主义的经济侵略之下,封建的自然经济开始广泛解体,农民的家庭棉纺织手工业受到严重破坏,其他的家庭手工业也遭到程度不一的破坏,广大农民的生产资料和日常生活用品加剧了对市场的依赖性;同时,在外国资本主义掠夺原料的刺激之下,农产品商品化也迅速扩大、中国农村经济被强制性地卷入世界市场,广大农民既是世界市场的购买者,又是世界市场的原料供应者。由此构成晚清农村经济的半殖民地半封建化的特征,并且引起农民负担性质的重大变化,正如毛泽东指出的,中国的传统社会经济在很大程度上是受到外国资本主义的冲击才开始解体的,资本主义的入侵在打破中国自给自足的自然经济、打击中国的城市手工业和农村家庭手工业的同时,也助推了中国城乡经济商品化的进程。[②]

---

① 严中平,等.中国近代经济史统计资料选辑(第一辑)[M].北京:科学出版社,1955:327.

② 毛泽东.中国革命和中国共产党[M]//毛泽东.毛泽东选集(第2卷).北京:人民出版社,1991:626.

第二节　经济作物的商品化

过去种植的经济作物都是为农村家庭手工业服务的，大多作为原料被加工成手工业品之后进入国内市场。近代以来，由于世界经济局势的剧变，经济作物在做传统手工业原料的同时，也自觉或不自觉地成为世界资本主义市场和国内近代机器工业发展的原料。20 世纪 30 年代初期，中国生产的经济作物中出售率较高的有：烟草（出售率为 76%）、鸦片（出售率为 74%）、花生和油菜（出售率均为 61%）、棉花（出售率为 37%）、大豆（出售率为 30%）。与此相比，粮食作物的出售率却低得多，比如稻米的出售率只有 15%，大麦的出售率为 12%，小米的出售率只有 10%。[①] 可见，经济作物的商品化是农产品市场化的主要组成部分。

一、茶叶的商品化发展

中国茶叶历史悠久，近代中国茶叶生产一度兴旺发达。中国产区分布甚广，其中以江西、安徽、江苏、浙江、湖南、湖北、福建、广东、四川和台湾等省较为发达，其他诸如广西、云南、贵州、陕西、甘肃等省也有少量生产。茶叶种类繁多，按制茶方法分有：红茶、绿茶、乌龙茶、红砖茶、绿砖茶及毛茶等；按采制时期分：在谷雨前 10 日左右采制者称头帮茶，谷雨后 10 日左右采制者称二帮茶，谷雨后 20 日采制者称三帮茶；按产地分类有：徽州茶、屯溪茶、平水茶，红茶中有祁红、武彝等。此外有旗枪、眉茶等，实际上是以茶的形态来区分的；还有的以销区来分，如边茶等。

近代茶叶交易比较活跃的是汉口、福州、上海三大茶叶市场。汉口的茶叶主要来自江西、湖南、湖北和安徽等地，在国内主要销往陕西、河南、新疆和青海等地，出口俄国的都是砖茶。上海茶叶来自江苏、浙江、安徽、湖南、湖北、广东、福建等处。安徽、江西的红、绿茶多销往欧美各国，浙江、绍兴的茶销往美国，宁波的茶销往日本。福州市场的茶叶则销往美洲及南洋群岛。川康边茶有西路、南路两个销区，西路销往松潘、青海、甘肃，南路销往康藏地区。[②]

茶叶在交易的过程中，要历经茶贩、茶号、茶行、茶客、茶栈和外商洋行等多个环节。茶贩直接深入茶叶产区内，向茶农收购茶叶然后再转售给茶号或茶行。茶行是茶叶贸易的中间商，多设在茶产区，在通商口岸也有茶行之设。茶行负责介绍茶号、茶客与茶农、茶贩之间的交易，从中收取佣金。

---

① BUCK J L.Land utilization in China[M].Shanghai：The Commercial Press，1937：235.

② 许道夫.中国近代农业生产及贸易统计资料[M].上海：上海人民出版社，1983：237，264.

茶号多设在茶产区或茶叶集散地，既向送货上门的茶农或茶贩收买茶叶，又派茶客下乡直接向茶农收购茶叶，然后对所购茶叶进行烘焙、补火、筛分、拣选、装箱等精加工，运往通商口岸，通过茶栈售与外国洋行。茶栈大都设在通商口岸，其功能既是内地茶商与外国洋行进行茶叶贸易的中介商，又是融通茶叶流通资金的信用机构。

外商洋行垄断中国茶叶的对外贸易，操纵中国市场的茶价，从中牟取暴利；而中国茶栈、茶号、茶客、茶行、茶贩则以外国洋行为靠山，建立了从产区到口岸的茶叶购销网络，层层盘剥，致使茶农贫困，商人暴富。诸如道咸时福建茶商每家经营资金"动辄百数十万元"。[①] 光绪初期江西"因茶叶致富者不下数十百家"(《申报》1892 年 12 月 7 日)。当然，这是在中国茶叶对外贸易兴盛时期形成的局面，而当中国茶叶在对外贸易中失利的时候，情形就有所不同了。据专家统计，1868—1928 年中国出口茶叶主要种类是红茶、绿茶、红绿砖茶，其他种类茶叶为数极少。就这四种茶叶出口合计而言，以 1888 年为界标，之前呈现波浪式上升态势，1868 年出口量为 1 441 关担[②]，1888 年出口量为 2 167 关担，20 年间出口量增加 726 关担；之后则呈现波浪式下滑态势，1928 年出口量为 926 关担，比之 1888 年减少 1 241 关担，甚至比 1868 年还少了 515 关担。[③]

在 1876 年以前，随着国际市场扩大，出口递增，出口茶价仍维持较高水平，华商远销获利亦厚。1877—1888 年出口量增长更快，但是已经受到印度、锡兰、日本出口茶叶的影响，中国茶出口价猛跌。1888—1894 年虽价格略有回升，但出口量下降了 20%，传统的输英茶叶下降更多，仅靠输往俄国的茶叶增加，稍为弥补。这时从事出口茶的华商，也陷入不景气。到 1894 年，出口茶已超过内销茶，但因茶价下降，出口值已由盛时的 400 万关两降为 300 万关两。这期间的茶叶出口贸易情况如表 6-5 所示。

表 6-5 茶叶出口量值(1868—1894 年)

年 份	出口量/担	出口值/关两	平均每担出口价/关两
1868	1 526 872	33 252 060	21.8
1870	1 389 910	27 442 694	19.7
1872	1 923 627	40 283 667	20.9
1874	1 795 625	36 826 011	20.5

---

① 林馥泉.武夷茶叶之生产制造及运销[M].永安：福建省农林处农业经济研究所，1943：9.

② 1 关担＝105 斤＝52.5 千克。

③ 许道夫.中国近代农业生产及贸易统计资料[M].上海：上海人民出版社，1983：250-251.

续表

年　份	出口量/担	出口值/关两	平均每担出口价/关两
1876	1 946 250	36 647 926	18.8
1878	1 954 104	32 013 184	16.4
1880	2 204 754	35 728 169	16.2
1882	2 059 333	31 332 207	15.2
1884	2 017 612	29 055 142	14.4
1886	2 386 975	33 504 820	14.0
1888	2 413 456	30 293 251	12.6
1890	1 723 114	26 683 450	15.5
1892	1 658 340	25 983 500	15.7
1894	1 939 189	31 854 575	16.4

资料来源：姚贤镐.中国近代对外贸易史资料[M].上海：中华书局，1962：1204，1205，1606，1644.

这种情势的形成，主要是由于印度、锡兰和日本茶叶的竞争，以印度、锡兰茶叶为例，据外国人考察，印度对中国的优势，就是制造商（工业家）对手工业者的优势。在印度，小茶园不能与大茶园竞争，而且迅速地为后者所吞没或兼并。伦敦市场就是由那些资本充足、机器先进、监管专业的大茶园操纵着。而中国茶叶的生产、制作和销售，都出自当地的经济规模狭小的茶农，他们没有资本和先进的生产技术、观念，他们只会遵循古老的、传统的茶叶制作方法，根本不懂得去迎合消费者不断变化的偏好。商人阶级，特别是广东商人，并不缺乏企业心，但是只要茶叶生产还是在小生产的基础上，就没有改进的希望——可以预期到的是相反的结果。

中国茶叶在国际市场上的失败，导致茶叶滞销，茶价下跌，茶农终岁勤劳，不得温饱，严重挫伤了生产积极性，虽然有些茶农依旧坚持茶叶生产，但不得不减少种植面积或采取粗放式经营，“耕田有粮食兼有茶园者，每年铲掘二三次”[①]；有的茶农“往往将地售作坟墓，所产茶株比前百不存一”；有的茶农将“茶山抛荒”或“茶圃变谷田”[②]。与此同时，有些茶叶“贩运商人，血本全靡，多难再举”[③]，城镇中的茶行、茶栈等倒闭者比比皆是。本书第二章中已经介绍了近代我国茶叶种植面积和茶农户数的变动，近代茶叶种植面积有一个从扩展到萎缩的过程，1836—1838 年为 521.00 万亩，1894 年为

① 海关专辑.访察茶叶情形文件[M].上海：海关总税务司，1889：24，77.

② 李文治.中国近代农业史资料（第一辑）[M].上海：三联书店，1957：448，452.

③ 海关专辑.访察茶叶情形文件[M].上海：海关总税务司，1889：24，77.

936.35 万亩，1919 年为 669.50 万亩①；茶农户数和人数同茶叶种植面积一样，也有一个从扩展到萎缩的过程，1836—1838 年分别为 130.25 万户、651.35万人，1894 年分别为 234.09 万户、1 170.45 万人，1919 年分别为 167.38万户、836.90 万人。② 近代前期的扩展与后期的萎缩，直接驱动力都是中国茶叶对国外出口的变动。

据专家估计，中国茶叶产量，1836—1838 年（平均每年）215.29 万担，1894 年 386.92 万但，后者比前者增加 171.63 万担；1919 年 276.66 万担，比 1894 年减少 110.26 万担。中国茶叶的商品值，1894 年为 4 784.64 万关两，1919—1920 年为 5 485.00 万关两，说明这一期间茶叶的商品值是在不断增加的。就内外销比重而言，1836—1838 年（平均每年）内销 165.29 万担，外销 50.00 万担，两者相比为 76.78%∶23.22%。1894 年内销 171.48 万担，外销 215.44 万担，两者相比为 44.32%∶55.68%，外销超过内销。1919 年内销 200.00 万担，外销 76.66 万担，比之 1894 年，内销增加了 28.52 万担，外销减少 138.78 万担，内销大大超过外销（见表 6-6）。③

表 6-6　茶叶产销量及产销值估计

时　间	产销情况	内销 按干毛茶计	外　销	外销 折合干毛茶	产量 按干毛茶计
1836—1838 年（平均每年）	数量/万担	165.29	45.00	50.00	215.29
	数量占比/%	76.78	—	23.22	100.00
	价值/万关两	1 414.06	769.95	—	2 184.01
1894 年	数量/万担	171.48	193.90	215.44	386.92
	数量占比/%	44.32	—	55.68	100.00
	价值/万关两	1 467.01	3 317.63	—	4 784.64
1919 年	数量/万担	200.00	69.00	76.66	276.66
	数量占比/%	72.29	—	27.71	100.00
	价值/万关两	3 246.00	2 239.00	—	5 485.00

资料来源：许涤新，吴承明.中国资本主义发展史（第二卷）[M].北京：人民出版社，1990：285，969.

注：1.数量担指关秤担，即为关担，1 关担＝105 斤＝52.5 千克。外销茶按折耗 10%还原为干毛茶，以便统一计量。

2.外销茶价值按出口值计。内销茶低档者多，一律按 1894 年外销价每担 17.11 关两的 50%即 8 555 关两计价值。

3.以内外销量作为产量。

---

① 许涤新，吴承明.中国资本主义发展史（第二卷）[M].北京：人民出版社，1990：286，970.

② 许涤新，吴承明.中国资本主义发展史（第二卷）[M].北京：人民出版社，1990：286，970.

③ 许涤新，吴承明.中国资本主义发展史（第二卷）[M].北京：人民出版社，1990：285，969.

上述数据表明，虽然茶叶的商品值在不断增加，但是出口的比重不断下降，茶叶越来越多地走内销，这直接影响了茶农种植茶叶的积极性，导致近代后期茶叶生产的萎缩。

二、棉花的商品化发展

植棉业是农村家庭经济中，除了粮食之外，最为重要的生产领域。近代棉花生产在原有基础上，呈现波浪式演变态势，大致可以1936—1937年为界标，之前是波浪式上升，之后则波浪式下滑。[①] 1936—1937年之前，棉花生产所以呈现波浪式上升态势，主要是由于手工棉纺织业的发展、机器棉纺织业的兴起和国际市场需求的扩大，促进了棉花生产的发展和棉花商品化的过程。

清末民初，全国棉花生产在清前期江南滨海、江汉平原和冀鲁豫三大集中产区的基础上，种植地域有所扩大，种植面积和产量有所增加。棉花生产比较发达的地区，棉田所占耕地面积达到40%～80%，棉花产量少者一千几百万斤，多者几千万斤。有不少地方，植棉者多，而五谷种植则日减，不时有粮食缺乏之状况。农民往往依靠出售棉花的收入，到市场购买粮食，以解决吃饭问题。

棉花种植面积的扩展，导源于国内外对棉花需求的增大，“棉花价昂，利较厚，故民争植之”。有的地方植棉户竟占农户的十之八九，棉花成为这些植棉户收入的主要来源，“租赋待于斯，家哺给于斯”。就全国多数地区、多数农户而言，棉花生产依然是作为家庭副业而存在的；但就少数地区、少数农户而言，却已经从家庭副业变成家庭主业了，这些农户成为植棉专业户。棉花几乎成为这些“农家唯一之产物”。除此之外，还出现了以生产棉花为主的垦殖公司。

农家生产棉花，大致有三种类型：有的为自给而生产，有的将自给有余部分出售，有的为出卖而生产。在全国生产棉花的地区，大都同时存在这三种类型的生产，只是各地每种类型的比重略有差别。在商品经济滞后地区，前两种类型占据主导地位，反之在商品经济发达地区，居主导地位的则是第三种类型。随着棉花商品化的进展，国内棉花市场逐渐发育成熟。国内棉花市场是由地方小市场、城市市场、区域市场、全国性市场组成。其中最为著名的是上海、武汉、天津、青岛、无锡、宁波、常州、济南、郑州、石家庄等地的棉花市场，这些城市分布在铁路沿线或江海沿岸，均为棉纺织工业重镇，

---

① 许道夫.中国近代农业生产及贸易统计资料[M].上海：上海人民出版社，1983：203-212.

因而既是商品棉的消费中心，又是商品棉的转运中心，吸收附近省区棉花，将其转销于本地用户和外省或外国用户。棉花交易的中介是棉花商人，有“肩贩”“牙行”以及“富商大贾携余钱而贩运者”，层次不同，收益各异。

1936—1937 年之后，棉花生产趋于衰落。满铁调查部编写的《北支那の农业と经济》上卷中，附有华北主要农作物种植比率变化一览表，现将有关棉花部分摘引如表 6-7 所示。

表 6-7　1938—1940 年华北各省棉花种植比率变化

单位：%

年　度	总　计	河北省	山东省	山西省	河南省北部	江苏省北部
平年	100.0	100.0	100.0	100.0	100.0	100.0
1938	67.8	82.5	55.6	45.2	56.5	76.8
1939	45.5	49.0	35.8	18.3	50.2	85.3
1940	39.0	39.6	30.2	19.0	45.4	80.0

资料来源：满铁调查部.北支那の农业と经济（上卷）[M].东京：日本评论社，1943：324.

平年就是常年。这里所说的平年，是指 1934—1936 年。计算方法，是将 1934—1936 年的平均种植数算作 100，作为探讨 1938—1940 年间种植比率变化的基准。通过这个统计表，可以发现以下几个问题：第一，1938—1940 年比之 1934—1936 年，华北各省棉花种植比率，呈现直线下降态势，从 100 递减至 67.8、45.5、39.0，降幅之大，历史罕见。第二，在此期间，华北各省棉花种植比率降幅大小排名榜，依次为山西、山东、河北、豫北和苏北。第三，在此期间，华北各省棉花种植比率直线下降，无疑导源于日本侵华战争的破坏。

接着我们探讨一下全国皮棉商品率变动过程。现有两种统计数字，一种是中国专家研究的成果，一种是外国学者在 20 年代所做的典型调查，为了便于比较研究，特将这两种统计数字摘引如下。

中国专家的研究成果主要有两种，其一是中央农业实验所 1936 年农情报告，对全国 1935 年棉花主产区的棉花产量及其商品率做出统计，结果如表 6-8 所示：

表 6-8　全国主要产棉省棉花商品率统计表(1935 年)

省　份	调查县数	棉花年产量/担	自用量/担	自用率/%	出售量/担	出售率/%
陕西	27	59 805	25 193	42	34 612	58
山西	22	31 886	11 967	38	19 919	62
河北	80	197 237	73 596	37	123 641	63
山东	37	94 847	26 996	28	67 851	72
江苏	35	249 569	111 533	45	138 036	55
安徽	21	38 012	29 187	77	8 825	23
河南	55	117 425	62 815	53	54 610	47
湖北	20	102 543	40 162	39	62 381	61
四川	23	27 365	17 149	63	10 216	37
湖南	15	30 396	15 172	50	15 224	50
江西	16	13 937	11 736	84	2 201	16
浙江	22	41 830	24 795	59	17 035	41
总计	373	1 004 852	450 301	45	554 551	55

资料来源:实业部中央农业实验所农业经济科.农情报告[J].实业部中央农业实验所,1936(10).

这个统计表至少可以反映出以下几个问题:

第一,1935 年陕西等 12 省的棉花产量排行榜前 5 名,依次是江苏、河北、河南、湖北、山东。

第二,1935 年陕西等 12 省的棉花自用量排行榜前 5 名,依次是江苏、河北、河南、湖北、安徽。

第三,1935 年陕西等 12 省的棉花出售量排行榜前 5 名,依次是江苏、河北、山东、湖北、河南。

第四,1935 年陕西等 12 省的棉花出售量和自用量的百分比,分别是 55%和 45%。

这个统计,就棉花产量排行榜而言,与许道夫的统计有异有同,两者都认为 30 年代全国棉花产量最高的省份是江苏、河北、河南、湖北和山东,差异在于排行榜的名次有所不同。就棉花的商品率而言,这个统计与下面摘引的许涤新、吴承明的统计距离较大。

依据许涤新、吴承明的统计,1840—1936 年全国皮棉商品率呈现上升态势。1840 年全国皮棉棉产量为 802.48 万担(关秤担),商品量为 211.23 万担，占全国皮棉产量的 26.32％；1894 年全国皮棉产量为 831.75 万担，商品量为 270.87 万担，占全国皮棉产量的 32.57％；1920 年全国皮棉产量为 876.24万担，商品量为 506.17 万担，占全国皮棉产量的 57.77％；1936 年全国皮棉产量为 1 736 万担，商品量占全国皮棉产量的 87.1％。由此可见，在此期间，全国皮棉产量及其商品率都在不断增长，究其原因，主要是国内机器纺纱业的兴起。据统计，1920 年在全国皮棉商品总量中，用于纺机纱的已占 60％，到了 1936 年，用于纺机纱的皮棉占到皮棉商品量的 76.9％，其余商品皮棉，有的供出口，有的供非棉户所用纺纱、絮棉，有的供工业、卫生、军需等用棉。[①]

另据徐新吾等文稿中的资料计算我国棉花的商品率，1840 年约为 27％，1894 年约为 33％，1920 年约为 42％，1936 年约为 51％。[②]（另据中央农业实验所《农情报告》第十期调查，30 年代我国 12 个主要产粮省的棉花商品率约为 55％。）这一统计与许涤新、吴承明的统计数据较为接近。

此外是外国学者的调查研究成果，以美国学者卜凯较为显著。他于 1921—1925 年，对河北、河南、山西、安徽、浙江、福建、江苏 7 省 17 处的2 866个农家各种农产品的出售率做了典型调查，结果发现棉花的平均出售率为 30.8％，其中出售率最高的是浙江镇海、江苏江宁太平门，均为 100％，其他超过平均出售率的依次为山西武乡、安徽来安（1921 年）、怀远，分别为34.5％、34.3％、33.4％。低于平均出售率的依次为安徽宿县、来安（1922 年）、河南开封，分别为 28.2％、20.7％和 2.2％。[③] 卜凯的调查结论，比中国专家对 1920 年全国皮棉商品率的估计，约低 27 个百分点。这种差异，并不奇怪，因为卜凯的调查结论，反映的只是局部地区，而中国专家的估计，反映的却是全国的情况。卜凯在 1919—1933 年对全国 22 省 146 县 156 地区的15 646个农家所做的调查，情况就有所不同，其中出售棉花的地区有 80 个，出售比率为 37％。他估计全国棉籽的出售比率在 35％～50％。[④] 不同的统计数字均表明，1840—1936 年我国的棉花商品率是在不断上升的。

三、烟草的商品化发展

烟草的种植和加工，在农村商品经济中占有相当重要的地位。烟草在

---

① 许涤新，吴承明.中国资本主义发展史（第二卷）[M].北京：人民出版社，1990：295，978，979；许涤新，吴承明.中国资本主义发展史（第三卷）[M].北京：人民出版社，1993：774.

② 孙晓村.中国农产商品化的性质及其前途[J].中国农村，1937：194-195；中国人民大学国民经济史教研室.中国近代国民经济史参考资料（二）[M].北京：中国人民大学出版社，1962.

③ 卜凯.中国农家经济（上册）[M].张履鸾，译.上海：商务印书馆，1936：276-278.

④ 卜凯.中国土地利用[M].乔启明，邵德馨，黄席群，等译.成都：成城出版社，1941：298-296.

普遍发展的基础上，形成了许多著名产区和品牌。福建是中国烟草种植加工的发源地，烟草种植、加工遍及 15 州县，其中永定、上杭、长汀、龙岩等州县所产烟叶数量多而质量优。咸丰《长汀县志》说："福烟独著名天下，而汀(州)烟以(上)杭、(永)定为盛，长(汀)邑所制，品有生熟之殊，色有黄黑之别，名有金丝、盖露之称。"民国《龙岩县志》说："农人注意于(烟草)亩收之利，不专种稻。"龙岩"烟夙昔驰名，氏江南北，所在有岩人烟铺，今其利为永邑人所夺"。其他湖南、甘肃、湖北、安徽、江苏、广东等省在烟草种植加工中也形成了许多有名的产区和品牌。

正如光绪《鹿邑县志·物产志》和光绪《龙南县志·物产志》所说：种植烟草"收获之利数倍于谷"，农民基于利益驱动不惜"改良田为烟畲，致妨谷收"。种植烟草影响了粮食生产，但却增加了农民收入，改善了农民的生计。

烟草的生产和交易是互相促进的，"销售既广，种者日多"，从而在神州涌现不少集中产区、地域性市场，进而形成全国统一市场并与世界市场接轨。在烟草流通过程中，商业资本起着举足轻重的作用，商业资本开设"牙行""烟铺"，收购烟草并将其转销各地。比如在衡烟产地，"山西、陕西大商以烟草为货者，有九堂十三号。每堂资本出入，岁十余万金。号大于堂，兼通岭外，为飞钞交子，皆总于衡烟"商业资本有的从事所在区域内的烟草贸易，有的从事烟草的长途贩运，经营衡烟的所谓"九堂十三号""辇资购取"山东兖州府宁阳县烟草的所谓"都门大贾"，就是这类从事烟草长途贩运的资力雄厚的商业资本。

清朝灭亡、民国肇兴之后，中国烟草种植和加工业发生很大变化。许道夫主要依据《农商统计表》和《农情报告》等资料，对 1914—1949 年中国 23 个省份的烟草种植面积、产量及产额进行了列表统计(由于表格较为复杂，这里没有将表格罗列出来)。① 现拟依据许道夫的统计数据，对民国时期烟草种植和加工的变化情况作一简要剖析。

第一，烟草种植面积显著增加而产量却相对滞后。许氏统计资料，有的省份比较完整，有的省份则残缺不全，统计资料比较完整的有 15 个省份，包括山西、山东、河北、河南、江苏、浙江、安徽、湖南、湖北、江西、福建、广东、四川、陕西和甘肃。1914 年这 15 个省份的烟草种植面积为 3 637 千市亩，产量为 12 610 千市担，1936 年烟草种植面积增至 6 107 千市亩，而产量却降至 10 599 千市担。造成这种结局的直接原因，是山西、河北、河南、江苏、湖南、江西、广东、四川、陕西 9 个省份烟草亩产量的减少。四川烟草亩产量从

---

① 许道夫.中国近代农业生产及贸易统计资料[M].上海：上海人民出版社，1983：214-219.

1914 年的 259 市斤减至 1936 年的 152 市斤。湖南烟草亩产量从 267 市斤减至 1936 年的 102 市斤。减产较少的有陕西、山西两省。前者亩产量从 1914 年的 137 市斤减至 1936 年的 131 市斤，后者亩产量从 1914 年的 137 市斤减至 1936 年的 100 市斤。

第二，各省烟草产量排行榜呈现不平衡的变化态势。烟草产量排行榜前 5 名的省份，1914 年是广东 6 758 千市担、湖南 2 653 千市担、四川1 202 千市担、吉林 1 170 千市担、江西 1 038 千市担，1936 年则变成四川2 763千市担、山东 1 620 千市担、贵州 1 178 千市担、河南 1 107 千市担、湖南 678 千市担。由此可见，四川由原先的第三位而跃升至首位，湖南则由原先的第二位降至第五位，原先名列榜首的广东和名列第四、五位的吉林、江西三省均名落孙山，而山东、贵州、河南三省却一跃成为烟草生产大省。

第三，各省烟草生产在 1937 年以后呈现两种发展态势，即波浪式前进和波浪式下滑。前者包括贵州、四川、云南、广西、江西、江苏、湖南、河南、河北、青海等省，其中较为显著的是贵州和河南，贵州烟草产量，1936 年为 1 178千市担，1936 年升至 1 498 千市担，河南烟草产量，1936 年为1 107千市担，中间虽有波动，但 1944 年仍升至 2 010 千市担，四川烟草生产运行也基本平稳。后者包括山东、山西、辽宁、吉林、黑龙江、热河、甘肃、陕西、广东、浙江、安徽、湖北、福建等省，其中降幅最大的则是安徽、山西、山东三省。安徽、山西、山东三省 1936 年的产量分别为 480 千市担、361 千市担、1 620 千市担，1945 年安徽降至 41 千市担，1946 年山西、山东分别降至 121 千市担、873 千市担。需要提及的是，上述两种发展态势，从时间上说，只限于 1936—1946 年，没有延至 1949 年，因为许氏关于 1949 年烟草种植面积、产量及产额的统计，仅仅涉及 7 个省份，无法据此进行全面而正确的剖析。就其所涉及的 7 个省份的烟草种植面积、产量、产额而言，四川、云南、广东均降至历史最低点，山东、贵州、辽宁、吉林也都有大幅度降低。以四川、山东为例，1949 年烟草种植面积、产量及亩产额，四川分别为 30 千市亩、30 千市担、100 市斤/亩，山东分别为 109 千市亩、109 千市担、100 市斤/亩，比此前降幅之大，令人惊异。

民国以来，中国烟草加工业也有新的发展。比如河南许昌的种烟农民，原先都是在烟叶收获以后不做任何加工直接出售给贩烟的商人，烟贩再转售到上海、汉口等城市；后来有了新的变化，农民除了直接出售烟叶之外，有的也在自己家中制作烟丝，有的卷成烟卷成品后再出售；很快，许多制作烟卷的手工作坊涌现，许昌及其附近各县在 30 年代成立的卷烟作坊就有 600 多个。安徽北部的涡阳和凤阳一带，情形也大抵如此，制作卷烟成为当地农民的主要副业，烟卷作坊也有好几十家。① 值得注意的是，在许昌等地农民卷烟业中，出现了商人包买制下的资本主义的家庭劳动，即“商人雇主制度”。起初种烟的农民在自己家内制造烟丝及烟卷，然后再出卖于商人，尚完全停止在小商品生产的阶段。但是不久之后，烟贩开始向农民提供卷烟用的纸，同时又与农民约定卷烟的品牌、款式和质量标准，甚至还限定卷烟的产量、价格和交易时间；发展到后来，连烟丝也可以由商贩提供，发放工资给卷烟的工人，在自家厂内完成卷烟的部分工作（如包装、装潢等）。这些与河北高阳地区的“商人雇主制度”几乎没有任何区别，已经达到了商业资本统治的最高形态。②

根据许涤新、吴承明的统计，1894 年全国烟叶的商品值为 1 320 万关两，1919—1920 年的商品值约为 4 019.4 万关两③，比 1894 年增长了 204.5%。可见，近代烟草的商品率也是在不断上升的。

四、大豆的商品化发展

大豆在中国的种植虽然很早，但在 20 世纪以前，它在经济作物中的地位并不是很重要。进入 20 世纪以后，由于用途的改变，大豆发展成为一种重要的商品性经济作物。据许道夫的统计，1914—1947 年全国 22 省的大豆生产情况见表 6-9；1929—1936 年中国大豆产量与世界大豆总产量比较如表 6-10 所示。

表 6-9　1914—1947 年全国 22 省大豆生产情况

时　间	种植面积/千市亩		产量/千市担		产额/（市斤/市亩）
	数　量	指　数	数　量	指　数	
1914—1918 年	74 922	100	86 431	100	115
1924—1929 年	162 244	217	275 259	318	170
1931—1937 年	132 715	177	204 041	236	154
1938—1947 年	116 505	156	166 450	193	143

资料来源：许道夫.近代中国农业生产及贸易统计资料[M].上海：上海人民出版社，1983：181.

① 实业部中国经济年鉴编纂委员会.中国经济年鉴（1934）[M].南京：国家图书馆出版社，2012：K575.

② 赵槑僧.商业性农作物的发展及其意义[N].益世报.1935-09-28.

③ 许涤新，吴承明.中国资本主义发展史（第二卷）[M].北京：人民出版社，1990：991.

表 6-10　1929—1936 年中国大豆产量与世界大豆总产量比较

时　间	中国产量/千公担	世界总产量/千公担	中国占世界比例/%
1929—1933 年	113 959	127 427	89.4
1934 年	90 647	107 145	84.6
1935 年	88 987	112 689	79.0
1936 年	100 750	120 910	83.3

资料来源：许道夫.近代中国农业生产及贸易统计资料[M].上海：上海人民出版社，1983:182.

从以上两表可以看出，我国的大豆生产在 20 世纪以来发展迅速，种植面积和产量都有显著提高，1938—1947 年的种植面积比 1914—1918 年增长了 56%，产量增加了将近一倍。大豆的增长并非直线式的，表 6-9 显示 1924—1929 年的种植面积和产量是最高的，1930 年代以来均有所下降，但是总体上仍然是远高于 20 世纪初的生产水平。在与世界大豆产量的对比中，我们可以发现，中国的大豆产量基本占据世界大豆总产量的 80%以上，可见大豆生产在 30 年代已经达到相当高的水平。

促使大豆生产规模迅速扩展的主要原因是国际市场上对大豆及豆制品的巨大需求。20 世纪以前，豆类在出口贸易中是微不足道的。到 20 世纪二三十年代，豆类的出口则表现为直线上升，1921 年在我国的对外贸易中已跃居第一位，取得了极其重要的地位。1901—1926 年豆类的出口增加了 10 倍。[①] 据许道夫的统计，近代中国豆类（包括豆饼、豆油等豆制品）出口数量及价值的变化情况如表 6-11、6-12 所示：

表 6-11　1870—1911 年豆类出口数量及价值

年　份	豆类合计出口数量/千关担	豆类合计出口价值/千关两
1870	578	688
1871	170	170
1872	67	80
1873	49	46
1874	62	52
1875	135	123
1876	20	21
1877	5	5

① 马扎亚尔.中国农村经济研究[M].上海：神州国光社，1930:452.

续表

年　份	豆类合计出口数量/千关担	豆类合计出口价值/千关两
1878	21	17
1879	71	71
1880	155	180
1881	113	139
1882	179	185
1883	128	132
1884	63	76
1885	124	144
1886	44	54
1887	45	57
1888	40	53
1889	91	115
1890	293	371
1891	663	791
1892	1 143	1 188
1893	1 967	2 522
1894	1 586	1 958
1895	177	333
1896	1 333	2 066
1897	2 047	3 608
1898	2 349	4 855
1899	2 802	5 529
1900	1 645	2 996
1901	1 879	3 866
1902	2 195	4 334
1903	2 615	5 550
1904	1 924	4 927
1905	2 666	6 932
1906	1 494	3 158

续表

年 份	豆类合计出口数量/千关担	豆类合计出口价值/千关两
1907	1 337	3 242
1908	4 770	9 085
1909	14 438	32 781
1910	10 925	21 473
1911	11 038	26 586

资料来源:许道夫.近代中国农业生产及贸易统计资料[M].上海:上海人民出版社,1983:186-187.

表 6-12 1912—1928 年豆类出口数量及价值

年 份	豆类输出数量/千关担	豆类输出价值/千关两	占全国输出总值比例/%
1912	19 522	37 321	10.1
1913	23 550	45 175	11.2
1914	23 668	45 601	12.8
1915	27 272	45 053	10.8
1916	23 794	51 743	10.7
1917	30 237	57 228	12.4
1918	29 859	69 203	14.2
1919	40 958	94 009	14.9
1920	34 441	79 290	14.6
1921	39 045	87 723	14.6
1922	42 413	99 655	15.2
1923	50 901	119 222	15.8
1924	54 728	136 706	17.7
1925	48 742	132 269	17.0
1926	57 609	164 183	19.0
1927	62 242	171 409	18.7
1928	69 407	196 210	19.8

资料来源:许道夫.近代中国农业生产及贸易统计资料[M].上海:上海人民出版社,1983:188.

以上两表反映了近代中国的大豆出口在 20 世纪以来的迅速扩展,豆类输出数量和价值均有显著提升,在全国出口总值中的比重也是持续上升。

这些情况表明大豆的商品化在20世纪以来获得了迅速的发展。

其他油料类经济作物如花生、芝麻等，在近代也有相当的发展，在此不再一一列举。这些油料作物的商品化发展不仅体现在出口量的增长上，同时也表现在产品加工业的发展上，比如榨油业的发展也促进了这些油类作物的商品化。机器榨油厂就是近代的产物，和机器榨油厂并存的，还有众多的手工榨油坊。现有两个统计，从中可以窥见榨油厂坊发展概况。据巫宝三等统计，1933年全国有中外机器榨油厂82家，年产值0.52亿元，手工榨油坊若干家，年产值5.72亿元。[①] 据彭泽益统计，手工榨油坊的户数和产值，1915年为247 774户，产值119 090 304元；1917年户数减至102 340户，而产值却增至193 990 248元，此后则呈现下滑趋势，1920年户数降至44 837户，产值降至91 141加元。[②] 按照巫宝三等的说法，1933年手工榨油坊年产值达到5.72亿元，可见30年代手工榨油业又出现迅速回升的趋势。榨油业种类有十多种，产地各异，包括桐油、菜油、棉籽油、豆油、花生油、芝麻油等等，榨油业的兴旺也促进了油料作物的生产和商品化。

五、其他经济作物的商品化

除了上述几种主要的经济作物之外，参与商品化发展的还有花生、甘蔗、蓝靛、罂粟等等。

（一）花生的商品化

花生在近代也是参与商品流通的重要经济作物，在山东、直隶、河南、江苏、湖南、湖北都有花生排挤粮食作物种植的情形。据河北河间、山东章丘等6省16处调查统计，花生种植占耕地面积的百分比，1900年为4％，1915年为10％，1924年为31％。[③] 根据直隶等6省16个地区的调查，1925年输出的花生占花生总产量的52％，卖给邻近地区的约占24％，本地消费仅占24％（见表6-13）。五大商埠花生流通数量如表6-14所示。

表6-13　直隶等6省16处花生消费情况

地　区	当地消费比例/％	销售邻近地区比例/％	输出比例/％
平　均	24	24	52
直隶河间	20	60	20
山东章丘	5	5	90

① 巫宝三.中国国民所得（一九三三年）（下册）[M].南京：中华书局，1947：83，145.

② 彭泽益.中国近代手工业史资料（第二卷）[M].南京：中华书局，1962：附录（一）.

③ 章有义.中国近代农业史资料（第二辑）[M].上海：三联书店，1957：205.

续表

地　区	当地消费比例/%	销售邻近地区比例/%	输出比例/%
山东济宁	3	7	90
山东益都	10	10	80
河南开封(甲)	15	5	80
河南开封(乙)	30	20	50
河南陈留	3	20	77
河南通许	5	45	50
河南睢县	25	50	25
江苏睢宁(甲)	23	15	62
江苏睢宁(乙)	15	19	66
湖北黄陂(甲)	60	—	40
湖北黄陂(乙)	40	60	—
湖北黄陂(丙)	70	15	15
湖南临湘(甲)	30	10	60
湖南临湘(乙)	30	40	30

资料来源:《中国经济杂志(英文版)》1929 年第 5 卷第 3 期。

表 6-14　上海等五大商埠花生流通数量统计

单位:担

时　间	上　海	天　津	汉　口	广　州	大　连
1871—1880 年	42	—	—	111	—
1881—1890 年	19 340	136	5 279	6 184	—
1891—1900 年	182 415	256 699	18 482	402 405	—
1901—1910 年	361 455	198 152	47 343	858 377	—
1911—1920 年	1 927 708	271 950	227 242	1 343 076	62 237
1921—1927 年	1 850 669	224 996	116 663	1 861 860	305 692

资料来源:章有义.中国近代农业史资料(第二辑)[M].上海:三联书店,1957:239.

(二)甘蔗和蓝靛

甘蔗和蓝靛是制作糖和染料的原料。在 19 世纪下半期以前,中国的蔗糖和染料不仅供应国内市场的需求,同时还大量出口。后来由于欧洲、爪哇甜菜和德国蓝靛的发展,不但夺取了我国蔗糖和蓝靛的国外市场,而且还侵占了我国的国内市场,由于洋糖和洋靛的大量输入,其价格又较低廉,人们都购买洋糖和洋靛,因而打击了中国原来的土糖和土靛的生产。于是蔗糖和蓝靛的种植者纷纷改种其他作物,甘蔗和蓝靛的种植也因此衰落。但在第一次世界大战期间，由于洋糖和洋靛进口减少，甘蔗和蓝靛的种植才又一次得到恢复。据《中国年鉴》记载："欧战一兴，糖市不振，汕头之糖业复盛，几与最盛之1899年相等。"[①]湖北蓝靛的种植"敌战期内，(洋靛)来源断绝，靛价陡涨，较之战前贵至三倍以上。本地农家因有利可图，又争相种植"。1915—1919年，"为土靛最盛时期"。[②] 1916年我国种植蓝靛，较1914年约增多六倍。[③] 可是好景不长，第一次世界大战结束后，帝国主义又卷土重来，洋糖和洋靛又充塞我国市场，故我国的蓝靛和甘蔗种植又衰落了。

(三)罂粟

罂粟是一种破坏性的商品生产。1840年前我国没有种植罂粟，仅有少量的鸦片进口。两次鸦片战争之后，鸦片已经成为合法的进口商品，吸食不禁，吸者日广。清政府为了削弱鸦片进口导致的白银外流和增加税收贪污中饱的来源，曾在许多地区鼓励农民种植罂粟。罂粟从道光时起由印度传入云南，辗转传至四川又到甘肃、贵州、陕西、山西，经一二十年，"废田而种罂粟，岁益没广"。据1906年调查，中国22省普遍种植罂粟，种植数量最多的是四川，其次为云南、贵州、陕西、山西等地。估计种植面积有18 713 600亩，产鸦片多达584 800担，比1890年约增加了5倍。1907年后，一度缩减下降。但是随后不久，北洋军阀为能多征收一项烟税，强制农民去种植罂粟，造成鸦片种植面积再次扩大。1919年后的罂粟种植面积又恢复到1906年时的最高水平。据15省100个县的调查，罂粟种植所占的耕地面积在1904—1909年为14%，1929—1933年约为20%。

表6-15是许涤新、吴承明在《中国资本主义发展史》中对近代鸦片商品量、商品值的估计。

表6-15 鸦片商品量、商品值估计

商品	1840年前		1894年	
	数量/担	价值/万关两	数量/担	价值/万关两
国外输入	26 160	1 049	65 000	3 429
国内种植	—	—	325 000	8 450
商品量合计	26 160	1 049	390 000	11 879

资料来源：许涤新，吴承明.中国资本主义发展史(第二卷)[M].北京：人民出版社，1990:297.

---

① 章有义.中国近代农业史资料(第二辑)[M].上海：三联书店，1957:146.
② 章有义.中国近代农业史资料(第二辑)[M].上海：三联书店，1957:141.
③ 章有义.中国近代农业史资料(第二辑)[M].上海：三联书店，1957:145.

从表6-15可以看出，1894年我国鸦片的总商品量比1840年前增长了几乎14倍，总商品值增长了10倍多，可见，甲午战争之前，我国的罂粟种植和贸易已经获得了飞速的发展。另据许涤新、吴承明估计，1919—1920年中国鸦片的商品值为35 000万关两[①]，比1840年前增长了32倍多，比1894年增长了将近2倍。虽然甲午战争之后，鸦片商品量的发展速度放慢了，但是其商品量仍在增长，鸦片的商品化发展有增无减。

综上所述，近代各种经济作物的商品化均有相应的发展，这一商品化过程也促进了各类经济作物生产的扩展，从而改善了以粮食作物为主的农业生产结构。

第三节　粮食作物的商品化

农产品的商品化本身，不仅包含经济作物的商品化，还要包括粮食作物的商品化。粮食的商品率，是衡量农村自然经济解体和商品经济发展程度的重要参考指标。清朝前期，省际长距离粮食贸易已经有了长足发展，有的专家估计，每年至少不低于四千万石，约合57亿斤。[②] 有的专家估计每年约在三千万石以上，约合42.89亿斤；与明代的长距离远销量相比，已经达到了它的三倍水平[③]，近代我国的粮食长距离贸易和商品率都有明显的增长。

一、粮食贸易和商品率增长的原因

近代粮食贸易和商品率增长的原因主要有以下几点：

首先，是城市人口的增加。美国学者施坚雅在《晚清中国的城市》一书中估计，不包括东北、台湾、新疆、青海、西藏在内的内地各省，1843年2 000人口以上的城镇共有1 653个，城镇人口2 072万人，在总人口中占5.1%；1893年共有城镇1 779个，城镇人口2 351.3万人，占总人口的6%。[④] 中国专家袁方在《中国城市化道路的探讨》一文中认为，1949年中国大陆共有设市城市140个，县城和建制市镇约2 000个，城镇人口5 765万，占总人口的10.6%。[⑤] 近百年间，城镇约增加500个，人口增长3 693万。城镇的增加

---

① 许涤新，吴承明.中国资本主义发展史(第二卷)[M].北京：人民出版社，1990:991.

② 史志宏.清代前期的小农经济[M].北京：中国社会科学出版社，1994:217.

③ 吴承明.中国资本主义与国内市场(第二卷)[M].北京：人民出版社，1990:258.

④ 胡焕庸，张善余.中国人口地理(上册)[M].上海：华东师大出版社，1984:255.

⑤ 袁方.中国城市化道路的探讨[J].北京大学学报(哲学社会科学版)，1988(3).

和非农业人口的增长，促进了粮食需要量的激增和粮食商品率的提高。[①]

其次，是同粮食有关的近代工业的兴起和手工业的发展，促进了粮食需求量的增长和商品率的提高。机器面粉厂是近代的产物，就华商面粉厂而言，1913 年实存 57 家，日生产能力 75 815 包，每包 44 斤；1929 年实存 123 家，日生产能力 266 568 包；1936 年实存 152 家，日生产能力 452 268 包；1948 年实存 173 家，日生产能力 481 975 包。除了机器面粉厂外，还有为数众多的华商经营的机器磨坊和土磨坊。据统计，1913 年商品面粉共计 21 364.2包，其中机器面粉厂生产 4 702.2 包，机器磨坊生产 90.0 包，土磨坊生产 16 572.0 包；1936 年商品面粉 30 998.1 包，其中机器面粉厂生产 12 322.0包，机器磨坊生产 1 475.5 包，土磨坊生产 17 200.6 包。[②] 由此可见，商品面粉呈现上升趋势，其中土磨坊的生产占据主导地位。外商在华开设机器面粉厂始于甲午战争后，截至 1913 年实存外商在华机器面粉厂 43 家，日产能力 99 940 包。[③]

除了面粉业外，以粮食为原料的还有酿酒业、制淀粉业、制醋业、制酱油业、碾米业等等。就以酿酒业为例，1933 年机器酿造厂生产 200 万担，手工场坊生产 3 236 万担。[④] 酿酒必须有酒精，而酒精一般以含淀粉或糖的原料经发酵法制备，据统计，国民政府统治区酒精产量 1933 年为 337 千加仑[⑤]，1939 年为 812 千加仑，1940 年为 4 590 千加仑，1942 年为 7 885 千加仑，1945 年为 16 222 千加仑，如果以 1933 年的指数为 100 的话，1945 年增至 4 814％[⑥]，增长幅度之大，令人吃惊。[⑦]

再次，由于经济作物播种面积的扩大和其他种种原因，导致农村粮食商品率的不断提高。我们在经济作物种植面积的变化中已经观察到，晚清和民国时期，经济作物的播种面积迅速增加，烟田、棉田、麻田和蔗田等侵占粮田的情形愈加普遍，个别地区耕地面积的一半以上都种植的是经济作物，使得部分专业种植烟草、棉花、甘蔗和麻的农民因粮食不能满足自给而不得不到市场上购买粮食。许道夫等专家的统计数字也揭示了这样的现象。[⑧]

---

① 李进霞.近代中国粮食的商品化发展[J].河南工业大学学报(社会科学版)，2008(4).

② 上海粮食局.中国近代面粉工业史[M].南京：中华书局，1987：25，43，44，426-438，94，103，105，106.

③ 上海粮食局.中国近代面粉工业史[M].南京：中华书局，1987：518-522.

④ 巫宝三.中国国民所得(一九三三年)(下册)[M].南京：中华书局，1947：136-137.

⑤ 加仑，是英美制中重要的体积单位，1 000 加仑(英制)＝4 546.09 升，1 000 加仑(美制干货)＝4 404.88 升，1 000 加仑(美制湿货)＝3 785.41 升。

⑥ 严中平，等.中国近代经济史统计资料选辑[M].北京：科学出版社，1955：100-101.

⑦ 李进霞.近代中国粮食的商品化发展[J].河南工业大学学报(社会科学版)，2008(4).

⑧ 李进霞.近代中国粮食的商品化发展[J].河南工业大学学报(社会科学版)，2008(4).

除了经济作物排挤良田之外，导致农村粮食商品率不断提高的，还有诸如田赋地租苛重、人多地少、土瘠民贫等因素，促使农村依靠商品粮的缺粮户和缺粮地区越来越多。这里有两组统计数字，从中可见一斑。①

一组是卜凯的调查。② 1926—1933 年卜凯对中国 21 省 131 县 136 地区 2 727 农户 17 351 人的食物热量，由田场自给、向市场购买的比例进行了调查，结果如下：

自给的比例：谷类 78%，豆类 73%，植物油类 22%，总计 76%。

购买的比例：谷类 21%，豆类 26%，植物油类 78%，总计 23%。

其他来源的比例：谷类 1%，豆类 1%，植物油类 0，总计 1%。③

一组是国民政府中央农业实验所的调查。④ 该所 1936 年公布的调查结果，关内 22 省每年向市场购买粮食的农户，平均占总农户的 35.0%，各省所占比例大小依次为：浙江 53.0%、广东 47.6%、广西 47.4%、湖南 46.6%、江西 45.5%、安徽 44.9%、青海 43.9%、江苏 40.3%、宁夏 40.3%、湖北 34.8%、河北 33.5%、四川 32.5%、福建 32.2%、河南 31.3%、察哈尔 31.3%、云南 29.0%、贵州 27.9%、山东 27.8%、陕西 26.2%、甘肃 21.4%、山西 19.5%、绥远 13.4%。⑤

中国对外从闭关走向开放，粮食成为重要的出口商品，也促进了农村粮食商品率的提高。中国出口的粮食品种有大米、小麦、杂粮等，出口呈现波浪式态势。据专家统计，大米在 1912—1947 年共计出口 4 650 855 市担；小麦在 1911—1940 年共计出口 46 452 752 市担；杂粮在 1925—1947 年共计出口 69 576 870 市担。⑥

二、粮食商品化程度估计

晚清和民国时期，农村粮食商品率究竟有多大，专家们的估计，可谓众说纷纭。据吴承明估计，“我国粮食的商品率 1840 年约为 10%，1895 年约为 16%，1920 年约为 22%，1936 年不到 30%”。⑦（据《中国资本主义发展

---

① 李进霞.近代中国粮食的商品化发展[J].河南工业大学学报(社会科学版)，2008(4).

② 卜凯.中国土地利用[M].乔启明，邵德馨，黄席群，等译.成都：成城出版社，1941：571-573.

③ 李进霞.近代中国粮食的商品化发展[J].河南工业大学学报(社会科学版)，2008(4).

④ 实业部中央农业实验所农业经济科.农情报告[J].实业部中央农业实验所，1936(8)：198，200，201，205，206.

⑤ 李进霞.近代中国粮食的商品化发展[J].河南工业大学学报(社会科学版)，2008(4).

⑥ 许道夫.中国近代农业生产及贸易统计资料[M].上海：上海人民出版社，1983：121-123，135，143，186-188，198-199.

⑦ 吴承明.我国半殖民地半封建国内市场[J].历史研究，1984(2)；吴承明.中国资本主义与国内市场[M].北京：中国社会科学出版社，1985：272.

史》第一卷估计，鸦片战争前我国有 4 亿人口，平均每人占有 580 斤粮食，全国原粮年产量 2 320 亿斤。非农业人口 2 000 万，共需原粮 100 亿斤；经济作物区及渔民、灶户等 1 000 万户，5 000 万人，约需原粮 125 亿斤；商业性酿酒、制酱及纺织品上浆、裱糊等用粮约 20 亿斤。以上三项商品粮合计 245 亿斤，占产量的 10.6%。)①

卜凯发表过两个调查报告，一个是 1912—1925 年对北部的安徽怀远、宿县，河北平乡、盐山，河南新郑、开封，山西武乡、五台和中东部的安徽来安、芜湖，浙江镇海，福建连江，江苏江宁、武进等 7 省 15 处农产品商品率的调查报告(见表 6-16)②：

表 6-15　安徽等 7 省 15 处 2 866 田场各种农产品的出售率(1921—1925 年)

单位：%

省　县	谷　类							豆　类				油　类		山薯
	小麦	稻	高粱	谷子	大麦	玉蜀黍	糯稻	大豆	绿豆	豌豆	黑豆	芝麻	油菜籽	
总平均	52.5	38.4	21.9	26.6	63.7	26.4	95.4	44.0	51.7	46.0	22.4	78.6	99.1	31.1
北部平均	43.0	29.1	21.9	26.6	61.0	24.1	—	25.4	34.6	26.6	22.4	70.9	98.8	22.1
安徽怀远	22.9	29.1	17.5	25.0	10.8	—	—	55.8	22.6	—	—	98.1	96.1	18.5
安徽宿县	31.3	53.8	23.0	21.8	4.5	—	—	30.4	31.1	29.8	7.6	69.8	—	19.2
河北平乡	59.2	—	10.5	30.8	18.3	—	—	29.6	—	—	29.2	100.0	—	—
河北盐山 1922	94.7	—	17.8	21.1	—	7.4	—	10.8	21.5	—	—	—	—	—
河北盐山 1923	42.3	—	18.0	25.7	—	20.3	—	14.9	44.2	—	31.0	—	—	—
河南新郑	28.6	—	13.2	10.9	3.1	14.2	—	16.6	34.4	5.9	6.9	23.1	—	20.3
河南开封	24.6	—	24.1	27.2	24.8	37.9	—	13.7	26.6	36.0	—	92.7	—	30.4
山西武乡	51.7	—	43.1	48.9	97.1	61.1	—	22.3	46.4	75.0	49.0	—	98.8	—

① 李进霞.近代中国粮食的商品化发展[J].河南工业大学学报(社会科学版)，2008(4).

② 卜凯.中国农家经济(上册)[M].张履鸾，译.上海：商务印书馆，1936：276-278.

续表

省　县	谷　类							豆　类				油　类		山薯
	小麦	稻	高粱	谷子	大麦	玉蜀黍	糯稻	大豆	绿豆	豌豆	黑豆	芝麻	油菜籽	
山西五台	31.3	—	30.0	26.6	50.0	—	—	29.8	22.7	23.3	—	—	30.0	—
中东部平均	66.8	39.6	—	—	66.5	33.1	95.4	87.5	74.4	85.0	—	93.9	99.2	67.2
安徽来安 1921	53.1	36.6	—	41.7	44.4	56.7	44.7	43.2	47.1	80.0	—	38.1	40.6	32.4
安徽来安 1922	60.3	36.7	—	—	74.1	—	100.0	—	—	—	—	—	100.0	—
安徽芜湖	49.9	42.8	—	—	74.7	—	100.0	—	—	—	—	—	100.0	—
浙江镇海	100.0	50.2	70.9	—	—	—	95.3	61.8	—	83.0	—	100.0	87.1	89.2
福建连江	99.7	42.6	—	100.0	—	—	—	—	—	—	—	—	98.4	67.2
江苏江宁淳化镇	90.2	62.9	—	—	95.4	—	95.4	97.9	99.4	97.6	—	99.1	—	53.5
江苏江宁太平门	53.3	16.5	—	—	58.9	33.1	89.9	84.6	77.6	85.0	—	88.6	—	—
江苏武进	44.4	28.3	—	—	1.4	—	4.8	80.2	—	22.5	—	67.2	61.5	78.7

资料来源：卜凯.中国农家经济(上册)[M].张履鸾，译.上海：商务印书馆，1936：276-278.

这个调查包括了粮食作物和部分经济作物，仅从七种粮食作物来看，安徽等7省15处农村粮食出售率，平均高达总产量的46.41%，其中中东部高于北部，中东部平均为60.28%，北部平均只有34.28%，从而反映出商品经济的发展，中东部明显超过了北部。

卜凯的另一个调查报告，是1929—1933年对中国22省146县156地区15 646田场“作物出售量占总产量之百分比(10个地区以上所种之作物)”的调查报告，现将其中有关粮食部分摘引如表6-17所示。①

① 李进霞.近代中国粮食的商品化发展[J].河南工业大学学报(社会科学版)，2008(4).

表 6-17 1929—1933 年粮食作物出售量占总产量比例
(中国 22 省 15 646 田场之调查)

作物	出售作物地区数	出售作物占比/%	作物	出售作物地区数	出售作物占比/%
大麦	106	18	稷子	12	14
小麦	140	29	糜子	17	13
稻	94	15	黍子	42	17
裸麦	32	12	荞麦	58	13
玉蜀黍	77	19	莜麦	14	8
高粱	82	25	马铃薯	37	22
小米	85	10	甜薯	85	24
糯稻	42	32	平均	—	18

资料来源:卜凯.中国土地利用[M].乔启明,邵德馨,黄席群,等译.成都:成城出版社,1941:298-299.

从表 6-17 中可以看出,在 15 种粮食作物中,出售率在 30%以上的有糯稻,20%以上的有小麦、高粱、马铃薯和甜薯,10%以上的有大麦、稻、裸麦、玉蜀黍、小米、稷子、糜子、黍子、荞麦,出售率低于 10%的有莜麦,综合 15 种粮食的平均出售率为 18%。

将卜凯的两个调查报告加以比较,1921—1925 年粮食的出售率高达 46.41%,1929—1933 年者则只有 18%。当然,这种差异是可以理解的,因为就调查时间而言,前者是 20 世纪 20 年代初,后者是 30 年代初;就调查范围来说,前者只限于北部和中东部的 7 省 15 处,后者则扩展至关内 22 省 16 县 156 地区。①

关于晚清和民国时期农村粮食商品率问题,除了吴承明和卜凯的研究成果之外,满铁以自然村为单位的"中国农村实态调查",提供了具有极高价值的典型资料,现仅就其中山东惠民县孙家庙和江苏太仓遥泾村有关粮食出售情况,作一简要剖析。

山东惠民县是个产麦区,小麦种植面积占耕地总面积的 29.5%,孙家庙庄也是如此,小麦种植面积占耕地总面积的比重,不包括甘薯为 29.3%,包括甘薯占 21.9%。1938 年孙家庙庄粮食出售率小麦 30%,高粱 10%,粟 17%,玉蜀黍 39%②,四项平均为 24%。江苏太仓县是个棉产区,"太仓冈身地仰,三分宜稻,七分宜花"。遥泾村既种棉花,又种稻麦,1938 年棉花商

① 李进霞.近代中国粮食的商品化发展[J].河南工业大学学报(社会科学版),2008(4).

② 满铁调查部.北支那农村概况调查报告——惠民县第一区和平乡孙家庙[J].北支调查资料,1939(14):45-47.

品率56.2％，水稻23％，小麦48.5％，水稻和小麦两种主要粮食作物，平均出售率为35.75％。[①] 由此可见，孙家庙庄和遥泾村虽然地处一北一南，但是粮食商品率却相差不多。[②]

综合上述几种调查研究成果，可以看出，由于中国幅员辽阔，各地经济发展不平衡，农村粮食商品率参差不齐，20世纪二三十年代，农村粮食商品率，有的地方平均高达60.28％，有的地方平均为34.28％，而更多的地方平均则大大低于30％，就全国范围来说，粮食商品率大约保持在20％～30％的水平。据国家统计局统计，1952年我国粮食的商品率约为20.3％，若减去返销农村的部分，则为17.2％。[③] 这说明二三十年代的粮食商品率水平与1952年相差不多，甚至稍高于后者，说明当时的粮食商品率还是较高的。[④]

三、农村各阶层粮食商品率的差异

最后我们探讨一下农村各个阶层的粮食商品率是否趋同的问题。这里有两个典型的调查材料，从中可以窥见一斑。

首先看看满铁调查部于1940年对江苏省松江县华阳桥镇西里行滨、许步山桥、薛家坊、何家埭等四村的调查结果(表6-18)。

表6-18　松江华阳桥附近四村农户经营规模与粮食商品率(1939年)

农户经营规模	售粮比重			粮食商品率		
	种稻户数	售粮户数	占比/%	产量/石	出售量/石	占比/%
5亩以下	16	12	75	98.5	26	26
5～9.9亩	18	17	94	249.7	123	49
10～14.9亩	13	13	100	290.3	121	42
15～19.9亩	8	8	100	246.0	114	46
20亩以上	3	3	100	177.4	74	42
合　计	58	53	91	1 061.9	458	43

资料来源：满铁调查部.江苏省松江县农村实态调查报告书[M].上海：满铁事务所调查室，1941：附表十一.

这个调查报告表明，经营规模在5～9.9亩的农户粮食商品率最高，达到49％；其次为经营规模在15～19.9亩的农户，粮食商品率为46％；经营

① 满铁上海事务所调查室.江苏省太仓县农村实态调查报告书[M].上海：满铁事务所调查室，1940：108-109.

② 李进霞.近代中国粮食的商品化发展[J].河南工业大学学报(社会科学版)，2008(4).

③ 国家统计局.中国统计年鉴[M].北京：中国统计出版社，1983：393.

④ 李进霞.近代中国粮食的商品化发展[J].河南工业大学学报(社会科学版)，2008(4).

规模在10～14.9亩和20亩以上的两类农户并列第三位，粮食商品率低于四村平均水平43%，而为42%。[①]

当然，仅从经营规模尚难以分辨出农户阶层属性。满铁于1939年对山东惠民县孙家庙所做调查显示，就经营规模而言，自耕农从几亩至50亩，自耕农兼佃农从几亩至100亩，佃农从几亩至20亩。不过，孙家庙同华阳桥四村相比，前者人均耕地面积大于后者，倘若拿前者比附后者，那么后者所有农户几乎都成为佃农了，但事实并非如此。[②]

惠民县孙家庙的调查统计(表6-19)显示，粮食商品率高低依次为地主、自耕农、自耕农兼佃农、佃农、雇农。值得注意的是，在孙家庙各个阶层粮食收入量中，包含着数量不等的购入部分，购入品种有高粱、粟、玉蜀黍等，购入数量排名依次为自耕农1 063斗、自耕农兼佃农355斗、雇农202斗、佃农183斗、地主59斗。[③] 正因为粮食购入数量，自耕农大于地主，所以自产的粮食商品率，地主显然大于自耕农，而独占鳌头。[④]

表6-19　惠民县孙家庙各阶层粮食商品率(1938年)

阶级阶层	作物品种	商品率		
		收入量/斗	出售量/斗	出售率/%
自耕农	小麦	431.2	325.7	76.00
	高粱	856.4	16.0	2.00
	粟	1 053.0	130.0	12.00
	玉蜀黍	242.0	61.0	25.00
	4种平均	—	—	28.75
自耕农兼佃农	小麦	156.0	108.0	69.00
	高粱	341.5	22.0	6.00
	粟	457.0	28.0	6.00
	玉蜀黍	138.5	23.0	17.00
	4种平均	—	—	24.25

① 李进霞.近代中国粮食的商品化发展[J].河南工业大学学报(社会科学版)，2008(4).

② 李进霞.近代中国粮食的商品化发展[J].河南工业大学学报(社会科学版)，2008(4).

③ 满铁调查部.北支那农村概况调查报告——惠民县第一区和平乡孙家庙[J].北支调查资料，1939(14)：179-191.

④ 李进霞.近代中国粮食的商品化发展[J].河南工业大学学报(社会科学版)，2008(4).

续表

阶级阶层	作物品种	商品率		
		收入量/斗	出售量/斗	出售率/%
佃　农	小麦	20.0	10.0	50.00
	高粱	80.0	—	—
	粟	85.5	—	—
	玉蜀黍	38.0	—	—
	4 种平均	—	—	12.50
雇　农	小麦	2.0	—	—
	高粱	20.0	—	—
	粟	105.0	—	—
	玉蜀黍	20.0	—	—
	4 种平均	—	—	0.00
地　主	小麦	54.0	38.0	70.00
	高粱	110.0	41.5	38.00
	粟	108.5	23.5	22.00
	玉蜀黍	81.0	42.0	52.00
	4 种平均	—	—	45.50

资料来源：满铁调查部.北支那农村概况调查报告——惠民县第一区和平乡孙家庙[J].北支调查资料，1939(14)：171-191.

四、对近代农产品商品化发展的总结

农产品商品化在 20 世纪二三十年代的发展尤为显著，据卜凯在 20 世纪 20 年代的调查统计，全国南北地区十三处平均农产品商品率为 51.9%，基本上反映了当时的农产品商品化程度(见表 6-20)。

表 6-20　直隶平乡等处农产品家庭自用和出售部分比重表(1921—1925 年)

地　区		家庭自用部分/%	出售部分/%
北部地区	直隶平乡	45.1	54.9
	直隶盐山(1922 年)	44.4	55.6
	直隶盐山(1923 年)	69.4	30.6
	河南新郑	62.4	37.6
	河南开封	67.2	32.8
	安徽怀远	64.8	35.2
	安徽宿县	59.7	40.3
北部地区平均		59.0	41.0

续表

地　区		家庭自用部分/%	出售部分/%
南部地区	安徽来安(1921 年)	45.1	54.9
	安徽来安(1922 年)	43.2	56.8
	安徽芜湖	44.3	55.7
	江苏江宁(淳化镇)	26.3	73.7
	江苏江宁(太平门)	33.6	66.4
	江苏武进	53.7	46.3
	浙江镇海	16.2	83.8
	福建连江	35.5	64.5
南部地区平均		37.2	62.8
总平均		48.1	51.9

资料来源:卜凯.中国农家经济[M].上海:商务印书馆,1936:275.

此外,据有关专家的调查研究显示(表 6-21),1920 年中国商品经济在农业产值中的占比是 37.51%,到 1936 年上升为 43.86%,这个数据也表明,从 20 世纪 20 年代到 30 年代,我国农产品的商品化程度确实有明显的提高。[①]

表 6-21　近代农业商品经济与自然经济变化情况

1920 年产值/亿元		比重/%	1936 年产值/亿元		比重/%
农业产值	165.20	100.00	农业产值	199.23	100.00
其中:商品经济	61.96	37.51	其中:商品经济	87.38	43.86
自然经济	103.24	62.49	自然经济	111.85	56.14

资料来源:《中国经济史研究》1988 年第一期第 102 页。

从上述经济作物和粮食作物商品化发展的分析来看,近代(主要指 1840—1936 年),无论是农产品的商品量和商品值,一般都是在增加的,只是增长的速度略有不同:从 1840—1894 年的半个多世纪中,农产商品化的速度是很缓慢的,从 1894—1936 年的近半个世纪中,农产商品化的速度加快了。从 1936—1952 年的 16 年间,农产商品化不但没有什么发展,而且有所倒退。这是对中国近代农产商品化发展的趋势及其程度的一个基本的概括。[②]

① 李进霞.近代中国粮食的商品化发展[J].河南工业大学学报(社会科学版),2008(4).

② 丁长清,慈鸿飞.中国农业现代化之路[M].北京:商务印书馆,2000:184.

第四节　农产品商品化对农业生产的影响

商品经济的发展，是推进社会经济关系和生产力不断丰富和发展的重要经济杠杆，是经济现代化过程中的重要环节。中国近代，有些农民虽仍然生活在单纯的自给自足环境中，但并不能说明整个中国农村都仍然处在这个发展阶段中。农产品商品化在不断拓展的过程中，越来越融入农民的经济生活，直接或间接地对农业生产造成了不可忽视的影响。

首先，近代中国的农产品商品化在改变市场关系的同时，推进了农业生产结构的演变。传统自给自足的自然经济环境下，农业生产结构取决于农民家庭对各种农产品的需求量，不受市场的影响。进入商品经济时代，农民生产哪些作物、每种作物的生产量，都受到市场供求关系变化的影响。近代中国的农业生产结构在农产品商品化的刺激下，受市场关系的影响越来越大。尤其到了近代晚期，不管是全国总体的农业生产结构，还是区域范围内的农业生产结构都表现出相同的变化趋势：即粮食作物的种植比重不断下降，而经济作物的比重则不断攀升，大有排挤粮食作物的迹象。

其次，受农产品商品化的影响，近代中国农业生产中出现了部分专业化的分区。尽管中国历史上早就存在着不同程度的农作物专业化或地域化种植现象，但在封闭的自然经济条件下，这种专业化和地域化仅仅是由于气候、土壤等自然条件不同以及各地消费习惯差异所造成的。进入近代以来，中国的农业生产被迫卷入市场漩涡中，尤其是世界市场这个大漩涡，商品经济的强行介入有力地助推和强化了中国农业生产的专业化和地域化进程。当国际国内市场对经济作物和商品性粮食的需求量不断增加时，中国各地结合自身的气候、土壤、交通等自然基础条件，逐步形成了一些较高程度的农业专业化生产区域。比如棉花的专业化生产区分布在浙江、陕西、河南、河北、山东、湖北和江苏等省；茶叶的专业化生产区分布在云南、四川、湖南、浙江、福建、江西和安徽等省；蚕桑的专业生产区域主要在河南、山东、湖南、湖北、安徽、四川、江苏、广东和浙江等省；烟草的专业生产区域在湖北、安徽、云南、河南和山东等省；大豆的专业化生产区域集中在东北三省；花生的专业化生产区分布在广西、江苏、湖北、广东、河北和山东等省；稻米的专业化生产区在长江流域；小麦在全国均有种植，但是专业化集中程度较高的是河南、四川、河北和东北这几个地区；而畜牧业专业化生产的最大区域就是内蒙古，这里出产我国绝大部分的羊毛。除此之外，全国各省的内部，也有许多小规模的农业专业化生产区域存在。比如浙江、福建和广东等地有很多水果、甘蔗的专业生产区域；云南内部有普洱和思茅等专业产茶的区域。

农业生产的专业化分区，是农产品商品化的客观要求和必然结果，体现了农业生产中通过分工提高劳动生产率的进步。近代中国的农业生产专业化区域的发展，体现了自然经济必将逐渐被商品经济所取代的历史趋势，这是一种时代的进步，由此也带来了农民生产生活的巨大改观。

再次，近代中国农产品的商品化，在某种程度上滋养了中国近代农业中的资本主义经济成分。虽然在整个近代，资本主义经济成分在中国的农业经济中从未占据过重要的地位，但是在农产品商品化发展的过程中，不可避免地加剧了农民阶层的贫富分化。在经济利益的驱使下，一些封建地主转型为经营地主，一些农民转变为富农，一些工商资本家的资金注入农业生产经营中，这些都导致了资本主义成分的产生。

在中国近代，资本主义农业的发展，主要出现于甲午战争之后，据不完全统计，从 1902—1912 年全国新式农垦企业从 4 家增加至 171 家。① 另据察哈尔、吉林、山西、河南、山东、浙江、安徽和江苏 8 省的调查统计，1912 年的公司一共有 59 家，总资本 286 万元；1919 年公司的数量成长至 100 家，资本总额 1 245 万元。② 这些农牧垦殖公司有很大一部分都处于工商业比较发达或商品性农业比较发达的地区。

从次，农产品商品化的发展，也促进了近代中国农业生产技术的改良。“在自然经济下，社会是由许许多多同类的经济单位（父权制的农民家庭、原始村社、封建领地）组成的，每个这样的单位从事各种经济工作”。③ 传统社会农业生产的目的就是满足自身的消费需求，狭小的生产规模和自给自足封闭模式的生产，使得人们没有动力去考虑改进生产技术方面的问题，一直沿用落后守旧的技术手段来生产。农产品商品化的产生和拓展，打开了农业生产封闭的大门，让农业生产与社会取得了日益密切的联系。追求经济利益的最大化，使得农业生产者开始关注生产技术的改良和生产效率的提高。比如近代的烟草、大豆、花生和棉花等经济作物的种植过程中，都普遍优化了品种，同时在生产中增加了农业机械和人工肥料的使用，这些都是生产技术改良的表现。因此，农产品商品化的发展，对于提升农业生产技术是有客观的助推作用的。

最后，随着农产品商品化的发展，更加深了中国近代国内市场的分裂。中国近代农产品商品化的发展，是在缺乏统一的国内市场的情况下，主要由

---

① 郑庆平.论中国近代的农业经营形式[J].经济问题探索，1987(4).

② 章有义.中国近代农业史资料(第二辑)[M].上海：三联书店，1957：339-341.

③ 列宁.列宁全集(第3卷)[M].北京：人民出版社，1959：17.

世界资本主义市场的需要而发展起来的。所以在农产品商品化取得发展的过程中，各地区和国际市场的联系是紧密了，而国内各地区之间的联系则绝对地或相对地被削弱了。这样，国内市场的分裂也就日趋严重。特别是在晚近时代，由于各地军阀的割据统治，则更加剧了这一局面。

综上所述，中国近代农产品商品化的发展，既有积极的一面，也有消极的一面，它对经济发展的影响是深远的。它使传统的自然经济分解过程不断加深，使农业生产结构逐步随市场关系的发展而变化，滋生了农业中的资本主义经济成分，改良了农业生产技术，同时也加深了国内市场的分裂。由于受帝国主义侵略的影响，中国近代的农产品商品化明显是非正常发展的，因此它也不可能带来完全积极的效果。从农业生产结构优化和经济现代化的角度考虑，近代中国的农产品商品化仍然是十分不成熟的，有待于进一步拓展和改善，在发展过程中还要注意各类品种间的合理均衡，以求得到全面发展的效果。

第七章　近代中国畜牧业生产结构

畜牧业生产是农业生产中的重要内容，其地位仅次于种植业。畜牧业产生于原始社会，它与农业生产始终是共生共存、不可分割的。在原始社会时期，畜牧业表现在采集、渔猎中，随后逐渐滋生出原始农业；原始农业经过一段时间的发展又分化出畜牧业。但是在很长时间内，畜牧业和原始农业并未表现出显著的部门差别或者区域差别，二者始终是互相依存、互相渗透的一种局面。早期的畜牧业是放养型的，没有表现出迁移的特征。随着农业生产结构的逐步演变，主要依靠迁移生存的游牧业从中游离出来，形成一个独立的生产部门。而传统依附于定居农业的放养型畜牧业，保留着近地放牧、家庭圈养的生产形式，始终与农业生产唇齿相依，一直发展到近、现代。

第一节　近代中国畜牧业生产的布局

一般来讲，农业生产经营的布局受自然条件和社会经济环境的制约。但是，对于畜牧业生产而言，自然条件并不像种植业那样显得重要。尤其在依靠配合饲料进行生产的大规模畜牧业生产中，自然条件的必要性常常被忽略。相反，社会经济方面的布局条件尤其是市场和环境因素在畜牧业生产上显得越来越重要。究其原因，一是由于畜牧业生产受土地、气候的影响相对较小，家畜环境由畜舍来进行调节；二是市场饲料技术和流通体系的发达使家畜饲养和自给饲料的关联越来越弱；三是市场规模和市场距离对畜牧业生产的影响越来越大。

一、近代中国畜牧业生产的自然条件和农牧业分区

中国的地域十分广阔，地理环境较为复杂，各地的气候差别也很大，因此农业种植业和畜牧业在很早的时候就出现了较为显著的地域差异。造成这种差异的因素主要有两点：首先是自然环境的差异，各地的光照、热度、水源和土壤等程度和质量不同，因而形成较强的地域差别；其次是因为中国是一个历史悠久的农牧大国，种植业和畜牧业一向是农业生产中的两大主力军，在长期的生产发展过程中，种植业和畜牧业形成了各自独特的利用自然

和改造自然的劳动方式,各地根据自身不同的基础条件形成了种植业和畜牧业的分区差异。

由于我国从南到北地跨九个温度带(包括热带、中热带、北热带、南亚热带、中亚热带、北亚热带、南温带、中温带、北温带),这种地理纬度的地带性差异,导致中国的种植业和畜牧业生产形成从南到北很大的地域分异。不同温度带的光热条件和可生产期限不同,使得各地的种植作物和畜牧品种千差万别。各类地区的水资源充足程度不同,依据与海洋的距离不同,从我国西北部到东南部依次显示出干旱、半干旱、半湿润和湿润四种类型的地区,水资源是否充分,直接影响农作物或牲畜生长所需的水分是否充足。因此,中国西北部的干旱和半干旱地区,水资源、土壤和热量条件都不充分,仅靠自然降水无法满足农作物的正常生长需求,如果得不到及时的灌溉,农作物就会减产。但是畜牧业生产受此影响相对较小,因此许多干旱地区的畜牧业发展就比较好。比如青藏高原,地势高且夏季温凉,发展畜牧业就很适合。我国东南部地区,由于水分、热量和土壤等条件优势,非常适合农作物的栽培,每年可收获两到三次粮食作物,经济作物的种植也有同样的优势。东南部地区江河水资源丰富,也适合渔业生产的发展;而畜牧业则以家舍饲养为主要方式,以鸡、鸭和猪等畜牧品种为主。总之,我国的东南部地区既适合发展种植业和渔业,也适合发展林业和畜牧业,这些地区的农业生产门类齐全,但主要还是种植业居主导地位。由于东南部和西北部的地域差异,我国历史上就逐渐形成了西北部地区以畜牧业为主、东南部地区以种植业为主的生产局面。这种农、牧业的分区现象,是由不同地区自然环境和劳动生产力的差异形成的。

种植业和畜牧业的地区差异发展到近代,有一条大致的分界线可以从我国地图上勾画出来。这条分界线从青藏高原的东边经祁连山到鄂尔多斯高原东边,再经阴山山脉和辽河中上游到大兴安岭东部地区,该线以北和以西主要是畜牧生产区,该线以南和以东主要是农作物种植区。这个分水岭只是一个大致的划分,并不是绝对准确的,因为有些以种植业为主的地区也分布在该线以西或以北的地区,有些以畜牧业为主的地区也分布在该线以东或以南的地区。同时该线附近的地区,大多是农牧兼半的。

二、近代中国畜牧业生产的布局

中国的农业区域可以大致分为南方与北方地区。在唐朝以前北方地区是中国的政治经济中心,农业生产与农业技术十分发达,而唐朝及其以后,由于北人南移,给南方带来了先进的农业品种、家具及农法。中国的南、北方都形成了各自的农业生产方式。

对于近代中国南方和北方的家畜饲养，可以取得较为详细资料的是1935年的统计。表7-1显示了当时南北方的役畜和用畜饲养的差异。从役畜饲养来看，南方地区每百户饲养水牛的数量是34.3头，而北方地区仅为1.2头，且集中在河南省的南部地区。但是，南方和北方地区的马、驴、骡的饲养数量分别为16.5头和66.8头，这一差别也明确反映了水田地带与旱作地带的役畜的饲养特征。从大家畜（役畜）的每百户饲养数量对比来看，南方地区为88.2头，北方地区为118.4头，北方较多一些。但是如果考虑与土地的结合度，由于马、驴、骡作为交通及运输工具而被广为利用，因此可以认为两地的种植农业中的役畜使用并没有大的差别。

表7-1　南方与北方地区的家畜饲养比较(1935年)

单位：头

地　区	役　畜			猪	羊	家　禽	
	水　牛	黄　牛	马、驴、骡			鸡	鸭
华南地区	34.3	37.4	16.5	135.8	30.9	503.8	142.9
华北地区	1.2	50.4	66.8	71.1	111.5	323.3	23.6

资料来源：近藤康男的《亚洲农业基础统计》，1936年版。

再看肉用畜的饲养情况，南方地区的每百户生猪与家禽的饲养数量分别为135.8头及646.7头，而北方地区为71.1头和346.9头，南方约为北方的两倍。从羊的饲养数量来看，北方是南方的3.6倍。由于每头猪的年有机物排泄量为162.0公斤，每只羊的排泄量为56.6公斤，因此在考虑家畜的畜粪功能时，可以认为南方和北方的差异较大，南方的种植业受家畜的影响更大。而考虑到家畜的肉畜功能时，南方地区由于生猪和家禽饲养数量较多，肉与蛋的消费也比北方多一些。

综上所述，近代中国南方地区与北方地区的家畜饲养有着较大的差异。南方在牛、猪、家禽的饲养上较有优势，而北方在马、羊的饲养方面保持着较大的份额。由此也带来了对种植农业的不同影响。

三、畜牧业生产布局与农业生产经营方式的关系

农户的家畜饲养与农业生产经营方式有着密切的联系，因为家畜在我国的农业生产中兼具有役畜功能、粪畜功能和用畜功能。由于人口的高密度和耕地的严重不足，对于传统的中国农业来说，只有最大限度地提高单产来解决问题。因此，无论在南方或北方都必须进行轮作或混作，而无法像西欧那样，在休闲地种植牧草。表7-2表明了华南地区和华北地区主要的作

物种植方式，从表中可以看出，华南地区和华北地区的农业生产条件最大的差异是水田和旱地的地域差异。因此在华南形成了水田灌溉法，华北形成了旱作农耕法。

表 7-2　华南与华北的耕种方式差异

地　区	华南地区		华北地区	
轮作类型	两熟制 三熟制	稻—麦(豆、油菜等)；稻—棉； 稻—豆—棉；稻—稻—麦； 稻—稻—油菜；稻—豆—麦	一熟制 两熟制 二年三熟制	麦；豆 稻—麦 麦—豆—杂粮
混作类型	稻—豆；麦—豆；麦—棉；稻—绿肥		杂粮—豆；粮食作物—油菜	

资料来源：刘世琦.中国农业地理[M].北京：新知识出版社，1955；郭文韬.中国农业传统与现代农业[M].北京：中国农业科技出版社，1986.

从表 7-2 可以看出，与华北地区相比，华南地区的土地经营更为集约，对肥料有较多的要求，也能提供更多的家畜饲料。而华南和华北都有着不同类型的轮作和混作，也都需要较多的役力。农业耕作方法规定了家畜在农业经营中的作用，我国的家畜主要有以下三种功能：

(一)役畜功能

近代中国农业生产中的役畜功能是比较薄弱的，熊代幸雄曾指出：单位耕地面积中的家畜头数少及“华北旱作农法的支柱为手耨耕，其后展开的水田农法也相似”[①]，说明了我国农业生产中役畜机能的缺乏。但是这并不能说明我国家畜的役畜功能不值一提，在我国的古典文献中，有大量关于役畜的记载，证明古代农业中就已经开始使用役畜功能了。《战国策》中有“秦以牛田，水通粮”的记载；“云梦秦简”中有关于耕牛的评价及赏罚制度的记录。从山东省滕县，江苏省睢宁县，陕西省绥德县、米脂县，山西省平陆县出土的汉墓中的牛耕图，可以认为在汉代，中国牛耕已经相当普及。而从表 7-1 的役畜资料来看，每百户农家的役畜饲养数量为 100 头左右，即户均约 1 头。如果考虑到 20 世纪 30 年代中国农村的土地政策，可以推测家畜饲养相对集中在地主、富农等一部分农户阶层。但同时由于土地也相对集中于这一阶层，因此分析役畜与土地的结合关系，可以认为役畜功能已经得到了一定程度的发挥。

(二)粪畜功能

农业生产中的施肥技术是生产经营中的重要组成部分，而家畜的粪畜功能是最基本的保障。古代农书中有许多关于粪畜功能的记载，都说明了

① 熊代幸雄.比较农法论[J].御茶の水书房，1969：302-303.

农业经营中家畜的作用。《齐民要术》中详细地介绍了“踏粪法”，元朝的《王祯农书》中有所谓“惜粪如惜金，故能变恶为美，种少收多”。而明朝的《沈氏农书》中有“种田不养猪，秀才不读书，必无成功”的说法。中外农学家通过对中国农业的研究，认为其长成不衰归功于中国农民细心的肥料经济。如W.Wagner在《中国农书》中论述说“如中国那样的人口缜密的国家，几个世纪以来一直耕种不止，而土壤尚未显示出疲乏，其主要原因是农户养畜——这个传统的习惯与义务”。[①] 从表7-2中作物种植的方式来看，在现代农业确立以前，大量的家畜肥料当然是必需的，这在我国的南方表现得尤为突出。现代社会的农业生产经营中使用畜粪肥料的越来越少，但是在零散的农业生产经营中，家畜的有机肥料仍然作为基肥在广泛使用，而土地生产率的提高也必然离不开有机肥料的投入。

(三)用畜功能

家畜的用畜功能主要体现在农户对畜产品的利用和家畜对农户经济的支持上。早在春秋战国时代，我国已有将家畜作为用畜来饲养的记载。《孟子》中有“五亩之宅，树之以桑，五十者可以衣帛矣。鸡豚狗彘之畜，无失其时，七十者可以食肉矣……”的记载，它描绘了中国古代的农桑兼营、农牧结合的小农经营模式。在现代中国农业经营中，畜牧业生产正在走向规模化，但不可否认的是，生猪及役畜饲养的主要形态仍然是零散性的副业饲养，自给自足性与商业性并存。家畜不仅是农户动物性的营养源，也是农户经济来源的一个重要组成部分，有着十分重要的意义。[②]

第二节　近代中国畜牧业发展的基本情况

明清以来中国耕地增加的速度远远赶不上人口的快速增长，导致人均耕地面积越来越少，地少人多、耕地紧缺的现象日益突出。为此，各地纷纷采取措施，如开发边疆土地、开垦山坡、盐碱地，以及多轮复种等方式提高土地的利用程度。一些传统的畜牧区土地也被开垦利用，破坏了畜养环境，使我国的大牲畜饲养逐渐走向衰落。而那些小牲畜如马、驴、骡、牛、羊、猪和家禽等，因为既可以满足人们食肉的需求，又能为农作物种植提供有机肥料，从而得到较好的发展，其品种也日益丰富起来。

---

① 瓦格勒.中国农书[M].王建新，译.上海：商务印书馆，1936：141.

② 胡浩，杉山道熊，小栗克之，等.中国养猪经营的饲料结构及其规定要因[J].日本农业经营研究，1997，5(3)：62.

一、近代中国的养马业

清晚期以前，民间养马是被政府严令禁止的行为。比如顺治年间规定，只有官员和兵丁可以养马，其他人如果私自养马就要被杖责五十，同时没收其马匹。康熙年间更是规定，凡私自养马、贩马的人，一律处以绞刑并没收其马匹。[①] 这样的政令是导致我国养马业发展落后的重要原因。直到清朝末年，养马的禁令才逐渐取消。咸丰年间的四川冕宁县志中提到，当时的民间都喜欢养马，多的几十匹，少的几匹，大多用于运输粮食和粪肥。牧马人吃完早饭一吹号角，各家的马、牛等牲畜就都跑出来，跟着牧马人到草地上自由地吃草饮水；到下午五点左右，牧马人再次吹响号角，所有的牲畜就都跟着回到各自家中。夜里也不需要再加料喂养，因此大家都愿意饲养这些牲畜。光绪年间的地方志中也有提到，马、驴、骡等牲畜能够帮助人们承担很多体力劳动，因此很多人家都愿意畜养，并且草料丰富的地区饲养得更多一些。民国时期关于北方地区养马的记载也很多，而南方地区由于以种植业为主，畜牧业中也多是一些小家禽的饲养，养马的并不多见。

清末全国的养马数量并没有官方的统计数据，据说在甲午战争时期，中国 10 多万人支援朝鲜，参与战争的军马就有 7.3 万匹。从这一数据来判断，当时我国的养马业还是相当繁盛的。[②] 据记载，在国家经营的养马场中，察哈尔左右两翼牧场 1882 年时有大小马匹 3.8 万多匹，1900 年达里岗爱和商都牧场养马数据近 6.1 万匹。[③] 但是，清朝晚期由于政府腐败，养马业一度荒废，1910 年时察哈尔左右两翼牧场仅剩马匹 1.15 万，1936 年时又与其他几个牧场同时遭遇日军劫掠。我国西北的新疆地区，原先也有很多养马场，但是在反抗暴政的回民起义发生之后，所有的马场（除巴里坤马厂外）均被毁灭。1906 年巴里坤东马厂剩下 4 500 多匹马，巴里坤西马厂到清朝末期也只剩下 800 多匹马。[④] 1930 年后，国民党政府也曾在全国建立很多军马场，但是因为养马人才不足，规模小且经费紧张，对我国的养马业没有起到多大的推动作用。

尽管政治环境恶劣，近代的民间养马业却发展相当迅速，养马的数量有明显的增加。如表 7-3 所示，我国养马的数量 1915 年时有 578 万匹，到抗日战争爆发前的 1935 年，养马数量达到 785 万匹的近代最高水平；但是抗

① 刘锦藻.清朝文献通考——兵考[M].杭州：浙江古籍出版社，1988.
② 谢成侠.中国养马史（修订本）[M.]北京：农业出版社，1991：181.
③ 刘锦藻.清朝续文献通考——兵考[M].杭州：浙江古籍出版社，1988.
④ 袁大化.新疆图志[M].天津：博爱印书局，1911.

战期间，养马业又再度受挫，数量不断下降，1949 年全国的养马数量已经下降至 513 万匹。①

表 7-3　我国近代育马数

年　份	全国育马数/万匹	人均育马数/匹	全国人口数/万人
1915	578	0.130	4 429.4
1920	585	0.125	4 684.9
1925	666	0.137	4 855.0
1930	715	0.147	4 851.6
1935	785	0.158	4 967.2
1940	631	0.135	4 686.6
1945	620	0.120	5 164.6
1949	513	0.094	5 454.2

资料来源：中国畜牧兽医学会.中国近代畜牧兽医史料集[M].北京：农业出版社，1992：445.

二、近代中国驴、骡的饲养

驴和马在动物学上是同类的，而骡则是马和驴杂交产生的后代。我国的内蒙古、新疆等少数民族地区很早就有驴、骡的饲养。骡子是在商代以后由西北地区传入内陆地区养殖的，之后不断发展。到清朝时受禁马政策的影响，驴、骡的饲养得到更快的拓展。甚至在清末政府放开养马限制之后，受人口增长和交通运输发展的影响，驴和骡的饲养仍然在不断扩展。有资料记载，马、驴和骡是中国华北、华中和云南地区的主要畜力来源，在全国牲畜总量中约占十分之一以上。这三种牲畜既可以耕地劳作，又可作为粮食运输的重要交通工具。② 因此，中国农村饲养驴、骡的现象非常普遍。抗日战争爆发后，驴和骡的饲养也受到严重破坏。据有关资料显示，抗战爆发前的 1935 年，我国驴、骡的饲养总数分别为 1 200 万头和 460 万头，经历过战争之后的 1949 年，我国驴、骡的饲养数量分别下降至 960 万头和 150 万头。③

近代我国饲养驴和骡的种类，一般以体型大小划分。驴的类型一般分为小、中、大三种，其中体高 110 厘米以下的小型驴数量是最多的，分布也最广泛。中型驴高度在 110 厘米和 130 厘米之间，我国北部的农区和半农半

① 李群.中国近代畜牧业发展研究[D].南京：南京农业大学，2003.

② 顾谦吉.中国的畜牧[M].上海：商务印书馆，1939：22.

③ 中国畜牧兽医学会.中国近代畜牧兽医史料集[M].北京：农业出版社，1992：34.

牧区多有饲养。体高 130 厘米以上的称为大型驴，我国黄河中下游的农区多有饲养，陕西、山东、河南等地也有，其中比较著名的品种是晋南驴、德州驴和关中驴等。这些驴的用途一般都是既用于农家耕地又用以驮送商品货物。骡作为马和驴杂交的品种，类型差异不明显，根据其体格大小也划分为大型骡和普通型骡两类，体高 145 厘米到 160 厘米的称为大型骡，主要出现在甘肃和陕西等地，称为陕甘大骡，东北骡和四川荣昌骡也属于大型骡。普通型骡的体高一般也高于 130 厘米，其分布范围相对广泛得多。①

三、近代中国的养牛业

我国饲养的牛可分为水牛、黄牛、犏牛、牦牛等品种。水牛主要出现在我国南方的农作区，因为那里水源丰富；黄牛既是北方牧民的肉食来源，也是耕作劳动的重要帮手；牦牛主要在寒冷的青藏高原地区分布；犏牛是黄牛和牦牛的杂交后代，也主要分布在青藏高原地区。

由于近代我国人口的不断增长和耕地面积的增加，作为役力主要来源的牛的饲养数量也快速增加。由于人口的增长和耕地面积的扩大，近代以来我国役用牛也获得较大增长。民国时期的地方志记载，农家饲养牛的品种有黄牛和水牛两种，主要用于耕田出力，个别饲养母牛的也是为了出售获得经济收益，没有专门饲养乳牛或者出售牛奶的。② 王树基描述了上海的畜牧业情形，农家饲养的牛也皆为水牛和黄牛两种，黄牛的数量比水牛多一些，因为饲养黄牛的成本较低一些，并且黄牛的价格也低于水牛。黄牛也都用于耕地、碾米等农事活动，老弱病残的黄牛则被用于肉食出售。③ 学者顾谦吉经过多年的实际调查发现，黄牛作为畜力的主要来源，主要分布在我国的华北平原及海拔一千米以下的旱作物区，山东与河南两省饲养得最多，其次是江西、湖南、湖北、广东、江苏、广西等地。这些地区经营出售黄牛乳产品的并不多，但是黄牛肉在河南和山东则卖得很好；从青岛运去日本的鲜牛肉每年都有相当大的数量，因此有的农户专门饲养肉食用的黄牛，称作“菜牛”。④

受连年自然灾害和战争、瘟疫的影响，近代我国的养牛业也出现衰退，许多地方出现耕畜严重短缺的局面。比如山东、河南和河北三处耕地较多的省区，其农地与耕牛的比率已经超出了 100 ∶ 1，耕牛紧缺的程度可见一斑。其他各省的耕牛统计，也都呈现不同程度的紧缺，这就是当时我国耕牛

① 菲利浦.中国畜牧改良计划[J].许振英，译.中央畜牧兽医汇报，1944(1).

② 李群.中国近代畜牧业发展研究[D].南京：南京农业大学，2003.

③ 王树基.上海市畜牧业之现状[J].工商半月刊，1933(17).

④ 顾谦吉.中国的畜牧[M].上海：商务印书馆，1939.

供不应求的大致情形。[①] 陈翰笙对中国农村的调查中也显示：受灾程度较轻的陕西部阳县，一头耕畜也没有的农家比重，在近十年内从 29%上涨到 47%，原来有两到三头耕畜的农家比重，则从 30%下降到 8%；湖北应城的清水湖村，没有任何耕畜的农家 1923 年的比重是 8%，到 1928 年就增长至 35%，1933 年的时候，50%以上的农家都没有耕畜可用。同时，耕畜的价格却日益高涨，广东、广西的耕畜价格在五年内上涨了两到三倍。湖南的牛价上涨，已经达到三家以上倾全力也不能买到一头耕牛的程度，由此也导致耕地荒芜，农产量下降。政府为控制耕牛紧缺的局面，曾经严令禁止宰杀耕牛。[②] 1938 年民国的地方志记载，广西隆山县人很少有专业从事畜牧养殖的，农家饲养的牲畜只是为了耕地使用，平均每家拥有的耕畜数量不足两头，至于羊和鸭等家禽则偶尔养之。[③] 类似的记载并不少见，这些都证明近代我国的养牛业曾经有所发展，但是受自然和人为灾祸的影响也十分明显。

四、近代中国的养羊业

羊包括山羊和绵羊，山羊是由黠羊驯化成的，绵羊则是由野生羱羊驯化而来的。我国是世界上家庭饲养羊最早的国家之一，对山羊和绵羊均有较长时间的饲养史。比如较早的夏商朝时代，已经有关于养羊的文字记录，许多考古发现的文物资料也可证明。养羊最初多在游牧民族发展，这些部族养羊的数量几乎占整个畜群的五分之四以上，因为羊既可以满足人们食肉的需求，也可以满足取暖的需要。自隋唐以来，南方经济不断发展，养羊的范围也逐渐由纯牧区扩展到半农半牧区和纯农区。特别是绵羊，迅速从北方传播到南方，从蒙古高原发展到沿海地区；而山羊则遍及全国范围。清朝时期，不仅政府在北方设置了大型的官营畜牧场，饲养大批的山羊和绵羊；同时民间的养羊业也不断发展。各地在饲养的过程中也形成了不同的地方品种，比如河南、山东的绵羊被称为寒羊，陕西则称为同羊，太湖地区则称为湖羊。由于南方的牧地较少及气候差异，湖羊后来逐渐变为家庭舍养，形成当地独有的饲养方式。[④]

近代我国各地的养羊业在政府的支持鼓励下，也取得了较好的发展。比如宣统年间的地方志记载，在地广人稀的山谷中，牧草繁盛，适合放牧，当地人多以牧羊和牛为生；1920 年民国山东齐河县志也记载，田地间的绵羊

---

① 刘行骥.中国耕牛问题[J].中国实业，1935(12).

② 冯和法.中国农村经济论[M].上海：黎明书局，1934：236-238.

③ 李群.中国近代畜牧业发展研究[D].南京：南京农业大学，2003.

④ 李群.湖羊的来源和历史研究[J].农业考古，1987(1).

和山羊经常百十成群地牧养。甘肃地区山地多而耕地贫瘠，但是水草比较丰富，因而畜牧业较为重要。永登某地的牧民，每家饲养几千匹牛马、一两万只羊的现象经常可见。河西地区每年产羊毛约一千万斤，羊皮五六百万张，牛皮三百多万张。绥远地区的羊，一年最少生产一胎，即每年可增值一倍，因此养羊农家较多。根据 1932 年绥远省建设厅的调查统计，全省拥有的马匹数量近 6 万匹，牛约 7.7 万头，羊约 55.5 万只。[①] 这些都说明西北地区养羊业在农业中的重要地位。周百皇在对蒙古的畜牧业著述中也提到，蒙古地区因为地理条件的特殊性，对畜牧业更为偏重一些，其全部经济中畜牧业的比重达到 70%以上，当地大小农家没有不饲养家畜的，少的几十只，多的几千、几万只也有。1939 年的蒙古牲畜统计数据显示，当地养羊的数量达 727.2 万只。[②] 我国南方的农作区内，养羊业也是在发展的。据调查，上海浦东地区饲养山羊的较多，浦西地区饲养绵羊的则较多一些。由于上海的气候潮湿不太适合绵羊生长，所以农民饲养绵羊多是为了作肉食或者剥皮制衣所用。养羊的农户中，佃农数量最多，约占十分之四，自耕农数量最少，大约有 23.4%，半自耕农介于二者之间，约占 36.6%。[③] 从上述数据可知，我国的养羊业也曾取得相当程度的发展。

1937 年全面抗战爆发后，生产环境恶化，我国的养羊业也不可避免地受到沉重打击。许道夫先生的研究数据显示，我国 1935 年养羊数量约 5 900万只，至 1949 年急速下滑为 1 835 万只，下降程度达到 68.9%。[④]

五、近代中国的养猪业

研究表明，我国养猪的历史已有七千多年，是世界上最早将野猪驯化为家猪的国家。因为猪和牛羊不同，它是杂食动物，所以养猪业大都在农作区而不是牧区发展，伴随着农业的不断发展，猪逐渐成为我国农作区最主要的家畜品种。猪虽然不能耕地，但是它的肉可食皮可用，甚至其粪便也是农田不可多得的肥料来源。因此可以说，猪的浑身都是宝。张履祥在《补农书》中指出，种田不养猪，就像秀才不读书一样；种田中第一重要的事就是要养猪。[⑤] 养猪不仅是养猪业本身的需要，更是影响农业生产效率的重要因素。因此，农业生产特别是粮食生产越是发达的地区，它们的养猪业就越发达，

① 守实.西北畜牧业概况[J].建设月刊，1936(1).
② 周百皇.蒙古之畜牧业[J].新西北月刊，1940(5).
③ 王树基.上海市畜牧业之现状[J].工商半月刊，1933(17).
④ 许道夫.中国近代农业生产及贸易统计资料[M].上海：上海人民出版社，1983：290.
⑤ 陈恒力，王达.补农书校释[M].北京：农业出版社，1983：62-65.

近代我国也是这种情形。

近代关于养猪业发展的记载也相当丰富。各州各县都把猪列为物产记录到地方志中。从记录中可以发现,四川的养猪业在全国是居第一位的。《蜀海丛谈》(卷一)中记载,光绪年间四川总督丁宝桢在奏折中提道:四川宰猪的数量比其他省份尤多,每年约有三百万只。宣统二年(1910 年)的《(黑龙江)宾州府政书——牧畜业》中记载,作为农家的副业,每户都有养猪,少的两三头,多的十几头。夏季早上把猪放到田野里自由觅食,晚上赶回家;冬季时在家喂养,一天喂三次料。酿酒的商家用酒糟可以喂养几百头猪,每天喂料三次,不论春夏秋冬。民国时期《(吉林)辉南风土调查录》中也提到,当地农家无一不饲养猪的,但都是作为副业,供积累粪肥和品种繁殖所用。1933 年河北的《邯郸县志》也有记载,十家有八九家农户都有饲养一两头猪,到端午和中秋节时转卖,可获利一倍以上。1943 年广东《和平县志——畜牧》中提到,普通农家大都畜养有猪,用米糠、红薯叶、酒糟等兑上剩饭剩汤来喂养,有的野草、浮萍也可充作饮料。由于猪的性格比较懒散,吃饱就睡,一般一天喂养两次即可,没有人把猪赶到野外放养的。1935 年的《江苏省年鉴——实业》中也有记载,江苏的畜产以猪为主要品种,分为黑猪和白猪两种类型,长江以北猪的产量尤其多。①

关于全国养猪数量,缺乏全面的官方统计。根据有关资料显示,1911 年全国养猪的数量近四千万头,到 1920 年代初约有六千万头,其中长江流域的养猪数量占据了一半,黄河流域和东南沿海地区各有约一千万头,东北和西南地区各有约五百万头。1936 年的《世界经济年鉴》估计我国的养猪总数量约有八千四百万头,平均每家一头猪;战后的 1947 年,全国养猪数量下滑到近六千万头的水平。②

六、近代中国的养禽业

养禽业一般是对鸡、鸭、鹅等家禽的饲养,这些家禽形体较小,能自由觅食,不需要专门的饲料来喂养;繁殖也比较容易,不仅能下蛋,其本身也是农家肉食的主要来源。家禽中鸡是养得最多也最早的,我国早在新石器时代的黄河中下游地区就有关于养鸡的遗迹,可见养鸡的历史相当悠久。鸭和鹅是由野鸭和灰雁驯化而来的,也属于我国最早养殖的家禽品种。

作为六畜中的一分子,鸡的养殖地位在农村农业生产中一直十分重要。尤其是在人口不断增加而人均耕地不断下降的历史过程中,我国南方农作

---

① 李群.中国近代畜牧业发展研究[D].南京:南京农业大学,2003.

② 中国畜牧兽医学会.中国近代畜牧兽医史料集[M].北京:农业出版社,1992:98.

区的食草类大家畜数量日渐下降，而鸡的养殖却不断攀升。近代关于鸡的饲养记载也很多，如民国时期吉林《辉南风土调查录》中提到，农家都养鸡，一般不专门提供饲料，而是放在庭院内让其自由觅食。到冬季时每天用高粱稗子等喂养一次，晚上收回鸡圈中。鸡的繁殖是从立夏时节开始，把新产的鸡蛋放入鸡舍中让母鸡孵化，大约三周以后，小鸡就出生了。1933 年的河北《邯郸县志》中也记载到，农家每户都养鸡，一般于春末时购买仔鸡，养到秋后就会开始产蛋，每个鸡蛋可以换六到七枚铜钱，卖六七颗蛋的钱就可以收回买雏鸡的成本了。平常卖鸡蛋的收入可以贴补家庭日常生活需要的柴米油盐，因为饲养方法简单，养鸡成为农民副业中最简便又最能获利的产业。1933 年山西《沁源县志》中也提到，养鸡是当地农家妇女的副业，百分之八九十的农家皆有饲养，每家养殖数量从三四只到五六只不等。全县的养鸡数量约在三万只以上，假如每只鸡能盈利五角钱，则每年的收益可超过一万元。同样是 1933 年江苏省的《阜宁县新志——畜牧》中也提到，该县农户普遍以养鸡为副业，每家养殖从四五只到二三十只不等，小鸡多是由自家母鸡孵化而得，偶尔也有人工孵化的。从这些记录中可以了解，近代中国鸡的养殖可谓遍及全国，一般是南方农作区更多一些，每家养殖十只左右，而北方养殖的相对少一些，纯牧区一般没有养鸡的。

鸭和鹅的饲养类似于鸡，我国南方水稻区以及四川成都平原地带多有养殖，但它们在全国的普及率远不如鸡。近代，受耕地紧缺和食草性大家畜数量减少的影响，鸭和鹅的饲养也有同样的上升趋势。与鸡不同的是，鸭和鹅喜欢在有水的地方生存。因此在我国东南、中南部的河汉、湖沼地带多有鸭和鹅的养殖。我国西南部的贵州和四川两省因为有几条大河，养鸭的也很多。1920 年湖北省《英山县志》记载，鸡和鸭是农家一直都在养殖的禽类。1943 年河南蔡县的地方志中提到，离水较近的农户都喜欢养鸭，多的养有几千只，待成熟后出售即可得到一笔巨额财富，养鸭成为农村副业之一。1932 年江苏的《阜宁县志——畜牧》中也提到，当地农家养鸭不如养鸡普遍，专业养鸭的都在河流附近，因为水田最适宜养鸭。每个鸭群多的上千只，少的几百只。小鸭一般靠人工孵化得来，偶尔也有让母鸡代为孵化的。鲜鸭蛋一般出售到兴化以南的地区，卤鸭蛋多售往青岛。民国江苏《兴化县小通志》关于养鸭的记载也提到，养鸭是当地农民的副业，少的养几百只，多的养几千只，白天鸭子成群结队地在水田间游戏，晚上就睡在芦栏内，有专业指挥鸭子的人划着小船拿着长竹竿负责管理鸭群。毛色特别的鸭子被称为头鸭，用来领导其他鸭子，也有的把头鸭的嘴烙一个红印来区别。1932 年广东《钦县志》记载，乡间农民多有养鸭，每年的三到四月间买入一两百只雏鸭，饲养长大，到六月早稻收割时让鸭子把田里的遗谷吃掉，然后开始出售鸭子，一直卖到七月中旬。这批鸭子卖完之后，八月份就又开始买入一两百只鸭仔，养大到十月份收晚稻时让鸭子吃了禾田里的遗谷再开始出售。

鹅的养殖在我国又比鸡和鸭更少一些，因为喜水，所以养鹅的地方都有养鸭的。鹅有白鹅和灰鹅两种，白鹅多分布在四川和华北地区，灰鹅多生长在东南和华南地区。鹅主要以草为食，它的养殖更加简单，一般任其到户外吃青草或者到水塘、稻田里拣食浮萍和谷粒，冬天的时候喂一些剩菜剩饭、米糠和菜叶等。春季下蛋后，一般由母鸡代为孵化。近代我国鸡、鸭、鹅饲养的数量，据许道夫先生的统计，1937 年全国养鸡的总数约为 24 亿只，鸭 5 840万只，鹅 1 008 万只。到 1947 年我国鸡的养殖数量减少到 19 亿只，鸭的数量下降为 4 400 万只，鹅的数量下降为 724 万只。①

第三节　近代中国畜牧业生产结构

一、近代中国家畜饲养数量的估计

关于近代我国饲养的各种畜牧品种的数量，农商部和实业部的农商统计和农情报告都有部分记载，民国时期出版的各种统计年鉴和畜牧方面的期刊也有涉及，但都缺乏完整和系列的统计。鉴于这种情形，中国畜牧医学会根据现有的关于近代中国畜禽饲养的文献资料进行整理和校正、估算，得到表 7-4 的数据，大体可以观察近代我国畜禽饲养的数量和结构变化。

表 7-4　1912—1949 年中国各种家畜饲养数

单位：头

年　份	1912	1915	1920	1925	1930	1935	1937	1940	1945	1949
水牛	7 711	8 335	8 950	10 065	11 361	12 945	12 017	10 964	11 066	10 303
黄牛	23 880	25 656	26 758	29 748	32 700	37 121	36 768	34 666	35 623	36 085
马	5 412	5 783	5 852	6 656	7 151	7 850	6 972	6 309	6 196	5 126
驴	5 154	5 592	6 245	7 657	9 447	12 144	10 743	9 136	9 011	9 645
骡	1 926	2 086	2 190	2 816	3 572	4 598	3 958	3 005	2 501	1 502
山羊	18 215	19 314	20 614	22 517	23 859	25 869	22 022	19 623	20 040	19 157
绵羊	22 610	23 752	26 155	30 302	31 779	32 790	33 125	32 262	34 600	30 573
猪	60 304	63 756	65 805	68 983	72 770	75 471	71 072	65 061	65 939	60 041

① 许道夫.中国的畜牧[M].上海：永祥印书馆，1950：47-49.

续表

年　份	1912	1915	1920	1925	1930	1935	1937	1940	1945	1949
鸡	195 502	203 562	229 354	241 075	255 748	270 502	256 922	216 860	192 191	168 830
鸭	58 740	62 072	72 235	69 636	67 997	63 257	57 534	51 799	46 175	36 674
鹅	7 793	8 360	9 478	10 372	11 512	10 524	9 718	7 157	6 415	6 019
总　数	407 247	428 268	473 636	499 827	527 896	553 071	520 851	456 842	429 757	383 955

资料来源：中国畜牧兽医学会.中国近代畜牧兽医史料集[M].北京：农业出版社，1992:34-38.

注：此表数据统计不包括台湾省的畜禽数量。①

从表7-4可以看出，中国自1912年到1935年抗日战争前，各种畜禽的养殖数量都在不同程度地上涨，特别是役用家畜，如水牛的数量增长了67.9%，黄牛增长了55.4%，马增长45.0%，驴增长135.6%，骡子增长138.7%；其他家畜的增长率为：山羊42.0%，绵羊45.0%，猪25.2%，鸡38.4%，鸭7.7%，鹅35.0%。除了鸭子之外，各种畜禽的养殖增长率都超过了同一时期12%的人口增长率。1937年后，由于日本帝国主义侵略中国，对中国畜牧业打击很大，使中国家畜饲养数出现较大程度的下降局面，直到1949年新中国成立前夕，这种影响都没有得到完全消除。如1949年与1935年相比，中国役用家畜骡下降67.3%，马下降34.7%，驴下降20.6%，水牛下降20.4%，黄牛下降了2.8%；其他家畜则均有20%～40%的下降，可见战争对畜牧业的破坏是巨大的。

二、近代中国家畜饲养结构及其变化

将表7-4中的各种家畜数量汇总后分析各自在家畜总量中所占的比重结构，得出表7-5的结果。

表7-5　1912—1949年中国各种家畜饲养结构

年 份	1912	1915	1920	1925	1930	1935	1937	1940	1945	1949
水牛	1.89	1.95	1.89	2.01	2.15	2.34	2.31	2.40	2.58	2.68
黄牛	5.86	5.99	5.65	5.96	6.19	6.71	7.06	7.59	8.29	9.40
马	1.33	1.35	1.24	1.33	1.36	1.42	1.34	1.38	1.44	1.34
驴	1.27	1.31	1.32	1.53	1.79	2.20	2.06	2.00	2.10	2.51
骡	0.47	0.49	0.46	0.56	0.68	0.83	0.76	0.66	0.58	0.39

① 许道夫.中国近代农业生产及贸易统计资料[M].上海：上海人民出版社，1983.

续表

年 份	1912	1915	1920	1925	1930	1935	1937	1940	1945	1949
山羊	4.47	4.51	4.35	4.51	4.52	4.68	4.23	4.29	4.66	4.99
绵羊	5.56	5.54	5.52	6.06	6.02	5.93	6.36	7.06	8.05	7.96
猪	14.81	14.89	13.89	13.80	13.78	13.64	13.64	14.24	15.34	15.64
鸡	48.01	47.53	48.42	48.23	48.45	48.91	49.33	47.47	44.72	43.97
鸭	14.42	14.49	15.26	13.93	12.88	11.44	11.04	11.34	10.75	9.55
鹅	1.91	1.95	2.00	2.08	2.18	1.90	1.87	1.57	1.49	1.57

资料来源：根据表 7-4 计算所得。

从表 7-5 可以看出，在各种家畜中，鸡的数量是最多的，其比重接近家畜总数的一半；其次是猪和鸭，比重在 14%左右；再次是羊的数量，山羊和绵羊加在一起约占家畜总量的 10%～13%；牛的数量与羊的数量接近，水牛和黄牛加在一起约占家畜总数的 8%～12%；马、驴、骡加在一起约占家畜总数的 4%；鹅的数量占家畜总量的 2%左右。

从 1912—1949 年的变化情况来看，家畜总量是先增长后下降的，1935 年为数量最高的一年，家畜总数比 1912 年增长了 35.6%；但到了 1949 年，家畜总数却比 1912 年还减少了 5.7%。说明抗日战争爆发前，我国家畜的总量是在不断上升的，1937 年抗日战争开始后，家畜数量迅速下降，下降幅度之大说明战争对畜牧业造成的破坏程度之深。这一期间，各种家畜的比重变化是不一样的，1949 年与 1912 年相比比重明显增加的家畜有：水牛、黄牛、驴、山羊、绵羊、猪，其中黄牛的比重增加最多，上升了 3.51 个百分点；比重基本无变化的是马；比重下降的家畜有：骡、鸡、鸭、鹅，其中鸡和鸭的比重下降较大，分别下降了 4.03 和 4.86 个百分点。

三、近代中国家畜饲养结构变化的原因

近代以来，随着外国资本主义的入侵，中国逐渐沦为半封建、半殖民地国家，农村自然经济受到一定打击，帝国主义在中国疯狂掠夺中国农畜产品的同时，也给中国输入了一定的先进畜牧科学技术。因此，中国传统畜牧业在不断增长的同时，在质上也发生了很大的变化，各种家畜获得不同程度发展，体现出一定的非均衡性增长。

(一)战争是导致中国近代畜牧业发展停滞或衰退的最重要因素

中国是一个多灾多难的国家，近代的战争灾害尤其突出，它的负面影响涉及人民生产生活的方方面面。因而对农村畜牧业这一重要的农业生产部

门的打击也是相当严重的。日本侵略中国期间，由于实行野蛮的烧光、杀光、抢光"三光"政策，对中国农业经济也造成严重破坏，国内的畜禽数量急剧下降。据中国畜牧兽医学会的史料统计，1937—1945 年，湖北、湖南、江西、山东、安徽、江苏、河北和河南诸省养殖的大家畜数量下降了 591.6 万头，猪的数量下降了 452.2 万头，鸡的数量下降 3 901.3 万只，农民的生产和生活损失是相当巨大的。[①]

(二)农业、对外贸易和畜牧科技是畜牧业发展的重要支撑力量

农业，主要是粮食种植业的发展是畜牧业发展的基础，一方面许多家畜需要粮食或农副产品做饲料；另一方面，粮食种植业的发展，使农民经济生活水平有了提高，更有利于畜产品的消费，从而促进畜牧业的发展。从近代中国农业生产的实践也充分说明了这一点(见表 7-6)。

表 7-6　1915—1949 年中国部分省粮食产量与养猪数量简单对应关系

类　别	1915 年	1920 年	1925 年	1930 年	1935 年	1945 年	1949 年
山东小麦产量/千吨	2 648	—	4 025	4 313	3 870	3 202	2 394
山东养猪数量/千头	1 427	1 723	2 341	3 183	4 327	2 913	1 970
浙江小麦产量/千吨	2 205	2 407	5 076	5 670	5 274	4 646	3 603
浙江养猪数量/千头	1 933	1 990	2 160	2 340	2 478	2 010	2 459
福建小麦产量/千吨	1 535	—	3 024	3 456	2 667	2 541	2 270
福建养猪数量/千头	1 853	1 710	1 896	2 100	2 069	1 560	2 000

资料来源：许道夫.中国近代农业生产及贸易统计资料[M].上海：上海人民出版社，1983：13-43.

畜产品对外贸易也促进了中国畜牧业的发展，最初仅有少量畜产品出口，主要是驼毛、羊毛等，随后又有羊皮、牛皮、肠衣、禽蛋、生猪、活禽、猪鬃、皮蛋、火腿、冻肉、牛油等出口。最初畜产品的出口额并不大，1880 年我国出口的畜产品总额只有 70 万关两银[②]，在全国出口总额中只占 1%；1913 年我国畜产品的出口价值达到 4 000 万关两银，在全国出口总额中占 10%；到 1934 年的时候，我国畜产品的出口比重已经超过全国出口总值的 20%。

① 中国畜牧兽医学会.中国近代畜牧兽医史料集[M].北京：农业出版社，1992：35.

② 关两银＝关平银＝关平两＝关两＝海关两。

随着畜产品出口的增加，中国畜牧业因此也得到较快发展，尤其是绵羊毛的出口，促使各地政府积极引进优良绵羊品种，发展养羊业，促使绵羊业在我国迅速发展。养鸡业也随着禽蛋出口的增加而发展；猪鬃和猪、羊肠衣的出口则是将中国原先价值不大的副产品变成价值较高的畜产品，这不仅增加了农牧民的收入，也为发展中国经济做出了很大贡献。因此，积极发展中国畜产品对外贸易，是促使中国畜牧业发展的重要因素。

畜牧科技的发展也是促进畜牧业发展的重要力量，畜牧品种的改良，饲养管理方法的科学化，也极大地促进了中国畜牧业的发展。

（三）自然条件和政治经济文化等也是影响畜牧业发展的重要因素

自然环境不仅影响畜禽品种的分布，而且影响畜牧业兴衰与发展。如水牛，由于它喜水、怕冷，只能分布在以长江流域为主的水稻种植区，而牦牛耐寒、怕热，因此主要分布在青藏高原区；北方草原地区饲养绵羊较多，农区饲养较少；南方山区多有山羊分布；猪、鸡主要分布于农区，鸭主要分布于水稻产区等。另外，长期的风调雨顺，有利于种植业的发展和牧草的生长，从而有利于畜牧业的发展，而一场大的自然灾害，则严重影响畜牧业的发展，甚至引起畜牧业的重大衰退。

近代以来因自然灾害而引起的农业、畜牧业衰退的事例很多，如 1931 年的江淮大水灾，据金陵大学组织的调查，仅湘、鄂、皖、赣、苏五省 131 个县，受灾农户高达 420 万户，灾民达 2 521 万人，受灾耕地面积约 8 700 万亩，各项损失达 20 亿元。在水灾过程中，畜牧业遭受重大损失，灾区各种畜禽几乎损失殆尽，役畜及其他家畜的损失占到灾区全部损失的 8.7%。①

人口对畜牧业的发展，既是动力，又是压力。因为，人口的增加一方面使劳动力增加以及以畜产品消费需求增加，促使畜牧业发展；另一方面，由于人口的增加，使得中国本已人多地少的问题更加突出，人均耕地面积进一步减少，必然导致农业用地挤占牧业用地的情况；同时，还由于人均粮食的减少，人用粮挤占畜用粮的情况更加严重，从而影响畜牧业的发展。

政治、经济是影响畜牧业发展的又一重要因素。好的政治环境及经济措施，促进畜牧业发展，不好的政治环境及经济措施，则影响畜牧业发展。如 20 世纪二三十年代，各地方政府为了加强自己的实力，巩固自己的统治地位，竞相采用一些好的政治、经济措施，如奖励生产，积极引进先进农业科学技术，促进各地农牧业发展。

一定的文化传统也影响畜牧业的发展，如中国南方农村一般是不养奶

---

① 金陵大学农业经济系.中华民国二十年水灾区域之经济调查[J].金陵学报，1932，2(1).

牛的，也没有饮用牛奶的习惯。自中国对外开放后，随着对外经济的发展，在一些大中城市，尤其是外国人集中居住的地方，因外国人有饮牛奶的习惯，因此开始饲养奶牛，也带动中国部分人士开始饮用牛奶，从而使中国城市奶牛业从无到有逐渐发展，最后竟然成为一个相当大的产业，至今仍在蓬勃发展。再如，信仰伊斯兰教的少数民族，由于他们有不吃猪肉的习惯，因此，在这些少数民族集中居住地区，养猪业不发展，而牛、羊业得到较好发展。另一方面，由于汉族人民多从事农业，当汉人北迁至内蒙古、东北及西北牧区时，他们却仍主要从事农业，饲养家畜较少，而不像当地少数民族那样饲养较多家畜，以牧为主。这些都是因文化传统不同而影响畜牧业发展的典型例子，因此，文化传统也是影响中国畜牧业发展不可忽视的因素。

综上所述，近代中国的畜牧业生产在1937年抗日战争全面爆发之前是不断发展的，家畜的总量明显上升，这一方面是由于粮食种植业、对外贸易和畜牧科技的发展，另一方面也受到自然环境、人口和政治经济文化因素的影响。1937年以后由于战争的破坏，畜牧业生产迅速跌落，这一现象在农业生产中的其他各业（种植业、林业、渔业及副业等）中也都存在，因此本书在分析近代农业生产及其结构变化的过程中，有意地以抗日战争爆发为界线，将战争以前的农业生产发展与战争爆发以后的生产发展分开来讲，重点考察的是1840—1936年间我国农业生产结构的演变。

第八章　近代中国的林业生产

中国古代林业资源是十分丰富的，从原始社会起，人类即进入采集活动之中，为了生存摘取成熟的天然果实，继之为了丰富生活资料开始渔猎作业，以后逐渐发展到畜牧业、种植业等。古代地理书《山海经》所载森林分布情况，足以证明有史以前的原始社会森林分布是相当广泛的。[①]

从原始社会到奴隶社会，人们对森林资源主要是依赖和利用为主，极少进行破坏活动。进入封建社会以后，农业生产已开始使用金属和木制相结合的农具，依靠人、畜力且畜力成为主要的动力。其间，生产工具和生产技术也有了很快的发展，林业经济逐渐为广义的农业经济所代替。当然此时林业经济对国家和社会的贡献还是较为突出的。在封建社会阶段农业一直是占主导地位的。秦汉以来，特别是汉朝，朝野上下均以务农为本，一时农业大有起色。《淮南子》载："食者民之本，民者国之本，国者君之本，是教人君上因天时，下尽地利，中用人力，是以群生遂长，五谷蕃殖，教民养育六畜，以时种树，务修田畴，滋植桑麻，肥硗高下，各因其宜，丘陵阪险，不生五谷者，以树竹木，春伐枯槁，夏取果蔬，秋蓄蔬食，冬伐薪蒸，以为民资。"《淮南子》的这段论述，首先是说明了以务农为本的根本道理，然后提出因时因地播种粮蔬果树，以及春夏秋冬的有关作业。对林业来说，提到了滋殖桑麻，以时种树，从有效地利用土地出发，提出丘陵阪险之地以树林木，最后合理利用木材等，足以证明林业在整个农业生产中所占的地位是很重要的。

封建社会经历了魏、晋、南北朝一定时期的空前大混乱，长期分崩离析，经济波动很大，商业遭到破坏，但是与林业有关的造船事业还是发达的。晋时因森林衰废影响农田水利，给农业生产造成不利，此时朝野上下均注意植树，对不称职者，不单罢官而且罚其种松百株，这也是皇帝对经营好林业重要性的认识，也证明把林业摆到了一定的位置上。南北朝的几个小国，均劝民植桑果，皇亲国戚不得封略山湖，禁止滥伐树木和焚烧森林，森林得到了保护，林业得到了发展。

隋朝统一全国后，农业生产有了很大的发展，陶瓷业、冶炼业也很兴盛，这就必然促使木材生产的发展，因为社会生产是需要木材的，尤其是上述两

---

① 王长富.中国林业经济史[M].哈尔滨：东北林业大学出版社，1990：6-9.

种手工业的能源是依靠木材的。不仅如此，隋朝的造船业也很发达，造船厂遍及 36 州，造船业的发展更是离不开木材，也反映了林业的景气。茶叶是国家的重要税收来源之一，国家十分重视，造纸业也是如此。由于商品交换的活跃，不仅国内兴盛，国际贸易也很兴旺，长安、洛阳都是国际贸易的重要城市，为此还设立了专管商业的机构。从上述内容分析，林业生产也应该是十分重要的。

唐朝统一全国后，由于采取了得民心的政策，农业、手工业、商业出现了大繁荣的局面，城市商业很兴旺。在林业方面有伐竹取木鬻于列肆之举，特别是以竹材为原料的造纸业的发达。竹木的副产品，如竹笋、香菇、木耳、土纸、木炭、油漆等，列入食品和用品。同时把林木及其副产品等，在大农业中列为第五位，这样明确地定位是空前的，肯定了林业在国民经济中的地位。

宋朝建立后，经过劳动人民的辛勤劳动，农业、手工业、商业都有明显的发展。农业首先得到发展，历代均皆如此，突出的是农具的改良，但二百多项农具中，除部分是铁制外，大部分仍是木制，用材量是很大的。其次是手工业，其中突出的是矿业、造船业和造纸业等，造船技术进一步提高，明州、泉州、广州成为造船的中心。造纸业以杭州、建州和成都是为发达，以后又出现苏州、徽州、湖北、江西、福建等工厂，发展较快，区域也较广。矿业主要是能源用材，数量也是大的。由于各种产业的发展，商业也就随之发展起来了，商业城市更加繁荣，出现了漆器什物铺、竹竽市，活跃了商品经济，特别是由于交通网的形成，商品流通更加活跃。在对外贸易方面，通商的范围和数量都超过了唐朝，达到了全盛期，同 50 多个国家有贸易关系，进出口商品中有贵重木材等。在广州、明州、杭州分设了市舶司。林产品不论在国内商品流通或对外贸易中，均占有一定的地位，促进了社会经济的发展。

元朝在忽必烈即位后，实行“农桑为急务”的政策，农业生产逐步得到了恢复。制瓷业得到了进一步发展，超过了宋朝。元朝的商业贸易也很发达，国外贸易是由政府垄断，在广州、泉州、庆元、上海等地设立市舶司，丝制品、瓷器等大量输出，珍珠、香料、药材不断进口，由日本进口各种木材，如松板、杉板、罗汉柏板等，说明当时国产木材日渐减少了。

明朝种植业、手工业又进一步得到发展，在生产力不断提高的前提下，社会分工也不断地扩大，并导致了地域性的分工，其结果是种植面积扩大了，产量提高了，商品生产也多了，促进市场的扩大。与林业有关的弓箭坊、木匠营、竹木用具等专业市场出现了，商业也繁荣起来。明朝出现了几个新问题，一是商业性农业问题，部分经济林产品也包含其中，促使了林产品的利用和加工的发展；二是出现的新产品，如樟脑、肉桂油以及采取白蜡和乌柏收子取油等产品，经济价值很高，对当时社会经济的发展起到了积极的作用。林业在明朝的地位和作用较以前是明显提升的。

清朝中前期的各项生产均有长足的发展，社会经济得到了发展，出现了所谓的“康乾盛世”。农田的扩大，水利的开发，对农业的发展起了很大的作用，也促使了手工业的分工，生产规模和分布区域也扩大了。到18世纪中叶，手工业部门中已列有木材采伐和木材加工工业，在木材生产中分有建筑用材、薪炭用材、工艺用材以及林副产品，这主要是指经济林的产品，再加上经济价值大的白蜡、油茶、松脂、桐油等的生产。林产利用的发达，刺激了林农，特别是山区人民加大了对这些树种的栽植和经营力度。加之商品流通进一步扩大，林业经济也显得活跃，在国民经济中占有一定的地位。

由上述历史分析可见，随着政治、经济、文化的发展，林木资源逐渐被开发利用。虽然历代政府对林业经济均有不同程度的重视，但是随着人口增加对耕地的需求增大，各地毁林造田的现象多有发生。同时，腐败昏庸的官僚政府为满足私欲而大兴土木、乱砍滥伐，这都是导致林业资源减少的原因。近代，战争的严重破坏加上帝国主义的掠夺更使我国林业雪上加霜，许多地区水土流失严重，自然灾害频发，木材等林产品紧缺。

第一节　近代中国林业资源概况

清朝时期并没有对林业资源进行官方统计，根据国民政府行政院实业部和日本南满洲铁道株式会社的调查统计，近代初期我国森林面积大约有1.59亿公顷。民国时期的林业机构和一些林业学者都曾对林业做过调查，日本人在台湾和东北地区也做过调查，这些资料由于只是某个年度的数据统计，因此不能显示整个近代林业资源的变化。表8-1就是1934年国民政府实业部公布的全国各省林业资源概况，全国总的林地面积为65.94亿亩（约合4.40亿公顷），其中森林的面积为13.66亿亩（约合0.91亿公顷），森林覆盖率（即森林面积占国土面积的比重）为8%，人均森林占有面积为3亩（约合0.20公顷），全国总的宜林地面积约52.27亿亩（约合3.48亿公顷）。[①]又据国民政府农林部发布的1947年林业资源情况，全国的森林面积约12.62亿亩（约合0.84亿公顷），全国林木蓄积量为1 581.44亿立方尺[②]（约合58.57亿立方米）。[③]

① 申报年鉴社.第三次申报年鉴[M].上海：申报年鉴社，1935.

② 1尺＝0.333 33米，1尺^3＝0.037 036米^3。

③ 农林部林业司.中国之林业[M].南京：农林部林业司，1947：21-22.

表 8-1　全国人口、土地和林业资源概况(1934 年)

省　份	人口/人	土地/亩	林地/亩	森林/亩	森林覆盖率/%	人均占有森林/亩	宜林地/亩
江苏	34 129 684	158 407 500	31 681 500	4 118 595	2.6	0.12	27 562 905
安徽	21 715 596	214 022 500	64 210 050	10 701 675	5.0	0.49	53 508 375
浙江	20 625 067	151 591 500	43 961 535	12 127 520	8.0	0.58	31 824 215
福建	10 076 138	181 575 000	88 971 750	31 685 500	18.0	3.15	56 288 250
广东	32 427 656	335 766 000	134 506 400	33 576 600	10.0	1.05	100 729 800
广西	10 926 647	329 814 000	151 925 600	16 490 700	5.0	1.51	115 434 900
云南	15 821 234	597 874 500	298 937 250	137 511 135	23.0	9.95	161 426 115
贵州	14 745 722	264 720 000	152 360 000	23 824 800	9.0	1.62	108 535 200
湖南	30 500 341	323 185 500	161 592 750	61 405 245	19.0	1.95	100 187 505
江西	20 322 837	252 354 000	98 418 060	30 282 480	12.0	1.49	68 135 580
湖北	26 696 253	273 165 000	109 266 000	35 511 450	13.0	1.33	73 754 550
四川	47 992 282	605 451 000	296 670 990	205 853 340	34.0	4.92	90 817 650
西康	3 000 000	709 056 000	354 528 000	14 181 120	2.0	4.73	340 346 880
青海	1 800 000	1 092 297 000	535 225 530	21 845 940	2.0	12.14	513 389 590
新疆	2 567 640	2 462 331 000	714 075 990	123 116 550	5.0	47.95	590 958 440
甘肃	6 281 286	571 254 500	165 675 405	34 277 670	6.0	5.46	131 397 735
宁夏	1 449 869	453 676 500	136 102 950	18 147 060	4.0	12.52	117 955 890
陕西	11 802 124	292 614 000	117 045 600	46 818 240	16.0	3.97	70 227 560
山西	12 087 951	242 763 000	97 105 200	14 565 780	6.0	1.20	82 539 420
河南	30 565 651	258 232 500	77 469 750	1 549 395	0.6	0.05	75 920 355
山东	28 672 419	230 566 500	69 169 950	1 613 966	0.7	0.06	67 555 984
河北	31 138 827	210 789 000	63 236 700	1 897 101	0.9	0.06	61 339 599
辽宁	14 999 330	376 219 500	180 585 360	18 810 975	5.0	1.25	161 774 385
吉林	7 783 219	423 458 000	207 514 020	114 344 460	27.0	14.69	93 169 560
黑龙江	3 660 278	866 946 000	433 473 000	242 744 880	28.0	66.32	190 728 120
热河	2 367 051	280 940 000	127 860 600	2 609 400	1.0	1.10	125 251 200
察哈尔	1 997 234	388 222 500	112 584 525	2 529 335	0.6	1.17	110 255 190
绥远	2 123 914	456 087 000	136 826 100	3 648 696	0.8	1.72	133 177 404
外蒙古	1 800 000	2 419 368 000	943 553 520	72 581 040	3.0	4.03	870 972 480
西藏	3 722 011	1 357 498 500	529 424 415	27 149 970	2.0	7.29	502 274 445
合　计	452 791 069	16 760 337 000	6 593 758 550	1 366 318 418	8.0	3.00	5 227 440 082

注:①经核算,各栏全国合计数与按省累计数不符,原件如此,故保持原状。②省份栏内广西即今广西壮族自治区;西康今并入四川省;新疆即新疆维吾尔自治区;宁夏即今宁夏回族自治区;热河今划归辽宁、河北两省和内蒙古自治区;察哈尔今划归河北省和内蒙古自治区;绥远今划归山西省和内蒙古自治区。③外蒙古原为中国的一部分。1921 年宣布独立,成立君主立宪政府,1924 年成立蒙古人民共和国,但国民政府始终未予承认。

近代中国的林业资源有如下特点：

第一，森林资源少，覆盖率低。据美国学者章(R.Zon)等报告，20世纪20年代，全世界的森林面积有74.87亿英亩①(约合30.30亿公顷)，森林覆盖率为22.5%，人均森林面积4.35英亩(约合1.76公顷)。② 根据1934年的中国森林面积数据，我国的森林面积只占世界的3%，森林覆盖率也只相当于世界水平的三分之一，人均森林面积只相当于世界水平的11%。单独与别的国家对比，我们的差距也是明显的：日本的森林覆盖率高达66.3%，是中国的8倍多；法国、德国、美国和加拿大等国的森林覆盖率也远远高于中国。③

第二，林业资源分布不均衡。中国西南和东北地区的森林最多，其次是华中和东南地区，华北和西北地区最少。四川和黑龙江两省的森林面积都超过了两亿亩，四川的森林覆盖率是34.0%，居全国第一位；黑龙江的森林覆盖率为28.0%，居第二位；第三是吉林省，森林覆盖率为27.0%。河南、察哈尔的森林覆盖率是全国最低的，只有0.6%，另外，河北、山东、绥远的森林覆盖率也均低于1%，每个省的森林面积都不足一二百万亩。

第三，经济林木树种繁多，宜林地面积大。经济林木指的有经济价值的林木，包括用材林木和特用经济林木。根据国民政府农林部的统计，我国拥有2 500多种经济林木。④ 其中杉木、水杉、台湾杉、福建柏、珙桐等都是中国独有的珍贵树种。产于东北地区的红松，其优良材质与美国的花旗松不相上下。我国南方地区出产的桐油和樟脑资源在全世界居第一位。我国的宜林地很多，面积超过52亿亩，除了自然条件较差的青海、新疆、西藏和西康等地林业发展较为困难，其他大部分省区都是适宜发展林业的。比如湖南、广西、广东、黑龙江和辽宁等省的宜林地面积都在1亿亩以上，发展林业大有空间。

第二节　近代中国林业生产活动

中国幅员辽阔，境内多山，自古以来，民间就有植树造林的传统。近代以来，原有林业资源遭到严重破坏，但造林事业也有发展。在中国传统的林业思想和国外发展林业思潮的影响下，逐步形成了多元化造林的态势：官方

---

① 英亩为英制面积单位，1英亩=0.4047公顷。

② 安事农.林业政策[M].上海：华通书局，1933：5.

③ 本多静六.森林家必携[M].日本：三浦书店，1931：Ⅵ-9.

④ 农林部林业司.中国之林业[M].南京：农林部林业司，1947：21-22.

造林和民间造林。但是，随着政治经济环境的变化，造林事业有时兴盛，有时衰落。

一、官营造林

1898 年戊戌变法后，维新思潮风靡一时，许多有识之士主张发展实业，提倡植树造林。辛亥革命以后，植树造林比以往更受重视，朝野人士纷纷宣传、提倡。1915 年，北洋政府农商部倡导植树造林活动在全国范围内开展，并把每年的清明节定为植树节。农商总长周自齐曾率领农商部全体职员到北京西山植树。1916 年清明节，中国第一个植树节，在北京颐和园北的薛家山举行了盛大的典礼，当天栽植了侧柏树数千株。从此以后，每年清明节，全国各地政府、机关、团体、学校人员都参加植树活动。

北伐以后，国民党政府取代了北洋政府，首都由北京迁至南京。在北京附近，清明节为植树的最适宜时期，而在南京一带则过晚，同时为纪念总理孙中山，1928 年 4 月，国民政府废除并停止了北洋政府清明节植树的规定，确定每年的 3 月 12 日（即孙中山逝世纪念日）为标志日，开展植树造林活动。

1929 年 2 月，农矿部规定每年 3 月 11—16 日为造林运动宣传周。1930 年，造林运动宣传周期间，农矿部将林学家陈嵘、凌道扬、姚传法、张海秋、皮作琼等人撰写的宣传林业的文章印刷散发。中央大学农学院和金陵大学农林科的学生组织了 45 个植树造林宣传队，在南京城区和郊区开展宣传植树活动。这一年，广东省建设厅农林局的宣传声势也很大，先后编印了《松树造林法》《桉树造林法》《苦楝造林法》《樟树造林法》《油桐造林法》《广东领荒造林须知》《路树须知》《森林保护须知》《广东省暂行森林法规汇编》等小册子，免费散发，向民众宣传植树造林的好处、技术和有关规定。

据不完全统计，1932—1933 年全国所植中山纪念林的数量见表 8-2。1943 年 2 月，国民党政府行政院发布了《植树节举行造林运动办法》，规定首都和各省、县于每年 3 月 12 日举行植树节仪式，讲演植树造林、保林常识，并开展植树竞赛。所植树木由当地林业机关负责经营抚育成林。

表 8-2　1932—1933 年全国种植中山纪念林

省　市	1932 年		1933 年	
	数量/株	面积/亩	数量/株	面积/亩
江苏	4 700	18.13	1 216 210	11 173
福建	4 050 429	—	—	—
浙江	10 000	—	650 934	1 028
广东	41 560	700.00	—	—
广西	—	—	—	—
河南	11 280	32.94	161 642	1 550
热河	269	—	—	—
察哈尔	700	—	—	—
山东	38 200	—	1 361 557	11 219
江西	53 019	113.01	—	—
河北	1 000	20.00	972 160	8 376
安徽	212 200	352.49	—	—
湖南	2 400	—	—	—
山西	—	—	2 431 395	994
云南	4 300	—	9 920	78
贵州	—	—	161 450	512
四川	—	—	456 215	1 039
陕西	—	—	6 000	—
青海	3 000	—	25 319	83
绥远	4 800	—	71 837	282
甘肃	217 000	—	—	—
北平	300	—	350	—
青岛	2 030	8.18	16 842	—
上海	—	—	1 256	—
南京	44 917	6.23	1 385	5
合　计	4 702 104	1 250.98	7 544 472	36 339

资料来源：索景炎.两年来林业界(二十一、二十二两年)[J].中华农学会报，1934：129-130.

抗日战争以前，各地通过荒山荒地植树造林，扩大了林业生产的范围。据实业部统计，1929—1935 年，全国各省共完成造林13 766 874公亩，植树566 822 841株(详见表 8-3)。

表 8-3　抗日战争前全国造林统计表

年　份	全国各省合计植树面积/公亩	全国各省合计植树/株
1929	84 412	9 125 703
1930	295 828	12 131 853
1931	1 511 360	108 922 486
1932	2 329 157	78 922 793
1933	2 524 178	82 660 304
1934	3 813 629	75 069 730
1935	3 208 340	199 989 972
总　计	13 766 904	566 822 841

资料来源：1937 年第 2 期的《实业月刊》。

抗战时期，国库吃紧，发展林业的经费不足，国有林场的造林活动停滞不前。秦岭、洮河、大渡河、金沙江、雅砻江、祁连山、小陇山等国有林区管理处，仅育苗 158 万株，造林 80 万株；先后设立的四个经济林场仅育苗 1 190 万株，造林 382 万株。[①] 为解决战争期间军用核桃木的需求，1939 年国民政府军政部兵工署与西北农学院商定，联合设立国防林场，合约期定为五年，由军政部兵工署拨给经费，西北农学院负责技术指导，营造核桃林。总办事处设陕西武功张家冈，办了两个分场。陕西宝鸡黄牛铺国防林分场，1940—1944 年开辟苗圃 148.17 亩，在北大山、东大山、瓦窑沟、马皮梁、石山沟、老虎沟、东河坝等处栽植核桃树 952.4 亩，143 985 株，成活率达 80%。陕西眉县国防林分场，1941 年利用西北农学院眉县林场的苗圃地 140 亩栽植核桃树 338 513 株，在斜峪关的磨石东沟、磨石西沟、金沙沟栽植 48 884 株，成活 29 067株。抗日战争时期，各省育苗造林的数量都不多。据农林部档案资料，全国育苗造林情况见表 8-4。

表 8-4　抗日战争时期全国育苗造林统计

时　间	苗圃/亩	育苗/株	造林/株
1941 年以前	100 127.02	476 028 326	515 500 016
1942 年	17 352.30	118 512 441	281 027 181
1943 年	30 493.50	176 806 222	160 207 607
1944 年	65 677.27	238 657 805	128 306 177

① 农林部林业司.中国之林业[M].南京：农林部林业司，1947：34，46.

续表

时　间	苗圃/亩	育苗/株	造林/株
1945 年	73 774.05	260 647 405	218 652 253
1946 年	16 795.57	137 260 050	75 476 684
总　计	304 219.71	1 407 912 249	1 379 169 918

资料来源:农林部林业司.中国之林业[M].南京:农林部林业司,1947:34-46.

抗日战争胜利后,国营造林稍有开展。1947 年,农林部中央林业实验所在南京紫金山北坡育苗造林。育成苗木有法国梧桐 2 万株,美国白杨 1 万株,刺槐 3 万株,垂柳 4 000 株,乌桕 1 万株,女贞 4 万株,合欢 2 000 株,其他树种 8 万多株。植苗造林,马尾松 10 万株,黑松 5 000 株,麻栎 3 000 株,刺槐 6 000 株。直播麻栎 100 亩,栽植竹林 20 亩。① 1948 年春,该所及其所属林场在南京附近荒山造林 9 523 520 株,27 627 亩。行政院处理美国救济物资委员会曾拨给经费 286 400 万元,用于工赈造林,雇用难民 600 多人,造林一个月,共造林 7 208 930 株,面积 24 438 亩。②

除了造用材林和特用经济林之外,还开展有保安林、兵工造林等造林活动。国民党政府虽然号召为纪念孙中山开展植树造林活动,但未采取切实的措施。虽有一些林业学者和林业学校师生大力宣传,但人民群众并未真正发动起来,尤其是这项活动只在城市开展而未在广大农村开展,所以每年植树数量有限。植树时种植质量不好,苗木质量不好,保管不好,种植以后又无人抚育保护,造林地杂草丛生,又遭牛羊践踏,顽童攀折,因而难以成林。许多县份,每年植树节在原地植树,造林地每年只增加几株枯苗,而蓬蒿遍地,荆棘满目。每年劳民伤财,收效甚微。

二、铁路造林和学校造林

近代除了官营造林,林业生产中还有铁路造林和学校造林等活动。

(一)铁路造林

为了保护路基、蔽荫和美化环境,铁路沿线需植树造林。光绪三十三年(1907 年),京奉铁路总局与福和公司订立合约,从通州至新民屯的营口铁路两侧,由福和公司自备资金种植树木和进行保护管理。树木成材后,优先售与铁路局使用,公平定价。合约以 30 年为期,期满后如铁路局不同意福和公司继续经营,该公司可伐去树木,但不得拔去树根。同年,清政府又责

① 同俊.本所新所址经营概况[J].林业通讯(中央农业实验所),1947(3).

② 韩安.七年来之中央农业实验所[J].林业通讯,1948(10).

成京张、沪宁、汴洛、京汉、正太和京奉各铁路局在所辖铁路两边大量种树，既为巩固路基、遮挡烈日，又能增加枕木的来源。

民国以来，为了护路，各铁路局纷纷营造护路林。1914 年，京汉铁路在河南地区的黄河北岸买入 470 多亩土地，成立木植场，后来又在信阳的鸡公山开办林场，在铁路两边进行植树造林。1915 年，津浦铁路为育树苗而在济南开辟 160 亩苗圃，为铁路两边植树提供树苗，后来还在浦镇开设林场。1917 年夏，华北地区大雨引起河洪泛滥，京奉、京汉、京绥、津浦等铁路均被水淹，受损惨重。为巩固铁路路基，北洋政府交通部要求全国所有的铁路局开展植树造林活动。从那以后，各地的铁路局纷纷开辟苗圃、创办林场、选取树种、育苗造林。比如京汉铁路局，在河南黄山坡、李家寨、新店三处购地 870 多亩，在农商部协助下建立李家寨造林事务所，负责育苗造林。交通部还与农商部商定，在沿铁路的河流两岸造林，巩固堤防。造林地由农商部会同地方县知事查勘划拨，技术人员由农商部派遣，林木种子由农商部准备，育苗地租金、育苗造林工费和杂费等由交通部所属各铁路局分担。造林目的以防水为主，兼顾出材。林木不能皆伐而采取择伐，随采伐随更新。林木收益由交通部与农商部均分。

20 世纪 30 年代，铁路两侧植树之风盛行。1934 年，粤汉铁路株(洲)韶(关)段工程局聘请南京金陵大学老师周国华代为制订育苗造林规划。规划拟在 9 年之内在铁路两边植树 18 万棵，在铁路沿线的车站和职工住宅附近植树 1 万棵、植绿 2.4 万米，实现株韶段铁路沿线和车站的绿化。[①] 1936 年，胶济铁路局拟在铁路附近的周村凤凰山、金岭镇金山、青州岷子山三处开设林场，植树造林。各处林场都在铁路南面，最近处距铁路约半里，最远处距铁路不过 10 里，三处林场面积合计三万多亩。造林树种选用黑松、马尾松、侧柏、桧、楸、板栗、桐、枫、栎、核桃、柿、枣等，每亩地植树 250 株，每年植树 800 亩，计划三十年完成造林任务。[②] 但不久抗日战争爆发，计划未能实现。

(二)学校造林

近代尤其是民国以来，全国的小学、中学和大学都先后开展过植树造林的活动。有的是为了给学生提供实践锻炼用的实习林，有的是为了弥补办学经费的不足而开办一些经济林。

1914 年，北京农业专门学校在北京西郊罗道庄设林场，供教学实习之用。林场面积 370 亩，南山植刺槐 6 300 株，北山植榆树 13 700 株、槐树

① 周国华.粤汉铁路株韶段工程局衡阳苗圃计划草案[J].农林新报，1934(344).

② 李代芳.胶济铁路林场造林计划书草案[J].林学，1936(6).

3 500株。以后又增植油松 700 株、侧柏 5 130 株、桧 2 000 株，还有一些枫、槐等树木。林场有苗圃三处，面积 52 亩，培育针、阔叶苗木。1921 年，该林场设两个分场，一个设在南口，面积 3 000 多亩；一个设在老山，面积 500 亩。南口分场有侧柏树 1 200 株，银、杏、油松、枫、槐各 1 000 株。该校林科学生曾在老山分场做刺槐直播造林、侧柏雨季造林等试验，取得了较好的成绩。

1914 年，南京金陵大学美籍讲师裴义理得到孙中山、黄兴、唐绍仪、黎元洪、袁世凯、张謇、蔡元培等人签名赞助，开办了救济贫民的义农会，组织贫民在紫金山西北坡育苗造林。北洋政府农商部商请江苏巡按使拨给官荒山地，并补助常年经费，农商部也每月酌量补助经费，并派技士常驻该会协助工作。后来，这片林子被作为金陵大学林科学生的实习林。

这一时期，学校造林有所发展。1928 年春，中山大学在广州白云山建立实习林场(后改称第一模范林场)，供农学院老师试验研究和学生实习之用。全场面积 21 800 亩，划分为 27 年林区。到 1935 年，全场荒山都已造林，共有林木 2 592 276 株，树种有马尾松、杉木、樟、木荷、石栗、银桦、桉、台湾相思、苦楝、油桐、木棉、柚木、缅甸合欢等。场内设苗圃五处，面积共 120.8亩；树木标本园一处，面积 0.2 亩，有各种树木标本 150 种；林木试验区八处，面积 39.9 亩。场内有模范林道一条，宽 18 尺①，长 8 里；还有小林道 22 条，宽 4 尺，总长 103.3 里。1933 年夏，又在广东惠州西湖建立第二模范林场。到 1936 年，已经造林 1 169 亩，其中播种造林 958 亩，约 24 万穴，树种为马尾松、台湾相思；植树造林 211 亩，26 573 株，树种为桉、台湾相思、缅甸合欢、油桐、苦楝、樟等。②

1915 年，江苏省立第一农业学校林科主任陈嵘拟筹办实习林场，经过勘查挑选，把林场位置定在江浦县老山区。老山山脉跨越江苏和安徽两省，仅江苏省境内就有 20 万亩左右。在这里开办林场，假设每年的投资额是两万元，需要十多年才能完成。当时该校每年经费仅 3.6 万元左右，不可能抽出两万来用于实习林场的经营。后来该校校长与省内各教育机关商量后决定，每年节约 3%的教育经费用于林场投资，而林场经营的林木收益要回补本省的教育经费。于是才有了江苏省教育团公有第一林场在江浦县老山区的诞生。陈嵘还为该林场编制了《造林计划书》，分“地理之一般”“地质土壤”“气候”“老山自生之草木及其在森林植物带上之位置”“木材市况”“林场区划”“造林树种之选择”“各树种之配置”“造林及作业方法节奏”“分年进行

① 1 尺=33.33 厘米。

② 本校模范林场.本校模范林场现状[J].农声，1936(193):99.

及苗圃面积”“收支计算”等章，这是中国最早的正规造林计划方案。

老山长 50 里，宽约 20 里，高不过 2 000 尺，面积 20 多万亩。该公有林经费定为每年 3 万元，分为 300 股，由省立各教育机关分担。林场收益的 3/5 归认股各教育机关收入，其他 2/5 为公积金和奖励金等。公有林场附近的省立学校可以划定若干亩作为实习林场。

到 1921 年，第一林场已经粗具规模，共计栽植松树 400 多万株、刺槐 330 多万株、栎 60 万株、淡竹 14 万株，以及油桐、榉、香椿、柳杉等 7 万多株，林场共有工人 200 多名。由于第一林场已经基本绿化，1921 年又建立了第二林场，下设汤山、句容两个林区。1923 年，陈嵘赴美国研究树木学，由陈植继任技术主任。1927 年，陈植被聘为场长。1928 年，江苏省教育厅成立后，将这片教育团公有林改名为江苏省教育林，由教育厅直接管理。江苏省教育林的两个林场，到 1932 年，育有 84 亩树苗，产出 9 277 万株树苗，涉及十几个树种。造林面积 18.25 万亩，植树数量有 9 648 万株。还留养各种野生树木 4 万多亩，574 万株。另外，经营桃园 80 亩，植桃树 4 800 株；经营桑园 94 亩，植桑树 13 100 株；经营茶园 36 亩，植茶树 32 400 株；经营栗园 9.5 亩，植栗树 270 株。还自种农田 60 亩，佃垦农田 668 亩。江苏省教育林从 1916 年创办起，到 1932 年 6 月止，各项费用共支出 480 116 元，而产值为：林木 2 176 363 元，桃园、桑园、茶园、果园 4 000 元，苗圃和农田 12 866元，建筑基地、场舍、牧畜、农具、家具等 27 380 元，共计 2 220 609 元。经营 16 年，产值超过总支出 1 740 493 元。① 这是陈嵘等创业者多年辛勤培育取得的丰硕成果。江苏省教育林为中国近代经营人工林树立了一个很好的榜样，其他很多地方也都先后开办过一些教育林。

浙江省安吉县三社小学，为了补充学校经费，于 1915 年也向县知事请领官荒山地造林。领到山地两处，一处在安八庄、神游坞东南部，面积 128 亩；一处在金一庄、涨子坞底，面积 77 亩。这两处山地都是滥伐迹地，尚有杉木伐根和竹鞭残存。三社小学抚育杉木伐根萌蘖和竹鞭，缺苗处补播杉条或移植母竹。经过数年经营，杉木和竹子逐渐成林。修建校舍所用竹木都从林中间伐，林木收益补充了学校经费。

青海地广人稀，森林也少。1946 年青海省政府发动学生植树造林。省政府规定，西宁市和各县的每一中心国民学校各造学校林一处，造林地由校长会同当地士绅选择附近的适当公地。每一学生至少植树 15 株，最多 100 株，树苗由保甲征收。年龄过小而不能植树的学生由家长代植。当年，12

---

① 陈嵘.历代森林史略及民国林政史料[M].南京：金陵大学，1934：148-150.

县的各级学校共植树 960 142 株。

国民政府的教育部和农林部于 1943 年联合发布《学校造林办法》，规定全国各级学校都须植树造林，中等以上的学校至少要有二十亩林地。每名学生每年的植树数量不得少于 5 株，毕业的班级要造纪念林。同时规定把学生造林计入学科成绩，植树成活率超过 50%才能及格，个人和各班之间都要开展植树造林竞赛。上述各种事件均表明，近代国民政府对学校的造林活动也是十分重视的。

三、私营造林

晚清有些地方官吏发动山区农民造林。如 1907 年(光绪三十三年)，广西巡抚曾经数次安排人员到贵州购买青冈、漆、杉、茶和桐等易种植又收益快的树种苗，然后无偿分发给山区的农民栽种。所种树木至 1909 年已经成活千万株以上。1897 年(光绪二十三年)，湖北省钟祥县令刘渠川鉴于当地地瘠民穷，于是劝民植树，以兴利源。刘县令命人到武昌、崇阳等县购买桐和茶等树苗，发放给当地的农民栽种，他还编写了《劝种茶桐说》，向农民传播茶、桐的栽种方法。广东省广宁县田少山多，每年所产粮食不能自给。光绪年间，该县县令为使农民增加收入，并增加政府税收，号召农民承领官荒造林。当时县政府规定，在山上鸣锣，以能听到锣声的范围为一亩。按亩发放官荒，政府从中抽税。开始时，有人领官荒造林，数年后颇能获利。于是领荒造林的人越来越多，民营造林发展起来。

民国三年(1914 年)，北洋政府颁布了《森林法》，1915 年又发布《造林奖励条例》，支持和奖励植树造林活动。民国五年(1916 年)，北洋政府农商部提出，由于中国地理辽阔，政府财力无法支撑大范围的植树造林，如果让每个国民单独植树造林，又会由于个人财力有限且木材获利很慢而难以开展。因此建议把人民组织起来，成立林业公会，共同植树造林。根据农商部的估算，按每个县平均有一百个村计算，全国共有 1.4 万个村，一个村成立一个林业公会，每年每个林业公会假如能植树 10 000 株，那么十年内就可完成 1.4 亿株树的种植。为此，农商部还于 1916 年颁布了《林业公会规则》，1917 年又制定《林业公会组织法》，对林业公会的运作做出较为详细的规定。

国民党执政初期，其中央党部曾经部署在全国范围内展开国货、合作、保甲、识字、卫生、筑路和造林等 7 项活动。1929 年，国民党中央模范林区管理局通过推广苗木的方法鼓励民间私营造林，该局在各个林场培育大量的苗木，免费发放给愿意植树的人。每年每人最多能领取五百株树苗，领取后必须在一周内完成种植。如果超过一周的时间而导致树苗枯死的，要按市场价格加倍罚款，同时取消再领树苗的资格。该管理局还制定有《合作林场办法》，鼓励民有荒山的与管理局合作开办林场，民有荒山的业主提供造林场地，管理局提供造林的经费，经营林木的纯利润则由业主和管理局五五分享。民国二十一年(1932年)，农矿部把原北洋政府颁布的《森林法》进行修改后重新发布。该法重新强调了国民可以免费使用国有的荒山、荒地来植树造林，还可以自发组织林业合作社来保护和开展植树造林活动。

1942年，农林部在湖南省会同县洪江镇设立民林督导实验区，其任务为：发动民力，普遍造林，迅速减少荒废林野。到1946年，实验区已经完成面积为16亩的两处苗圃，共培育树苗112.9万株；同时开办了一个示范林场，造出300多亩的示范林；在实验区指导下，当地人民开发出2万多亩的桐、樟、杉树林，保护和培育38.4万株野生树种，成立八个林业合作社；贷款90万元投资林业；建立三处合作苗圃，造林面积达万亩以上。[①]

1943年，国民政府农林部发出《强制造林办法》，要求各地以乡镇林场为单位开展植树造林。每个乡(镇)林场的苗圃不得少于3亩，每年最少栽培2万株苗木。地主私有的宜林荒山、隙地必须自行造林，规定私有宜林地面积不足200亩的要在两年内完成造林，不足500亩的三年时间，不足2 000亩的四年时间，2 000亩以上的每年最少完成500亩的造林任务；如果地主不愿意在自家的宜林荒地上植树造林，则由政府加大其税收额度。如果地主确实没有能力完成造林任务，可由政府和地主公共团体代其造林，地主只能获得林木收益的20%。

(一)民族资本经营造林

晚清时期，许多民族资本家在开创实业的过程中，也有投资于林业经营的。1891年(光绪十七年)，广东实业家张弼士经过考察发现，山东的烟台县依山傍海，气候湿润，土壤也比较肥沃，适合葡萄的种植。于是他投资300多万元在当地买下两座荒山，开发五个葡萄园区，培育35万多株来自欧美品种优良的葡萄。至今仍赫赫有名的张裕葡萄酒厂就是在当时由张弼士先生创办的。[②] 1906年(光绪三十二年)，广东省嘉应州(今梅县)的杨亮生开办了股份制的自西公司，在梅县城西的大径山种植竹、梅、杉、松、橘和橙等树木。潮州翁醉亭同年集资4万元，设立种植畜牧有限公司植树造林和养殖牲畜。同样是1906年，袁仁茂和黄鼎等人在江苏丹徒县成立利用树艺股份公司，筹集5万元资金用于租赁和购买荒山，栽培树木。1907年(光绪三十三年)，周震集资10万元创办崇实树苗公司，在江苏仪征、甘泉两县

---

① 陈嵘.中国森林史料[M].北京：中国林业出版社，1982：192-193.

② 牟振涛.张裕葡萄酒史话[N].人民日报(海外版)，1986-11-14.

买地开荒，栽培苗木；丁彦翀建立阜生种植公司，在江苏金山县的朱泾镇开辟荒山，种植乌桕和桑树等。杨良骏集股 10 万元，于江苏省溧阳县创办吉金树畜公司，购地 2.06 万亩，种水稻和树木。1906 年华侨何麟书在海南开办琼安公司，在定安县开辟 250 亩地栽种 4 000 多株从南洋引进的橡胶树苗，4/5 的树苗均栽培成活。山东省当时也开办有 15 家垦殖公司，大多在即墨县。1908 年，即墨县人刘锡五建立崂山森林公司，因集股不齐而暂时停顿。1911 年重整旗鼓，继续经营，由王作梅任经理，利用崂山将军槽附近的国有荒废牧场植树造林，同时购买附近地区的部分私有林地，经营面积总计超过 4 万亩。

民国以来，民族资本家开办林业公司有增无减。民国初年，仅浙江省成立的林业公司有：余杭县杭北林木公司、大有垦牧公司、茂利农林场、茂森公司、浙西植木场，临安县振森公司、安北公司，建德县阜泰公司，安吉县启源公司，长兴县云野公司、兴墅公司，金华县华北公司、北山公司等。其中余杭县杭北林木公司有资金 6.5 万元，承领了一部分官有荒山，又凭借封建势力强购附近民山，共占有平缓山地 1.3 万多亩、水田 1 000 多亩、旱地 100 多亩。到民国八年(1919 年)，已经造林一万亩左右，树种以马尾松为主，杉木、麻栎、桐、竹等次之。长兴县云野公司有 800 股，每股 100 元，资金共 8 万元，承领长兴、安吉两县之间的浮云山和长兴县野山无主官荒，面积约 4 500亩，进行造林。该公司制订了周密的造林计划，逐年实施，仅四年就植树 950 万株。除造林外，还发展养蜂和畜牧业，以便在较短时间内获得收益。

江苏、安徽等省，也有私人经营的林业公司。江苏省有江浦县锦记公司，金坛县茅麓农林公司，句容县华侨暨南公司、均益公司、广慈公司，宜兴县阳羡公司，灌云县海洲树艺公司等；安徽省有盱眙县盈丰公司等。民国十年(1921 年)，广东省兴宁县陈伯威和陈育丰集股 10 000 元建立了东山林业公司，入股方式灵活：有钱出钱，有地出地，有力出力。该公司从小规模发展到大规模，造林事业逐年发展。在海南岛则有海外华侨和当地人士创办了不少橡胶园。一直到抗日战争爆发前，各地仍有私营的林业公司出现，承领荒山荒地造林。例如，广西于 1927—1932 年相继有 33 家私营林业公司承领 18.6 万多亩的荒山荒地来植树造林，其中柳城县的裕成公司就独领2.55 万亩的荒山荒地，种植桉、樟、杉等多种树木。[①] 海南岛也有许多私人所有的垦殖园，种植咖啡、椰子和橡胶等热带树种。1949 年，全岛有椰子园 47

---

① 陈嵘.历代森林史略及民国林政史料[M].南京：金陵大学，1934：166.

家，面积共 6 330 亩，植椰子树 2 061 900 株，年产椰子 26 547 500 颗、椰子油 3 万斤、椰干 300 担、椰子纤维绳 400 担、椰布 100 担。咖啡园 69 家，面积共 5 713 亩，植咖啡树 338 000 株，年产咖啡 169 000 斤以上。[①]

(二)地主经营造林

中国南方的贵州、广西、广东、湖南、江西和福建等省主产松杉类树木，当地的地主也多有从事造林活动，造林树种以杉木为主。具体做法是：开垦山地，再插植杉木，在新植幼树行间种番薯、玉米等杂粮，3～4 年后幼林郁闭，即停止种杂粮；也有的开垦后即种杂粮 1～3 年，然后插杉。地主经营造林的方式一般有以下三种：一是地主自己雇佣工人直接经营，产出的幼林和杂粮收益都归地主，雇工只获得劳动报酬；二是地主把山地转包给农民，农民全家在山上搭茅舍居住，垦种和造林，所收杂粮归农民，幼林归地主，个别地主也支付给农民少许的劳动报酬；三是地主将山地出租给农民造林兼垦殖，约定产出杂粮全归农民所有，农民负责所造杉林的长期培育和管理，直到成熟后采伐，产出木材的收益地主得 1/3 左右，农民可得 2/3。

由于山地大都是地主的，山区农民只能向地主租佃垦种和造林。例如，福建省浦城县山区农民向地主租山地种植松、杉、竹、油桐、油茶等林木。种松、杉等用材树的，成林以后的收入，地主得四成，佃农得六成，也有三七开或二八开的。如种油桐、油茶和竹类，因成熟后每年有收入，佃农每年都要交租，大年交三至四成，小年交二成。在江西省乐安县，山林分为“山骨”和“山皮”，山地称为“山骨”，山地上的竹木称为“山皮”，农民租地主的山地种植树木(即山皮)需每年向地主(山骨所有人)交纳山租。山皮所有人砍伐竹木后即还山免租，山骨和山皮都可以典当或转让。浙江省江山县和福建省闽清县的情况与江西省乐安县情况相似。如浙江省江山县大陈乡一带荒山都由地主招人垦种，农民租佃荒山种植树木，其树木即归农民所有，农民每年需向地主交纳山租，其数额为每亩二三百文至五百文不等。农民可以将自己所种树木转卖或抵押给他人。农民租佃地主的山地，都要立下字据，写明租佃山地坐落地点、四至、林木分成办法和山租数额等，并需有见证人，此字据都由地主保存。

40 年代末，在福建省南靖县境内，距离溪水和圩场 5 里以内的山地，农民租佃的占 40%～50%，距离 10 里以上的山地，租佃的也占到 20%～30%。[②] 地主把山地租给农民，不仅采伐的木材要分成，租出时有的还要收地租。例如，贵州省有的县，农民插植 1 000 株杉木，需向地主交纳 1 200 斤

---

① 《中国林业》编委会.海南岛的林业概况[J].中国林业，1951，2(1).

② 福建省农林厅.福建省山权林权调查报告[J].中国林业，1951，3(1).

租谷。[①] 在山地杂粮和林木收获以前,农民要吃要用,又不得不向地主借"垫脚粮",地主则通过高利贷盘剥农民。杉木林虽然生长快,也要20年左右才能成材,农民发生经济困难,有时被迫以极低的价格把青山卖掉,将未成材的杉木林让给地主。有的农民不得不以林木为抵押向地主借贷,有的地主恶霸仗势强取豪夺农民的林木。由于以上种种原因,南方各省大部分杉木人工林为地主占有。例如,民国三十八年(1949年),湖南江华县的杉木林,地主唐惠卿占有30%,李沛然占有20%,周斓、刘兴、涂天觉、马仁胜、邱企藩等共占有30%,中农和贫农只占20%。[②] 在福建建瓯县阳泽、房村、霞抱三乡,仅占总户数5.82%的地主和富农占有62.12%的杉木林,每户平均4 414株,而占总户数87.22%的中农、贫农和雇农仅占有23.94%的杉木林,每户平均不过113株[③](详见表8-5)。

表8-5 福建省山权林权(三个乡典型调查)

森林占有者	户数		占有杉木			占有竹林/片	占有油茶/株	占有荒山/片
	数量/户	占比/%	数量/株	占比/%	每户数/株			
地主	71	3.56	479 206	58.08	6 749	57	1 198	109
富农	45	2.26	32 789	3.97	729	2	465	26
中农	583	29.24	105 712	12.81	181	8	179	293
贫农	1 020	51.15	84 531	10.25	83	5	260	218
雇农	135	6.77	8 568	1.04	63	—	—	5
小商贩	51	2.56	25 165	3.05	493	—	—	7
工商业者	87	4.36	88 185	10.69	1 014	—	—	3
祠堂寺庙	2	0.10	900	0.11	450	—	—	1
合 计	1 994	100.00	825 056	100.00	414	72	2 102	662

资料来源:南京林业大学遗产研究室.中国近代林业史[M].北京:中国林业出版社,1989:223.

(三)农民造林

南方山区的农民除如前述租佃地主的山地垦殖和造林外,也有在自家的小块山地上垦殖造林的。特别是某些山区有种植"女儿杉"的习俗,即在父母生了女孩后,在房前房后或附近隙地插植数十株杉木。到女儿长大,杉

① 贺延显在1983年3月林业部召开的林业史讨论会上的发言。

② 湖南省林业厅.湖南江华县森林破坏案件检查报告[J].中国林业,1951,2(1).

③ 福建省林业厅.福建省山权林权调查报告[J].中国林业,1951,3(1).

木也已成材，就采伐杉木为女儿置办嫁妆。

也有的农民会为了保护生产生活而自愿地种树造林。1909 年(宣统元年)，奉天省义州(今辽宁省义县)老爷岭大石头沟有农民从长白山带回红松种子，进行直播造林。可惜因遭受鼠害和抚育不及时，林木生长不良。吉林的白都讷地区(今吉林省扶余县)，严重的风沙经常破坏农业生产，因此当地农民就在自家农田间种植一些小型林网，用以防风护田。河北遵化县城东北沙河上游两岸的农民，为抵御洪水灾害，经过几年努力共同营造出一个两里宽、十里长的防洪林带。

有些地方的农民以林业为副业。例如，河北省固安县，抗日战争以前，出产柳条箱、簸箕、水斗等柳条器具，柳条箱曾运销大连、哈尔滨、上海、汉口、香港等地。当地许多农民以编柳业为副业，1 斤柳条可换 1 斤面粉，因此不少农民每年利用隙地种植杞柳。40 年代，在永定河两岸固安县属南关、公主府、横街、吕营、北关、河津、大龙堂、小龙堂等 17 年村就有杞柳林 1 586亩。① 广东省广宁县许多农民经营竹林，纺织竹器，民国二十二年(1933 年)该县竹林和竹器的产值达 2 000 万元。②

有的省，一些农民办林业合作社造林。民国二十一年(1932 年)，广西修仁县(今荔浦县修仁镇)桐木圩农民办了众志林业合作社，栽植油桐、油茶 350 亩。③ 民国二十二年(1933 年)，广东省农林局在番禺县试办村有林，并鼓励乡村的学校、团体造林。造林地可承领官有荒山荒地，造林经费由乡公款中支付或通过募捐、集股等途径解决，造林面积小的数十亩，大的千亩以上。④ 民国二十四年(1935 年)浙江省永嘉县农民办了造林合作社 20 个，共有社员 679 人，当年造林 5 570 亩，植油桐、油茶、毛竹、马尾松等树木 2 万多株。⑤

四、革命根据地和解放区造林

中国红色政权的革命根据地和解放区大多处于山区，农民除从事农业生产外，也栽培各种树木、编制竹器、造土纸等。为了发展生产，革命根据地和解放区政府提倡植树造林。

(一)党政军民学植树造林

1927 年，毛泽东在江西省西部建立了井冈山革命根据地。根据地的工

① 李霆.固安的杞柳林和柳编业[J].中国林业，1950，1(2).
② 叶展玉.广宁县林业考察之感想[J].农声，1933(161).
③ 陈嵘.历代森林史略及民国林政史料[M].南京：金陵大学，1934：163，171.
④ 佚名.农林局计划设置村有林[J].农声，1933(164).
⑤ 君武.浙江永嘉推进林业合作社[J].林学，1936(6).

农兵政府领导农民分配土地，发展生产。1928 年，毛泽东率领红军战士在井冈山革命根据地的永新植树造林。1929 年，毛泽东、朱德率领红军主力由井冈山向赣南转移，建立了赣南革命根据地。毛泽东在根据地进行了农村调查，1931 年，他写了《兴国调查》一文，认为山上无森林是造成水旱灾害和人民经济困难的原因。中央革命根据地建立不久，1932 年 3 月，在中华苏维埃人民委员会第 10 次常委会上通过了《对植树运动的决议》。此后，革命根据地就开始宣传贯彻植树运动。1933 年，红都瑞金的地方苏维埃在普及推广种树运动的同时，也结合本地实际情形提出了植树运动的具体要求：要求在适宜造林的季节每人种十棵树，逐步实现瑞金荒山野岭的绿化。其他各革命根据地的苏维埃政府也都具体安排了造林护林的活动，如福建苏维埃和湘赣苏维埃提出，应当通过宣传鼓励、支持农民自觉自愿地开展造林活动，同时要保障劳动群众的合理收益。

1938 年 2 月，陕甘宁边区政府建设厅，为彻底解决西北大陆性气候带来的不利影响，积蓄水源，增加降雨量，保护农业生产和防止水土流失，大力提倡植树造林活动，并发动边区的各界人士共同参与。1939 年，陕甘宁边区农业学校植树达 10 万株。1941 年，陕甘宁边区政府确定边区的林业工作任务为：(1)在没有森林的地方造“气候林”(即防护林)；(2)对有森林的地方进行合理的开发和保护，保障人民生活和工业发展所需的木材。为此，要在三年内投资 10 万元，集中力量在边区内必须造林的地方植树造林，讲求实效。① 根据陕甘宁边区政府建设厅统计资料，全边区 1938—1942 年植树 260 多万株，其中 1938 年 45.72 万株，1939 年 139.92 万株，1940 年 51.49 万株，1942 年 25.98 万株。为了供应植树造林用苗，边区建立了苗圃四处，其中一处由边区林务局直接经营，另外三处分别设于绥德、子长、清涧三县。边区林务局的第二模范林场也进行育苗造林工作。1943 年，陕北开展大生产运动，同时提倡植树造林。到 1946 年，以张家畔为中心，长 80 里、宽 50 里的荒滩上造起了绿油油的森林，共植树约 500 万株。② 1944 年，毛泽东在延安大学开学典礼的讲话中提出，要帮老百姓制订一个植树计划，在十年内将历史遗留的秃山都种上树，还号召延安人民每户种活 100 株树。

1942 年以前，山东解放区的生产工作主要是开荒、打井、植树等，当时许多山是公山，或为地主恶霸所占据。山权问题未解决，群众对植树并不积极，成活率很低。到 1945 年秋冬，许多公山分配给农民所有，他们植树的积

---

① 武衡.抗日战争时期解放区科学技术发展史资料(第二辑)[M].北京：中国学术出版社，1984：36，330.

② 范学圣.陕北靖边的群众植树运动[J].全国林业业务会议专刊，1950.

极性就高涨起来。[①] 抗日战争时期，日本侵略军在华北一带进行了残酷的“扫荡”。但是，在战争之余，在根据地政府的组织下，华北人民仍然积极植树造林。1940 年，晋察冀边区五台、灵丘、平山等 25 县共种桃、杏、柿、枣、花椒等果木 31 万株，其他树木 215 万株，平均每人植树 10 株以上。1941 年，晋西北保德、宁武、临县、方山等 26 县共植树 61 万株。[②]

1946 年晋察冀边区行政委员会颁布了《奖励植树造林办法》，奖励人民群众育苗和造林。1948 年，冀中行政公署将“保护和奖励植树造林”作为恢复和发展农业生产七项办法之一。同年，北岳行政公署提倡延长造林时间，扩大造林面积，每年于春季、雨季和秋季都造林，荒山、河川、地边、路旁、街道隙地都植树。一方面，号召有什么树种就种什么树；另一方面，有计划地推广松类和果木树。北岳行政公署要求所属各县制订 5 年、10 年，甚至更长时间的长期造林计划，逐年实施。克服有号召无组织、有布置无检查的官僚主义作风，切实搞好造林工作。山区各村都根据本地具体情况，避开牛羊道，划定禁山。封山以后，杂草灌木生长，土层逐渐增厚，残存的林木天然下种，加上人工补播，很快就形成新林。1948 年秋季，河北、山西北部涞源、涞水、蔚县、涿县、易县、宛平、浑源、繁峙、广灵、灵丘等县采集大量油松、刺槐、椿、槐等树木种子，并支援附近其他县，开展育苗造林活动，要求每个区至少设三处苗圃。在树苗出卖以前，苗圃地免纳农业税，政府根据需要供给树木种子和派人做技术指导。山区每村都要有禁山一片，播种核桃、杏、椿、荆条等树种，每人每年要播种 5～10 棵。唐河、沙河、拒马河、易河、水慈河、滹沱河、桑干河等河流两岸都广植杨柳。政府号召机关、学校、团体、企业和后方部队积极植树造林，为人民群众做表率。

1949 年华北等解放区发展农林业生产形成高潮，植树造林运动有较大发展。河北省行唐、曲阳、正定、新乐、无极、藁城六县沙害严重，其中仅老磁河神道滩、沙河破堤滩由河流改道形成的沙荒即达 9.2 万亩。风沙侵害农田，摧毁禾苗。新乐县黄家庄等四个村庄，10 年内有 52 口水井被沙堵塞，有 1 500 亩水浇地被沙淹没。该县 85 个村庄，犯风地占耕地总面积的 52%。1949 年的一场大风，使全县 19 万亩麦田和豌豆受灾，减产六成。为了抗御风沙危害，华北人民政府冀西沙荒造林局于 1949 年组织当地农民群众在老磁河神道滩等沙区造防护林 56 010 亩，集体种植杨、柳、枣、杜梨、刺槐、紫槐等 6 123 324 株，带动农民个人植树 2 917 178 株，造起了农田防护

---

① 薛暮桥.抗日战争时期和解放战争时期山东解放区的经济工作[M].北京：人民出版社，1979：35.

② 《林业史志》编写组.山西林业史资料（油印本）[M].山西：山西省林业史志略编写组，1984.

林带和林网。冀西 17 个县在 1949 年雨季和秋季参加集体造林的农民共计 188 900 人。行唐县故郡村建立了造林合作社，雨季时仅有社员 180 人，秋季就增加到 317 人。造林合作社带动农民群众共同造林，绿化了大片沙荒。

察哈尔省在发动群众造林方面积累了很好的经验。1949 年，省人民政府主席和万全等县县长亲自率领机关干部下乡植树，起带头作用，鼓舞广大群众踊跃参加植树造林活动。省政府制定出“谁种的树归谁所有”的政策和相应的护林措施，增强了人民植树造林的信心和勇气，群众的积极性高涨。天镇县永嘉堡的刘文才夫妇及其女儿五天时间完成了 1 000 多棵树的种植，一些地方的共产党员、青年团员带领群众一起参与植树活动。万全县红乔堡村的共产党员带动全村 330 名农民植树 5 157 株，在造林运动中还开展了挑战竞赛。结果，全村 95 名妇女植树 4 000 多株，260 名青年男子植树 4.8 万多株，甚至有 61 名儿童也完成植树 650 株。为了提高植树造林的质量，万全县洗马村请有经验的老农给农民群众传授技术，蔚县李家碾村组织 70 多名女农民到植树成活率高的上碾头村参观学习。[①] 由于各级政府抓得比较紧，1949 年，察哈尔省植树造林40 277 740株，其中春季11 429 610株，雨季12 290 152株，秋季16 557 978株。河北省植树造林88 953 283株[②]，其中春季16 900 593株，雨季17 052 690株，秋季55 000 000株[③]。

(二)农民互助合作造林

随着农业互助合作运动的发展，解放区也开展了互助合作造林。农民们自动组织起来，有树秧的出树秧，有劳力的出劳力，有土地的出土地，进行互助合作造林。由于明确规定入股分红办法，把个人利益同集体利益结合起来，农民群众积极性很高，逐渐由散漫的零星植树发展成大面积的植树造林。在华北解放区，互助合作社造林有下列几种形式：

(1)伴栽树，也叫捎种树。这是最简单的一种互助造林方式。就是有树秧和劳力的人同有土地的人合伙造林，一般对半分红。1940 年，河北省宁晋县佃户营村农民马老齐到处找人合伙造林，出造林地的人占五成股，出树苗的人占二成半股，他出劳力栽植，也占二成半股。到 1948 年，全村有 25 伙“伴栽树”，每伙两到三户农民，共栽核桃、杏、柳等树木 100 多亩。1949 年河北省唐县西关村农民陈大群等无造林地的人同有造林地的农户合伙栽树 2 000 多株。

(2)合作造林小组。这是数户农民自愿结合共同造林的一种组织形式。

---

① 牛启年.察哈尔省发动群众造林的经验[J].全国林业业务会议专刊，1950：29-31.

② 察哈尔省农业厅.察哈尔省林业概况[J].中国林业，1950，1(1).

③ 佚名.河北省 1949 年林业工作总结[J].中国林业，1950，1(1).

河北省西部沙荒地区农民为防御风沙在耕地边缘造防风林带而自愿组织起来的“树会”或“拨子会”，就属于这种类型。一般是十户八户结合在一起，造林时均摊劳力、树秧，造林后大家共同保护。林带占了谁家的土地也作股，与栽树的股对半分红。例如，河北省晋县赵兰庄，1943 年由郑洛喜发起组织合作造林小组共同造林，5 户为一小组。1947 年，在冀中行政公署造林工作队的帮助下，合作造林小组很快发展到 17 个，全村一半农户参加到合作造林小组中来，造林 1 600 多亩。[①] 1948 年，晋县人民政府规定沙荒地造林不交公粮，合作造林小组很快发展到十几个组，全村 560 户农民，只有少数几户未参加，共造林约 4 000 亩。1949 年秋季，河北省邢台县白岸、大河、将军墓、南峪、东庄等村组织合作造林小组在荒山播种造林。分红办法为出坡地的得三成，出劳力的得七成。共播种栎实 2.8 石，播种面积 1 048 亩。[②] 合作造林小组每组参加的农户较少，组织灵活，又是自愿结合，所以农民欢迎这种组织形式。在荒地面积较小且荒地大多私有的地区，合作造林小组发展很快。

(3)村造林合作社。这是一种全村农民集体合作造林的组织形式。1945 年，河北省无极县北牛村在农会主任魏洛展领导下成立的造林护林委员会就属于这种类型。该委员会把全村农民编成 4 个大组、25 个小组，每个小组 8 户。每户平均出工，利用公有的杨、柳树秧，在公有荒滩上造林，收益按户分配。这种合作造林组织，规模较大，公私利益密切结合，便于开展大面积造林，但收益按户平均分配，大家吃“大锅饭”，有的农民参加造林不积极，造林质量不好，“只管栽不管活”；有的社到造林时临时编组，没有固定小组，小组的人前后有变化，不便于公平计股分红，群众有意见。经过总结经验教训，后来有所改进。例如，1949 年，河北省行唐县故郡村造林合作社，利用公有树秧在公有荒地上造林，出一工即算一股；北高里村造林时，农民个人出树秧也明确计股分红，这样就促进了农民合作造林的积极性。1949 年秋，行唐县故郡村等 14 个村的造林合作社营造防风林网 7 500 多亩。

(4)联村造林合作社。这是两个以上村庄的农民联合造林的组织形式。河北省新乐县西五楼村有树秧无造林地，木运铺村和三合铺村有造林地但无树秧，这三个村就成立联村造林合作社共同造林。1949 年，这个联村造林合作社植树 23 000 多株，由三村共同保护。收益分配是：出树秧和劳力的西五楼村得五成，出造林地的木运铺村和三合铺村共得五成。1947 年，山西省繁峙县也曾建立二村联合和四村联合的造林合作社。这种合作造林

---

① 姜中.合作造林的好榜样——晋县赵兰庄的树会[J].中国林业，1950，1(4).

② 田颂敏，等.邢台县 1949 年的山荒播种造林工作检查[J].中国林业，1950，1(3).

组织因跨数村，不易巩固，所以发展不多。

(5)公私合作造林。即林业机关出树苗，农民出劳力，合作造林。例如，1949年，冀西沙荒造林局出树苗、河北省行唐县新安村等三个村的造林合作社出劳力，将附近的5 000亩国有沙荒分为三片，都造上林，收益分配定明是公三私七。当时政府造林经费不多，农民又有剩余的劳力，合作造林，相得益彰，使国家利益和农民利益相结合，可以进行较大规模的造林，农民群众也很欢迎。

第三节　近代中国林产品加工

中国历史上很早就开始对林产品进行加工和利用，但是传统的技术手段没有跳出手工作业范畴。19世纪末期至20世纪初期木材加工开始采用机械化生产，但由于受到帝国主义和官僚资本主义的压迫，木材加工工业发展缓慢。在上海等沿海城市先后设立了几家锯木厂、家具厂等工厂，规模都很小，机械化程度很低，生产效率低，工人劳动强度大，且作业过程很不安全。鸦片战争之后，外国商人开始在中国开办木材厂，经营家具板材等项目。由于外商比国内的商人资本雄厚，同时依靠不平等条约给予外商的多项特权，把国内商人挤压得无法生存，严重阻碍了国内木材加工业的正常发展。但是，外商引入了西方较先进的木材加工技术和机器设备。

中国的多种林产品是最重要的工业原料，或为人民生活所必需。四川、湖南等省的桐油，陕西、湖北等省的生漆，浙江、广东等省的松香，四川、浙江等省的白蜡，台湾、福建、江西等省的樟脑，四川、湖南、湖北等省的五倍子等，产量和质量都居世界前列，在国内外市场颇受欢迎。但是，这些林产物的采集和加工一直沿用传统的土法，大多由农户零星生产，未形成较大规模的林产制造工业。

一、木材加工和利用

近代中国的木材加工业有锯木、胶合板制造、家具制造、造纸、烧炭和木材干馏等业务类型。生产规模较大的是锯木业，锯木业中又以外资企业的比重更大。

(一)锯木

锯木加工分华资经营的锯木厂和外资经营的锯木厂。

1.华资经营的锯木厂

近代以前，我国已有手工锯木厂的存在。如19世纪初的清嘉庆年间，陕西周至的山区就有这样的木厂。木厂采用现场伐木当即锯制的作业形式，周围五六尺至七八尺的木段都锯解成橔枋，长 8～13 尺、宽 1.2～2.4 尺；周围六七尺至八九尺以上的大木段，通过树心锯解成几个橔枋，边材部分用斧锛平。如木段周围仅四五尺，则四面锛平，做成独料，周围再小的木段都锯成板子。板子有寸板、分板之分，规模较大的木厂有几千名工人，因而以锯木业为生的当地人有好几万。早期的这些锯木厂，都是用锛、斧、手锯等工具进行手工作业的。

光绪年间，中国民族锯木业初步发展。光绪四年(1878 年)，观察到上海租界建筑房屋对木材的需求很大，张子尚等几名华商就在上海董家渡建立了一个规模不大的锯木厂。由于营业日盛，于是扩大工厂面积、增加设备投入，把经营规模做大。光绪三十二年(1906 年)，华人林应群在上海投入 28 万银元开办晋昌机器锯木厂。光绪三十年(1904 年)吉林松花江岸也曾有华资兴办的机器锯木厂出现，但是没过多久就都倒闭了。民国元年(1912 年)，该锯木厂转手永复林业公司，恢复营业。但由于资本单薄，经营不善，不久再度倒闭。民国五年又转手东三省林务局，兼营伐木、锯木业务。其后，这家锯木厂由松花江林业公司集资 35 万元继续经营下去。在哈尔滨还有华商经营的同茂东锯木厂和集成锯木厂等，生产能力每日每厂为数千立方英尺[①]。南方木材产区福建省的锯木业，随着伐木业的发展而有所发展。民国八年(1919 年)，福州较大的锯木厂有 8 家，其中半数为华资经营，还有两家为中日合资经营(见表 8-8)。

表 8-8　福州的锯木厂

单位：根/日

锯木厂	性　质	生产能力	产　品
建兴公司株式会社	中日合资	400～500	石油箱、茶叶箱
祥奉木行	英资	400～500	板子
泰通锯木厂	中日合资	100	板子
福益锯木厂	华资	200～300	箱板
协利锯木厂	华资	100	板子
义昌盛洋行	日资	300	板子
新记锯木厂	华资	200	板子
福兴锯木厂	华资	200～300	板子

资料来源：谢鸣珂.福州木材集散之状况[J].森林，1921，1(2).

① 英尺与英寸是 12 进制，1 英寸＝2.54 厘米，1 英尺＝12 英寸＝30.48 厘米。

此外，京奉铁路局于民国三年建立了锯木厂，拥有带锯、圆锯等锯机多台。该厂产品全部供京奉铁路局制造车辆之用。其他铁路局也先后设立锯木厂，生产铁路局自用的锯材。国民党政府时期，锯木业主要集中在几个大城市。同北洋政府时期一样，许多锯木厂是外商办的。抗日战争以前，上海是国内最大的工商业城市，拥有100多家木材行号，这些商号大都兼营锯木业。抗日战争胜利后，因建筑业发展，锯木业也随之兴旺起来，木材行号发展到1 000多家，其中锯木厂达117家。但较大的锯木厂如汇芳、联大、三井、三河、启明、和洪等厂都是外商办的，民族资本经营的锯木厂，以财记、荣茂两家较大。民国三十五年(1946年)，由于日本投降，日商经营的三井制材工场和扬子江木材厂都作为敌伪财产由国民党政府经济部苏浙皖区特派员办事处接收。这两个制材厂之后经营不善，生产每况愈下。

华中重镇武汉抗日战争以前只有锯木厂两三家，抗日战争胜利后也不过35家，其中大部分是抗日战争时期日本人开办的。抗日战争胜利后国内商人利用它们残存的机器设备继续开展木材加工业。因为这些机器相当老旧残缺，生产效率和产出能力都非常低下。较有规模的武汉锯木厂也只有四台大小不同的圆锯，其他如截锯、齐边锯、拼板机和企口板机都只有一台。寿康祥锯木厂只有一台小带锯和一台大企口板机。整个武汉市的锯木厂每月最多能生产4万立方米的木材产品，大都在武汉销售，小部分销往长沙、郑州、西安等地。[①]

广州地区没有一家大型的锯木厂，因为这里的木材多是径级较小的杉木和一些樟木。抗日战争胜利以后，广州共有锯木厂50～70家，系用圆锯锯解杉木和少数阔叶材，每日约可产板材6万平方尺[②]，年产量约150万平方尺。此外，也有用手挽锯锯解木材的。抗日战争时期，日本人在广州曾经开办一家大型的锯木厂，设备包括三台带锯和三台运材装置，一台并列锯、一台圆锯和一台截锯，每天的板材产出量可达5万平方尺；同时还开办了附属性的箱板厂和木工厂，其中箱板厂有15台圆锯，木工厂有两台圆锯和一台刨光机。抗日战争胜利后，国民党政府接收该厂，予以标售。

福建输出的木材以杉木原条为主，所以锯木业发展较慢，一直到抗日战争时无大力发展。抗日战争时期，外界对成品木材的需求增加，因而福州才开始发展锯木业，福州的锯木业主要是锯松和锯杉两种类型。一般杉木径级较小，多制成小方材，故锯材多用圆锯。松木径级较大，都制成较大的方

① 贾铭钰，王傅槐，朱文骅.武汉木材产销调查报告(铅印本)[M].武汉：中南军政委员会农林部，武汉大学农学院森林系，1950.

② 1尺^2＝0.111 1米^2。

材和板材，因此多使用带锯。1940年福州已经出现63家锯杉厂，大部分是股份合作式经营，小厂有资金一两千元，大厂资金在万元以上。厂内职员少的仅两到三人，多的十多人；工人少的仅数人，多的五六十人，每厂有锯木机少则一到两台，多则八九台。福州锯松厂的规模要比锯杉厂更大一些，1940年福州共有六家锯松厂，有独资经营的，也有合股经营的。锯木机小厂有数台，大厂则多达20余台。厂内职员平均10人，大厂20多人，工人自四五十人到100多人。资金额最小的厂仅5 000元，最大的厂达15万元。[①]

抗日战争胜利后，台湾省原有的460家制材厂，因为原木材料短缺，其中的180个厂家停止运营，剩余工厂的全部产出量不足原生产能力的30%。[②] 在全岛制材厂中有14家大厂，为台湾省农林处林产管理局直属。抗日战争胜利后，东北地区一共有160家动力设备大于50马力的制材厂，每年产出的木材制品超过430万立方米，这些制材厂大多分布在吉林和松江两地(见表8-9)。如果以动力设备在51～100马力的厂为小型厂，101～300马力的厂为中型厂，301马力以上的为大型厂，则中型厂占多数(见表8-10)。此外，东北全境还有动力设备在50马力以下的规模较小的制材厂约300家，许多制材厂不久相继倒闭。

表8-9　东北制材厂情况

省　份	制材厂/家	动力/马力	年制材能力/米^3
黑龙江	14	3 671	479 900
合江	22	4 817	663 400
兴安	4	329	33 900
嫩江	7	912	100 700
松江	33	9 245	1 116 500
吉林	50	10 112	1 226 700
辽北	1	120	19 300
辽宁	23	3 678	429 700
安东	6	1 510	257 000
合　计	160	34 394	4 327 100

资料来源：国民党农林部档案。

① 翁礼馨.福建之木材[M].福州：福建省政府秘书处统计室，1940：118-199，131-132.
② 蓝高梓.台湾之林业及森林资源[J].林产通讯，1947，1(4).

表 8-10　东北各类型制材厂

工厂类型	厂数/家	拥有动力/马力	每厂平均动力/马力
小型厂	40	2 677	67
中型厂	85	15 134	178
大型厂	35	16 583	474
合计	160	34 394	215

资料来源：国民党农林部档案。

东北地区于 1948 年后，48 家制材厂被东北林务局接管，并合并调整成 28 家。1949 年当地产出 60.3 万立方米锯材。①

2.外资经营的锯木厂

自从鸦片战争后资本主义列强入侵中国，它们就开始不停地向我国国内市场倾销木材，并且垄断和控制中国的锯木业。英国商人早在 19 世纪 60 年代就在上海开办了砖瓦锯木厂。1884 年英商又在上海开办了祥泰木行，主要从事木材贸易，后来又增办了辅助木材业务的锯木厂。1901 年，俄国中东铁路公司在东北地区松花江岸开办一家锯木厂，拥有六台机器设备，夏季每天两班生产，平均每天可生产 1 万立方英尺木料，每年可产出几百万立方英尺的成材。1903 年，日商与俄商又分别在吉林大沙子和黑龙江亚布力开办锯木厂。1908 年日俄战争后，日商大仓组在奉天安东沙河镇建立了制材工厂。

北洋政府时期，东北地区的锯木业控制在日本人的手中。1913 年，日商大仓组原来设在安东沙河镇的制材工厂改称秋田木材会社，在六道沟开设制材工场。1915 年大仓组和鸭绿江采木公司共同投资 50 万日元，开办了鸭绿江制材无限公司。该公司拥有 538 马力的电力和蒸汽动力，雇佣工人 1 000 多名，每年的原木加工量为 37 万尺缔②，主要产品是货箱板和建筑用板。到 20 年代，安东已有 18 家机器锯木厂，几乎都是日商开办的。其中安村木材实业会社拥有资金 100 万日元，鸭绿江木材实业会社拥有资金 50 万日元，加雷、满鲜、宫下、满洲、贺阪等锯木厂拥有资金 5 万～15 万日元不等。安东锯木厂的产品，一部分供应华北各口岸和沈阳，一部分经朝鲜运往日本。这一时期，吉林出现的十几家机器锯木厂中有一半都是日商经营的；哈尔滨的制材株式会社也是日商经营的；东北地区其他城镇如大连、抚顺、长春等地均有日商经营的锯木厂。

俄国商人在东北锯木业中也占据一定席位。1905 年俄商斯基达尔就

① 《当代中国》丛书编辑部.当代中国的林业[M].北京：中国社会科学出版社，1985：103.

② 尺缔为日本材积单位。1 尺缔＝12 尺^3＝0.444 米^3。

在苇沙河开办了一个规模较大的锯木厂，但到1918年即停止生产。斯基达尔在九节泡也设有锯木厂，年生产能力为100万立方英尺，该厂除锯木外，还生产地板和门窗框，1929年该厂因失火被焚毁。斯基达尔在马桥河还设有锯木厂，每年生产薄板100万平方英尺远销日本。1925年，俄商葛瓦里斯基在哈尔滨开办的锯木厂，每年产出1 000平方英尺的板材。1928年，葛瓦里斯基又在横道河子开办锯木厂，每年可产出30万立方英尺的板材。此外，在亚布力也有葛瓦里斯基开办的锯木厂。与此同时，中东铁路公司在石河子开办一家制木厂，专业经营木地板业。这家工厂生产的地板有两种：一种为粘贴式，为用厚1俄分[①]的桦木小方块拼砌成棋盘状，粘于2阿尔申[②]见方的松木托板上，用机器压紧；另一种为镶嵌式，为用桦木制成长15～18俄分、宽3～4俄分、厚1俄分的企口地板。1927年，该厂制成镶嵌式地板6.5万平方英尺。1928年，该厂制成粘贴式地板3 000平方英尺、镶嵌式地板1.65万平方英尺，这些地板在东北畅销，并有部分输往国外。[③]

(二)胶合板

胶合板也是木材加工的一项重要成品。国外于20世纪初开始出现胶合板工业，中国则于20世纪20年代才开始出现。1924年，波兰商人在哈尔滨香坊开办了一个生产胶合板的木材实业公司，当时在东北属于唯一生产胶合板的厂商。后来由于各国资本势力的争夺，该公司几经波折，先后被英商和日商控制，日本人更是将其更名"平和洋行株式会社"，一直经营到日本战败投降为止。[④] 俄商葛瓦里斯基1925年在哈尔滨开设的锯木厂，不仅生产箱板材，同时也生产胶合板，每年可产出近500万平方英尺的胶合板。[⑤] 战争期间日商接管该厂，并更名为哈尔滨合板株式会社。

近代，日本大量向东北倾销胶合板，导致东北的胶合板业发展很慢。"九·一八"事变后，日吉川商会在大连开设满洲合板工业株式会社，年产胶合板800万～900万平方英尺。日本侵略东北时，各厂布局、拥有机器设备和年产量见表8-11。表中所列9家胶合板厂，前3家是原有的，后6家是计划新建的。到1945年日本无条件投降时，蛟河、汪清、长春三厂已建成，而沈阳、哈尔滨、牡丹江三厂尚未竣工投产。

此外，沈阳还建成一家东绵化成工业会社，每年生产航空工业用胶合板

---

① 1俄分=25毫米。

② 阿尔申为俄制长度单位，1阿尔申=0.71米。

③ 莘庵.东三省制造木材事业[J].中东经济月刊，1930，6(8).

④ 黑龙江省林学会.东北的林业[M].北京：中国林业出版社，1982：615-616.

⑤ 莘庵.东三省制造木材事业[J].中东经济月刊，1930，6(8).

540 万平方英尺，该厂无单板旋切机，而用别厂旋切的单板进行涂胶压制。长春计划建立一家松桑木材株式会社，每年生产胶合板 60 万平方英尺，但直到日本投降时仍未建成。东北地区是胶合板业的主要集中地，但国内其他地方也有个别类似的木材加工厂。比如上海就有许多夹板厂，1937—1938 年的年产量达 2 000 多万平方英尺（见表 8-12）。抗日战争时期，上海有日商开办的扬子江木材厂，日本投降后，由华商接手经营。

表 8-11 日本侵占东北时的胶合板厂

厂址	厂名	拥有机器设备	年产量/英尺^2
哈尔滨	哈尔滨合板株式会社	7 英尺旋切机 2 台，热压机 2 台	14 000
长春	大陆科学院胶合板厂	7 英尺旋切机 1 台，4 英尺合板带锯 1 台，水压机 1 台	2 700
大连	满洲合板工业株式会社	7 英尺旋切机 1 台，4 英尺合板带锯 2 台，水压机 1 台	9 000
蛟河	满洲合板工业株式会社	7 英尺旋切机 2 台，4 英尺旋切机 2 台，3 英尺旋切机 1 台，水压机 1 台	18 000
汪清	东兴木材工业株式会社	7 英尺旋切机 2 台，4 英尺旋切机 2 台，水压机 1 台	14 400
长春	满洲航空木材工业株式会社	7 英尺旋切机 1 台，4 英尺旋切机 1 台，热压机 2 台	9 000
沈阳	特殊木材工业株式会社	7 英尺旋切机 2 台，4 英尺旋切机 2 台，水压机 1 台	14 400
哈尔滨	松江胶合板株式会社	7 英尺旋切机 2 台，4 英尺旋切机 1 台，水压机 1 台	10 800
牡丹江	海林木材株式会社	7 英尺旋切机 2 台，4 英尺旋切机 1 台，水压机 1 台	9 000
合计			101 300

资料来源：东北物资调节委员会研究组.林产（东北经济小丛书四）[M].沈阳：中国文化服务社，1948：109.

表 8-12 上海祥泰木行夹板厂年产量

树种	层数	厚度/毫米	年产量/英尺^2
柳桉	3	4	18 900 000
白杨	3	4	915 000
黄花松	3	4	52 000
花旗松	3	4	48 500
柚木	3	4	39 500

续表

树　种	层数	厚度/毫米	年产量/英尺^2
柳桉	5	6	373 500
柳桉	7	9	70 500
其他	—	—	10 200
合　计	—	—	20 409 200

资料来源:余乃休.中国木材加工工业的他山之石——英商祥泰木行(续)[J].木业界,1947(9).

(三)家具

作为木材加工业的一个组成部分,家具制造业在近代也得到一定的发展。各资本主义商人一边向中国大肆输入产品,一边又在中国境内投资办厂,其中也不乏家具制造类工厂。英国商人于1885年率先在上海成立福利家具公司,使用机器设备取代手工来制作家具。此后英商又陆续在上海开办了几个用机器制造家具的工厂,包括1904年的美艺木厂和1920年的贝东有限公司。美国商人于1928年投资20万两在天津建立了经营家具的大来木行。①

民国以后,华人经营的家具业也有所发展。1920年,全国家具业共有13 983户,工人总数达26.27万人,年产值可达2 736.8万元。20年代时国内家具的制造也已相当专业,分为中式家具和西式家具两类。国内传统的中式家具制作都是手工作业且大多是个体经营,几乎未使用过任何先进的机器设备。近代外国商品不断输入我国,西洋家具也同样被引进和推广。以上海、宁波,以及广东、福建的沿海城市推广较快,款式有法式、英式和德式。1933年,全国家具制造业总产值1 268.89万元,其中手工业产值1 188万元,占93.6%。②

(四)造纸

作为中国传统的四大发明之一,造纸在中国的历史可谓源远流长。造纸业也属于木材加工的一种行业,包括手工造纸和机器造纸两大类型。

1.手工造纸

手工造纸是中国自古以来传统的造纸手段,机器造纸的出现要比它晚得多。手工造纸业在中国各地都有不同程度的存在,以安徽、四川、浙江、福建和江西等省分布最多,其次是广东、湖南、湖北和江苏等地。1932年,全国手工纸产量达36.3万吨,是历史最高峰。1949年仅产12万吨。

---

① 陈真,姚落,逄先知.中国近代工业史资料(第二辑)[M].上海:三联书店,1957:267.

② 彭泽益.中国近代手工业史资料(第三卷)[M].上海:中华书局,1962:814-815.

据传，1883 年以前，江西省瑞金、石城两县都是产纸地区。在金精谷有一万多株竹子，有魏松园、李啸峰二人，到石城横江请来造纸师傅，开始伐竹造纸。为了不断供应造纸原料，还每年种植一些竹子，他们所造的纸张运往省城销售，收入逐年增加。十年后，每年利润达 20 万元。因此，附近居民竞相仿效，当地造纸业日益兴旺发达。据北洋政府农商部的数据统计，1915 年到 1918 年江西省的纸张产值是全国第一的，约合每年 800 万元，在全国手工纸张总产值中占据 20%。①

福建也是全国主要的手工纸张生产地，全省在抗日战争前后约有 1 万个造纸槽户，近 6 万名纸工。战争爆发大大影响了纸张的销售，导致造纸槽户越来越少。1939 年，因纸张的需求突然增加，并且洋纸曾被禁止输入国内，福建的手工造纸才开始慢慢恢复。1936—1939 年，福建各地造纸槽户和纸工人数见表 8-13。

表 8-13　1936—1939 年福建省造纸槽户和纸工统计

地　区	县　数	类　别	1936 年	1937 年	1938 年	1939 年
福建省	44	纸槽户数/户	10 730	10 700	10 464	10 815
		造纸工人数/人	64 136	63 013	59 138	66 024
闽江流域	23	纸槽户数/户	4 676	4 976	5 063	5 053
		造纸工人数/人	32 698	31 681	32 500	33 387
汀江流域	5	纸槽户数/户	2 839	2 714	2 584	3 112
		造纸工人数/人	19 324	19 414	15 575	20 843
九龙江流域	5	纸槽户数/户	1 184	991	810	803
		造纸工人数/人	4 804	4 333	4 058	4 553
晋江流域	2	纸槽户数/户	169	200	244	326
		造纸工人数/人	571	646	730	1 390
木兰溪流域	2	纸槽户数/户	389	430	382	146
		造纸工人数/人	1 529	1 674	1 206	442
闽东各流域	7	纸槽户数/户	1 473	1 389	1 381	1 375
		造纸工人数/人	5 210	5 265	5 069	5 409

资料来源：林存和.福建之纸[M].福州：福建省政府，1941：73，79.

福建省造纸槽户分专业槽户和兼营槽户，专业槽户俗称“长槽”，长年生产，其规模较大，设备较周全，产品较多，纸工也较多。1939 年，专业槽户有

① 浙江省政府统计会.浙江之纸业[M].杭州：浙江大学，1930：62.

3 000 多户，约占槽户总数的 1/3，兼营槽户有 7 000 多户。兼营槽户俗称"短槽"，只有农闲季节造纸。产纸各县原料丰富，造纸工序虽繁多但操作不太困难，所需工具虽多但不复杂且容易添置。在农闲时，农户一家老幼共同操作，可雇工也可不雇工，生产成本低而有利可得，所以兼营槽户反而比专业槽户多。专业槽户长年造纸，设备好，经验多，其产品质量当然比兼营槽户好。据郡武等 15 县调查，每一槽户的纸工人数一般为 10 人，最多的达 36 人。福建全省每年产纸张十万担，以闽江流域各县产量最多。表 8-14 为福建省 1936—1941 年产纸量。

表 8-14　1936—1941 年福建省产纸量

单位：担

地　区	1936 年	1937 年	1938 年	1939 年	1940 年	1941 年
全省	819 740	860 450	624 050	886 210	724 244	426 138
闽江流域	500 900	481 510	253 850	395 020	325 700	240 010
汀江流域	210 100	202 070	195 000	316 060	220 734	125 758
九龙江流域	134 710	114 650	136 840	134 070	164 400	52 850
晋江流域	42 980	34 210	12 780	22 040	6 210	5 220
木兰溪流域	10 200	10 240	1 300	1 080	—	—
闽东各流域	19 850	17 760	24 280	17 940	7 200	2 300

资料来源：福建省政府秘书处统计室《统计副刊》，1942 年第 47 期。

毛边纸为福建长汀的重要产品，这种纸质量好，经久不变色，最适于商店用毛笔记账，所以销路很广，西及湘、粤，南达南洋。太平洋战争爆发以前，在厦门、香港市场，长汀毛边纸是首屈一指的。抗日战争初期，长汀全县仅产纸 2 万担，价值 200 多万元。1941 年增产至 10 万担，价值 1 500 万元。长汀有纸槽 500 个，300 多个造纸作坊，1 万多名造纸工人。全县居民 3.5 万户，其中 70%都从事与造纸相关的业务。有的伐竹子，有的烧石灰，有的挑木炭，有的直接造纸。1941 年春夏之间，长汀纸每担 130 元，秋季涨至 160 元，年底涨至 180 元。1942 年春季更由 200 元涨到 300 元。尽管如此，纸张涨价的幅度仍低于其他商品，如阴丹士林布每匹 1941 年为 220 元，到秋季涨至 400 元，1942 年更涨至近千元。又如食盐每包 1938 年为 3～4 元，1939 年涨至 5 元，1940 年猛涨至 40 元，1941 年上半年为 70 元，1942 年更涨至 180 元。因此，银行和商号都囤积涨价商品，给造纸业的贷款越来越少，使造纸业日益走下坡路。①

四川省手工造纸业也很发达，夹江、梁山、铜梁、广安四个重点县，抗日

① 陈翰笙.利贷资本与手工业[J].中国工业，1942(6).

战争时期共有造纸槽户 4 065 家，其中夹江 1 958 家，梁山 1 165 家，铜梁 591 家，广安 351 家。纸槽为手工造纸的主要工具，纸槽一具为一个制造单位，每家槽户平均拥有纸槽数，梁山为 3 具，铜梁为 2.4 具，广安为 2.2 具，夹江为 1.5 具。四川全省每年产土纸 21 800 吨，上述 4 县产 18 000 吨，占全省总产量的 80%以上。抗日战争以前，由于洋纸大量输入，手工所造纸张当然竞争不过。抗战时期，长江中下游各地的工商企业、学校和机关都转移到了四川，导致纸张需求量猛增，当地又切断了洋纸的输入，因此四川的手工造纸业又发展起来。

四川省造纸槽户也有专业槽户与兼营槽户之分。梁山县专业槽户约占 60%，兼营槽户占 40%。纸张产量以槽户资金多寡、纸价涨落、销路畅滞为转移。抗日战争以前，梁山造纸槽户以生产黄裱纸为主。据估计，1921 年以前每年产量约 100 万箱，折合 7 万担。1931 年增加到 200 万箱，折合 14 万担。"九·一八"事变前又降低到 100 万箱。"九·一八"事变后降到 60 万箱，1937 年更降至 20 万箱。1938 年夏季以后，洋纸缺货，价格激涨，因而对手工纸的需求增加，一些制作黄裱纸的槽户也纷纷改造新闻纸和书写纸。1938 年末黄裱纸的产量只有 6 万～7 万箱，约 0.4 万～0.5 万担，但新闻纸和书写纸的产量则高达 6 万担，其中书写纸占 65%，新闻纸占 35%，黄裱纸几乎完全停产。1940 年，全县手工纸产量升到 12 万担，其中新闻纸占 85%，书写纸占 15%。1941 年，粮食价格猛增而手工造纸的价格却没有多大变化，同时四川的机器造纸产量不断上升，导致手工造纸 90%的槽户被迫停产，当年手工纸的产量只有 0.95 万担。1941 年冬季，纸价回升，槽户又相继复工，产量有所回升。

铜梁县民国初年手工造纸业相当兴旺，年产量约 12 万担，其中白纸 3.6 万担，约占 30%；草纸 8 万担，占 67%；纸板 4 000 担，占 3%。抗日战争以前，因受洋纸倾销影响，白纸产量减少。川北连年发生旱灾，草纸也减产。1937 年，铜梁仅产白纸 2.2 万担，草纸 5 万多担，两种纸的产量都约为最盛时期的 60%左右。抗日战争以后，洋纸来源断绝，因而白纸产量增加，1938—1939 年为全盛时期，白纸年产量达到 3.7 万担。1941 年因粮价飞涨，铜梁手工造纸业一度衰落。太平洋战争爆发后，纸价暴涨，刺激手工造纸业复兴。①

夹江县每年产纸六七千吨，价值 6 亿元，造纸业在当地经济中占举足轻重的地位。抗日战争时期，夹江造纸业一度有很大发展。② 1939—1940 年

---

① 钟崇敏，等.四川手工纸业调查报告[M].南京：中国农民银行，1943：16-19，89-90，107-115.

② 刘自东.三十三年夹江经济动态[J].四川经济季刊，1945，2(2).

上半年，夹江造纸业空前繁荣，但毕竟是昙花一现。不久，因粮价飞涨，造纸成本增高，槽户资金不足，周转不灵，不得不向纸商借款，实际是低价预售纸张，到付货期，纸价已上涨，槽户只好忍痛按原定契约交货，所以当时夹江流传着“饿瘦了槽户，吃肥了纸商”之说。槽户不堪纸商剥削，有的停业，有的勉强维持，粗制滥造，降低纸的质量，到期以次货交给纸商。1941 年，徐悲鸿和张大千两位绘画大师来到夹江，和当地槽户共同努力提高手工造纸的技艺。他们尝试把麻纤维混入竹浆中制作纸张，大大增强了纸张的拉力和承重力，张大千亲自设计纸帘、纸样，决定画纸规格。1942 年，张大千又来到夹江，给造纸槽户出谋划策，结果当地用嫩竹为主要原料制作的画纸颇有特色：洁白如雪，柔软似棉，纸质细嫩，色泽光亮，浸润吸水性能好，保留墨色效果佳，宜书宜画，摹碑拓片，易于裱褙，受到书画家的欢迎。[①] 抗日战争胜利后，夹江手工造纸业不景气。1946 年，原有的 2 000 多家槽户，仅有 400 多家开工，其余的完全停工。[②]

安徽省手工造纸业也很发达，所产宣纸尤为著名。宣纸以青檀树皮为主要原料制成，这种纸纸质细嫩、吸水性好，为作中国书画的上等纸张。除行销国内以外，还运销日本等国家。按纸张厚薄分，宣纸有夹宣、单宣两类。夹宣 50 张为 1 刀，单宣 94 张为 1 刀，数刀为 1 篓，每篓重约 150 斤。安徽省泾县、宣城、宁国、南陵、太平等县都产宣纸，而以泾县为集散中心。20 世纪 30 年代，泾县每年宣纸销售量少则 500 万元，多则以千万元计。[③]

2.机器造纸

机器造纸不是中国本土产生的，而是由外商引进的。1881 年美国商人首先在上海创办华章造纸厂。国内资本创办的首个机器造纸厂是广州造纸厂，1882 年开工兴建，于 1890 年投入生产。1885 年广州又成立宏远堂机器造纸公司，每天可生产 62 担纸张。1891 年李鸿章在上海通过募股集资开办纶章造纸厂，雇佣 100 名工人，每年可生产 600 吨纸张。[④]

1912 年，北洋政府将清政府 1910 年开建的造纸厂在汉口重新开张，成为国内最大规模的官营造纸厂。1914 年天津又出现北洋大成造纸厂，第二年又有广东江门纸厂成立。1920 年上海的天章造纸厂，年产 1 000 万吨的纸张；同年，苏州的华盛纸厂，日产纸板 12～18 吨。这一年，江西永修成立利昌造纸厂，设备动力 400 多匹马力，有工人 100 人，年产纸张 420 万吨。

---

① 张致忠.大千书画纸[N].光明日报，1983-12-04.

② 钟古熙.经济消息纪要[J].四川经济季刊，1946，3(2).

③ 杨大金.现代中国实业志(上)[M].上海：商务印书馆，1938：307.

④ 于甲川.中日两国林业近代化比较研究[D].北京：北京林业大学，2007.

1933—1936 年,全国每年平均进口洋纸 30.60 万吨,而 1936 年国产机制纸和纸板的产量仅 8.94 万吨,进口纸相当于国产纸的三倍多,占全国消费量的 70%以上。由于进口洋纸充斥市场,中国的民族造纸工业愈加萎缩。抗战时期我国的机器造纸业在洋纸的竞争下也有一定的发展,1943 年机器造纸的产出曾高达 16.50 万吨,但 1949 年国产机器造纸的产量又下降为10.80万吨。

(五)烧炭和木材干馏

木炭最初的用途是作为燃料,后来又被用于制造火药、吸收毒气、除潮、脱色等,随着用途的不断扩大,木炭的需求量也不断增加。森林资源丰富的四川、福建、江西和浙江等省都有手工炭窑。20 世纪 20 年代,每年运到上海的浙江温州炭约 32 万担,杭州炭约 30 万担。① 30 年代,江西省每年产木炭 7 545 万斤。② 抗日战争时期,四川省薄江县每年产木炭约 800 万斤,眉山县约 500 万斤。③

木炭有软炭和硬炭两类,软炭又称黑炭,江西俗称浮炭,四川俗称泡炭,系用软材(如松木、桦木等)为原料烧成,用作燃料较易着火而不耐烧;硬炭又称白炭、冈炭,为用青冈、栎类硬材作原料烧成,炭质优于黑炭,用作燃料不易着火而较耐烧。日本侵占东北时期,东北烧炭业一部分为官营,一部分为农民副业,木炭产量不大(见表 8-15)。

表 8-15 日侵时期东北的木炭产量

单位:吨

时　间	在伪满政府直辖林野内		在地方管辖的林野内
	官营生产	一般生产	
1937—1938 年	—	90 098	—
1938—1939 年	—	73 896	—
1939—1940 年	—	24 130	—
1940—1941 年	10 681	16 547	—
1941—1942 年	—	—	—
1942—1943 年	—	—	106 621
1943—1944 年	—	—	—
1944—1945 年	—	—	123 236

资料来源:东北物资调节委员会研究组.林产(东北经济小丛书四)[M].重庆:中华文化服务社,1948:86-88.

---

① 据《中国木炭业》(载《中外经济周刊》第 10 号,1923 年)资料折算。

② 江西省政府统计室.江西年鉴[M].南昌:江西省政府统计室,1936:800.

③ 陈全汉.四川木炭业之现在及将来[J].四川林学会特刊,1938:53.

中国近代木材干馏工业极为薄弱,机械化作业的木材干馏厂极少。1912 年,中东铁路公司在滨绥线石河子站建立木材干馏厂,生产自用的涂料,当年产量为树脂制品 240 吨、松香油 50 吨,数年后因经营不善而倒闭。1937 年,上海成立江南化学厂,进行木材干馏,生产乙酸、甲醇等产品,生产规模不大。1941 年因为太平洋战争,日本遭到其同盟国的经济封锁,为满足燃料需求,日本人在上海开办木材干馏厂,将其生产的甲醇和丙酮与汽油混合,作为汽车燃料使用。日本人在东北还陆续开办了十几家木材干馏厂,用来生产能作为飞机燃料的松香油,以备战时急需(见表 8-16)。

表 8-16　日侵时期东北的木材干馏厂

单位:吨

厂　名	厂　址	开设时间	平均年产量	
			松香油	其他
东边道林产化学工业株式会社	临江	1941 年 8 月	360	50
满洲木精工业株式会社	濛江	1944 年	—	840
三和制油部	柳河	1942 年 4 月	35	50
兴油商会制油所	濛江	1942 年 1 月	160	370
兴亚林产化学工业	蛟河	1941 年 11 月	20	15
满洲制油株式会社	舒兰	1942 年 6 月	15	35
渡边树脂化学工业所	蛟河	1941 年 11 月	70	—
满洲化成工业株式会社	长春	1944 年 6 月	—	850
日本林产化学工业株式会社	苇河	1941 年 12 月	720	720
三友林产化学工业	铁骊	1942 年 10 月	40	75
满洲制油株式会社	铁骊	1942 年 10 月	30	—
合　计	—	—	1 450	3 005

资料来源:东北物资调节委员会研究组.林产(东北经济小丛书四)[M].重庆:中华文化服务社,1948:114-118.

抗日战争结束后,国民党政府接收了日本人在上海办的木材干馏厂,予以标卖,由华商出资买入续办,从浙江等地购入木柴作为原料,进行木材干馏,当时有工人约 20 人,每年生产醋酸钠数吨。

二、其他林产品加工和利用

除木材外,中国其他林产品种类繁多,其加工制造长期处于手工作业阶段。

(一)桐油

桐油是我国特有的干性油产品,也是油漆工业必需的原材料,可制成各种原漆、亮漆、喷漆、磁漆、清漆等,还可制肥皂和油墨,民间用于制造油布、雨伞,涂布房舍、家具和器物、舟车等。中国很多省区都产桐油,其中四川、广西、湖南和湖北四省的产量最多。湖北省境内长江流域和汉水流域都产桐油;湖南桐油产于澧江、沅江和湘江流域;广西桐油产于桂江、柳江和右江流域;四川桐油产于省内长江两岸和嘉陵江、乌江流域。20 世纪 30 年代,四川省桐油的产量和油质都居全国之冠,湖南省桐油产量仅次于四川省,居全国第二位。

近代中国,榨制桐油多为手工作业,机器榨油厂很少。20 世纪 40 年代,全国有榨坊约 15 万家,各地榨坊的榨油方法、设备基本相同。榨坊既榨桐油,也榨其他油料,如茶油、菜油、花生油等,每年 10—11 月桐籽收获后,榨坊都榨桐油,春夏之间,榨坊榨茶油和其他油,桐油不与食用油混杂。

榨坊榨制桐油分烘干桐籽、去壳、碾碎、蒸桐籽粉、制桐籽饼、榨油六道工序。1935 年,在广西梧州县成立了官办的广西桐油厂,资金 10 万元。1937 年,实业部以 200 万元资金在汉口设中国植物油料厂,采用机器榨制桐油等油料。在此前后,在上海、长沙、重庆、万县等地也设立了机器榨油厂。中国桐油有以下几个主要品种:

(1)白桐油:又名“金油”。漆黄色、透明,冷凝后呈乳酪状,是质量最好的桐油,多产于四川省。

(2)洪油:金黄色、透明、浓稠。主要产于湖南省会同县洪江镇,故称“洪油”。这种桐油的榨制法与一般桐油不同:先把桐籽碾成粉,炒焦,加少量水再炒,直到焦枯,称“洪烟”,然后拌入桐油制成饼,榨油,榨出的油还要熬炼,到油色鲜亮、浓稠似漆为止,再用麻布滤去渣子,即成洪油。这种油质量好,在国内颇受欢迎。

(3)秀油:黑褐色、半透明、极浓,成膏状,质量次于洪油,因主要产于四川省秀山县而得名。其制油法如下:将榨过的桐籽饼碾碎,拌以油脚,炒焦,掺入老色的桐油中,熬炼成浓膏状,滤去渣滓,即得秀油。秀油有尖秀、中秀、尾秀之分,尖秀和中秀较好,尾秀次之。

(4)光油:深褐色、透明,供涂髹器物之用。其制油法是:将白桐油加入二氧化锰熬炼,到一定时候,加氧化铅继续熬炼,即成光油。在熬炼过程中要不停地搅拌,并掌握火候,防止烧着起火。

各地包装桐油多用竹篓,油篓用竹篾编成,糊上构皮纸数层,涂以猪血、石灰和豆腐混合制成的涂料,干后涂一层光油。各地竹篓大小不一,四川竹篓最大，每篓盛油约 220 斤，湖北竹篓约盛油 160 斤，湖南竹篓仅盛油 90 斤左右。供出口的桐油要炼制，汉口、万县等地的出口油行都有炼油设备，炼油方法简易，即通过蒸汽加热，使桐油冬季不凝固，待杂质沉淀，再行过滤。净油炼制费每担 0.3 元，将毛油炼制成净油，每担约损蚀 2 斤。

（二）茶油

茶油为中国南方重要的木本油料，主要供食用，还可作为制生发油、蜡烛、肥皂的原料，涂布在铁器上有防锈作用。湖南、湖北、江西、浙江、福建、安徽、广东、广西、四川、贵州等省都产茶油，其中江西、福建、广西、湖南等省产量最多。江西主要产区在赣江流域，福建主要产区在闽江流域和闽北各县，广西茶油主要产于桂林、平乐、柳州、庆远等县，湖南茶油主要产于湘江流域、资江流域和沅江流域。20 世纪 30 年代，全国每年产茶油约 100 万担，其中江西、福建、广西三省各产 20 万担，湖南省产 10 万担，湖北、浙江、安徽、广东、四川、贵州六省共产约 30 万担。① 而 1940 年湖南省茶油产量激增，一度跃居全国首位，达 648 600 担。②

（三）生漆

漆也是中国的特产，且历史悠久。战国时期的庄周，就曾经做过蒙（今河南省商丘县西北）的漆园吏。《史记・货殖列传》载："陈夏千亩漆……此其人皆与千户侯等。"③可见中国种植利用漆树历史悠久，用漆涂布器物，防腐防潮，光洁耐用，并可描绘各种图案和花纹，为其他涂料所不及，因此漆可称为"涂料之王"。漆器是中国传统的手工艺品之一。漆树在中国分布很广，辽东以南，处处都有，但以陕西、湖北、四川、贵州、安徽、浙江六省产量最多，品质最好。日本、朝鲜、越南等国也产漆，但产量少，品质较次，所以国际市场的生漆，主要由中国供应。

六七年生的漆树即可采漆。一般漆树连续采漆七八年后即枯死，如合理采漆，漆树损伤轻，则可采二三十年。每年从小满（5 月下旬）到白露（9 月上旬）为采漆时间。从小满到夏至（6 月下旬）正值梅雨季节，所采的漆称"霉漆"，品质尚好。从小暑（7 月上旬）到大暑（7 月下旬）正是伏天，所采的漆称"伏漆"，品质最好。立秋（8 月上旬）到白露所采的漆称"秋漆"，品质最次。壮年漆树平均每年每株可采漆制秤 3.0～3.5 两。

中国漆器品种花色繁多，除供国内销售外，畅销东南亚和欧美各国。1915 年，全国制造漆器的手工业达 23 730 户，有男工 11 万人，女工 2 450

---

① 陈嵘.造林学各论[M].北京：中国图书发行公司，1953：445.

② 湖南省林业厅《湖南省林业志》编写组提供的资料。

③ 于甲川.中日两国林业近代化比较研究[D].北京：北京林业大学，2007.

人，产值 1 567 万元。[①] 福州所产漆器在国内外享誉盛名，光绪年间福州有漆器厂 10 多家，民国以后有所发展，抗日战争前已有 90 多家。[②] 在最盛时，福州每年出口漆器价值 100 多万元，即使在资本主义国家经济不景气的 1935 年，出口价值也达 20 多万元。[③]

（四）柏油

柏油是由乌桕制成的，中国对乌桕的栽培利用史已超过千年，后魏贾思勰撰《齐民要术》即记载了乌桕栽培利用的方法。乌桕果实的中果皮一层白色蜡质，可制成柏油，或称皮油，这种油是制造蜡烛和肥皂的原料。已除去蜡层的乌桕果实榨出的油称木油或毛油。由乌桕树种仁所得的干性油叫青油，青油可供农家点灯、擦机器和调漆。木油的用途与柏油相同，但质量不及柏油。黄河以南各省都有乌桕树，其中四川、贵州、湖北、湖南、安徽、河南、广西、浙江等省较多，福建、江西、江苏、广东等省次之。

（五）白蜡

白蜡是制蜡烛的主要原料，还可作中药丸的外壳和熬制膏药。宋代周密撰《癸辛杂识》中记载有白蜡虫养殖法和制蜡法。明代徐光启撰《农政全书》记述更为详细。随着近代文化教育事业的发展，白蜡还用于制作人体和动物模型。

白蜡是中国独有的林业特产品。产于四川省广元、彭县、丹棱、眉山、夹江、洪雅、乐山、犍为、峨眉、峨边、马边等县，西康省泸定、汉源、越嶲、冕宁、昭觉、西昌、盐源、德昌、会理等县，湖南省古丈、泸溪、芷江、黔阳、溆浦、靖县、新宁、宜章等县，浙江省义乌、杭州、余姚、宁波、绍兴等县，云南省昭通县一带，以及贵州、湖北等省部分地区。四川、西康产量最多，品质最好，其中仅犍为一县年产白蜡约 2 000 担。20 世纪 30 年代，犍为和附近数县以养殖白蜡虫为生的达数十万人。

（六）樟脑

樟脑为中国的特产，为化学工业和医药工业的重要原料，从樟树木材和叶片中提炼樟脑系中国首先发明。中国樟脑的主要产地为台湾，早在明代，台湾即已生产樟脑。清道光十九年（1839 年），就有英商到台湾私自购买樟脑和鸦片。[④] 同治二年（1863 年），由于台湾樟脑产量连年增加，台湾道台陈方伯制定了樟脑专管制度，设立“脑馆”专门负责樟脑的收购和向外商销售。

---

① 陈真，姚洛，逄先知.中国近代工业史资料(第 1 辑)[M].上海：三联书店，1967：23-24.

② 杨大金.现代中国实业志(上)[M].上海：商务印书馆，1938：1078.

③ 佚名.福州去年之商业概况[J].国际贸易导报，1936，8(2).

④ 华兼善.说世界宝藏之一[J].台樟通讯，1948，1(1).

同治八年(1869 年),受英国威胁,清政府与英国签订《樟脑条约》,樟脑专卖制度被迫废除。于是,台湾樟脑业的实权操于外商之手,当时台湾年产樟脑已超过 100 万斤。光绪三年(1877 年),英商在台南开设台湾樟脑压制厂,压制樟脑。光绪十三年(1887 年),台湾巡抚刘铭传为收回被外商占有的权益,设樟脑硫磺总局,恢复樟脑专卖制度,加强对樟脑的经营管理。但是,这些措施遭到外国领事和商人反对,清政府只好于光绪十六年(1890 年)再次撤销樟脑专卖,改为对樟脑生产者征收樟脑税。①

除台湾省外,江西、福建、浙江、湖南、广东等省也产樟脑,但产量不及台湾。光绪十三年至宣统三年(1887—1911 年)全国樟脑产量见表 8-17。

表 8-17　晚清全国樟脑产量

年　份	产量/斤	年　份	产量/斤
1887	8 819	1900	229 400
1888	3 244	1901	163 800
1889	24 233	1902	154 300
1890	24 989	1903	225 500
1891	97 835	1904	253 300
1892	128 015	1905	597 900
1893	—	1906	1 555 000
1894	119 000	1907	2 719 800
1895	191 560	1908	524 600
1896	241 000	1909	969 900
1897	107 800	1910	633 900
1898	68 700	1911	444 300
1899	144 800	—	—

资料来源:南京林业大学林业遗产研究室.中国近代林业史[M].北京:中国林业出版社,1989:355.

北洋政府时期,中国南方各省樟脑生产有一定规模。1912—1927 年全国樟脑产量见表 8-18。

① 陈火泉.本省樟脑事业之展望[J].台樟通讯,1948,1(1).

表 8-18　北洋政府时期全国樟脑产量

年　份	产量/斤	年　份	产量/斤
1912	289 000	1920	3 444 400
1913	259 900	1921	1 673 000
1914	270 900	1922	1 297 600
1915	212 600	1923	1 700 800
1916	302 800	1924	1 050 800
1917	460 000	1925	401 600
1918	594 100	1926	302 600
1919	2 791 500	1927	188 200

资料来源：徐学文.开发全国樟脑资源刍议[J].台樟通讯,1948,1(4).

抗日战争前后,樟脑工业有所发展。上海有中华和记樟脑厂和美龙樟脑厂,湖南省岳州有益民樟脑厂,江西省有南昌生利樟脑公司、南昌天平樟脑公司和临川志成樟脑公司。

(七)松香

由各种松树树干渗出的树脂可制成松香和松节油。松香具有防潮、防腐、绝缘、粘合等性能,为肥皂、造纸、油漆、橡胶、医药等工业的重要原料。东北各省,以及广东、广西、浙江、江西等省都产松香。广东省广宁县在抗日战争爆发以前,松脂最高年产量达 200 万斤。① 近代中国的松香制造业相当落后,设备陈旧,产品质量也不高。清末时,广东省河源县有松香加工厂。抗日战争爆发以后,上海有小型的松香厂,原料都从浙江购入,在上海进行加工。中国近代松香最高年产量仅 1.6 万吨,产品都是深色的低级松香,主要用于制造低档油漆和烟火等,所需高级松香全赖从外国进口。②

(八)栲胶

栲胶又称单宁、鞣料,为染料、皮革、墨水等工业的重要原料。中国产栲胶原料有多种,如栎类树皮、栎类果实的壳斗(橡碗子)、落叶松树皮和五倍子等。中国产五倍子含栲胶量高达 70%以上,比栎类树皮和果实壳斗含量高得多,用五倍子染的布,颜色耐久,衣服洗涤破烂也不褪色。全国多个省份都出产五倍子,其中湖南、贵州和四川三省最多。近代中国加工五倍子,民间多用土法提浸。抗日战争时期,设于重庆的经济部中央工业试验所皮革试验室用机器设备加工五倍子,提炼栲胶,进行小批量生产。抗日战争胜利后,上海有小型化工厂,以五倍子等为原料制造栲胶,产量很少。此外,20

① 广东省农林厅.广东省广宁县林业调查报告[J].中国林业,1960,1(5).

② 《当代中国》丛书编辑部.当代中国的林业[M].北京:中国社会科学出版社,1985:317-318.

世纪 40 年代，陕西省石泉县有一个小型栲胶厂，以槲树皮为原料，最高年产量仅 48 吨。[①]

第四节　近代中国林产品贸易

中国幅员辽阔，物产丰富，丘陵山区蕴藏着许多林产资源。近代中国的资本主义工商业有所发展，林产品贸易也相继发展起来，其中以木材、桐油等为大宗，有些林产品在对外贸易上占有重要地位。

一、木材贸易

(一)木材进出口贸易

鸦片战争以后，不仅外国输入中国的木材产品大量增加，中国输出外国的木材产品也是不断增加的。同治年间输入的木材每年价值 30 万到 50 万关平两，1894 年之后，帝国主义向中国大量倾销木材，导致中国木材的进口量猛增。1907 年木材的进口量是最多的，价值超过 700 万关平两。辛亥革命后，进口木材的价值迅速达到 1 000 万关平两以上。1929 年，伴随着资本主义经济危机的爆发，大量木材涌入中国，当年进口木材的价值竟然超过 3 000万关平两。此后直到 1937 年，每年的木材进口价值在 2 000 万到 3 000万关平两。

近代，木材的出口情况注定是无法与进口相比的，但也有一定的发展。据海关统计，我国自 1903 年开始每年也都出口一部分木材。1906 年以前每年木材的出口值有 100 多万关平两，民国后有所增长，每年约 200 万到 300 万关平两。1921 年起，在相对稳定的社会环境下，每年的木材出口价值增长到 1 000 万关平两以上。1923 年甚至超过了 2 000 万关平两。1931 年，受“九·一八”事变和长江流域水灾的影响，木材出口大量减少。此后一直没有好转，每年木材出口的价值只有 100 多万关平两。1868—1937 年中国进出口木材价值见表 8-19。

① 《当代中国》丛书编辑部.当代中国的林业[M].北京：中国社会科学出版社，1985：321.

表 8-19　1868—1937 年中国进出口木材价值

单位:关平两

年　份	进口木材价值	出口木材价值	年　份	进口木材价值	出口木材价值
1868	252 329	—	1903	2 758 294	1 400 680
1869	395 851	—	1904	3 199 642	1 390 336
1870	300 834	—	1905	3 764 950	1 135 246
1871	370 864	—	1906	6 139 177	982 510
1872	733 233	—	1907	7 458 026	1 035 232
1873	501 983	—	1908	6 429 146	1 383 503
1874	524 675	—	1909	4 350 728	1 515 023
1875	503 698	—	1910	5 099 870	1 997 185
1876	670 205	—	1911	4 911 183	1 845 623
1877	840 912	—	1912	5 354 021	2 416 308
1878	919 795	—	1913	8 756 773	2 355 230
1879	746 974	—	1914	11 807 099	1 820 273
1880	725 227	—	1915	7 646 983	1 794 842
1881	1 007 778	—	1916	12 804 159	1 655 929
1882	1 195 508	—	1917	8 614 443	2 104 355
1883	858 533	—	1918	11 007 714	3 291 532
1884	446 955	—	1919	13 659 577	3 323 499
1885	773 163	—	1920	20 339 295	4 865 598
1886	929 194	—	1921	14 746 563	11 658 860
1887	868 730	—	1922	17 480 134	13 062 549
1888	1 249 432	—	1923	15 117 045	21 300 782
1889	1 146 864	—	1924	23 131 381	13 376 131
1890	1 116 924	—	1925	15 751 074	8 908 223
1891	1 115 294	—	1926	19 861 854	10 314 286
1892	1 343 568	—	1927	17 122 394	14 345 460
1893	1 327 572	—	1928	22 796 409	17 724 734
1894	1 689 653	—	1929	31 974 309	16 907 769
1895	1 494 185	—	1930	26 445 548	11 290 735
1896	1 567 228	—	1931	38 131 553	6 980 650
1897	1 697 249	—	1932	23 642 987	2 054 132

续表

年　份	进口木材价值	出口木材价值	年　份	进口木材价值	出口木材价值
1898	1 346 042	—	1933	37 313 785	2 193 994
1899	1 688 907	—	1934	34 152 278	1 060 142
1900	1 334 480	—	1935	34 768 106	1 127 215
1901	2 081 048	—	1936	28 910 762	1 927 254
1902	2 957 335	—	1937	23 238 569	2 265 846

资料来源：南京林业大学林业遗产研究室.中国近代林业史[M].北京：中国林业出版社，1989：361-363.

注：1933—1937 年进、出口木材价值的单位为元，1933 年海关规定，1 关平两＝1.588元。

又据农林部中央林业实验所档案资料，民国元年到二十四年(1912—1935 年)中国进出口木材数量见表 8-20。根据表中数据可知，我国每年的木材贸易(除了 1923 年)数量，都是进口大于出口，1930 年木材进口量居然是出口量的 22 倍。

表 8-20　1912—1935 年中国进出口木材数量

单位：米^3

年　份	进口木材数量	出口木材数量	年　份	进口木材数量	出口木材数量
1912	247 873	65 657	1924	792 932	220 700
1913	463 539	69 738	1925	615 337	114 681
1914	568 649	70 963	1926	826 068	104 059
1915	251 494	48 958	1927	609 982	43 325
1916	581 552	45 684	1928	635 926	32 983
1917	263 346	45 437	1929	325 126	45 631
1918	353 038	84 408	1930	1 035 318	46 853
1919	395 446	70 559	1931	1 160 046	58 006
1920	799 975	80 218	1932	975 767	—
1921	320 070	218 436	1933	1 156 225	—
1922	686 739	280 450	1934	1 011 264	—
1923	416100	468 230	1935	1 086 353	—

资料来源：南京林业大学林业遗产研究室.中国近代林业史[M].北京：中国林业出版社，1989：364.

在抗日战争和第二次世界大战期间，由于国际海运被阻断，中国木材的进出口皆处于停滞状态。战后，中国市场仍未摆脱列强的控制，加上百废需兴，木材进出口贸易又重新发展起来，1946 年国民政府档案记录的木材进口量为 23.26 万立方米，价值国币[①] 224.29 亿元；1947 年的木材进口量上升为 30 万立方米，价值国币 1 154.67 亿元。[②]

(二)主要木材市场

主要木材市场包括哈尔滨、吉林、安东、西安、上海、南京、福州、长沙、武汉、广州等地。

1.哈尔滨

作为东北北部的政治经济、文化交通和工商业中心，哈尔滨的木材交易量也是相当大的，一直处于东北地区木材贸易的中心地位。输入哈尔滨的木材分建筑木材和木柈两大类。从 1920 至 1929 年，输入哈尔滨的木材数量逐渐增加(见表 8-21)，仅建筑木材输入量在十年内就增加了近十倍，木柈的输入量在此十年内也增加了三倍。

表 8-21　1920—1929 年运入哈尔滨木材数量

年　份	建筑木材		木　柈	
	质量/吨	比　率	质量/吨	比　率
1920	5 700	100	37 544	100
1921	16 774	294	67 389	179
1922	15 840	278	85 080	226
1923	6 257	110	86 964	231
1924	5 684	100	89 012	237
1925	20 128	353	38 171	102
1926	23 260	408	84 460	225
1927	35 063	615	127 460	340
1928	59 733	1 048	149 804	399
1929	61 657	1 081	157 105	419

资料来源：苏林.东省林业[M].哈尔滨：中东铁路经济调查局，1932.

作为交通运输中心，哈尔滨输出的木材也不在少数。1923—1924 年，由于日本对木材的需求量猛增，哈尔滨的木材输出量也大幅上涨。与输入木材情形类似，哈尔滨输出的木材也以建筑木材为主，木柈相对少得多。表 8-22 列举了 1920—1929 年哈尔滨输出的木材数量。

---

① 当时国民政府发行的货币单位。

② 张迎春.中国近代林业产业状况研究[D].保定：河北农业大学，2011.

表 8-22　1920—1929 年哈尔滨输出木材数量

单位:吨

年　份	建筑木材	木　梓
1920	9 288	540
1921	1 818	65
1922	16 069	360
1923	39 575	3 620
1924	38 713	1 998
1925	14 718	629
1926	15 433	441
1927	23 091	822
1928	17 557	1 162
1929	16 713	573

资料来源:二戈.东三省木材之水陆运输[J].中东经济月刊,1931,7(2).

20 世纪 20 年代,哈尔滨的木材市场主要掌握在俄商和日商手中。华商木材商号大多资金较少,又不像外商享有种种特权,故无法与外商竞争。由于木材尤其是建筑木材的需求量不断增加,哈尔滨的木材价格连年上涨,一方面由于木商刻意提价,另一方面也因为木材捐税日益严重。

2.吉林

抗日战争以前,吉林的木材市场一直是东北中部最大的。20 世纪 20 年代,吉林木材市场每年的木材交易量达 1 000 万立方英尺。表 8-23 是根据中东铁路经济调查局的调查数据统计的 1920—1926 年输入吉林的木材数量。由于 20 年代初期建筑业比较兴旺,所以木材的贸易也繁荣起来,后来因为多年采伐所导致的林木资源下降,木材产出不断减少。铁道枕木却有增长的趋势,这是因为修改吉(林)海(龙)铁路和沈(阳)海(龙)铁路,需用大量枕木的缘故,这些枕木大多由水曲柳、柞木、色木等硬阔叶树种制成。1925 年运入吉林的枕木竟达 100 万根。

表 8-23　1920—1926 年运入吉林木材数量

单位:英尺^3

年　份	运入木材	年　份	运入木材
1920	13 550 000	1924	6 045 000
1921	10 040 000	1925	12 095 000
1922	6 490 000	1926	4 523 000
1923	6 676 000		

资料来源:苏林.东省林业[M].哈尔滨:中东铁路经济调查局,1932.

吉林当地的木材使用量并不多，输入木材的百分之八九十都被转销到外地。有的沿着松花江经白都讷(今扶余)运至内蒙古，有的供给吉海铁路的修筑，更多的是通过铁路转运到东北的南部各地。

吉林经营木材的商号在兴盛时代达100家左右。20年代，华资经营的规模较大的林业公司，起初为吉林省政府官营企业，后转让给吉林永衡官银号所有。华森公司为吉林省政府与日商合办的企业，由吉林省政府提供濛江林场作为股份，日商出资300万日元，合资经营。此外，国内商人也开办有几十家木材商号，但都是投资规模较小的，经营小批量的木材贸易。日本人在吉林曾经经营有50多家木材商号，1926年剩下32家，1931年只剩14家。木材市价有涨有落，1916年开始木材价格连续攀升，到1920年居然翻倍，此后又开始不断下滑。

3.安东

安东即现在的丹东，同样是东北地区主要的木材交易地。鸭绿江流域出产的木材均到安东汇合然后再输出，因为安东拥有便利的水上和陆上交通条件，所以木材贸易也相当发达。

1908年，鸭绿江采木公司成立，这家公司名为中日合办，实权完全掌握在日本人手中，它垄断了安东木材市场。据清政府与日方签订的合同，该公司可在水运最便利的鸭绿江干流60里范围内林区采伐木材，此范围以外林区和浑江流域林区可由中国木把采伐。除江浙铁路公司所需枕木和沿江人民自用木料外，其余木材全归鸭绿江采木公司收买，木主还需向采木公司缴交收买价1%的手续费；如木主另找买主，需经采木公司同意，并需向该公司交纳木材价款3%的“买回料”费。

安东市场的木材有两大类，一类为料栈(中国木行)经营，一类为鸭绿江采木公司经营。运入安东的木材数量，1926年以前，除1913年每年运入100万尺缔以上，运入最多的1921年达300万尺缔以上，1912—1926年运入安东的木材数量共2 840万尺缔(见表8-24)。

表8-24　1912—1926年运入安东的木材数量

单位：尺缔

年　份	运入木材	年　份	运入木材
1912	1 182 093	1920	2 218 283
1913	738 323	1921	3 277 038
1914	2 392 603	1922	2 497 951
1915	1 290 299	1923	1 900 200
1916	1 824 865	1924	1 671 415

续表

年　份	运入木材	年　份	运入木材
1917	1 869 206	1925	1 786 100
1918	2 446 217	1926	1 084 273
1919	2 241 580	合　计	28 420 446

资料来源：谢先进.鸭绿江右岸之林业[M].杭州：浙江大学，1927：48-49.

运入安东的木材，除一部分供本地消费外，大多转运外地。大部分运往天津和山东各地，少数运往上海，并有一部分向朝鲜和日本出口。

4.西安

作为西北地区的政治经济和文化中心，西安也是重要的木材交易市场。清朝末年西安就有木材市场，1928 年商人刘忠魁曾在西安建立集成公号，专做木材交易。1929 年陕西大旱，五谷歉收，饥荒成灾，武功、兴中等地灾民拆毁住房，将栋梁运往西安出售，以图果腹。木商见有利可图，收买这些木料，转手出卖。此时西安很快出现多家木材商号，但其规模均不大。张学良将军入驻西安后，大兴土木，对木材的需求增加，西安的木材业也慢慢发展起来。1931 年有木行七八家，1934 年增加到 10 多家，1936 年最繁荣时增加到 40 多家。1937 年战争开始，木材的需求剧降，西安的木材业又趋衰败，到年底木行已倒闭 10 多家。1938 年，外国木材不能输入，经营外国木材的 3 家木行也歇业了。到 1941 年，西安仅剩木行 32 家。

5.上海

作为国内最大的商业城市，上海的木材业也相当发达。抗日战争之前，上海每年交易的木材价值近 4 000 万元，其中国产木材只占三成，其余七成为外国木材。1940 年，上海有木材批发行 80 多家。各木行专门经营一种木材，只有少数木行兼营两种木材。这些木行分为五类：

(1)杉木行：约 30 家，每年运销杉木价值 600 万～1 000 万元；

(2)松板行：约 10 家，每年运销板材价值 300 万～500 万元；

(3)洋松(花旗松)行：约 30 家，每年运销洋松价值 2 000 万～3 000 万元；

(4)硬木行：5～6 家，每年运销硬阔叶材价值 200 万～300 万元；

(5)三夹板(胶合板)行：5～6 家，每年运销三夹板价值 200 万～300 万元(多数是日本货，一部分为欧美商在上海设厂制造)。①

经营杉木行和松板行的全部是华商，经营洋松行、硬木行和三夹板行的

① 佚名.木材业[J].木业界，1940，1(4).

则九成是华商，一成是外商。外商木行的数量虽少，但投资规模都很大，交易额很高。因此外商在实质上操纵着上海的木材市场，中国民族资本只能成为外国资本的附庸，中国民族资本家用自己的资本为外国资本家推销商品，充分显示了半殖民地半封建经济的性质。

6.南京

南京是长江下游的木材集散地，主要经营杉木和松木。南京木材市场开始时有婺源帮（安徽）、临清帮（江西）和山西帮的木商，其中婺源帮最盛。太平天国运动爆发时，受战火影响，木材业暂时停顿。同治七年（1868 年），南京木材业恢复，并建立了水府祠木业公所。太平天国运动结束以后，清政府在上新河设木厘局，征收木材厘金①。这一时期，上新河已无山西帮木商，婺源帮木商也少了，江西木商则除临清帮外还有南昌帮、赣州帮、龙南帮和信丰帮。此外，湖北帮出现了。从同治末年（1874 年）起，有湖北大冶帮商人贩锅到湘、桂、黔交界的苗族聚居地区销售，而将当地所产苗木运出。当时木厘局规定，由长江运来的木排，到上新河都要停驻完厘，不准越境，否则罚款充公。大冶帮商人每次运来大批木排，贿赂厘卡官员，流动兜售，如经查出，宁愿认罚。同时，还有上海帮和镇江帮木商，将木排停泊在上新河，将木材装船下运，船上挂外国旗，逃避厘卡征收巨额厘金，宁愿投海关交纳关税。②

南京木材一部分经常州转运金坛、溧阳、太仓、常熟、无锡、苏州、昆山、嘉定、上海等地，主要供建筑和做电杆之用；另一部分运苏北盐城、阜宁、兴化、泰州、东台等地，主要供建筑、造船和制作风车之用；还有一部分运蚌埠和徐州等地销售。在 1924 年之前，南京上新河木材市场每年交易的杉木价值达 1 000 万元。后来由于军阀割据严重破坏了生产生活，南京的木材业日渐萧条，1928 年的杉木交易额只有 500 万元。此后又加上洋松木的大量输入，南京的杉木业更加衰败，1929 年的交易额仅有 300 万元，1930 年又降到 230 万元。1931 年，在日本侵占沈阳和长江水灾等多重打击下，上新河市场的杉木交易额跌到 110 万元，几乎是 1924 年以前交易额的 1/10。③

除上述主要城市外，福州、长沙、武汉、广州、成都等地也都是比较主要

---

① 厘金是 19 世纪中叶至 20 世纪 30 年代中国国内贸易征税制度之一。最初是地方筹集饷需的方法，又名捐厘。中国自清代至中华民国初年征收的一种商业税，因其初定税率为 1 厘（1%），故名厘金。又称厘捐、厘金税。厘金创行于咸丰三年（公元 1853 年）。实即一种值百抽一的商业税，百分之一为一厘故称厘金。在全国通行后，不仅课税对象广，税率也极不一致，且不限于 1%。有的高达 20%以上，有部分货物实行人量抽厘。

② 芦隐.南京上新河木业志[J].木业界，1940，1(1).

③ 陈嵘.造林学各论[M].北京：中国图书发行公司，1953：2.

的木材交易市场，在近代的木材贸易都有一定程度的发展，这些发展均表现为波浪式，受战争影响而跌宕起伏。

二、纸张贸易

木材纤维含量高，近代各国所产纸张，80%～90%以木材为原料。戊戌变法之后，科举制度被废除，学校和新闻事业积极扩张，对纸张的需求也迅速上升。由于国产手工制作的纸张数量不多，质量也不高，进口的洋纸乘虚而入。五四运动后，中国文化进一步发展，书报销路大增，机制纸需要量更大，中国输入机制纸逐年增加。据海关统计资料，1919 年机制纸输入已超过 1 000 万关平两，到 1924 年超过 2 000 万关平两，1929 年超过 3 000 万关平两，1931 年超过 4 500 万关平两。光绪二十九年至民国二十六年(1903—1937 年)进口纸张价值如表 8-25 所示。

表 8-25　1903—1937 年中国进口纸张价值

单位：关平两

年　份	进口纸张价值	年　份	进口纸张价值
1903	2 684 437	1921	15 311 873
1904	2 549 032	1922	13 689 258
1905	2 985 492	1923	16 626 519
1906	4 063 413	1924	20 108 678
1907	3 275 368	1925	19 080 977
1908	3 636 928	1926	27 668 692
1909	3 878 145	1927	25 416 384
1910	5 486 764	1928	29 048 825
1911	5 605 755	1929	34 245 715
1912	4 303 712	1930	37 384 275
1913	7 169 255	1931	45 404 637
1914	6 470 768	1932	38 177 000
1915	6 357 657	1933	55 895 532
1916	9 528 637	1934	49 552 757
1917	6 249 293	1935	53 124 800
1918	7 243 564	1936	57 467 152
1919	10 212 652	1937	65 302 004
1920	14 159 186		

资料来源：南京林业大学林业遗产研究室.中国近代林业史[M].北京：中国林业出版社，1989：420.

向中国输出纸张的国家首推德国，其次为日本和美国，英国、瑞典和加拿大亦有相当数量。进口纸张名目繁多，有铜版纸、美术纸、道林纸、钞票纸、木造纸、光纸、报纸、账薄纸、书面纸、缎纹纸、画图纸、晒图纸、过滤纸、拷贝纸、打字纸、卡片纸、牛皮纸、绉纹纸、蜡光纸、香烟纸等。一般纸张以 500 张为一令，每令纸的重量由 17 磅[①]到 280 磅不等，愈重的纸愈厚，质量愈好。

晚清时期，外国向中国输入纸张，起初种类尚少。外国驻华经营纸张的洋行只有几家，出售的纸张都用造纸厂的原牌，如英国道林公司出产的纸张即用“道林牌”。以后纸张销路日广，经营纸张的洋行增多，外国纸张运到中国后，洋行即毁掉原厂的牌子，而另换本洋行的牌子。光绪年间，已有华人创办新型机器造纸厂。辛亥革命以后，随着纸张销路的打开，造纸工业逐渐得到发展，但造纸用的纸浆依赖进口，每年进口数量达数万担。纸是中国人发明的，所以很早以前中国的纸张就开始输往国外。鸦片战争以后，虽然中国所用纸张大多仰给于外国，但因纸质和用途不同，中国出产的纸张输往外国的也不少。据海关记录，1866 年我国纸张出口的价值约 25 万关平两，1877 年上涨为 50 万关平两左右，1887 年又增加一倍，超过 100 万关平两，1902 年竟然超过 300 万关平两。民国以后，纸张出口稍有增长，大体稳定在每年 300 万～400 万关平两的水平，出口最多的民国十六年(1927 年)曾达到 526 万关平两。同治七年到民国二十六年(1868—1937 年)纸张出口价值如表 8-26 所示。

表 8-26　1868—1937 年中国出口纸张的价值

单位:关平两

年　份	出口纸张价值	年　份	出口纸张价值	年　份	出口纸张价值
1868	245 092	1892	1 572 524	1916	3 525 398
1869	254 251	1893	1 756 807	1917	3 203 082
1870	211 323	1894	1 784 366	1918	3 037 942
1871	216 002	1895	1 986 423	1919	3 934 807
1872	265 308	1896	1 858 000	1920	3 939 162
1873	229 052	1897	2 121 661	1921	4 538 771
1874	289 398	1898	1 741 707	1922	3 977 649
1875	429 747	1899	2 157 629	1923	4 833 348

① “磅”是英美制质量单位，1 磅＝0.453 592 37 千克(公斤)。

续表

年　份	出口纸张价值	年　份	出口纸张价值	年　份	出口纸张价值
1876	447 150	1900	2 506 323	1924	5 123 705
1877	488 732	1901	2 666 644	1925	4 669 564
1878	628 322	1902	3 098 055	1926	5 115 761
1879	554 065	1903	3 496 366	1927	5 263 235
1880	512 720	1904	3 766 700	1928	5 100 884
1881	597 496	1905	3 555 634	1929	4 803 528
1882	623 432	1906	3 259 435	1930	4 927 249
1883	710 011	1907	3 378 964	1931	3 643 855
1884	622 087	1908	3 439 280	1932	3 119 115
1885	595 752	1909	3 407 409	1933	6 115 232
1886	673 583	1910	3 506 430	1934	5 118 681
1887	1 216 563	1911	3 582 397	1935	4 809 815
1888	1 650 298	1912	3 251 958	1936	5 498 345
1889	1 422 825	1913	3 182 861	1937	7 000 361
1890	1 359 915	1914	2 864 983		
1891	1 570 709	1915	4 281 052		

资料来源：南京林业大学林业遗产研究室.中国近代林业史[M].北京：中国林业出版社，1989：423.

注：1933—1937 年的价值单位为元。

三、桐油贸易

桐油为中国特产，用以涂饰房屋、舟车、家具、农具，已有 1 000 多年历史，桐油早在明正德年间就出口到欧洲，清同治八年（1869 年）开始输出到美国。此后，随着欧美各国工业化的快速发展，它们对桐油的需求不断增加，因此从我国输出的桐油数量也连年上升。光绪四年（1878 年）时我国出口的桐油已有 40 多万担。从光绪二十一年到宣统三年（1895—1911 年），每年输出的桐油数量如表 8-27 所示。

表 8-27　1895—1911 年中国输出桐油数量

单位:千担

年　份	桐油输出数量	年　份	桐油输出数量
1895	349	1904	—
1896	226	1905	—
1897	261	1906	574
1898	394	1907	471
1899	421	1908	—
1900	393	1909	—
1901	334	1910	159
1902	—	1911	123
1903	—		

资料来源:孙文郁,朱寿麟.四川桐油之生产与运销[M].南京:金陵大学农学院,1942:201.

辛亥革命以后,中国出口桐油数量成倍增长,1912 年即达 35 万公担。1914—1918 年因受第一次世界大战影响,中国桐油出口量有所下降。战后,各资本主义国家工业恢复和发展,需要桐油量增加,中国桐油出口量迅速上升,达到新的高度。1930 年出口 70 万公担,比 1912 年翻了一番。此后,受世界资本主义经济危机影响,出口量又有所减少。1931 年,中国四川桐油在加拿大世界油质比赛大会上位列特等,从此中国桐油在国际市场上声誉大振。资本主义各国在经济危机之后又开始恢复发展,从 1933 年开始对中国的桐油需要量再次上升,1937 年我国桐油的出口量超过 100 万公担,价值近 9 000 万元,在全国全部商品出口总值中占据 10.71%,成功占据出口商品的第一位。抗日战争时期,半个中国落入日本帝国主义之手,内地桐油产区又遭国民党政府横征暴敛,农村经济破产,桐油产量急剧下降,沿海口岸又相继沦陷,因而桐油出口数量江河日下,出口最少的 1945 年仅 2 000公担,为出口最多的 1937 年的 0.2%。抗日战争胜利后,桐油出口量迅速上升,恢复到战前的水平(见表 8-28)。

表 8-28　1912—1949 年中国出口桐油数量

单位:公担

年　份	出口数量	年　份	出口数量	年　份	出口数量
1912	352 481	1925	540 725	1938	696 777
1913	280 408	1926	542 494	1939	335 015
1914	265 422	1927	545 094	1940	233 472
1915	187 693	1928	661 821	1941	205 778
1916	311 571	1929	646 910	1942	24 000
1917	242 739	1930	705 944	1943	21 000
1918	295 653	1931	503 051	1944	3 000
1919	371 011	1932	485 507	1945	2 000
1920	327 020	1933	754 081	1946	352 688
1921	253 739	1934	652 835	1947	805 378
1922	450 910	1935	738 865	1948	760 925
1923	506 141	1936	867 783	1949	168 929
1924	541 915	1937	1 029 789		

资料来源:1956 年浙江省农业展览会资料。1941 年出口量为 1—10 月的统计数;1949 年出口量为 1—5 月的统计数。

中国桐油运销美国最多,占年出口量的 50%～70%,其次是欧洲各国,运往香港的也不少,但都转运欧美和澳大利亚。抗日战争以前,出口桐油大部分由汉口、上海转运出口,一部分由粤汉铁路经广州运往香港。抗日战争时期,汉口、上海、香港先后沦陷,四川、贵州等地所产桐油都集中于昆明,经滇缅公路运往仰光。中国产出的桐油只有约 1/3 在国内消费,主要经汉口、上海、镇江、芜湖、杭州、天津、烟台等地转运出口。桐油价格时有涨落,变动很大,与当年产量、存货数量、运销数量、国际形势、国内政局等因素有密切关系。由于中国桐油主要输往美国,汉口、上海等地都有经营桐油的美商洋行,在很大程度上,桐油行市受其操纵。

抗日战争爆发后,中国出口桐油量锐减。1939 年国民党政府与美国政府签订《桐油借款条约》获得 2 500 万美元贷款,规定以桐油作为偿债物资。国民党政府以偿还外债为借口,对桐油实行统制。统制机构不准商人直接收购桐油,其本身又无力全部收购,而且所定收购价格极低,因而造成桐油严重减产。统制前,四川年产桐油约 50 万担,统制后产量锐减到几乎等于零。[①] 抗日战争胜利后，宋美龄与美国军人陈纳德合办"中美实业公司"，利用陈纳德空运大队的飞机，将中国特产的桐油、茶、丝等商品大量运往美国，攫取暴利。[②]

四、茶油贸易

茶油是我国南方盛产的一种油料，日常消费需求量较大。我国的茶油出口量不多，主要是在国内市场销售。长江流域各省所产茶油，除供本省自用外，凡输往国外和运销内地各省的，都汇集汉口。各地茶油价格不同，而且时有涨落。通常每年11—12月新油上市后价格较低，7—8月存油售完，新油尚未上市时价格较高。出口茶油大多由洋行经营，主要输往我国香港和日本，其次为美国、英国、越南、新加坡等国家。据海关记录，1912—1937年中国输出茶油情况如表8-29所示。

表8-29　1912—1937年中国输出茶油数量及价值

年份	输出数量/担	价值/关平两	年份	输出数量/担	价值/关平两
1912	15 018	160 356	1925	11 528	175 948
1913	7 003	82 350	1926	12 324	205 211
1914	20 062	210 312	1927	24 787	380 797
1915	9 403	81 489	1928	20 937	374 831
1916	50 80	50 029	1929	48 924	862 141
1917	15 706	174 035	1930	10 462	189 730
1918	23 524	264 433	1931	21 923	361 960
1919	56 976	627 799	1932	16 456	223 913
1920	24 638	293 806	1933	24 869	340 975
1921	15 979	182 007	1934	21 078	447 537
1922	12 950	178 769	1935	51 771	1 104 636
1923	12 950	154 600	1936	37 905	907 616
1924	16 971	238 631	1937	129 038	3 934 492

资料来源：根据海关统计数据整理。1933—1937年输出数量单位为公担，价值单位为元。

---

① 中国人民大学政治经济系《中国近代经济史》编写组.中国近代经济史[M].北京：人民出版社，1976.

② 凌耀伦，熊甫，裴倜.中国近代经济史[M].成都：重庆出版社，1982：415.

五、生漆贸易

漆为中国特产的重要涂料，除国内销售外，每年出口不少，在国际市场上享有盛誉。中国生漆主要市场有老河口、宜昌、常德、重庆、汉口、上海等处。据海关记录，1894 年我国开始向国外输出生漆，每年出口四五千担，然后逐年增加。1907 年生漆出口量增长到 1 万担，1916 年增加到 1.5 万担，1928 年增加到 2 万多担，1930 年增加到近 3 万担，达到历史最高峰。此后，由于资本主义世界经济危机，出口量又逐年下降。到抗日战争爆发，中国生漆出口更是每况愈下。1939 年出口仅 2 377 公担，达到有出口记载以来的最低点。据海关记录，光绪二十年至民国二十九年(1894—1940 年)中国输出生漆数量如表 8-30 所示。

表 8-30 1894—1940 年中国输出生漆数量

年 份	输出数量/担	价值/关平两	年 份	输出数量/担	价值/关平两
1894	3 873	132 338	1918	17 121	1 004 739
1895	5 849	198 620	1919	21 199	1 170 859
1896	5 835	226 273	1920	13 697	683 390
1897	7 397	343 430	1921	18 928	1 260 325
1898	5 326	247 369	1922	17 777	1 673 025
1899	6 505	303 667	1923	19 374	1 556 459
1900	6 365	187 685	1924	18 268	1 332 179
1901	6 571	176 321	1925	16 407	804 150
1902	5 858	157 224	1926	18 236	1 186 179
1903	6 430	218 845	1927	19 194	1 566 033
1904	4 005	153 980	1928	21 682	1 765 572
1905	6 634	343 894	1929	25 296	1 166 329
1906	7 739	334 264	1930	29 013	1 215 518
1907	11 078	468 181	1931	17 939	1 302 815
1908	11 078	609 681	1932	12 183	915 820
1909	10 091	591 331	1933	12 258	820 990
1910	11 324	662 291	1934	13 984	858 235
1911	12 377	766 205	1935	14 110	701 723
1912	13 411	845 966	1936	14 995	769 546
1913	13 432	841 307	1937	6 724	415 365

续表

年　份	输出数量/担	价值/关平两	年　份	输出数量/担	价值/关平两
1914	13 429	794 122	1938	2 767	150 915
1915	13 568	725 364	1939	2 377	129 198
1916	15 619	788 658	1940	4 505	378 150
1917	12 609	650 738			

资料来源:据海关数据整理。1933—1940 年输出数量单位为公担,价值单位为元。

六、核桃贸易

核桃产于河北、山西、山东、陕西、甘肃、河南、湖北、湖南、四川、云南等省,其中河北省滦县、昌黎、昌平等县和山西省汾州县一带出产最多。我国的核桃不仅在国内市场上销售,对国外的输出量也不在少数。广州、上海、汉口和天津是我国最主要的核桃交易市场。自 1911 年香港和天津的部分外国商人把中国核桃输送到美国和印度销售之后,我国核桃的出口数量遂连年上升。①

华北核桃以天津为集中市场。经营核桃的华商或洋行,有的在天津购入,有的派人赴产地收购运津,然后转运出口。华中核桃多运至汉口出口。海禁未开时,广东商人从华北、华中大量购入核桃运赴广东,转运出口。以后,则多由天津出口,运往美国的核桃有由上海转运的,或经苏伊士运河过大西洋运纽约,或经太平洋运美国西海岸。出口核桃有带壳核桃和核桃仁两种。起初带壳核桃较多,由于带壳核桃好坏不易辨别,其中常混有采摘较早的未成熟核桃,所以后来核桃仁出口越来越多。据海关记录,抗日战争以前中国输出核桃情况见表 8-31。

表 8-31　1912—1937 年中国输出核桃数量和价值

年份	带壳核桃		核桃仁		年份	带壳核桃		核桃仁	
	数量/担	价值/关平两	数量/担	价值/关平两		数量/担	价值/关平两	数量/担	价值/关平两
1912	18 577	75 497	192	2 285	1925	56 471	470 156	39 132	1 029 116
1913	50 876	209 197	531	3 819	1926	57 053	390 862	49 194	1 166 865
1914	46 509	249 787	4 081	51 816	1927	44 478	395 151	58 031	1 410 399
1915	49 095	274 626	3 999	51 377	1928	55 322	433 594	52 450	1 326 332
1916	80 813	384 866	11 714	146 690	1929	24 548	204 013	57 147	1 512 448

① 佚名.中国核桃情形[J].中外经济周刊,1923(9).

续表

年份	带壳核桃		核桃仁		年份	带壳核桃		核桃仁	
	数量/担	价值/关平两	数量/担	价值/关平两		数量/担	价值/关平两	数量/担	价值/关平两
1917	31 064	150 507	8 515	109 657	1930	16 045	134 126	80 818	2 251 995
1918	9 529	49 977	15 299	189 086	1931	13 742	156 777	76 077	2 890 186
1919	98 214	549 651	41 267	503 855	1932	14 936	156 210	47 042	1 610 008
1920	18 615	133 008	24 863	332 090	1933	—	—	—	—
1921	110 938	1 120 267	26 091	577 792	1934	10 770	252 052	39 936	2 385 641
1922	30 924	322 723	23 532	602 252	1935	9 516	221 449	35 832	2 099 034
1923	27 720	247 185	18 179	417 726	1936	6 717	151 493	41 343	2 879 970
1924	56 883	497 343	28 294	703 433	1937	7 119	133 888	51 541	3 852 662

资料来源:《海关贸易总册》,1933 年数字缺。1934—1937 年输出数量单位为公担,价值单位为元。

七、板栗贸易

从我国西南地区的云南、四川等地到东北地区的辽宁都有板栗的生长,其中河北出产的板栗数量是最多的,主要产地有卢龙、迁安、滦县、遵化、昌黎、昌平、怀柔、密云等县,所产栗子都在天津集散。

天津市场栗子交易分春秋两季。秋季即上市一部分。因华北冬季天寒,在运输途中容易冻坏,故冬季停止交易。到翌年春天暖后再恢复运销。各产区栗子都用马车或民船运至铁路线上,换火车运至天津。供国内外销售的栗子大都先运上海,再转运广州、杭州、南京等地,此路每年销售约 1 万包(每包约 180 斤),另一路经大连,转运东北各地和山东,每年销售 6 000～7 000包。天津板栗的出口量每年也不在少数,主要出口地是日本,日本的多家洋行经常派人来天津收购。每年从天津运往香港、菲律宾、新加坡等国家和地区的栗子也占相当比重。

八、柏油贸易

柏油产于四川、湖北、湖南、贵州、安徽、河南、广西、浙江等省。长江流域各省和河南、贵州等省所产柏油都集中于汉口,数量占全国产量的 2/3 以上。浙江所产柏油则集中于杭州。

集中于汉口的柏油大部分由水路用帆船运来,但河南南部所产柏油则靠人力挑运。商品柏油凝制成圆柱形,上部直径 1.3 尺,底部直径 1 尺,高 1.4 尺,每件约 100 斤。每年集中于汉口的柏油为 13 万～14 万件,其中湖北麻城柏油质量最好，每年旧历11月中旬新货上市，自12月至翌年正月最为旺盛，5—6月仍有来货。因柏油熔点高，不易熔化，故除盛暑时期的2～3个月外，几乎全年都有柏油交易。

浙江的柏油先集中于衢县、兰溪等地，各地油商在衢县、兰溪等地收购柏油后雇帆船运往杭州销售。中国柏油输往外国始于光绪二十年(1894年)，起初每年输出量少则数万担，多则10多万担。民国以后出口量有所增长，每年约20万担，其中民国五年(1916年)曾达25万多担。以后出口量随即下降，1931年以后每年仅出口数千担，1935年竟降至610担。柏油出口量下降的原因是：电灯、煤油灯的普及，取代了蜡烛，加上廉价的牛蜡与柏油的竞争。表8-32是1894—1937年经海关输出的柏油数量。

表8-32　1894—1937年中国输出柏油数量和价值

年　份	输出数量/担	价值/关平两	年　份	输出数量/担	价值/关平两
1894	63 271	395 444	1916	256 960	3 011 695
1895	68 548	616 930	1917	151 385	1 782 983
1896	20 611	175 193	1918	162 881	2 123 869
1897	4 253	436 034	1919	164 544	1 979 333
1898	4 988	513 117	1920	69 118	789 317
1899	23 490	234 898	1921	66 125	757 156
1900	22 340	201 059	1922	64 056	668 195
1901	111 312	1 046 323	1923	96 348	1 086 138
1902	118 120	1 107 663	1924	114 856	1 330 404
1903	117 330	1 116 743	1925	92 555	1 157 588
1904	74 923	752 975	1926	57 804	795 507
1905	67 277	633 682	1927	78 497	1 083 111
1906	114 059	1 057 401	1928	56 193	685 492
1907	175 369	1 922 360	1929	108 064	1 437 159
1908	127 367	1 278 524	1930	68 744	858 455
1909	151 696	1 478 371	1931	5 262	85 875
1910	159 302	1 594 715	1932	2 187	32 377
1911	44 995	480 652	1933	2 198	31 295
1912	214 349	2 333 759	1934	1 299	24 178
1913	220 998	2 261 961	1935	305	6 950
1914	190 094	2 074 284	1936	11 935	326 321
1915	181 482	1 962 179	1937	33 455	953 176

资料来源：《海关贸易总册》。

注：1933—1937年输出数量单位为公担(1公担＝2担)，价值单位为元。

第五节　近代中国林业资源的变迁

一、林业资源变迁概述

近代，中国林业资源的发展起伏跌宕。在一些未经人为破坏的山区，或者一些被采伐、毁坏之后封禁一段时间的山林，林木资源可以实现自然更新，得到恢复和发展。加上人为地植树造林活动，都会使林业资源向好的方向发展。例如，山西省吕梁山系交城县神尾沟，高山上原来生长着云杉和落叶松林，1928 年发生森林火灾，95%的林木被烧死。由于山高，无人上山打柴、放牧，20 年后，森林天然更新，形成茂密的落叶松和桦木林。山西省中条山系翼城县珍珠帘，山上原有桦、椴、杨等林木。1936 年，晋裕火柴公司为取得原料，将山上林木砍光。因无人入山，10 年以后森林恢复。[①] 民国时期的植树造林亦有所发展，民国十八年至二十四年(1929—1935 年)，全国各省共造林 13 766 874 公亩[②]，植树 5 668.23 万株。尽管如此，全国森林面积仍增加不多。

另外，中国森林较多被采伐利用，加上帝国主义掠夺，林政不修而发生滥伐、滥垦、火灾，以及在太平天国运动、抗日战争等多次战争中的损失，中国森林资源急剧减少。例如，在东三省，民国十八年(1929 年)的森林面积有 3 646 万公顷，林木蓄积量 42.04 亿立方米，到民国三十一年(1942 年)，其森林面积下降为 3 047 万公顷，林木蓄积量下降至 37.36 亿立方米。[③] 抗日战争以前，广东省森林面积为 3 431 万亩，而抗日战争后减少到 2 092 万亩。[④] 就全国而言，鸦片战争前后，我国的国土总面积大约 1 260 万平方公里，森林面积将近 1.59 亿公顷，折合计算的森林覆盖率是 12.61%。1849 年中国的人口大约 4.13 亿[⑤]，人均森林面积约为 0.38 公顷(折合 5.7 亩)[⑥]。1934 年的森林面积减少为 9 109 万公顷，森林覆盖率下降至 8%，人均森林面积只有 0.2 公顷(折合 3 亩)。再到 1947 年，我国的森林面积在经历战争

---

① 《梁希文集》编辑组.梁希文集[M].北京：中国林业出版社，1983：200.

② 1 公亩＝1/100 公顷＝100 米^2。

③ 辽宁省林学会，吉林省林学会，黑龙江省林学会.东北的林业[M].北京：中国林业出版社，1982：128.

④ 黄维炎.广东林业概况[J].全国林业业务会议专刊，1950：36.

⑤ 赵尔巽.清史稿(第 13 分册)[M].上海：中华书局，1976：3487.

⑥ 1 公顷＝15 亩。

之后削减至 8 412 万公顷[①]，森林覆盖率减少为 7.41%，人均森林面积只有 0.18 公顷(折合 2.7 亩)。1947 年与 1840 年前后的数据相对比，森林面积下降了将近 50%，森林覆盖率减少了 5.2%，人均森林面积减少了 0.2 公顷。[②]

二、林业资源减少的原因和后果

近代中国森林资源急剧减少，主要是由如下原因造成的：

(一)帝国主义的侵略和抢夺

中国经历两次鸦片战争的失败，完全暴露了清政府的软弱无能和腐败昏庸，各帝国主义列强乘机涌入中国，对国内的森林资源展开无情的掠夺。

1858 年和 1860 年，两个不平等条约(《瑷珲条约》和《北京条约》)的签订，将乌苏里江以东、黑龙江以北的 100 多万平方公里划归沙俄所有，其中涵盖的大面积原始森林也落入沙俄腹中。根据南满洲铁道株式会社的估计数据，这部分森林面积多达 6 819.7 万公顷。[③] 此外，沙皇俄国还染指了中国东北南部鸭绿江林区以及中国西北的森林。

甲午战争以后，光绪二十一年(1895 年)，日军侵占我国的台湾岛，遂开始对台湾的森林肆意砍伐。在阿里山林区，从 1912 年到 1939 年的 27 年间，采伐木材 268 万多立方米；在太平山林区，从 1934 年到 1938 年的五年内即采伐木材 38 万立方米；在八仙山林区，从 1915 年到 1939 年的 24 年间，仅针叶材就采伐了 80 多万立方米。[④] 日本财阀的伐木公司也在台湾伐木。光绪三十一年(1905 年)，日寇强迫清政府允许开办中日合作的木植公司，对鸭绿江流域的森林随意砍伐。"九·一八"事变后，东北全境的森林资源被攫入日本手中。第二次世界大战爆发后，日本帝国主义加紧了对东北森林资源的掠夺，采伐量不断增加。日本帝国主义在侵占中国东北的 14 年内，共掠夺木材 1 亿多立方米。

(二)各种原因引起的乱砍滥伐行为

晚清的皇家贵族为满足私欲而常常大兴土木，使得大批森林被砍伐。光绪十四年(1888 年)，慈禧太后将北京西郊的清漪园重新修建并更名为颐和园，光绪二十六年(1900 年)，八国联军将颐和园毁坏，光绪二十九年(1903 年)再次修复。前后两次修建，消耗了大量的木材。此外，清政府经

---

① 农林部林业司.中国之林业[M].南京：农林部林业司，1947：21.

② 李进霞.近代中国林业资源的变迁及其原因分析[J].重庆工商大学学报(社会科学版)，2009(2).

③ 南满洲铁道株式会社.露领极东森林利权(1925 年)[M]//王长富.沙皇俄国掠夺中国东北林业史考.长春：吉林人民出版社，1986：36.

④ 程复新.台湾之森林[M].成都：四川大学森林系，1950：17-19.

常修筑皇帝和后妃的陵墓也需要耗费大批木材。帝后如此，下面的王公贵族也纷纷效仿，为自己修筑庭院楼台，满足奢侈享受的需要，所耗费的木材不计其数。

清朝时期为保障风水，本来是禁止对东北地区的森林进行采伐开荒的。同治初年的时候，山东许多灾民为谋生而逃到东北地区，在鸭绿江流域采伐林木、开荒垦田。由于逃过来的山东农民越来越多，官府也不能阻挡，光绪四年（1878 年）清政府直接破了东北森林的禁令，开始允许人们进入森林伐木，条件是要向官府纳税。一般是当地官府印发一种"木植票照"出售给农民，伐木者必须凭票进入森林。清政府一味收缴伐木税，却对砍伐过程不管不问，导致鸭绿江边的原始森林被毁严重，乱坎滥伐的规模越来越大。

民国以后，东北森林继续遭到采伐。北洋政府把东北大面积的国有森林视为财源，因政府无力开发，所以发给商人采伐而收取名目繁多的勘测费、领照费、验照费、保证金、山份、木植票费、木税等，对森林并未加以管理及进行合理经营。国民党执政期间欲规范东北地区的国有林管理，1929 年，农矿部推出《东三省国有林整理委员会章程》，拟安排专人到东北地区负责森林业务的管理。1930 年，国民政府将工商部与农矿部合并，称作实业部。1931 年实业部颁布《管理国有林公有林暂行规则》，宣布停止发放国有林，同时坚决杜绝各地发放公有林，这一举措旨在保护东北地区的森林资源。但是没过多久，"九·一八"事变爆发了，日寇控制了东三省，国民党的这些计划也未能继续施行。

（三）毁林垦种

清晚期，随着我国人口的不断增多，平原地带的农田已经无法满足农民的耕种需求，许多没有耕地的贫民被迫到山区毁林开荒。嘉庆四年（1799 年），在大臣彭无瑞的提议下，清仁宗提出"南山既有可耕之地，莫若将山内老林量加砍舍"。[①] 于是，陕西终南山区的林地陆续被毁，开垦为农田。因为政府允许毁林开荒的政策鼓励了许多外地人也来此垦荒，陕西山阳县过去的人口数量不足 1 万，因大量的垦荒者涌入，人口猛涨为原来的 10 倍。同治年间也有相似的现象发生，辽宁东部地区，从浑江到安东的东门外大约 1 000 多里长的地带，以及从瑷江到浑江 2 000 多里长的地带都布满了毁林开荒的人。光绪年间，朝鲜族农民经常在东北图们江流域毁林开荒。浙江、江西、安徽、福建等地的山区，经常会有外地灾民涌入而后开始毁林垦荒。军阀混战期间，许多农民更是被生活所迫逃到大山深处，靠毁林开荒来糊口

① 台湾华文书局.清仁宗实录[M].台北：台湾华文书局，1985.

生存。国民党四川省建设厅于 1938 年对大渡河流域的统计调查发现，流沙河两岸的毁林面积达 2.10 万公顷，从富林到美乐的毁林面积为 2.88 万公顷，从咱威到泸定的毁林面积约 1.86 万公顷，总共 6.84 万公顷的林地被毁掉。①

(四)砍树作生活燃料

传统的中国农民，生活中多使用木炭、木柴等作为燃料。为满足每日必需的燃料需求，砍伐树木的数量也不在少数。1934 年张楚宝先生调查南京 23 个家庭发现，家庭人均每个月需要 60 斤木炭木柴等燃料即一年共需要 720 斤燃料，按此标准计算整个南京市每年大约需要 3.6 亿斤的燃料。② 1941 年朱惠方调查四川成都的居民，全市居民共 9.77 万户、39.44 万人。所有居民、机关单位、学校、饭店和旅馆等加在一起，使用的全部燃料中有 78.8％为木炭和木柴，其余 21.2％为煤。全市每年对木柴的需求量是 2.2 亿斤，对木炭的需求量为 477.94 万斤。当地的樵夫上山砍柴，都是到附近交通比较方便的林地，随意乱坎，因此当地的森林被毁日益严重，很多炭窑附近几十里的山林都被砍光，变成了荒山。③ 1940 年对云南昆明的调查显示，全市居民每年燃料用木柴量超过 2 100 万斤，昆明一带几乎没有成片的森林存在。④ 以上皆是对城市的调查数据，而农村燃料用木柴木炭的数量远远大于城市。此外，一些工业发展对燃料的需求量也相当大。例如，江苏宜兴和江西景德镇的陶瓷工业，民间素有“一里窑、十里焦”的说法，可见其耗用燃料之巨；四川多地生产盐的过程中也多以木柴为燃料，当地森林被乱坎滥伐；云南个旧县的锡矿也用大量的木炭作燃料，抗战时期每年炼锡要烧掉 1 500 多万斤的木炭；1940 年云南昆明的 230 家砖窑，每天要用掉1 000 万斤以上的木柴燃料来生产大量的砖瓦。⑤

(五)森林火灾

森林地区一般是人迹罕至的，因此干燥季节容易发生火灾，森林火灾的扑救又十分困难，因此一旦发生，其后果相当严重。清末和民国时期我国森林火灾时有发生，被毁的林木资源不在少数。光绪十九年(1893 年)，绥远省(今内蒙古自治区一部分)的乌拉山森林突发火灾，火势凶猛，因为没有人

① 王长富.沙皇俄国掠夺中国东北林业史考[M].长春：吉林人民出版社，1986：36.

② 张楚宝.从南京的薪炭用材说到森林保护[N].中央日报，1934-03-12.

③ 朱惠方.成都市木材燃料之需给[J].林学，1944，3(1).

④ 《云南森林》编写委员会.云南森林[M].云南：云南科技出版社，北京：中国林业出版社，1986：42.

⑤ 《云南森林》编写委员会.云南森林[M].云南：云南科技出版社，北京：中国林业出版社，1986：42.

来扑救而燃烧了将近半年，周围几十里范围的森林全部被毁。[①] 民国十七年(1928 年)，江苏省教育团公有林的第一林场发生火灾，近 300 万株林木被毁。[②] 民国十八年(1929 年)，浙江省孝丰县(今安吉县西)的农民为开垦农田而点火烧山，大火波及附近的临安县，将白虎山上部和天目山分经台顶上的所有树木焚毁殆尽。[③] 此外，因一些生活中的小事情如烧山驱兽、野炊、烧草木灰积肥、熏蚊蠓及吸烟等导致的森林火灾也是时有发生。

(六)战争毁林

近代中国经历多次战争，每次战争规模大小不同，但必有森林遭到破坏。

太平天国运动从 1851 年到 1864 年历经 14 年，斗争范围覆盖全国 18 个省，在与清政府的拉锯战争中，森林资源也是惨遭破坏。辛亥革命之后的连年军阀混战导致森林备受炮火的摧残。1927 年中国工农红军和井冈山革命根据地建立起来，国民党多次对红军和根据地发动战争，不惜放火烧山，多地森林被焚毁。抗日战争时期，日本军队同时采取飞机轰炸和放火烧山的办法攻击中国军队，引发多起森林火灾，战争中为构筑防御工事，大量的森林被砍伐。据国民党农林部的调查，抗战时期，我国 21 个省份的森林皆因战事而受到不同程度的毁坏，其他省份也间接受到影响，受损森林资源大约 18.8 亿立方尺，价值 96.7 亿银元。[④]

在上述多种原因的综合作用下，近代中国的森林资源越来越少，且分布更加不均衡。森林被破坏的后果是一系列的恶性循环，江苏、山东、河南、河北等林业资源本来就稀缺的地区，农民们无奈只好到山上挖草根来当燃料。由于缺少森林防护，各地水灾频发，淮河、黄河、无定河等河流常常发生洪涝灾害。1863 年的黄河水灾使山东、河南等地多个村庄被洪水淹没。从 1875 年到 1899 年，黄河中段发生过 23 次决口，几乎每年一次，灾民不堪忍受。安徽和浙江等地由于棚民胡乱伐木开荒，水土流失越加严重。1917 年，山东、直隶等省连降大雨，导致洪水泛滥，水淹范围波及京奉、京汉、京绥和津浦等铁路，受灾范围达 100 多个县区，灾民超过 500 万。[⑤] 1921 年、1926 年和 1931 年，长江流域均发生水灾。1933 年和 1934 年各省都有洪涝灾害发生。1935 年黄河流域和长江流域均发生水灾，安徽、江西、湖南和湖北四省

---

① 任承统.绥远的森林[J].中华农学会报，1934(129/130).

② 陈嵘.历代森林史略及民国林政史料[M].南京：中华农学会，1934：149.

③ 《梁希文集》编辑组.梁希文集[M].北京：中国林业出版社，1983：14.

④ 农林部林业司.中国之林业[M].南京：农林部林业司，1947：38.

⑤ 凌道扬.森林与旱灾之关系[J].森林，1921，1(1).

被洪水淹没面积近 10 万平方公里，受灾十几万人，经济损失超过 5 亿元。[①]

除了水灾，旱灾也同样频繁发生。1920 年，甘肃、河南、山东、山西和直隶五省发生 40 年未见的严重干旱，受灾民众多达 4 000 万，赤地千里，哀鸿遍野。[②] 1927 年和 1929 年，西北各省也都发生旱灾。1934 年，全国因旱灾导致的经济损失达 13.57 亿元，1935 年又损失 3.10 亿元。素有“天府之国”称号的四川省，1935 年全省 152 县中有 128 县都发生旱灾。[③]

林业虽只是农业生产的一个部门，但其发展所涉及的范围已经远远超出了农业本身。林业的可持续发展，既是农业生产良性发展的必要内容，也是整个国民经济、社会稳定可持续发展的必要前提。林业资源的重要性不仅体现在自身的发展上，更体现在保障整个生态平衡的意义上。近代我国的林业资源备受折磨，仅有的一点生产成就也被战争和自然灾害毁之殆尽，林业资源的缺乏直接导致自然灾害的加重，影响农业生产的进一步发展。

---

① 王相骥.造林与水旱[J].林学，1936(5).

② 高秉坊.山东省森林问题之商榷[J].森林，1921，1(2).

③ 程复新.森林何以能防治水旱灾[J].四川省林学会特刊，1938.

第九章　近代中国的渔业生产

渔业是社会经济的组成部分，是国家政治、文化的基础之一。作为人类最古老的生产行业，渔业源远流长，内涵丰富，对中华民族的生存和发展起过巨大的作用。原始社会人类的生存方式就是采集和渔猎，因此可以说渔业生产甚至比农作物生产出现得更早。自殷周开始，农业的地位逐渐上升，成为主导产业，渔业慢慢沦为副业。从明朝政府编制渔户法开始，渔业管理才归入政府职责。1904 年，张謇奏请开办江浙渔业公司，由此中国渔业开始了近代化的历程。但近代中国渔业也遭到帝国主义的侵略。

渔业是农业的重要组成部分，是国民经济的一个重要部门，它不仅为人们的日常饮食提供丰富的蛋白质，同时还为农作物种植供给优质的肥料，为畜禽生产提供优良的饲料，为医药、化工及食品加工业提供重要的原材料。早期的渔业以天然捕捞为主，靠近水域的居民就以捕捞渔产品为生。随着人类文明的发展，淡水养殖逐渐出现并发展起来，在渔业生产中也越来越重要。明清时期，因为内陆淡水水域被大规模淤浅淤废、围湖圩垸，导致捕捞渔业衰败。同时，淡水养殖业由于与农业垦殖所需的水利灌溉排涝设施相辅而行而发展壮大起来，这种养殖业已不再是专业的渔业生产，而是变成农业生产的一种副业。

第一节　中国古代的渔业发展

我国海岸线漫长，自古有渔盐之利。早在距今 200 万年前，旧石器时代的元谋人、蓝田人和北京人，就开始了渔猎活动。古籍记载，上古之世，民食蚌蛤螺肉，长臂人两手捉鱼，现代考古工作特别是地下出土文物证明了这些记载的正确性。中华民族的祖先，从采集贝类和徒手捉鱼开始，然后采用木棒、石器和鱼钩、弓箭等工具捕鱼。在很长一段时间内，渔猎是人类唯一的生产活动。

原始社会以后，渔业进入奴隶制和封建制社会，在此期间渔业的生产方式称为传统渔业。它的基本特征是，采用木船和渔网等工具，依靠风帆的动力进行捕捞作业，附带部分人工的天然养鱼活动。人类利用自然的能力逐渐提高，学会用自己的劳动来扩大生产。从奴隶制夏王朝到封建制西汉王朝，是传统渔业的大发展时期。相传夏禹作帆（明罗欣《物原》），姒芒“狩于海，获大鱼”（《古本竹书纪年》）。商王“在圃渔”（甲骨文），周文王“灵沼，于牣鱼跃”（《诗经》）。春秋时期，齐国渔民在海上“乘危百里”，昼夜捕鱼（《管子》）。《周书》曰：“虞不出则财匮少。”《国语·鲁语》曰：“九州名山川泽，所以出财用也。”狭小的生产范围和低下的生产水平决定了渔业生产在当时的社会经济生活中，是经济财富的主要来源。

秦始皇统一六国，“总土地所生，料山海之利”，将生产领域一分为二。他置治粟内史以“掌谷货”，设少府“掌山海池泽之税，以给供养”（用山海池泽的税收供养皇帝生活）。自然，随着生产的发展，山泽的产出也在变化：舜时山泽只资渔猎；秦时的山海池泽，渔猎之外已有煮盐和铜铁开采了。

汉承秦制，继续“大司农[①]供军国之用，少府以养天子”。由于战争的长期破坏，西汉王朝建立之初，社会经济已经全面崩溃。针对这种情况，汉文帝刘恒以“开关梁，弛山泽之禁”等项政策励精图治，即发挥商业和山泽的作用促进经济繁荣。经过文帝、景帝父子两代的努力，西汉王朝的经济起死回生。全国涌现出许多盛产鱼盐珠玑的地区，而且达到了“京师之钱累百万，贯朽而不可校”的空前富有状态（《史记·平准书》）。汉武帝刘彻即位，举国大修水利，总一铁的生产：前者扩大了产鱼地区，后者变铁器为“民之大用”（《盐铁论》），促进了生产工具的更新换代（铁制生产工具开始普遍代替铜木制生产工具）。文帝“弛山泽之禁”和武帝时期渔业生产工具的进步，又一次使渔业资源遭受破坏。武帝时，东莱地方政府插手捕捞，一度使“海鱼不出”。淮南王刘安论“主术”，再次强调“不涸泽而渔”和“鱼不长尺不得取”（《淮南子》）。

东汉到唐宋，封建社会进入中期。由于社会生产的进步，生产行业的增多和扩大，渔业的地位开始变化，但在铁器普遍推广和船网渔具出现巨大进步的条件下，依然有力地发展着，并且推动了渔业地区的扩大，统治政策的调整，以及管理体制的改革。东汉时期，封建统治阶级的上层出现腐败，但在中下层还有一些优秀官吏，致力于发展农渔生产。公元42年，邓晨任汝南太守，用民间水利专家修筑鸿郤陂，历时数年，起塘400余里。陂成，“鱼稻之饶，流衍它郡”（《后汉书·邓晨传》）。东汉末期，海珠产地合浦的守宰“并多贪秽”，驱民滥采，造成海珠绝迹，一时珠民失业，贫者饿死于道。孟尝继任太守后，“革易前弊”，保护资源，创下了“合浦还珠”的千古盛事（《后汉书·循吏传》）。

---

① 西汉景帝时，将治粟内史改称大农令，武帝刘彻又改称大司农。

封建社会的痼疾之一，是土地兼并。东汉、两晋时期，随着土地兼并发展到封山锢泽，官僚、豪门、地主依靠权势把山河江湖据为己有。北府兵将领刘裕掌握东晋大权后，下令禁止封山锢泽。刘裕后来代晋建立了南宋王朝，史称宋武帝，他的这项政策，扼制了封山锢泽的发展，并继续影响后世。公元 479 年，萧道成建立南齐王朝时，继续下令禁止“封山略湖”（《南齐书・高帝纪》）。

在宋武帝、齐高帝在江南禁止封山锢泽的同时，统一北方的北魏王朝，也于公元 484 年进行了重大改革：发展生产，迁都洛阳，改移俗习。改革是在冯太后和孝文帝元宏的主持下进行的。这两位鲜卑族由奴隶制向封建制过渡的激进派代表人物建有两大功绩：一是在长城以北和阴山以南大修沟渠池陂，发展了渔农生产；二是把西晋末年化为灰烬的洛阳重新建成繁荣都会。当时的洛阳商业发达，渔业兴旺，民间谚曰：“洛鲤伊鲂，贵于牛羊”（《洛阳伽蓝记》）。

隋文帝杨坚结束南北朝，统一全国，又一次对官制进行了改革。改革后的隋王朝中央政府实行“三省六部”制①，山泽的管理归属工部。隋王朝时，冶铁业发展迅速，开拓出了生产工具、生活用具以及军用兵器等多种生产门类。生产越发展，分工越细致，官制取名工部，反映了手工业发展的突出；同时，随着生产的发展，生产行业的增加，渔业在社会经济中的地位和比重相对地变小，但其自身生产的规模和对社会的贡献，仍然是在不断扩大的。

经济基础决定上层建筑，上层建筑又反过来推进经济基础的发展。隋代以后，渔业的发展迅速，达到了又一个高峰。同春秋战国时期许多帝王、卿相、学者大抓资源保护的情况不同，唐宋两王朝出现了这样的情况：一些文人名家如杜甫、李白、白居易、柳宗元、苏轼、欧阳修、陆游等人，以渔为题材留下了大量诗、词、歌、画。他们或者讴歌渔业生产艰辛；或者赞颂渔具渔法技巧；或者借渔抒怀，讽指时政；或者垂钓江湖，独羡渔父。

元代以后，封建社会进入后期。渔业的发展出现两种情况：一是向上的、发展的。“镜湖元自属闲人，又何必官家赐与。”②元代直到明清，民间的生产还在发展且发展得不错，如九江地区的鱼苗业，太湖、江西和珠江三角洲地区的养鱼业，苏州的渔用制冰业，等等。二是向下的、倒退的，这就是“官家”的渔业政策。元王朝不理渔政，基本方针是“听民自渔”（《元史・世祖纪》）。明朝从朱元璋起，实行禁海——禁止商人出海经商和禁止渔民出

① “三省”为中书省（决策机构）、门下省（审议机构）、尚书省（执行机构），“六部”为尚书省属下的吏部、礼部、民部、工部、刑部、兵部。

② 宋陆游词《鹊桥仙》句。“闲人”指没有（或丢掉）官职的人；“官家”指皇帝。

海捕鱼，后因“小民衣食所赖”，稍有宽松。嘉靖时倭患猖獗，禁令重颁。清初在与郑成功作战中，“令滨海民悉徙内地五十里，以绝接济台湾之患”。明清时期由于政府实行迁海、禁海等政策，沿海多地的农民被迫离开家园，海洋渔业生产几乎彻底停滞。

不仅如此，尤为重要的是元清两代统治者实行倒退统治。元清两代统治者在其夺取全国政权过程中和夺取全国政权以后的一段时间内，都野蛮地推行了屠城、囿工、限商、抑汉等项政策[①]，把镇压和打击锋芒指向城市平民、工匠、富豪、商人——这些社会成分及其生产经营，正是资本主义经济的胚胎和萌芽。元朝和清朝的两次倒退统治，几乎葬送了唐宋以来积累的全部经济基础，导致现代渔业和中国资产阶级一样，长期难产。

恩格斯说：“蒸汽和新的工具机把工场手工业变成了现代大工业。”[②]同样，中国传统渔业走向现代化，也需要新的动力和新的生产工具，然而这个本来应该属于中国资产阶级的历史使命，却未能完成。1898 年起，中国资产阶级进行过变法、发动过革命、夺取过政权。其间，以张謇为代表的有识之士购买新式渔轮，组建渔业公司，促进了现代渔业的诞生。孙中山先生也亲自规划过全国的渔港建设。国民政府成立以后，设立渔业专局掌理渔政，经由民族资本家和各界先进人士的努力，初创起一支现代机轮队伍和若干水产教育、试验机构。但是由于这个阶级的上层领导人 1927 年背叛革命，投入帝国主义和封建势力的怀抱，不仅使现代渔业没有得到发展，反而让帝国主义和官僚资本操纵了中国渔业的命脉。在资产阶级统治国家的时期，上海、青岛、烟台、大连等地都出现了外国的水产公司。帝国主义的渔轮猖狂侵渔，在中国渔场上酷渔滥捕、横行掠夺，再将产品低价向中国市场倾销，造成中国渔业的破产。1936 年全国水产品总产量达到 150 万吨(历史最高水平)，1949 年国民党当局逃往台湾岛前夕，下降到只有 44 万吨的水平。[③]直到中华人民共和国成立以后，中国渔业才开始复苏和重新发展。

---

① 元清两王朝推行这些政策的情况如下：(1)屠城：元初攻占保州(河北保定)、密州(山东诸城)、卫州(河南汲县)等地时，除工匠外，城市居民一律杀光。清初进攻江南时，在扬州、苏州、嘉定、海宁、宁都、广州等城市进行了一系列屠城。(2)囿工：元代征天下工匠为贵州服务，设专门匠籍，子孙世袭不准改业。清初行“投充法”，满族贵族可以任意挑选汉人各色工匠投充旗下为奴。(3)限商：元代商业多为王公、官府所垄断，清初禁海，“商船渔舟，不准一船下海”。(4)抑汉：元代全国人民被分为四等，生产技术最先进的汉人、南人被列为第三、第四等，遭到政治压迫；清初行“圈田令”“逃人法”“剃发令”，同样对汉人进行压迫、镇压。

② 解慧娟.马克思主义科技观发展演进研究[D].兰州：兰州大学，2019.

③ 中国渔业史编委会.中国渔业史[M].北京：中国科学技术出版社，1993：8.

第二节　近代中国的渔业生产

近代是我国现代渔业产生和初始发展的时期。戊戌变法(1898 年)以前,清政府中的洋务派就曾吸收借鉴西方资本主义的经验,尝试建立了一些近代企业组织,但是这些企业都是“官督商办”的,摆脱不了封建统治阶段的控制,也难以取得较好的发展,同时也阻挠了民间资本主义企业的产生和发展。戊戌变法之后,在声势威猛的民主革命打击下,清政府在 1901 年被迫推行新政,成立了商部来支持和鼓励发展实业,因此,包含渔业的现代资本主义企业才开始诞生。

从清末到民国,一大批有胆有识的进步人士,其中包括封建官吏、国民政府官员、新兴资产阶级企业家、科学家、教育家,以及社会贤达、爱国华侨和海军官兵为了开创现代渔业和维护国家领海主权,辛勤耕耘、惨淡经营,做出了巨大的努力,并且取得了前所未有的成就。但是他们的努力,终因最高统治集团及其政策的反动腐败,或者起步维艰,或者中途梗阻,事业难竟全功。

一、现代渔业的诞生

现代渔业区别于传统的手工渔业,使用渔轮为主要捕捞工具,同时也运用一些现代渔业技术。1882 年,经历资产阶级革命后的英国首先出现了新式生产工具——现代渔轮,它以蒸汽(或石油)为动力和机械操作网具,在广阔的海上进行作业。恩格斯指出,“蒸汽和新的工具把工场手工业变成了现代大工业”。同传统的风帆木船相比,渔轮的出现是渔业发展史上的技术革命。可是在中国,由于封建社会这个母体长期不孕,资产阶级及其现代渔业,都迟迟难以成形。资产阶级问世了,现代渔业的开创者还是主张保留封建帝制的立宪派。

清政府在 20 世纪初设置商部后,商部头等顾问官张謇察觉到中国的渔政长期缺乏管理,于是上奏申请成立渔业公司,得到清政府的批准。清政府命张謇做出具体规划,沿海七省同时筹备。张謇的规划设想是:区分内海外海,定新旧渔业行渔范围;近海地区维持传统的渔业方式,外海地区则使用新式渔轮与其他国家竞争,称作“外为内障,内为外固”。1906 年初,第一个现代渔业组织——江浙渔业公司正式运营,张謇兼任其公司经理。该公司归商部直接管辖,全国其他地方的渔政也都由张謇来规划。其时,正有一艘德国渔轮以青岛为基地,在黄海侵渔,张謇于是报请商部乘机将其购买,定名“福海”。这是我国渔业史上的第一艘现代渔轮，虽是“舶来”，初期也缺乏人才且经营不善，但它标志着中国现代渔业的开端。

1908年，广东省有力资本家集资白银60万两，创立广东省渔业公司，山东巡抚也以准备金3万两，在烟台创立渔业公司，但均因事属首创，举步艰难，一时未能很好地发展。1911年辛亥革命后国民政府成立，渔政归实业部。很快，南北议和，政府北迁，实业部分为农林、工商二部，农林部设置渔业局以司渔政。两年后，农林、工商二部又合并为农商部，渔业局改为渔牧司。由此开始，渔业公司创办渐多，于是竞争兴起，着力发展渔轮。1921年，烟台、大连两地渔业公司联合，从日本购买手操网渔轮（石油发动机，30马力）。1934年，上海企业家庄志震以资金9万元，建造大型拖网渔轮一艘，船长135尺，500马力，一切船壳材料尽量采用国货。同年下水试捕，成绩颇佳，是为国产渔轮中的最优秀者。此后自造和购买并举，到1936年日本侵华战争前夕，全国共发展有拖网渔轮10艘，手操网渔轮150多艘，在半封建半殖民地的中国建起了一支幼小的现代渔轮队伍。

拖网渔轮是“蒸汽和新的工具机”的结合体，是当时渔业生产工具的尖端，而拥有拖网渔轮的公司则是民族渔业的脊梁。现将1936年全国拥有拖网渔轮的公司（渔轮局、学校、试验场）及其经理人、资本额等情况列表如表9-1所示：

表9-1　近代中国拥有拖网渔轮的公司情况

公司名称	经理人	创立时间	资本额/万元	船　名
联兴股份有限公司	张志胜	1931年	6.0	联丰
永丰有限股份公司	乐苞东	1926年	6.0	永丰
兴华渔轮局	方国梁	1934年11月	5.0	中华
永顺渔轮局	朱嘉祥	1929年	4.4	海顺
海利渔轮局	庄志震	1935年1月	10.0	海康
集美水产学校	陈希平	1925年	7.5	集美第二
江苏省立渔业试验场	姚泳平	1933年12月	9.0	连云港
茂丰有限股份公司	陆益璋	1932年	6.0	茂丰
永胜渔轮局	陆锦堂	1929年	8.0	永茂
三兴渔轮局	周梅庭	1927年	5.0	海兴

资料来源：中国渔业史资料编委会.中国渔业史[M].北京：中国科学技术出版社，1993:83.

1937年日本侵华战争爆发，沿海各省相继沦陷，内陆产鱼省份也大都成为战场，渔轮渔船或遭战火破坏、或被征用，全国渔业基本上陷于瘫痪。

1945 年中国人民抗日战争胜利以后，国民政府又发动内战，机轮渔业也未能得到恢复发展。

二、帝国主义侵渔

早在 1894 年中日甲午战争之际，俄国《新闻报》就公开叫嚣，要利用晚清王朝败北的可乘之机，干脆利落地把中国瓜分掉。甲午战争之后，帝国主义列强对中国的掠夺进一步加剧，割让领土、开辟通商口岸、划分势力范围，以及大肆侵渔。其间，德帝国主义强迫清政府签订《胶澳租界条约》，租借胶州湾，以青岛为基地在黄海侵渔。法帝国主义觊觎西沙群岛，1933 年公然出兵侵占西沙西南九个小岛，阻禁中国渔民捕鱼。而对中国侵渔规模最大、时间最长、为害最烈的首属日本帝国主义，其次是沙俄。

(一)沙俄帝国主义侵渔

1912 年初南京临时政府刚刚成立，沙俄帝国主义即出兵满洲里，煽动黑龙江省呼伦贝尔独立，其间除占用呼伦河(湖)捕鱼之外，又纵使俄商私向当地蒙人租借河流、湖泊捕鱼。据不完全统计，到 1915 年止，俄商在当地私订的渔业租借合同达 43 件之多。合同具体情况如表 9-2 所示：

表 9-2　1912—1915 年间俄商私订渔业租借合同情况

编　号	俄商姓名	订立时间	租借河湖	俄里数①	租用期限/年
1	司弼臣科夫、窝达科夫、俄里费连科	1912 年 2 月 17 日	乌尔逊河	7	5
2	杰烈尼茨克、克里项维赤	1913 年 7 月 26 日	乌尔逊河	7	5
3	布什马科	1913 年 2 月 11 日	呼伦河	2	5
4	韦特果夫	1912 年 2 月 12 日	乌尔逊河	15	5
5	米特巴方诺夫、司捷潘	1913 年 7 月 27 日	乌尔逊河	1	5
6	别子灭里尼岑	1913 年 6 月 10 日	乌尔逊河	1	5
7	马特瓦阿三诺夫	1912 年 8 月 26 日	乌尔逊河	1	5
8	朱赫也夫	1913 年 6 月 1 日	乌尔逊河	1	5
9	吉普斯	1913 年 9 月 26 日	乌尔逊河	1	5
10	尼里诺夫	1913 年 6 月 27 日	乌尔逊河	1	5

① 1 俄里＝1.066 8 千米。

续表

编　号	俄商姓名	订立时间	租借河湖	俄里数①	租用期限/年
11	尔拉依连	1912 年 7 月 4 日	呼伦河	2	5
12	索洛维夫	1912 年 7 月	乌尔逊河	3	5
13	马特维	1913 年 6 月 15 日	乌尔逊河	1	5
14	马特维	1912 年 7 月 6 日	达兰鄂罗木河	8	5
15	查果也夫	1912 年 12 月 5 日	乌尔逊河	1	5
16	索洛民	1913 年 3 月 18 日	乌尔逊河	1	5
17	倭巴桴夫	1913 年 1 月 6 日	乌尔逊河	1	5
18	倭巴桴夫	1913 年 7 月 27 日	乌尔逊河	0.5	5
19	米特巴方诺夫、马司连尼科夫	1912 年 11 月 2 日	乌尔逊河	1	5
20	杰里聂次克、克利莫维赤、倭达科夫、英利和科夫	1913 年 9 月 12 日	贝尔河	3	4
21	米特巴方诺夫	1913 年 6 月 6 日	乌尔逊河	0.5	5
22	伊夫阿德	1913 年 6 月 6 日	乌尔逊河	1	5
23	俄蒙商务公司	1913 年 6 月 6 日	乌尔逊河	1	5
24	瓦结利赞	1913 年 6 月	乌尔逊河	2	5
25	贝林库日阿尔夫	1913 年 3 月 20 日	乌尔逊河	1.5	5
26	库兹涅错夫	1913 年 7 月 27 日	乌尔逊河	1	5
27	布什马肯	1912 年 5 月 1 日	克鲁伦河	10	5
28	约里索夫	1912 年 3 月 9 日	达赉诺尔湖	12	5
29	约里索夫	1914 年 5 月 9 日	乌尔逊河	12	3
30	倭伦缉夫	1914 年 9 月 14 日	海拉尔河	15	10
31	喀他也夫等六人	1915 年 5 月 22 日	达赉河	15	10
32	伯里索夫	不详	达赉诺尔湖	12	10
33	韦特果夫	1915 年 7 月 8 日	乌尔逊河	15	10
34	尔拉依连	1915 年 7 月 16 日	达赉诺尔湖	2	10
35	米特巴方诺夫	1915 年 7 月 16 日	乌尔逊河	1.5	10
36	米特巴方诺夫、马司连尼科夫	1915 年 7 月 16 日	乌尔逊河	1	10

续表

编　号	俄商姓名	订立时间	租借河湖	俄里数①	租用期限/年
37	吉列民茨克、克里莫维赤、窝达科夫	1915 年 7 月 18 日	乌尔逊河	10	10
38	倭巴柠夫	1915 年 8 月 7 日	乌尔逊河	1	10
39	倭巴柠夫	1915 年 8 月 10 日	乌尔逊河	0.5	10
40	索洛维夫、吉普斯	1915 年 8 月 7 日	乌尔逊河	1	10
41	别兹灭尼岑、阿随尔赫、吉普斯	1915 年 7 月 29 日	乌尔逊河	4	10
42	吉普斯	1915 年 8 月 12 日	乌尔逊河	1	10
43	什林科夫、尼科拉夫	1915 年 9 月 26 日	乌尔逊河	1	12

资料来源：李士豪，屈若搴.中国渔业史[M].上海：上海书店出版社，1984.

1912 年 12 月，经中国驻俄公使交涉，沙俄帝国主义答应撤销呼伦贝尔独立，"劝令"其归附南京临时政府，"但该处蒙人与俄商签订一切合同，如渔业等项，须由中央政府承认，并切实担保"。1916 年，呼伦贝尔副都统又与俄商米谢雅甫订立契约，准其租借乌尔逊河捕鱼。契约全文字斟句酌，不失体面，但内容进一步规定：在"与蒙人若无窒碍"的情况下，可"在捕鱼地上修盖工人房屋货栈及占养鱼之地"。

(二)日本帝国主义侵渔

1895 年，日本根据《马关条约》侵占台湾之后即开始对台湾、澎湖列岛海域的水产资源进行掠夺。1904 年日俄战争，日本从俄国手里夺走旅顺大连之后，又开始对黄渤海水产资源进行掠夺。随着日本帝国主义侵略势力的扩张，他们的侵渔胃口越来越大，直到把中国所有领海全部视为己有。

为了推行其对华侵渔的野心，日本政府于 1898 年颁布了《远洋渔业奖励法》，对远洋渔船及从事远洋作业的人员实行奖励，年奖励金额 20 万元。1906 年，日本新式机轮拖网渔业迅猛发展，国内"僧多粥少"，在资源问题上与传统渔业发生矛盾，为了侵略扩张，也为了保护本国资源，日本政府又在国内实行了禁渔区政策，即在本国沿岸海域内，禁止机轮曳网作业，逼使所有机轮拖网向外发展。1925 年，日本政府竟将其禁渔区扩大到东经 130 度和朝鲜沿岸海区，即明目张胆地把其机轮拖网全部推向中国海域。

就在实施禁渔政策的前后，日本政府于 1920 年、1928 年、1933 年对中国海域进行了三次资源调查，其调查不仅范围辽阔，而且规模巨大。以 1933 年一次调查为例，参与作业的有日本中央水产试验场，冲绳、鹿儿岛、长崎、佐贺、福冈、山口等日本本土各地的水产试验单位，台湾省、关东厅的水产试验机关。其间，日本政府还派遣大型调查船飞隼丸，对南海海域进行了兼有军事意图的调查。通过上述调查，日本政府农林省把中国沿海划分为北、中、南三大海区，分别以大连、青岛、上海、台湾为基地全面对华侵渔。

日本对华侵渔，不仅是在中国海域掠夺资源，而且实行资本输出和贸易渗透，即在军事力量支持下，在中国领土上设置株式会社，组织鱼市场，就地推销鱼货，榨取利润。

日本侵占辽东半岛后，即在关东州设置水产试验场，从调查、试验、出渔到贩卖，全部垄断。1914 年第一次世界大战爆发，日本乘机取代德国侵占胶州湾，由军方资助日商两万元，在青岛开设鱼市场。青岛商界组织水产公司谋与对抗，但因实力不敌而失败。有关资料显示，1917 年日本在青岛有 130 艘渔船，1925 年后又新添 64 艘底拖网渔轮。1929 年日本在旅大海域有 116 艘渔船，30 年代初增加到 600 多艘。由于日本渔轮拥有巨大的优势，特别是当时的中国政府反动腐败，整个华北海域都是“强宾夺主”。

上海为中国渔业经济的最大中心，国产鲜鱼大都在上海集散，且长江口外有资源丰富的渔场，因此日本帝国主义一向对上海垂涎三尺。1928 年，日本政府派长崎海产株式会社渔业部长，横滨水族长等人到上海活动，勾引汉奸，秘密策划。随后，在日本军舰率领之下，大批日本渔轮涌入东海渔场，据当时部分资料统计，1928—1931 年仅在上海进出口的日本渔轮，多时为 38 艘，少时为 14 艘，平均每月为 28 艘。1931 年“九・一八”事变发生，上海反日怒潮兴起，人民群众抵制日货进口。日本渔船乃交换伎俩，或勾引奸商，在长江口外将渔获过船运入；或转运青岛、大连伪装，变成“国货”后运沪。运进上海的日本鱼货，伺机压价倾销，操纵中国市场，造成中国“渔业者皆赔累不堪，渔民更无法谋生”。

1895 年日本侵占台湾之后，先在台湾总督府设立水产课，后又组织蓬莱渔业公司进行扩张。台湾遂变为日本在中国南海侵渔的基地。1922 年，日本利用华人出面承垦西沙群岛，并朦呈广东省省长公署备案。然后从台湾省和日本输送 200 多人来到西沙群岛，开始磷矿挖掘和渔业资源的掠夺活动。1925 年，由于中英经济绝交，香港粮食危急，日本得以乘隙而入，它以供给香港粮食为条件，在香港取得了渔业经营权。日本在香港设立蓬莱渔业公司分公司，后又创立南华渔业公司，香港也成了它的对华侵渔据点。据不完全统计，30 年代初日本在南海渔场侵渔的渔船，有拖网渔轮 28 艘，手操网渔轮 70 多对。这些渔轮出没于闽粤沿海及海南岛、北部湾、西沙群岛等处。日本渔轮侵入福建、广东沿海以后，仅福建一省就有 1 000 多只中国渔船被迫停产。

1937年日本侵华战争爆发，侵渔活动更加猖獗。9月20日，日本海军潜水艇于广东省汕尾、碣石海域，一次击沉中国九艘深水拖网渔船，渔民死亡100多人，当地渔民称之为“九条龙事件”。其后，随着战争的扩大蔓延，毁于日军侵略炮火的中国渔船数量已经无法统计。

从1895年侵占台湾起，到1945年第二次世界大战战败投降止，日本帝国主义对华侵渔达半个世纪之久，给中国渔业造成了无法估计的损失。除经济、贸易方面榨取豪夺之外，在渔业资源上更进行了鲸吞式的掠夺。应当指出的是，所有侵渔的日本渔船，均以优质资源为猎取对象，并实行酷渔滥捕。有材料统计，1906年日本在中国海域的掠夺量为1 400吨，1933年上升到50 700吨。其间，黄渤海区的珍贵资源真鲷，完全破坏于日本侵略者之手。

（三）国民政府的反侵渔

在帝国主义猖狂侵渔面前，中国的渔民和商、军各界，均不乏反抗之士，更不乏取缔之策。只是由于政府最高统治者的媚外政策，终使一切维护国家渔业权益的努力惨遭失败。

1924年5月，日本渔轮渔船100多艘，侵入山东蓬莱、掖县等处海域捕鱼，偌大数量的日本渔船，横冲直闯，撞我渔民渔船，毁我渔民渔网钩线。中国海军渤海舰队为维护领海主权，以炮舰两艘进行驱逐，当场逮获日本渔船两只，人赃俱在，日本领事署签字认领。而日本政府则公然以日船在公海作业为词，拒不承认侵入中国海域，对此，北洋政府及其驻日使节，均不敢出面驳斥，最后不了了之。

30年代，日本渔轮倚仗其吨位大、航速快，同样在东海渔场横冲直撞，甚至开枪射击，使中国渔民亡身丧命。定海县桃花岛渔民大队渔船在海上作业，日本渔轮居然迎面将其撞翻，船主当场丧命。类似事件不断发生，一时间上海、广东等地的地方政府和渔业组织，不堪忍受日本人的侵渔行径，纷纷请求政府出面来保护渔民的正常生产活动。在这种情况下，管理渔政的实业部长孔祥熙提出议案，拟具两项办法取缔日本侵渔。1931年初，提案经过第十四次国务会议通过，授权实业、财政、海军三部联合办理。同年5月，国民政府宣布领海范围为3海里，海关缉私界限为12海里；同时令饬海关禁止百吨以下外籍小轮进口。一时有声有势，像要有所作为，停泊于青岛、上海等地的日本渔轮，也以为大事不妙，纷纷准备回国。然而，日本驻华公使一出面“强硬交涉”，国民政府立即于5月30日发出“暂缓期实行”的电文，一场有声有势的反侵渔计划又变成了泡影。

第三节　近代中国水产品贸易

晚清至国民政府初期，除了新生的、幼小而又孱弱的现代机轮渔业之外，居于主体地位的，还是数量庞大和生产方式停留在古代的传统渔业。在半封建半殖民地的中国，广大从事传统渔业的渔民，深受帝国主义、封建势力、官僚资本的三重压迫和剥削。20 世纪初期，中国的传统渔业还以风帆为动力，以木船和手操网筌钩簖等为工具，在千年不变的落后状态中进行生产。据李士豪、屈若搴所著的《中国渔业史》，20 世纪 30 年代中国渔船“总只数为 18 806 只”，“全国渔民数约当百万人之谱”。1947 年国民政府新闻局《渔业》载文，当时全国“直接从事捕鱼”和“间接以渔为生者”，约为 700 万人。近代中国水产品贸易情况可见表 9-3。

表 9-3　近代中国水产品贸易统计

年　份	进　口	出　口
1868	946 835	13 608
1869	1 030 864	44 203
1870	951 076	12 531
1871	912 760	35 627
1872	1 475 278	65 621
1873	1 390 790	20 512
1874	1 171 085	14 338
1875	1 472 781	77 401
1876	1 466 499	80 219
1877	1 588 627	66 507
1878	2 045 908	88 504
1879	1 745 319	90 308
1880	1 840 197	87 193
1881	2 214 876	94 303
1882	2 154 842	91 901
1883	2 048 822	97 761
1884	1 879 488	68 873
1885	2 221 254	74 091
1886	2 514 273	90 236
1887	3 155 602	406 811

续表

年　份	进　口	出　口
1888	3 785 380	342 650
1889	4 022 029	429 082
1890	4 229 928	500 723
1891	3 906 906	470 402
1892	4 166 489	496 282
1893	4 567 104	761 109
1894	4 543 276	848 948
1895	4 495 711	940 611
1896	4 581 372	1 012 265
1897	5 103 961	1 057 618
1898	4 670 692	1 109 844
1899	5 492 203	1 234 267
1900	4 562 093	1 207 530
1901	5 655 555	1 087 996
1902	5 513 322	1 196 352
1903	6 823 094	992 011
1904	7 419 848	967 553
1905	10 797 972	1 164 337
1906	10 020 766	964 719
1907	10 299 596	1 019 680
1908	9 466 635	1 153 062
1909	10 444 744	1 457 072
1910	10 530 081	1 498 665
1911	11 659 803	1 400 957
1912	12 279 204	1 617 683
1913	14 817 745	1 898 815
1914	15 112 230	1 781 643
1915	17 323 239	1 759 212
1916	15 963 607	1 779 745
1917	16 267 545	1 776 467
1918	15 169 982	1 122 918
1919	13 564 235	1 201 540

续表

年　份	进　口	出　口
1920	16 104 983	1 651 158
1921	17 458 371	2 184 683
1922	20 266 006	2 170 163
1923	22 714 436	2 325 578
1924	27 495 939	2 414 935
1925	24 429 225	1 684 610
1926	25 498 495	1 218 483
1927	26 261 443	2 350 436
1928	24 941 303	2 934 644
1929	26 274 731	2 673 654
1930	25 853 222	2 796 082
1931	23 561 346	2 863 782
1932	17 371 510	2 591 102
1933	11 508 881	3 063 981
1934	9 269 423	3 074 541
1935	9 997 501	3 098 475

资料来源：李士豪，屈若搴．中国渔业史[M].上海：上海书店出版社，1984：170-176.

注：自 1932 年起，输入数字单位为金；输出数字单位为国币，只有 1932 年的出口数字单位为海关两。金和国币均为当时的单位，海关两前述的关两，关平两。

关于渔业生产的数量方面，因缺乏历史统计资料，我们无法列出具体的某一年的产量指标，据巫宝三先生在计算 1933 年中国国民所得过程中对中国渔业产值的估计结果，1933 年全国渔业产值为 219 469 320 元，扣除渔船渔具的修理折旧费用后，全国渔业净产值为 175 575 456 元，占农业净产值的 1.4%。① 这一数字只能使我们了解 1933 年的渔业生产情况，而没有其他年份的数字相比较，我们依然无法看到近代中国渔业生产的演变情况。但是，我们通过观察水产品对外贸易的情况，可以侧面了解近代中国的渔业生产情况。鸦片战争以后，五口通商，国际贸易渐兴，但是贸易统计资料也十分缺乏。咸丰八年（1858 年）《天津条约》订立后，才开始有贸易统计的记录，但是记录内容相当简单；同治六年（1867 年），水产品贸易统计数据开始渐趋完备。

从 1872 年起，每十年为一期，其平均统计数字可见表 9-4。

---

① 巫宝三．中国国民所得（一九三三年）（下册）[M].南京：中华书局，1947：46.

表 9-4　每十年一期的平均水产贸易统计

单位:海关两

时　间	出　口	进　口	入　超
1872—1881 年	67 609.2	1 620 706.4	1 553 097.2
1882—1891 年	257 273.0	2 991 832.4	2 734 559.4
1892—1901 年	975 655.1	4 738 848.6	3 763 193.5
1902—1911 年	1 181 440.8	9 297 586.1	8 116 145.3
1912—1921 年	1 677 386.4	15 406 114.1	13 728 727.7
1922—1931 年	2 344 236.7	24 729 614.7	22 385 378.0

资料来源:李士豪,屈若搴.中国渔业史[M].上海:上海书店出版社,1984:177.

从以上统计数字可以看出,出口数字有逐渐增加的趋势,表明近代中国的渔业生产量是在不断增加的,尤其是 20 世纪初以来出口量增加较快;但是进口数字明显高于出口数字,进口的增速超过出口的增长速度。造成这种状况的原因,一是中国水产业生产比较落后,生产量不能满足国内需求量;二是海关不能自主。1842 年中英《南京条约》规定,中国海关如果增税,须经"双方同意",这是关税主权丧失的开始。1858 年清政府在与英、法、美等国签订的《通商章程善后条约》中,又同意"邀请"英国人"帮办"海关税务。此后海关大门洞开,税权完全丧失,帝国主义国家水产品可以肆意进口。以日本对华的水产品贸易统计(表 9-5)可见一斑。

表 9-5　日本对中国水产品输出额

单位:海关两

年　份	内　地	香　港	总　计
1892	1 824 678	1 890 395	3 715 073
1893	2 078 498	2 447 697	4 526 195
1894	1 693 197	2 008 926	3 702 123
1895	1 477 483	1 918 021	3 395 504
1896	1 745 942	2 102 094	3 848 036
1897	1 895 313	2 578 603	4 473 916
1898	1 659 680	2 465 853	4 125 533
1899	2 158 867	2 767 366	4 926 233
1900	2 810 720	2 002 139	4 812 859
1901	3 200 652	3 608 037	6 808 689

资料来源:日本《明治三十五年上海总领事报告》。

注:香港栏内的输出额系经香港输入内地。因当时香港人口仅 25 万,消费甚少,大部分水产品输入内地,故均计入。

以上情况说明，近代中国的渔业生产还是相当落后的，没有得到应有的发展。综上所述，近代中国的林业和渔业生产在抗日战争前均呈现不断扩展的趋势，虽然渔业生产量的增加没有超过进口量的增加速度，但是总的生产量都是在不断上升的，这是农业生产向前发展的表现，也是有利于农业生产结构优化的表现。

第十章　近代中国的副业生产

中国农村自然经济，是"以农村家庭手工业和农业相结合为前提"[①]的，这里所说的农业是指狭义的种植业，从广义的农业来讲，以家庭手工业为主的副业是农业的一个组成部分。农村自然经济的分解，主要表现为农作物的调整与商品化，以及农民副业的调整与商品化。

作为依附于农业的副业而存在的农民家庭手工业种类繁多，诸如食品加工、生产工具和家具制造、采煤、烧窑、泥瓦木工、针织、草编、造纸、制毡、皮革、棉麻丝等手工纺织业等等。由于中国各个地区、各个农户所处的自然地理环境和经济发展水平不同，各个地区、各个农户所选择的副业的种类，所采用的副业和种植业、畜牧业等的结合形式，所获得的副业和农业其他各业的产值比重，无不因地而异、因户而异，显现出巨大的不均衡性。

近代以来，伴随着外国资本主义经济侵略触角从沿海伸进广阔腹地和中国资本主义工业化的进展，农村副业的这种不平衡性，不是渐趋缩小，而是有增无减。近代我国农村副业的演变过程主要包含三个时段的变化：第一阶段称为调整阶段，从 19 世纪 60 年代到 90 年代；第二阶段称为生产关系和技术变革阶段，从 19 世纪末 20 世纪初开始；第三阶段称为兴衰交替阶段，主要指 20 世纪 20 到 40 年代。需要强调的是，这里所划分的农村副业的变化时段，仅仅是对全国大部分地区的大概趋势的描述，并不能说明全国各地的每家每户都会有这样的经历和变化。

第一节　农村家庭手工棉纺织业的演变

在近代中国农村副业中，分布地区最为广泛、与人民生活关系最为密切、承受国内外机制商品竞争压力最为沉重的是手工棉纺织业。因此，它的遭遇和命运，也就代表了近代中国大部分家庭手工业的遭遇和命运。

一、鸦片战争以前农村家庭手工棉纺织业的兴盛

中国人民衣被的主要材料，古代为丝、麻、葛、褐四种，元明以来，逐步被

---

① 马克思.资本论(第 3 卷)[M].北京：人民出版社，1975：896.

棉布取而代之,“衣布之人百倍于衣丝”。当时棉布生产基地盛行家庭手工业模式,农民“男耕女织”,既生产粮食,又纺纱织布,以副养农,以织助耕。至鸦片战争前,中国农民家庭手工棉纺织业发展到全盛时期,它的表现如下。

第一,棉布的产区在全国业已形成比较集中的局面,比如直隶滦州、乐亭、元氏、南宫,山东历城、齐东、蒲台,江苏无锡、常熟、松江,河南孟县、正阳,湖北汉阳、孝感、应城,湖南巴陵等地,均成为棉布生产基地,各地所产棉布的种类和产量都在不断增加,同时也大量输送到国内和国际市场。1840年我国土布的出口量约 59.04 千匹[①],显示了商品经济的发展。

第二,1840 年全国农村的纺织户数量达 3 420 万户,在全国农村农户总数中占据 45%,这一数据一方面显示了农村家庭手工棉纺织业的普及程度是相当高的,在国民经济中的地位也相当重要;另一方面也说明,农村农户总数中尚有 55%为非纺织户,如此众多的非纺织户,除了集聚在棉花、棉布产区之外,就是在棉花、棉布产区也不是绝无仅有的,因而在中国许多农村中,纺织户和非纺织户形成了纵横交错的杂居局面。

第三,1840 年全国农村土布的产量超过 5.97 亿匹,在全国棉布产量中占据 99.54%,机制的洋布只占全国棉布产量的 0.46%。这些数据同样向我们传达了两条重要的信息:一是全国城乡居民的穿衣用布几乎都是农村副业所生产的土布;二是进口洋布的数量非常少,但是也显露出从无到有、从有到多的发展趋势,标志着洋布取代土布的历史苗头。

第四,1840 年全国土布的用纱量达 620.88 万关担,其中 99.6%为土纱,0.4%为进口洋纱。这组数字同样反映出两个重要信息:一是当时农民家庭手工棉纺织业基本上保持着纺与织的结合体制,自纺纱自织布,土纱足以满足织造土布的需要;二是尽管洋纱输入量微乎其微,洋纱所代替的主要还是非棉产区织户的土纱,但是作为机制品的洋纱的输入,终于揭开了洋纱代替土纱、纺与织分离的历史进程的序幕,推动了自然经济分解和商品经济扩大的步伐。

第五,1840 年全国农村土布的总产量中,自给量为 282 150 千匹,商品量为 315 177 千匹,自给量占比为 47.24%,商品量占比 52.76%。可以看出,此时农村土布中的商品量已经超过了自给量,但是这些商品布也都是由农民家庭生产出来的,作为家庭副业的产品而存在,因此并未摆脱农业的大范畴。拿到市场上出售的商品布,绝大部分是农家自用有余的布,主要在区域内和地方上的小市场交易,能够进入长距离远销的商品布,仍然是由棉布集中产区的那些专为市场而生产的农家织布。专业的商品布在所有商品布

① 以下有关 1840 年全国农村家庭手工棉纺织业的统计数字,均引自许涤新,吴承明.中国资本主义发展史(第二卷)[M].北京:人民出版社,1990:313-331.

中的比重只有15%～20%。①

第六，农村棉纺织户中有自己种植棉花自己纺织的，也有自己不种植棉花而专门从事棉纺织加工的，称为植棉纺织户和非植棉纺织户。1840年全国农村的植棉纺织户数量约2 736万户，非植棉纺织户约684万户，各占4/5和1/5；制成所有农村土布所耗用的棉花中，自给棉的数量为517.4万关担，商品棉的数量为126.7万关担，自给棉是商品棉的四倍多。这些数据说明：一方面农村土布大多是由植棉纺织户使用自己生产的棉花制作出来的；另一方面，那些分布在西南、华南棉花稀缺地区以及江南棉产区附近的使用商品棉的纺织户，虽然只占1/5的比重，使用的商品棉比重也近乎1/5，但足以表明农村棉纺织业中棉和纺已经有一定程度的分离。②

农村家庭手工棉纺织业就是在这样的基础上，跨入近代的。

二、近代农村家庭手工棉纺织业的兴衰

近代农村家庭手工棉纺织业在内外因素综合作用下，逐渐地发生了巨大变化。农村纺织户逐渐减少，农村非纺织户逐渐增加，是农村家庭手工棉纺织业趋于衰败的重要表现。据专家估计(见表10-1)，农村家庭手工棉纺织业在1840—1860年仍然沿着原有轨道运行，没有多大变化，只是到了1860年以后，才发生了日益显著的变化。请看农村纺织户与非纺织户比重的消长情况。

表10-1　全国农村棉手纺织户估计

户口		年份					
		1840	1860	1894	1913	1920	1936
总数	数量/千户	80 000	81 000	83 000	86 000	88 000	90 000
	人口/千人	400 000	405 000	415 000	430 000	440 000	450 000
城镇及非农户	占比/%	5	6	8	9	10	12
	数量/千户	4 000	4 860	6 640	7 740	8 800	10 800
	人口/千人	20 000	24 300	33 200	38 700	44 000	54 000

① 吴承明.中国资本主义与国内市场[M].北京：中国社会科学出版社，1985：264.

② 薛义刚.近代江南地区农村家庭手织业的市场模式研究[D].南京：南京财经大学，2012.

续表

户口		年份					
		1840	1860	1894	1913	1920	1936
农户	占比/%	95	94	92	91	90	88
	数量/千户	76 000	76 140	76 360	78 260	79 200	79 200
	人口/千人	380 000	380 700	381 800	391 300	396 000	396 000
农村纺织户	占比/%	45	45	43	40	40	30
	数量/千户	34 200	34 263	32 835	31 304	31 680	23 760
	人口/千人	171 000	171 315	164 175	156 520	158 400	118 800
农村非纺织户	占比/%	55	55	57	60	60	70
	数量/千户	41 800	41 877	43 525	46 956	47 520	55 440
	人口/千人	209 000	209 385	217 625	234 780	237 600	277 200

资料来源：许涤新，吴承明.中国资本主义发展史（第二卷）[M].北京：人民出版社，1990:313.

从这个统计中可以看出以下几个问题：

第一，农户数量及其在城乡总户数中所占的比重，呈现相反的趋势。1860年与1840年比，农户数量增加140千户，而农户数量在城乡总户数中的比重却从95%降至94%。1936年与1860年比，农户数量增加3 060千户，而农户数量在城乡总户数中的比重，却从94%降至88%。这种变化说明农村农业经济衰退、城镇工商业兴起、农村人口向城镇转移的步伐正在逐步加快。

第二，农村纺织户与非纺织户的数量及其百分比，呈现正比例走势。1860年与1840年比，农村纺织户数量增加63千户，非纺织户增加77千户，非纺织户虽然增加的略微多一点，但两者的比重没有变动，依然保持为45%：55%。1936年与1860年比，农村纺织户减少10 503千户，非纺织户增加13 563千户。1860年与1936年的比重则从45%：55%变为30%：70%。这种变化反映出农村家庭手工棉纺织业衰败、自然经济分解、商品经济发展的趋向日益显著。

三、近代农村家庭手工棉纺织业衰败的原因

农村家庭手工棉纺织业的衰败，首先是被机制洋纱，随后是被机制洋纱和国产机纱共同冲击的结果。在整个近代中国的农村家庭手工棉纺织业

中，贯穿始终的是机纱与土纱之间的竞争、消长和并存的事实。

从统计表 10-2 中可以看出 1840—1936 年全国农村土布耗用机纱和土纱的比重变化的规律及其特点。概括起来有以下几点：

第一，全国农村土布应有产量和用纱总量，1860 年双双达到顶峰，随即双双下降，1920 年虽然都有所回升，超过 1913 年，但远未达到 1894 年的水平，随即又双双下挫，1936 年又都跌入谷底。总的看来，呈现波浪式下降的趋势。

第二，全国机制纱数量 1840—1913 年呈现直线上升的趋势，虽然 1920 年略有下降，但 1936 年攀登至顶点。1840—1860 年，全国机制纱数只有进口的，没有国产的。1894 年国产机纱开始占有一席之地，随即一路攀升，1920 年超过进口机纱，1936 年压倒进口机纱而在机纱市场上取得绝对优势地位。进口机纱市场，呈现出了英国、英属印度和日本三强角逐的局面。而所谓国产机纱，也并非全是民族工业的产物，其中包括外国在华工业生产的。

第三，关于全国农村土布耗用机纱与土纱的比重变化，值得注意的，一是 1840—1913 年，消用机纱量和土纱量朝着相反的方向急骤变化，前者持续增大，后者持续减少，两者比重，从 1840 年的 0.40%：99.60%，变成 1913 年的 72.33%：27.67%；二是 1920 年与 1913 年比，消用机纱量减少 825.42 千关担，而消用土纱量却增加 1 396.02 千关担，因此两者 1920 年的比重拉近为50.76%：49.24%；三是 1936 年与 1920 年比，消用机纱和土纱均有所减少，不同的是，消用机纱只减少 128.11 千关担，而消用土纱却减少 1 943.85千关担，因此两者 1936 年的比重再次拉大为 75.94%：24.06%；四是全国农村土布耗用机纱与土纱比重的消长，既反映出机纱排挤、压倒土纱和农民家庭手工棉纺织业纺与织分离的进程，又反映出纺与织、耕与织结合的农民家庭手工棉纺织业对机纱进行抗争并最终导致以机纱为主、机纱与土纱并存的结局。

表 10-2　全国农村土布耗用机纱与土纱的比重变化

项　目	单　位	年　份					
		1840	1860	1894	1913	1920	1936
全国农村土布用纱量							
农村土布应有产量	千匹	597 327.39	604 710.36	589 157.79	497 421.36	552 317.03	352 980.07
农村土布用纱总量	千关担	6 208.79	6 285.53	6 123.87	5 170.34	5 740.94	3 668.98
全国机制纱数量							
进口机纱量	千关担	25.00	35.38	1 159.60	2 685.36	1 325.38	108.75

续表

项目		单位	年份					
			1840	1860	1894	1913	1920	1936
国内机纱产量		千关担	—	—	342.17	1 678.58	3 052.28	8 582.34
减:出口机纱量		千关担	—	—	—	—	69.65	227.45
小计		千关担	25.00	35.38	1 501.77	4 363.94	4 308.01	8 463.64
全国机制纱其他消费量								
1.非织布用机纱消费量		千关担	—	—	15.02	349.12	516.96	1 269.55
2.机制布机纱	产量	千匹	—	—	5 390.98	17 560.83	36 635.92	409 670.34
	用量	千关担	—	—	52.53	171.12	357.00	3 992.09
3.改良土布	产量	千匹	—	—	—	10 000.00	50 000.00	40 000.00
	用量	千关担	—	—	—	103.94	519.71	415.77
小计		千关担	—	—	67.55	624.18	1 393.67	5 677.41
全国农村土布消用机纱量		千关担	25.00	35.38	1 434.22	3 739.76	2 914.34	2 786.23
占用纱总量		%	0.40	0.56	23.42	72.33	50.76	75.94
全国农村土布消用土纱量		千关担	6 183.79	6 250.15	4 689.65	1 430.58	2 826.60	882.75
占用纱总量		%	99.60	99.44	76.58	27.67	49.24	24.06
全国农村土布消用土纱量的消长变化(1840年为基数)		—	100.00	101.07	75.84	23.13	45.71	14.28

资料来源:许涤新,吴承明.中国资本主义发展史(第二卷)[M].北京:人民出版社,1990:320.

机纱排挤土纱,是由洋纱在华南开始的。广东、广西、福建、云南、贵州均为棉产稀少地区,据专家统计,1937年各省的棉产量为贵州66千市担、云南 33 千市担、福建 9 千市担、广东 8 千市担，广西未见统计数字。[①] 广东、福建等省由于棉产稀少，农村家庭手工棉纺织业也不甚发达。据专家估计，1860 年广东、福建农村纺织户与非纺织户的比重为 35%∶65%，而同时期的江苏农村纺织户与非纺织户的比重则为 65%∶35%，江苏省的松江农村纺织户与非纺织户的比重，前者竟高达 90%。[②] 江苏农村家庭纺织业发达，同江苏是全国主要棉产区有直接关系，直到 1935 年江苏棉产量虽然呈现波动式下滑的趋势，但依旧达到了 3 731 千市担，保持着全国榜首的地位；而当年福建、广东、云南、贵州四省棉产总和才只有 151 千市担[③]，差距之大，一望可知。作为棉产稀少的福建、广东等地的农村家庭手工棉纺织业，成为机制洋纱进攻的首选目标是不难理解的。1860 年全国进口机制洋纱 35.38 千关担，比 1840 年增加 10.38 千关担，20 年间机制洋纱进口增长速度缓慢，并且基本上消纳在广东、福建地区。从 19 世纪 60 年代后期起，机制洋纱进口不断上升，并从棉产稀少的华南逐渐向棉产区华中、华北扩展，进而将触角伸向棉产稀少的东北地区，见表 10-3。

表 10-3　各通商口岸输入洋纱的数量及占比(1867—1892 年)

时　间		1867—1871 平均	1872—1876 平均	1877—1881 平均	1884—1888 平均	1889—1892 平均
华南八港	数量/担	53 844.23	75 915.28	119 180.69	303 695.67	513 170.68
	占比/%	97.89	94.39	86.84	63.60	47.56
华中九港	数量/担	879.36	1 528.69	8 464.06	51 906.04	258 544.10
	占比/%	1.60	1.90	6.17	10.87	23.96
华北两港	数量/担	283.19	2 980.81	9 586.25	93 474.82	210 866.80
	占比/%	0.51	3.71	6.99	19.57	19.55
东北一港	数量/担	0.51	4.70	9.32	28 444.49	96 313.44
	占比/%	*	*	*	5.96	8.93
总计	数量/担	55 007.29	80 429.48	137 240.32	477 521.02	1 078 895.02
	占比/%	100.00	100.00	100.00	100.00	100.00

资料来源：历年海关贸易统计报告。转引自彭泽益.中国近代手工业史资料(第二卷)[M].上海：中华书局，1962：197.

注：华南八港是汕头、广州、福州、厦门、九龙、北海、蒙自、拱北；华中九港是宁波、上海、九江、汉口、芜湖、镇江、重庆、宜昌、温州；华北两港是天津、烟台；东北一港是牛庄。*不及 0.05%。

---

① 许道夫.中国近代农业生产及贸易统计资料[M].上海：上海人民出版社，1983：206-297.

② 许涤新，吴承明.中国资本主义发展史(第二卷)[M].北京：人民出版社，1990：308.

③ 许道夫.中国近代农业生产及贸易统计资料[M].上海：上海人民出版社，1983：206-297.

表 10-3 至少可以说明以下几个问题：

第一，1867—1892 年，华南八港进口的机制洋纱，就数量而言，增加近 10 倍，从 53 844.23 担增至 513 170.68 担，但在全国机制洋纱进口总量中所占比重，却从 97.90%跌至 47.60%。

第二，1867—1892 年，进口机制洋纱从华南向华中、华北和东北逐渐扩展，其中华中和华北相互攀升。1884—1888 年，在机制洋纱进口总量中，华北占 19.60%，华中占 10.90%；1889—1892 年，在机制洋纱进口总量中，华中跃升至 24.00%，而华北则降至 19.50%。

第三，1867—1892 年，华南八港进口机制洋纱虽然在全国机制洋纱进口总量中所占比重有所下滑，但就进口机制洋纱的数量而言，仍旧保持着老大的地位，一个华南地区的进口量几乎等于华中、华北、东北三个地区进口量的总和，这反映了当时洋纱排挤土纱力度较大的主要还是棉产稀少的华南地区。

进入 20 世纪，机制洋纱排挤土纱的形势发生了显著变化。1900—1913 年，全国各个地区在机制洋纱进口总量中所占的比重，与以前的格局迥然不同，华北跃居老大地位，华北三港（天津、烟台、胶州）进口机制洋纱 1900 年为 178 640 担，1913 年增至 699 844 担。华中五港（上海、宁波、芜湖、九江、宜昌）压倒华南两港（广州、汕头）而排名第二，进口机制洋纱 1900 年为 145 686担，1913 年增至 369 878 担，而华南两港进口机制洋纱 1900 年为 145 221 担，1913 年增至 238 658 担。由此可见，华中五港和华南两港进口机制洋纱，虽然 1900 年时相差无几，但到 1913 年，两者的差距却明显拉大。东北四港（牛庄、大连、大东沟、安东）进口机制洋纱，1900 年只有 41 846 担，到 1913 年却增至 133 256 担①，就增幅而言，在全国名列前茅。还有一点值得注意，就是各国销往中国各个地区机制洋纱比重的变动。1899—1913 年，华南两港销售机制洋纱净量，英属印度纱平均从 90.9%升至 97.1%，英国纱平均从 8.5%降至 0.1%，日本纱则平均从 0.6%升至 2.8%；华中五港销售机制洋纱净量，英属印度纱平均从 71.4%降至 68.5%，英国纱平均从 1.3%升至 1.4%，日本纱则平均从 27.3%升至 30.1%；华北三港销售机制洋纱净量，英属印度纱平均从 41.1%降至 36.1%，英国纱平均从 2.5%降至 0.4%，日本纱则平均从 56.4%升至 63.5%；东北四港销售机制洋纱净量，英属印度纱平均从 85.7%降至 51.5%，英国纱平均从 0.2%升至 0.7%，日本纱则平均从 14.1%升至 47.8%。② 由此可见，在华南、华中机制洋纱销量中，

---

① 彭泽益.中国近代手工业史资料(第二卷)[M].上海：中华书局，1962：455-456.

② 严中平.中国棉纺织史稿[M].北京：科学出版社，1955：129-131.

英属印度纱始终占据绝对优势，日本纱压倒英国纱而位居第二。在华北、东北机制洋纱销售净量中，日本纱在华北压倒英属印度纱，在东北与英属印度纱并驾齐驱，而英国纱则始终处于殿军地位。在以后的岁月里，一方面是国产机制棉纱崛起并逐渐压倒进口机制洋纱而取得绝对优势地位，另一方面是机纱排挤土纱的过程按照既成的格局迅速地进行着。因而，到了 1936 年全国农村土布消用机纱量与土纱量的比重，从 1840 年的 0.40%∶99.60%，变成 75.94%∶24.06%，这种比重的逆向变化，标志着农村家庭手工棉纺织业已经基本上瓦解了。

四、农村家庭手工棉纺织业演变的社会效应

机纱取代土纱的主导地位，农村家庭手工棉纺织业棉与纺、纺与织的逐渐分离，产生了两种显著的社会效应。

首先，促使农村众多纺纱户转产或停产，停产导致农民收入下降，“生计维艰”。广东琼州“随着大量的洋纱进口，土纺织业已经几乎全部停止了”，番禺女红因洋纱涌入，“遂多失业”；广西贵县“迨洋纱输入，而家庭纺绩之工业，逐渐消灭，今欲于乡间觅一纺车，几不可得矣”；山东“棉纱进口的增加严重地影响了当地的纺纱业，这项纺纱业是许多贫苦妇女的靠山”，“据了解本省土纱纺织业几乎全部停歇，因为纺工每天只能赚得工资制钱二十文”，有些农村纺纱户由于“洋纱出而纺事渐疏”，进而停纺转产，“多一生机”；琼州“文昌女工既失其纺纱职业，便转入织布，据说她们的收入现在已较前些年约增加一倍，土纱工业的停歇，几乎终止了棉花的贸易”；山东农村纺纱户有的停止纺纱，转而从事编制草帽辫，比纺纱所得“工资便可加倍，甚或更多”；上海附近农村纺纱女工“多有迁至沪地，入洋纱厂、洋布局为女工者”，时人认为随着上海“商市展拓所及，建筑盛，则农田少，耕夫织妇弃其本业而趋工场，必然之势也”①，当然这种趋势不仅在上海存在，而且在其他城市附近也无不如此。

其次，促使农村家庭手工棉织业增强活力，这主要表现在农村家庭手工棉织业的生产规模有所扩大，产品质量有所提高，生产成本有所下降，市场竞争力有所提高。诸如江苏睢宁本无纺织业，“所穿布缕，向皆购自外来”，“谒来洋纱盛行，村人均有抱布之乐，户户织锦，轧轧机声，谓每尺布可省钱十余文，诚无衣者之乐事也”。② 云南以前“织布的很少”，“自从洋纱开始由

---

① 彭泽益.中国近代手工业史资料(第二卷)[M].上海：中华书局，1962：207，208，219，233，234.

② 佚名.益闻录(1294 号)[M].上海：徐家汇天主堂，光绪十九年七月初五日。

蒙自输入以来”,织布业得到“异乎寻常的发展”。[①] “云南十一州县中,新兴州之特别富庶全赖采用洋纱织布,该地从事织布者达一千家,每日织布万匹以上,居民屋宇轩敞,衣服丽都,食物丰美,生活优裕远在他州人民之上。”[②]四川由于“印度棉纱的输入,使各地手工织布业散布更广”。[③] 1896—1897年四川“纺织业分布的地区,北面远至潼川,西边远至雅州,并且包括合州、遂宁县、太和镇、万县、成都、眉州、中江、嘉定、叙府、泸州,这些如此重要的商业中心实际上把四川省的每一重要城镇都包括在内”[④],“棉织业遍及全省,具有比较普遍的趋势。由于人民职业之低下,无时不在寻求就业的廉价劳动之充斥,和剧烈的生存斗争,使得家计不得不在每一方面厉行节约。于是农家首先想的是在自己家庭内部找到一项能够帮助维持生计的生产活动,即家庭副业。副业生产除了能满足家庭自身生活消费,有的还能有所剩余,这些剩余还能用于满足他人的生活需要。家庭棉纺织业就是这种生产活动,作为一种家庭副业,它适应当时的经济条件而生存,那些机器制造的洋货也无法取代它。这种家庭内部的劳动,并未计算什么工资,但是却能维持一家人的衣食生活”[⑤]。这种家庭手工棉织业由于与机纱相结合,既有廉价的劳动力,又有“貌美价廉”的机制棉纱,因而增强了抗拒拥有“机器之利”的外国棉布的能力。同样地,1896—1897年贵州省境内随处可见规模不小的使用手摇机器的土布生产活动,每个村镇都能形成一个织布中心,在每条商运大道上都能看见驮着印度棉花棉纱或者成捆土布的长长的骡马运输队。“80%的城乡居民穿的都是本地人织的土布”[⑥],这种土布显然主要是农家纯用洋纱或兼用洋纱土纱而织成的,因此进口洋纱量虽然较大,但仍“求过于供”。[⑦]

机制洋纱涌入农村,不仅刺激了原来纺织业基础薄弱地区家庭手工织布业的兴起,而且推动了原来纺织业基础较好地区家庭手工织布业的发展,因而全国棉布集中产区的格局有了明显的变化。据外国人调查,1896—1897年,一些城市以及城市附近的地区已经形成了织布的专业化区域,大批的布匹从这些区域向外运输和扩散。这种情形主要集中在长江流域的上海、汉口、沙市、万县,四川的遂宁、乐至、叙府,云南的曲靖府、镇宁州,贵州

---

① 彭泽益.中国近代手工业史资料(第二卷)[M].上海:中华书局,1962:252.
② 彭泽益.中国近代手工业史资料(第二卷)[M].上海:中华书局,1962:252.
③ 彭泽益.中国近代手工业史资料(第二卷)[M].上海:中华书局,1962:213.
④ 彭泽益.中国近代手工业史资料(第二卷)[M].上海:中华书局,1962:247.
⑤ 彭泽益.中国近代手工业史资料(第二卷)[M].上海:中华书局,1962:247-248.
⑥ 彭泽益.中国近代手工业史资料(第二卷)[M].上海:中华书局,1962:248.
⑦ 彭泽益.中国近代手工业史资料(第二卷)[M].上海:中华书局,1962:248.

的黄草坝、安顺府、独山，广东的佛山、广州及河南地区。因此，我们可以看到上海土布远及长江流域，汉口的土布则遍及广西和贵州，云南和长江上游地区则出现大量的沙市土布。[①] 当时这位外国人所观察到的，在时间上还只限于19世纪末期，在地理上还局限于长江流域及其以南某些地区的情形。当历史跨入20世纪之后，在南方，特别是在北方相继崛起一些棉布集中产区，在北方崛起的棉布集中产区，以河北高阳、天津宝坻、山东潍县三个棉布产区最为著名。高阳、宝坻、潍县棉布产区的崛起，主要缘于机纱的输入和足踏机的应用，而这也正是其他棉布产区得以发展的动因。

近代中国农村家庭棉纺织业的发展，产生了多方面的社会效应，反映了农村副业在农业生产中的重要性，它对社会经济生活的影响值得我们重视。

五、近代农村家庭手工棉织业的发展程度

农村家庭手工棉织业的发展程度可以从棉布产量、棉布中土布与机制布的比重变化中观察，参见表10-4。

表10-4　全国棉布应有产量中机制布与手织布的比重变化

项　目	单　位	年　份					
		1840	1860	1894	1913	1920	1936
全国棉布应有消费量	千匹	600 000.00	619 650.00	684 750.00	774 000.00	836 000.00	900 000.00
加：出口数量	千匹	59.04	4 944.57	1 495.67	4 594.91	6 946.50	10 421.54
全国棉布应有产量	千匹	600 059.04	624 594.57	686 245.67	778 594.91	842 946.50	910 421.54
减：机制所占数量	千匹	2 731.65	19 884.21	97 087.88	271 173.55	240 629.47	517 441.47
其中：进口机制布	千匹	2 731.65	19 884.21	91 696.90	253 612.72	203 993.55	107 771.13
国内机制布	千匹	—	—	5 390.98	17 560.83	36 635.92	409 670.34
全国手织布应有产量	千匹	597 327.39	604 710.36	589 157.79	507 421.36	602 317.03	392 980.07
减：改良土布估计产量	千匹	—	—	—	10 000.00	50 000.00	40 000.00
全国农村土布应有产量	千匹	597 327.39	604 710.36	589 157.79	497 421.36	552 317.03	352 980.07
机制布所占比重	%	0.46	3.18	14.15	34.83	28.55	56.84
其中：进口机制布	%	0.46	3.18	13.36	32.57	24.20	11.84
国内机制布	%	—	—	0.79	2.26	4.35	45.00
手织布所占比重	%	99.54	96.82	85.85	65.17	71.45	43.16
其中：改良土布	%	—	—	—	1.28	5.93	4.39
农村土布	%	99.54	96.82	85.85	63.89	65.52	38.77

资料来源：许涤新，吴承明.中国资本主义发展史(第二卷)[M].北京：人民出版社，1990:319.

① 彭泽益.中国近代手工业史资料(第二卷)[M].上海：中华书局，1962:238.

从这个统计表中可以看出，从 1840 年到 1936 年：

第一，全国棉布的消费量一直在增加，1936 年比 1840 年增加了近 3 亿匹。

第二，全国棉布的生产量也是不断增长的，1936 年比 1840 年多生产 3 亿多匹。

第三，全国手织布的生产量，表现为曲线下滑趋势，1860 年的产量最高，随后下降，1920 年虽有回升，也没有回到 1860 年的水平，1936 年手织布产量下降得更低，只有 3.93 亿匹。

第四，全国农村土布的产量也表现出波浪式下滑现象，1860 年产量最高，后开始下降，1920 年有所回升，然后又开始下滑，1936 年降到 3.53 亿匹。

第五，各种棉布所占比重，机制布呈现波浪式上升趋势，1840 年占 0.46％，1913 年升至 34.83％，1920 年有所下降，1936 年骤升至 56.84％。手织布的变化与之相对应，表现为波浪式下滑，1840 年比重最高时占 99.54％，然后一直下降，1920 年又有回升，然后又开始下降，1936 年手织布的比重已经下降到 43.16％。其中改良土布，从 1913 年的 1.28％上升至 1936 年的 4.39％，农村土布则从 1913 年的 63.89％下降至 1936 年的 38.77％。

这个统计表揭示了从 1840 年到 1936 年，我国农村棉纺织业的发展总体是棉布的消费量和生产量不断增加，这也是伴随着人口不断增长的发展趋势的；棉布中手织土布的比重呈现总体下降的趋势，取而代之的是机制布的比重相应上升。

表 10-5 反映了 1840—1936 年全国农村棉纺织户每年的平均土布产量变化，同样是经历了 1860 年的高峰期后开始下滑，中间略有回升后继续下跌，1936 年全国农村纺织户平均每户土布产量只有 14.86 千匹。在下降的过程中，全国农村土布产量的下降幅度要高于纺织户数量的下降幅度，说明不仅从事家庭手工纺织的农户数量在减少，每户从事纺织的劳动投入和产出量也在大幅下降，同样也揭示了农村土布生产的自给性和分散性。①

---

① 许涤新，吴承明.中国资本主义发展史(第二卷)[M].北京：人民出版社，1990：323.

表 10-5　全国农村棉手织户平均年产土布数量的估计

项　目	单 位	年　份					
		1840	1860	1894	1913	1920	1936
全国农村土布应有产量	千匹	597 327.39	604 710.36	589 157.79	497 421.36	552 317.03	352 980.07
全国农村纺织户数	千户	34 200.00	34 263.00	32 835.00	31 304.00	13 680.00	23 760.00
农村纺织户平均每户年产土布	千匹	17.47	17.65	17.94	15.89	17.43	14.86

资料来源：许涤新，吴承明.中国资本主义发展史(第二卷)[M].北京：人民出版社，1990:319,325.

农村生产土布中的商品量与自给量如表 10-6 所示。

表 10-6　全国农村土布中商品布及自给布数量估计

项　目	单 位	年　份					
		1840	1860	1894	1913	1920	1936
全国棉布应有产量	千匹	600 059	624 595	686 246	778 595	842 947	910 422
全国农村土布应有产量	千匹	597 327	604 710	589 158	497 421	552 317	352 980
其中：自给量	千匹	282 150	287 809	298 799	309 910	331 056	261 360
商品量	千匹	315 177	316 901	290 359	187 511	221 261	91 620
自给布在农村土布应有产量中所占比重	%	47.24	47.59	52.72	62.30	59.94	74.04
商品布在农村土布应有产量中所占比重	%	52.76	52.41	49.28	37.70	40.06	25.96
农村土布自给量在全国棉布应有产量中所占比重	%	47.02	46.08	43.54	39.80	39.27	28.71
农村土布商品量在全国棉布应有产量中所占比重	%	52.52	50.74	42.31	24.08	26.25	10.06

资料来源：许涤新，吴承明.中国资本主义发展史(第二卷)[M].北京：人民出版社，1990:325.

把表 10-5、表 10-6 以及前面几个统计表结合起来观察，便可以总结出抗日战争以前的近代中国农村棉纺织业的发展程度有如下特征：

第一，农村生产土布中的商品量与自给量不论从数值还是从所占比重上看，都表现为完全相反的变化倾向。近代初期，土布中的自给率比商品率稍低一些，但差距并不太大，1840 年自给土布与商品土布的比为 47.24%：52.76%，约等于 0.90：1；然后土布中的自给程度开始上升，商品程度则开始下降，1894 年的时候，自给土布的比重开始超过商品土布，二者比重变成

52.72%：49.28%，约等于1.07：1；然后自给土布的比重继续上升，商品土布的比重继续下降，直到1936年，自给土布与商品土布的比重变化为74.04%：25.96%，约等于2.85：1。从数量上观察，土布中的自给量和商品量也呈相反变化趋势，但不像其比重一样是直线上升或下降的，而是波浪式变化。土布的自给量是先上升后下降，1840—1920年一直在上升，1920—1936年则下降且降幅巨大，1936年与1840年相比自给量是减少的；土布中的商品量则是呈上升—下降—上升—下降的变化过程，最终1936年的商品量比1840年低得非常多。农村土布生产中自给量和商品量的相应变化，实质上是受到大量输入的洋布和日益增多的国产机制布的竞争所导致的。近代洋布和国产机制布的增加，对我国农村家庭手工棉纺织业的冲击巨大，首先引起农村中耕与织的分离，打破了传统农村家庭耕织结合的生产局面。农村纺织户的数量不断下降，土布的产量随之减少，而洋布和机制国产布的销售量日益上升。由此引起消费者的购买习惯也发生变化，越来越倾向于购买洋布和国产机制布，对农村手工土布的需求日益萎缩，这才导致那些坚守阵地的农村纺织户所织的土布自给比重增加而商品比重不断下降。

第二，在1840—1936年全国棉布应有产量中，进口和国产机制布逐渐压倒手织布，1840年两者所占比重为0.46%：99.54%，1936年两者所占比重变成56.84%：43.16%。在手织布中，农村土布和改良土布的比重，1913年为63.89%：1.28%，1936年变成38.77%：4.39%。由此可见，农村土布虽然比之改良土布始终占据优势地位，但在同进口和国产机制布的竞争中却不得不节节败退。

第二节　农村家庭手工蚕丝织业的兴衰

在中国农村家庭副业中，就普及的范围之广和商品化程度之高而言，除了棉纺织业之外，就属蚕丝织业了。

中国蚕丝织业历史悠久，是世界蚕丝生产的发源地，世界丝绸最主要的生产国家。从整个中国历史来看，蚕丝绸生产重心，有一个从北向南转移的过程。到鸦片战争前夕，全国蚕丝绸产区，以江苏、浙江两省为第一，其他依次为广东、四川、山东、湖北、河南、陕西、河北、山西等省，新疆和阗有相当基础，云、贵、湘、桂等省亦有小量生产。全国土丝产量64千关担，其中出口量9千关担，占14.06%，内销量55千关但（内有丝绸出口折丝4.37千关担，丝绸内销折丝 50.63 千关担)，占 85.94%。[①]

一、近代农村家庭手工蚕丝织业的演变

从 1840 年鸦片战争开始直到 1948 年农村家庭手工蚕丝织业呈现波浪式的增长和萎缩态势，大致说来，19 世纪末和 20 世纪 20 年代末处于波浪式增长时期，之后进入萎缩时期。农村家庭手工蚕丝织业起初所以呈现波浪式增长态势，主要是由于中国开始融入世界市场，丝绸出口逐渐增加；中国涌现出机器缫丝厂和织绸厂，蚕茧和生丝的内销量也逐渐增加；此外，中国各级政府积极倡导，国内流通市场逐渐扩大也促进了蚕丝织业的发展。

这种波浪式的增长态势，首先表现在蚕丝区的扩大上。蚕区的划分是以饲叶种类为依据的，不同蚕区所产的丝，分别称为桑蚕丝、柞蚕丝和樟蚕丝。据《清朝续文献通考》记载，19 世纪末 20 世纪初中国蚕区的分布概况："一、桑蚕，以四川、广东、浙江和江苏最多，其次为湖北，再次为湖南、安徽、江西、广西和福建等地。江苏的养蚕区域包括常州、苏州、江宁、镇江和松江诸府，南通也有产之。……浙江以湖州、嘉兴和杭州三地最为盛产，其次是台州、金华、宁波和绍兴。……四川以成都平原为主产，保宁、顺庆、崇庆诸属次之。……广东以珠江三角洲为最多，顺德、南海、番禺等县其中心也。……湖北以汉川、沔阳、嘉鱼、当阳、宜都等县为主要。……此外为湖南之长沙、辰州、永州，福建之延平、邵武、兴化，安徽之池州、宁国、太平均有相当之产额。……二、养柞蚕区域延亘山东、奉天之东边道，热河之凌源，河南西南部之伏牛山脉，陕西之秦岭，四川之南部，贵州之北部皆有柞蚕。……三、樟蚕以广西之浔州、南宁、平乐等府属为主要产区，广东之海南岛亦产之。"[②]

在桑蚕、柞蚕、樟蚕三种产区中，以桑蚕区分布最广，桑蚕丝产量最大。1926 年《中华年鉴》根据上海万国检验所《华中丝业调查》，将中国蚕丝业大致划分为四个地区，"即华南、华北、华西及华中。由于气候和土壤方面的差异，每一地区各自出产着种类不同的丝。华南以广州为中心，出产柔软的丝，即众所周知的粤丝。华北地区包括山东和满洲以柞蚕丝为其主要出产。华西以四川省为主，盛产黄丝。华中地区包括长江下游的江苏、浙江、安徽三省，其出产以'中国丝'及辑里再缫丝著称"。在不包括华北柞蚕茧在内的全国"每年鲜茧总产量三百二十万担当中有一百三十八万担，即占总额 41%的鲜茧是华中地区所产"。[③] 当然，江、浙、皖并非所有土地都适于蚕

---

① 徐新吾.中国近代缫丝工业史[M].上海：上海人民出版社，1990：55.

② 刘锦藻.清朝续文献通考(卷 385)[M].杭州：浙江古籍出版社，1988.

③ 阮湘，吴秉均，余祥森，等.中国年鉴[M].上海：商务印书馆，1926：687-688.

桑，“广大的蚕丝地区都集中在太湖区的周围”。①

19世纪末和20世纪20年代末蚕丝织业波浪式增长态势的第二个表现，就是桑蚕丝产量波浪式攀升。据专家估算，1871年桑蚕丝产量120 863关担，出口55 863关担，占产量的46.22%，内销65 000关担，占产量的53.78%。1895年桑蚕丝产量登上第一个台阶，为171 679关担，出口94 679关担，占产量的55.15%，内销77 000关担，占产量的44.85%。1901年桑蚕丝产量登上第二个台阶，为225 083关担，出口108 697关担，占产量的48.29%，内销116 386关担，占产量的51.71%。1912年桑蚕丝产量登上第三个台阶，为253 522关担，出口121 877关担，占产量的48.07%，内销131 645关担，占产量的51.93%。1929年桑蚕丝产量登上第四个台阶，为273 662关担，出口160 461关担，占产量的58.63%，内销113 201关担，占产量的41.37%。② 从此之后桑蚕丝产量呈现节节下滑态势。

从这些估算数字中可以看出：第一，全国桑蚕丝产量增长速度，1871—1901年的30年间增长较快，纯增数为104 220关担，1901—1929年的28年间增长较慢，纯增数仅为48 579关担；第二，全国桑蚕丝出口量与内销量占总产量的比重，各在50%左右，1871年为46.22%∶53.78%，1895年为55.15%∶44.85%，1912年为48.07%∶51.93%，1929年为58.63%∶41.37%，其中出口大于内销的有两年，内销大于出口的也有两年；第三，内销的桑蚕丝，主要用于绸缎的生产，而绸缎除了部分内销外，有相当部分是用于出口的。据专家统计，中国绸缎出口，在1859—1929年呈现波浪式增长态势。有关年份桑蚕丝和绸缎出口值及其在丝绸类出口总值中所占的比重如表10-7所示：

表10-7 1859—1929年中国丝绸类出口值统计

年份	丝绸类出口合计		桑蚕丝出口		绸缎出口	
	出口值/千关两	占比/%	出口值/千关两	占比/%	出口值/千关两	占比/%
1859	20 683.42	100	18 575.08	89.81	1 911.84	9.24
1862	25 108.19	100	21 044.78	83.82	3 214.96	12.80
1875	24 894.10	100	19 489.20	78.29	4 022.50	16.16
1880	29 831.50	100	22 604.50	75.77	5 421.70	18.17
1886	28 863.20	100	17 921.30	62.09	6 754.70	23.40
1888	32 180.20	100	18 709.40	58.14	7 894.00	24.53

① 阮湘，吴秉均，余祥森，等.中国年鉴[M].上海：商务印书馆，1926：687-688.

② 徐新吾.中国近代缫丝工业史[M].上海：上海人民出版社，1990：654-657.

续表

年　份	丝绸类出口合计		桑蚕丝出口		绸缎出口	
	出口值/千关两	占比/%	出口值/千关两	占比/%	出口值/千关两	占比/%
1893	38 114.40	100	24 386.00	63.98	8 253.10	21.65
1895	50 687.10	100	32 608.70	64.33	11 330.70	22.35
1903	74 289.73	100	46 537.90	62.64	13 784.80	18.56
1909	90 020.81	100	54 182.30	60.19	17 891.70	19.88
1913	104 101.80	100	66 341.30	63.73	20 100.70	19.31
1921	152 718.70	100	93 654.20	61.32	30 274.60	19.82
1926	191 675.70	100	130 787.70	68.23	30 857.60	16.10

资料来源：徐新吾.中国近代缫丝工业史[M].上海：上海人民出版社，1990：668-673.

至于出口的绸缎究竟折合多少内销生丝，尚无精确统计。据专家估计，"丝织品折合生丝，按照一般机户，每担丝织品耗用生丝 1.35 担"。1840 年前，内销生丝 5.50 万担，其中绸缎出口折生丝 0.44 万担，绸缎内销折生丝 5.06万担；1894 年内销生丝 7.7 万担，其中绸缎出口折生丝 2.21 万担，绸缎内销折生丝 5.49 万担。[①] 这个估计表明：第一，1894 年比之 1840 年前，绸缎出口折生丝数增加了 1.77 万担，而绸缎内销折生丝数仅仅增加了 0.43 万担，可见绸缎出口增长幅度大于内销增长幅度；第二，直到 1894 年，绸缎内销数始终大于出口数，此后虽然时有变动，但总的趋势，却是国内外市场基本并重的。

二、各省蚕丝织业的不平衡发展

在 19 世纪末和 20 世纪 20 年代末，全国蚕丝织业波浪式增长过程中，有关省份的发展并非平衡的。根据 1926 年的统计，桑蚕茧丝产量，浙江居于首位，广东名列第二，四川及江苏次之，湖北、山东、安徽又次之，其他省份比重很小，仅占全国总产量的 3.45%。各省 1926 年前后（1929 年发表）的桑蚕茧丝产量估计如表 10-8 所示：

① 许涤新，吴承明.中国资本主义发展史（第二卷）[M].北京：人民出版社，1990：286-287.

表 10-8 中国各省桑蚕茧丝产量估计

单位:担

省 份	龙多氏调查生丝产量（1880 年调查）		克鲁卑曼氏调查（1897 年发表）		上原重美氏调查（1929 年发表）	
	产丝量	产茧量	产丝量	产茧量	产丝量	产茧量
浙江	63 000	945 000	67 800	1 017 000	89 000	1 140 000
广东	44 000	660 000	47 820	717 300	66 500	1 057 400
四川	15 700	235 500	21 133	317 000	35 000	468 000
江苏	21 000	315 000	23 333	350 000	30 500	545 000
湖北	6 050	90 750	6 800	102 000	9 200	122 900
山东	1 850	27 750	3 000	45 000	7 500	110 000
安徽	850	12 750	2 000	30 000	5 700	97 100
广西	—	—	—	—	3 500	55 600
河南	7 700	115 500	9 467	142 000	3 300	42 900
山西	—	—	—	—	500	6 500
福建	—	—	—	—	300	3 900
其他	1 850	27 750	6 467	97 000	1 000	13 000
总计	162 000	2 430 000	187 820	2 817 300	252 000	3 662 300

资料来源:徐新吾.中国近代缫丝工业史[M].上海:上海人民出版社,1990:161-162.汉人龙多氏和德人克鲁卑曼氏的调查均转见曾同春.中国丝业[M].上海:商务印书馆,1929:79-80.上原重美氏.支那蚕丝业大观(日文本)[M].日本:日本蚕丝业同业工会中央会,1929:16.

注:①龙多氏和克鲁卑曼氏的调查分别包括约占产量10%和20%的柞丝茧在内。②上原重美氏调查系在1925—1927年对桑蚕丝茧的调查资料,表内山西省的丝茧产量似偏低一些。③按15担缫折估算丝茧量。

从上列估计表中可以看出:第一,广东、江苏、四川、山东、安徽等各省桑蚕丝生产的发展,以最主要产丝省份的浙江较为显著,除四川外,发展的新丝区是和近代缫丝工业的发展相联系的;第二,全国蚕茧产量总计,如以1880年的2 430 000担作为100,那么1926年的3 662 300担则为150.71;如按各省的蚕茧量计算,以1880年的产量为100,那么1926年浙江则增长到120.63,广东增长到160.21,四川增长到198.73,江苏增长到173.02,湖北增长到135.43,山东增长到396.40,安徽增长到761.57;这表明浙、粤、川、江等主要生产桑蚕丝省份增长均不到一倍。而原非主要桑蚕丝生产省份的山东、安徽的桑蚕丝业,虽然比重依旧不大,但发展速度比较快,分别增长近三倍和六倍多。①

① 徐新吾.中国近代缫丝工业史[M].上海:上海人民出版社,1990:162-163.

第三节　农村家庭草帽辫、花边、发网业的发展

近代中国农村的手工副业生产活动，除了上述两大项目以外，还有家庭草帽辫、花边和发网业，这些副业生产也是不容忽视的。

一、农村家庭草帽辫业的发展

草帽辫又称麦秆边，是以小麦秸秆为原材料手工编织而成，用来制作草帽。因此，草帽辫业是我国小麦主产区的一种家庭副业。究竟产生于何时，已无从考证，但是中国一千年以前就有草帽辫的存在，欧洲的草帽辫是由农民在16世纪时发明的。草帽是农民夏季劳作时必备的生活用品，因而在农村非常畅销，同时因其手工制作方法简便，不需要付出太大的劳力，尤其适合妇女操作，故在小麦产区的农家都会参与草帽辫这一副业。[①]

近代，草帽辫业取得了相当繁荣的发展，直接原因是国外市场对我国农村的草帽辫需求大量增加。我国的山东、山西、河南、直隶等地草帽辫业最为发达，其中山东是最多的，出口的草帽辫中几乎60%都来自山东。[②] 据专家统计，出产草帽辫的州县，直隶（河北）有38个，山东67个，河南14个，集中在华北平原、胶莱平原和南阳盆地的小麦产区[③]，“草帽辫之编制，多出于农家妇女之手，四季行之，然普通盛行者九、十月至翌年三月之间，恰值收获终了农暇无事”。[④]“草帽辫之原料，由农民种植而来，其编织之手工，亦即由其家人妇孺，自为经理，故称之为一种家庭工艺无不可也。”

农村家庭草帽辫生产，是为出售而进行的商品生产。“交易……者，分为收买人、辫庄、辫行、输出商四种，交易必经由此四……也。……收买人普通称为贩子（资本之大者称为大贩，小者称……地附近之市邑多以期会而开麦秆草帽辫之市，收买人因此卖……家各户收买，送至辫庄，收买人皆由自己之计算而卖出之，付款多以铜元，而皆画其势力范围，有甲之范围，乙不敢羼入之习惯。”[⑤]辫庄设在产区集镇，将收购的草帽辫进行漂白、插换、卷把、再漂白等加工整理，然后打包或装箱，送至设在商埠的辫行，售与输出商。输出商有洋商和少数中国商人，他

---

① 张肇镇.论直隶省亟宜提倡草帽辫业[J].农商公报，1917，3(35).

② 佚名.山东麦秆草帽辫之调查[J].农商公报，1917(37).

③ 从翰香.近代冀鲁豫乡村[M].北京：中国社会科学出版社，1995：396.

④ 佚名.山东麦秆草帽辫之调查[J].农商公报，1918(37).

⑤ 佚名.山东麦秆草帽辫之调查[J].农商公报，1917(37).

们经营出口贸易。起初“洋商办货，无不经草辫庄之手。后来情形，已渐不同。有直接内地行栈，以定买卖者；有直接派人深入内地，而向农民收买者。洋商虽不谙情形，而能利用买办，及本地之商人，故此事亦能办到。然弊端亦自百出，而此业更为败坏”。[①]

在津浦和胶济铁路没有铺成之前，输出草帽辫的港口主要是烟台，两条铁路通车以后，草帽辫输出地又集中于青岛和天津两地，其中天津是最重要的输出港口[②]；草帽辫出口海外，始于19世纪70年代，“自斯而后，年有增加。至民国元年，输出总额遂达十二万七千一百四十三担，价值七百六十四万三千五百五十九两”。1914年受到欧洲战争的影响，草帽辫的出口数量呈现萎缩下降之势，但仍然是中国主要的出口产品之一。[③] 与此同时，国内市场草帽辫的销售却不断增长。据有关估计，中国草帽辫出口最繁荣的时候，每年的出口量达12万担，国内的消费量仅仅占5%。[④] 此后，草帽辫出口量下降的同时内销比重不断上升，1928年全国草帽辫出口量减少为4.48万担，而当年河北省内消费的草帽辫就多达2.25万担，占全国出口总量的一半还多。国内销售的草帽辫，大多作为原料出售给城镇的草帽场，其余少部分则留在农家内部自己编织成草帽再出售。据相关记载，“草帽，草笠也。山家御暑御雨之具。郫邑女工，多以麦草编成笠帽卖之。赤贫之家，妇女多以此为生活计。其帽视草之粗细以为贵贱。至贱不过值一二十文铜钱，至贵遂有值三四千文钱者。每冬有商贩之，以舟载至山东一带贸易，盈千累万，颇获厚利”。[⑤]

二、农村家庭花边业的发展

花边业是从外国传入而专供出口的农村副业。法国和意大利非常流行使用花边，光绪末年花边业传入中国。当时的天主教徒在传播教道的过程中，将织造花边的方法传授给教民中的妇女，由于产量很小且没有专门回收花边的商人，其产品通常由教士直接运回国外销售。民国初年的时候，花边业取得一定程度的发展，由于中国劳动价格低廉，且农民手工精巧，制作出来的花边非常畅销，各国商人争相购买。于是花边的出口日益增多，民国时期，因为我国生产的花边质优价廉，外国洋行纷纷抢购，有的签订合同预约

---

① 叶春墀.山东草辫业[M].北京：京都华东石印局，1911：12-13.

② 继定.我国草帽辫工业状况[J].钱业月报，1924，4(4).

③ 佚名.山东麦秆草帽辫之调查[J].农商公报，1917(37).

④ 佚名.山东麦秆草帽辫之调查[J].农商公报，1917(37).

⑤ 李之清，戴朝纪.郫县志[M].南京，上海，成都：江苏古籍出版社，上海书店，巴蜀书社，1990.

购买,有的提前付款承包,国内的商人见有利可图,也纷纷参与,此时可称作中国花边业的全盛时期。[①]

国内商人一般是开办花边庄,进口以六股粗线为主的花边原料,然后分发到农家妇女手中,让她们在自己家中手工制作花边。成品后由花边庄根据优劣等级支付相应的报酬,即所谓"花边庄发出线料,织成则收购之"[②]的生产组织形式。在这种形式里,花边庄是包买商,织工则成为资本主义家庭劳动力。"中国之制造花边,虽大体尚是一种家庭劳动,但在国际贸易上,已渐占重要之地位。1914 年中国出口花边,值海关银[③] 140 682 两,至 1920 年增为 2 678 530 两,进步亦可谓速。迨至 1921 年又增为 5 230 248 两,不啻有飞腾之势。此项出口花边,以美国销路为最大,澳大利亚为第二,英国第三,加拿大为第四。1914 年美国所销,值海关银 412 两,1920 年值 1 743 820 两,1921 年值 4 195 494 两。中国花边出口之地点,向以烟台为领袖,但至 1919 年,以上海为第一,烟台为第二,是年中国出口之花边,其中约四分之三,系从上海输出,至其余出口地方,则为宁波、汕头及南京等处。"[④]

三、农村家庭发网业的发展

发网业也是近代兴起的以出口为目的的农村副业。集中在山东、河北两省的一些地区。发网业始于清宣统年间,山东潍县李家庄的一个美国籍教师在当地大力推广发网业,并在当地开办工厂专门生产。民国时期发网业逐渐扩大。一开始制作网的原料都是从国外进口来的,后来国人也学会了原料的制作,从事发网业的人数便更多了。[⑤] 在烟台,发网业是最吸引人注目的行业,也越来越引起洋人的关注,当地的华商已经开办了许多家商号,洋行也争相开办商号来竞争,1915 年发网的产量都是以十萝为单位计算的,1921 年就变成以千萝为单位计算了,其中某商行的一次大交易中竟然发出 1 万多萝产品。每年都有编发网发财的,1921 年收入高的达 100 万元左右。[⑥] 胶东地区的潍县和烟台的发网业在当地是最发达的,繁荣时期,仅烟台及其附近农村,参与发网业的妇女近 10 万人。[⑦] 河北发网业远不如山东,以发网业为重要产业的,是毗邻山东惠民、阳信发网产区的庆云县。

---

① 实业部国际贸易局.中国实业志——浙江省[M].浙江:浙江省国际贸易局,1933:75.

② 李钟豫,张殿邦.黄县志——工业[M].济南:山东博物馆,1937.

③ 海关银等同前述关平两,海关两等概念。

④ 佚名.中国出口花边[J].中外经济周刊,1924(26).

⑤ 丁锡田.潍县志稿[M].北京:国学文献馆,1941.

⑥ 彭泽益.中国近代手工业史资料(第二卷)[M].上海:中华书局,1962:658.

⑦ 彭泽益.中国近代手工业史资料(第三卷)[M].上海:中华书局,1962:41.

在山东、河北从事发网生产的，主要是“以前除了家务劳作之外很少就业的妇女和儿童”[①]。发网业是农家妇女、儿童在自家开展的一种副业，发网业者的收入比之花边业者要多，因之“曾经兴旺过的花边业就是因为工人弃之另就发网业而遭到挫折，但是精美的发网一定会使它更向上发展”[②]。

第四节　农村其他副业概况

上面论述的只是农村副业中的几个门类。农村副业除了这几个门类，还有许多，全国农村副业究竟有多少门类，各个门类所占比重多大，现在尚无精确统计。20 世纪 30 年代初，中央农业实验所对当时关内 22 省的农村副业进行了调查[③]，结果如下：

第一位是纺纱织布，占总数的 21.8%。

第二位是砍柴割草，占总数的 20.5%。

第三位是农工，占总数的 13.0%。

第四位是小商贩，占总数的 12.0%。

第五位是养蚕，占总数的 10.4%。

第六位是各种草编，占总数的 7.3%。

第七位是木工，占总数的 5.2%。

第八位是养蜂，占总数的 3.2%。

其他还有制土砖等。

这个统计尽管不够完善，却可以看出在农村副业中，家庭手工业占据主导地位。

除了中央农业实验所的调查之外，还有卜凯在 1929—1933 年的调查。现将卜凯调查的三个有关统计表摘引如下，以便加以比较研究。

一是中国 22 省 144 县 152 地区 15 316 田场(1929—1933 年)男工、女工及童工从事田场及副业工作之比例(见表 10-9)。

① 彭泽益.中国近代手工业史资料(第二卷)[M].上海：中华书局，1962：658.

② 彭泽益.中国近代手工业史资料(第二卷)[M].上海：中华书局，1962：658.

③ 东亚研究所编.支那农业基础统计资料(Ⅱ)[M].日本：东亚研究所，1942：158.

表 10-9　1929—1933 年农工从事田场及副业工作之比重
(中国 22 省 144 县 152 地区 15 316 田场调查统计)

单位:%

地　带	地区数目	田场工作			副业工作			田场及副业工作		
		男	女	童	男	女	童	男	女	童
中国	152	60	24	16	42	42	16	75	20	5
小麦地带	68	64	22	14	44	41	15	81	15	4
水稻地带	84	57	25	18	40	42	18	70	24	6

资料来源:卜凯.中国土地利用[M].乔启明,邵德馨,黄席群,等译.成都:成城出版社,1941:392.

二是中国 22 省 144 县 152 地区 15 316 田场(1929—1933 年)农家从事各种副业之比重(见表 10-10)。

表 10-10　1929—1933 年农家从事各种副业之比重
(中国 22 省 144 县 152 地区 15 316 田场调查统计)

单位:%

地　带	地区数目	职　业									
		农工	有技工人	无技工人	家庭工业	经商	教育	兵士	官吏	专门职业	其他职业
中国	152	14	7	11	22	16	2	1	1	5	*
小麦地带	68	17	6	13	23	21	2	1	1	3	0
水稻地带	84	12	7	9	21	12	2	1	1	6	*

资料来源:卜凯.中国土地利用[M].乔启明,邵德馨,黄席群,等译.成都:成城出版社,1941:403.

注:* 此数在 0.5 以下。

三是中国 18 省 110 县 110 地区(1929—1933 年)副业变迁之地区占比(见表 10-11)。

表 10-11　1929—1933 年副业变迁之地区占比
(中国 18 省 110 县 110 地区调查统计)

单位:%

地带	地区数目	新职业		日渐增加之职业												消灭之职业		副业无变迁	无副业
		养蜂	纺纱	纺纱	养猪	养家禽	制豆腐	经商	育蚕	木匠	裁缝	养羊	纺织	养鸡	结发网	纺纱	育蚕		
中国	110	3	3	4	8	5	4	3	3	4	5	4	23	4	4	6	3	15	33
小麦地带	46	4	—	—	11	9	7	4	2	9	—	9	33	4	7	4	2	4	35
水稻地带	64	2	5	6	6	2	2	2	3	5	8	—	16	3	2	6	3	22	31

资料来源:卜凯.中国土地利用[M].乔启明,邵德馨,黄席群,等译.成都:成城出版社,1941:407.

注:中国 110 个地区中有 3%的地区出现了纺纱的新职业,有 4%的地区纺纱业呈现日渐增加的趋势,有 6%的地区纺纱业消灭。

从这三个统计表中，可以看出以下几个主要问题。

第一，1929—1933 年，在中国 22 省 144 县 152 地区 15 316 田场中，男子从事农副业的占比，农业生产为 60%，副业生产为 42%，小麦地带高于水稻地带，前者分别为 64%、44%，后者分别为 57%、40%；女子从事农副业的占比，农业生产为 24%，副业生产为 42%，小麦地带与水稻地带比较，与男子不同，后者高于前者，后者分别为 25%、42%，而前者则分别为 22%、41%。总的看来，农业生产的主力是男子，在副业生产中，男女处于平等地位，不过在小麦地带男子所占比重大些，在水稻地带女子所占比重大些。就农副业兼而有之的比重而言，男子大大超过女子，分别为 75%、20%，在小麦地带差距更大，竟达到 81% ∶ 15%。

第二，1929—1933 年，在中国 22 省 144 县 152 地区 15 316 田场中，农家从事的副业种类繁多，计有农工（在他人田场工作）、有技工人、无技工人、家庭工业、经商、教育、兵士、官吏、专门职业、其他职业等，其中占一二三位的是家庭工业、经商、农工，分别为 22%、16%、14%，而这三种副业，在小麦地带所占的比重则大于水稻地带，前者分别为 23%、21%、17%，后者分别为 21%、12%、12%。

第三，1929—1933 年，在中国 18 省 110 县 110 地区中，日见增加的副业有纺纱、养猪、养家禽、制豆腐、经商、育蚕、木匠、裁缝、养羊、纺织、养鸡、结发网等，其中高居榜首的是纺织，占 23%，在小麦地带甚至多达 33%。有些地区发展了养蜂、纺纱等副业，有些地区的纺纱、育蚕逐渐衰落，副业没有变迁的地区为 15%，没有副业的地区为 33%。由此可见，各个地区副业的兴衰，呈现不平衡状态。

本章主要分析了近代（主要是 1936 年以前）各种家庭副业的发展情况，总体来看，家庭手工棉纺织业的发展基本呈衰落趋势，家庭蚕丝织业、草帽辫业、花边业和发网业等有不同程度的增长趋势，但是各地区副业的发展是不均衡的，有的地区衰落的副业则可能在别的地区兴旺起来，因此不能一概而论。

从形式上看，近代中国农村中农业与手工副业相结合的生产模式并未有太大的变动，副业作为大农业中的一分子，显示了它的重要性。农村副业在满足自给自足的同时，副业产品的商品化程度也在不断提高，表现为产品自给比重的下降和商品比重的上升，同时受帝国主义侵略的影响，农村副业生产并非一帆风顺。从农业现代化的角度分析，经济收益是影响副业发展的关键因素，那些符合市场需求的副业生产必定会取得较好的发展，这也是农业生产中各部门都要遵循的发展规律。

第十一章　总结、评价及展望

近代中国经济的主体和基础是农业，近代农业的发展伴随的是经济的现代化，因此农业生产结构的优化本身就是经济现代化的问题。本书主要分析了近代中国农业生产结构的状况及其发展变化，从一个侧面揭示了近代中国以农业为主的经济发展情况，看到了农业生产结构发展中取得的成绩和存在的不足之处，对于当前推进经济现代化进程中如何优化调整农业生产结构有所借鉴。

第一节　近代中国农业生产结构的特征及其演变

在1840年鸦片战争以前，中国还是一个独立的封建国家，自鸦片战争以后，在帝国主义的侵略下，中国逐渐沦为半殖民地半封建国家。在此期间，农业生产结构也随政治经济环境而不断变化。

一、清前期农业生产的发展

明清时期，封建地主阶级对农民百般压榨和剥削，清兵入关前后对我国中原地区烧杀掠夺，这些都对中国的社会经济造成了严重的负面影响，全国到处呈现凋敝的景象。清初政府为了巩固其封建统治，采取了一系列措施恢复经济，特别是农业经济。清前期农业生产的恢复和发展主要表现在以下几个方面：

首先，在土地利用方面，耕地面积不断扩大。在清初顺治十八年（1661年）全国耕地面积仅570万余顷，到康熙廿四年（1685年）增至630万余顷，雍正二年（1724年）增至724万余顷，到乾隆三十一年（1766年）增至780万余顷[①]，这个数字已经超过明末的耕地面积。到道光年间（1821—1850年），全国耕地面积增加为11亿至12亿亩。[②] 从顺治十八年到道光年间，这100多年的时间内耕地面积增加了一倍，其增长速度是相当快的。耕地面积的增加意味着农业生产尤其是种植业生产的迅速扩大。

---

① 孙毓棠，张寄谦.清代的垦田与丁口的记录[M]//中国社会科学院历史研究所清史研究室.清史论丛（第一辑）.上海：中华书局，1979：112-113.

② 方行.论清代前期地主制经济的发展[J].中国史研究，1983(2)：97.

其次，在农业生产力方面，人口增多。我国历史上人口数量直到明代也没有超过 7 000 万。但清以后，经过了康熙和雍正两代的休养生息，尤其是康熙五十一年(1712 年)发布“滋生人丁，永不加赋”的政策之后，人口大增。到乾隆六年(1741 年)全国人口突破 1 亿，为 14 341 万人。乾隆三十年(1765 年)已突破 2 亿，达 20 699 万人。乾隆五十五年(1790 年)已突破 3 亿，为 30 148 万人。到道光十五年(1835 年)又突破 4 亿，达 40 176 万人。[①] 从乾隆六年(1741 年)到道光十五年(1835 年)共计 90 多年的时间，人口增加了约 2.5 亿，人口增加的速度是非常可观的。当时人口的增长，主要是农业人口的增加。人是生产力的基本因素，在生产力水平比较低的情况下，人口的增加实际上也就表明农业生产力得到了发展。

再者，农业生产水平不断提高，生产结构有所调整。清代前期，农业生产单位面积产量有很大提高。以水稻为例，在江南、湖广、四川等富庶地区，一般亩产量都可达到三石，其中湖广的黄梅、荆州，以及江浙、福建、四川等省的某些地区的上等田亩产竟可高达五石甚至六七石[②]，都在千斤以上。可见，当时粮食的亩产量已经达到相当高的水平。在北方由于玉米和番薯等高产作物的引进和推广，粮食的单产也有很大提高。总之，在全国耕地面积不断扩大和农业单产提高的基础上，粮食总产量有大幅度增加。除了粮食增产外，棉花、桑、甘蔗、烟草、茶等经济作物也有很大的发展。

由上述可见，清前期的农业生产是不断发展的，耕地面积和农业人口明显增加，粮食和经济作物生产都有明显的发展，这为近代的农业生产提供了有利的基础条件。

二、近代农业生产结构的特点及其变化

鸦片战争以后，帝国主义列强使用了一切军事的、政治的、经济的和文化的侵略手段，将中国逐步变成它们的半殖民地和殖民地。帝国主义不仅侵占了中国农民无数耕地，还利用各种特权搜刮中国廉价农产品，使中国农业生产变成帝国主义的附庸。受帝国主义操纵和世界经济关系的影响，中国的农业生产发生了明显的变化，这些变化为农业生产结构带来了双重的影响，既有积极有利的方面，也有消极不利的方面。因此，近代中国农业生产的发展是曲折的，农业生产结构的变化是复杂的。根据本书前面的分析可以看到，1840—1936 年的农业生产虽受到政治经济环境的影响，但总体

---

① 孙毓棠，张寄谦.清代的垦田与丁口的记录[M]//中国社会科学院历史研究所清史研究室.清史论丛(第一辑).上海：中华书局，1979：117-120.

② 翦伯赞.中国史纲要(第 3 册)[M].北京：人民出版社，1964：270-271.

上仍然是向前发展的，表现在农业生产结构亦有所优化发展上；而1937年抗日战争全面爆发以后，农业生产遭到前所未有的破坏，出现全面的衰退。近代中国的农业生产结构(主要指1936年以前)呈现如下特点：

(1)近代中国农业生产结构是以种植业为主，畜牧业、林业、渔业和副业为辅的。农业种植业在农业总产值中的比重，基本保持在80%左右，这一特征充分体现了农业种植业在农业生产中的主导地位。从土地利用结构来看，耕地所占的比重依然是最高的，林地、牧场所占的比重依次减少，说明种植业仍然是农业生产中的主导产业。与同期世界其他国家相比，中国的耕地、林地和牧场比重均明显不足，在总的土地面积中的比重较低，畜牧业和林业的发展远远落后于其他国家。从农业产值结构来看，种植业产值(80%左右)占主导地位，其次是畜牧业、副业、林业和渔业，畜牧业产值虽居第二位，但是其绝对比重远远低于种植业(占农业总产值的13%左右)，说明畜牧业、林业、渔业和副业发展明显不足。

从近代农业生产结构总的发展趋势来看，种植业产值比重呈现波浪式下滑趋势，而畜牧业、林业、渔业和副业的产值有不同程度的上升，尤其是畜牧业的发展较为明显。这一变化趋势使得农业生产结构中以种植业为绝对主导的现象有所改变，畜牧业等其他各部门在农业生产结构中的地位和影响力不断增强。

(2)种植业以粮食作物为主，经济作物为辅。近代，粮食作物占耕地面积的比重一直在80%以上。20世纪初粮食作物播种面积占耕地面积的85%左右，到20世纪三四十年代，粮食播种面积下降到82%左右，说明粮食作物的播种面积虽然仍占主导地位，但已有下降的趋势。粮食作物内部，稻、麦占有绝大比重，两者合计占总播种面积的50%以上。

近代，经济作物的播种面积不断上升，经济作物种植面积在种植业中的比重由1840年的10%上升到1946年的19%。受外部因素的影响，许多地方的农民增加种植经济作物，减少种植粮食作物，甚至有些地方出现粮食缺乏、需要外部调剂的状况。近代经济作物播种面积不断上升而粮食作物播种面积不断下降，改变了过去纯粹的以粮食作物种植为主的农业生产结构，虽然未能改变粮食作物的主导地位，但是这种变化已经是朝着种植多样化的方向前进了许多，是一种积极的、合理的变化。

(3)从农业生产的经济效益分析，近代中国的农业生产结构经历了粮食单位面积产量和劳动生产率波浪式下滑的轨迹。这并不意味着整个农业生产一直在衰落，近代，尤其是1840—1936年，粮食总产量仍然是上升的。同时，随着经济作物商品化的不断发展，经济作物的生产量不断上升，这一变化过程有利于弥补因粮食作物发展滞后而造成的生产不足。

(4)近代(主要指1840—1936年),无论是农产品的商品量和商品值,大多都是在增加的,1936年以后,农产品商品化不但没有什么发展,而且有所倒退。近代经济作物的商品化发展迅速,推动了农民种植经济作物的积极性,进一步发展了经济作物的生产。同时,它也带动了部分粮食作物参与到商品化发展的过程中,改善了农业生产结构。农民在市场引导下更多地生产经济作物的同时,必然减少种植粮食作物,从而造成粮食作物在农业生产中比重不断下降的变化趋势。这样的变化并不意味着我国农业生产结构的恶化,相反,它是农业生产结构朝着多元化、均衡方向发展的一种合理的变化。随着市场经济的发展,我国的农业生产结构必将朝着降低粮食种植的绝对比重,合理均衡发展经济作物及畜牧业、林业、渔业和副业的方向发展。

(5)近代,畜牧业、林业、渔业和副业都得到了不同程度的扩展。尤其是畜牧业的发展最为显著,相关数据显示,各种家畜数量在1936年以前均取得明显的增长;林业生产也有一定的发展,但是由于天灾人祸的影响,林业资源毁坏现象严重,与其他各业相比,生产相对落后一些,显得发展不足;近代中国的渔业生产也有一定程度的增长,尤其在20世纪以来渔业出口增长较为明显,但是出口增长慢于进口增长,说明我国的渔业生产有待进一步地开发和拓展;近代手工副业生产也一度兴盛,特别是手工棉纺织业、蚕丝织业、草帽辫业、花边业、发网业等活动在20世纪30年代均取得一定程度的繁荣。

根据农业产值结构的比较,除种植业产值遥遥领先之外,畜牧业产值居第二位,副业产值居第三位,然后是林业和渔业产值。1936年以前,在农业总产值增长的同时,农业生产结构有了一定的优化发展:种植业产值比重不断下降,同时畜牧业、副业等其他各业产值比重均有所上升。

综上所述,我们可以看出,近代我国的农业生产结构仍然是以农业种植业(主要是粮食作物种植)为主的较为单一的生产结构,畜牧业、林业、渔业和副业生产仅作为种植业的附属活动而存在,它们的发展仍然是不充分的。整体上,农业生产在1936年以前均取得了一定程度的增长。但是由于1937年战争的爆发,严重破坏了之前所有的发展成果,农业生产全面下滑。仅从1840至1936年来看,我国的农业生产是取得了一定的发展的。在此期间,我国的农业生产结构进一步合理化,种植业、畜牧业、林业、渔业和副业生产均有相应的发展,各业之间的比重也朝着均衡方向有所发展;种植业内部粮食作物比重下降,经济作物比重不断上升,农产品商品化进一步发展。这些都是农业生产结构不断优化的表现。

三、评价

经济发展的目的是实现经济现代化，实现由农业经济向工业经济的转变，实现由农业社会向工业社会的转变。近代我国的经济仍然是以农业生产为主，农业生产结构的调整和优化是经济发展过程中的必要环节，是实现经济现代化的必由之路。根据本书的研究可以发现，1840—1936 年，中国的农业生产结构发生了较为可喜的变化，生产结构更趋合理化，也更加均衡化，农村商品经济取得显著的发展。但是，农业生产结构在整体上仍然是较为单一的，以种植业（尤其是粮食作物）为主；畜牧业、林业、渔业和副业的发展明显是不充分的；农业生产的经济效益相当低下；农产品商品化程度并不高。这些都说明近代我国的农业生产仍然是落后的，不发达的。

根据王玉茹先生的研究，19 世纪末期中国传统的生产方式和产业结构开始发生变化，以工矿交通业为主的近代生产取得了显著的发展，尤其是在 20 世纪二三十年代。1920—1936 年我国工矿交通业中的近代生产总值增加超过 1.79 倍，年增长率达 6.62%①；同期，城乡手工业、农业生产均取得了一定的增长。这说明，近代中国的经济结构开始发生激烈的变化，在向工业社会过渡的经济现代化过程中取得了一定的进展，这是不容忽视的一段过程。但是，因为大量农村仍然采用的是传统的生产手段，工矿交通业中的新式生产部分在全部国民生产中的比重仅有12.86%②，故从总体观察，旧的生产方式并没有发生根本性的变化。因此近代中国依然是一个经济落后的农业国家。

第二节　研究近代中国农业生产结构的启示

近代，我国在农业生产方面有很多的经验教训，也为此付出过沉重的代价。当前，我国已融入世界经济体系，农业供给侧改革正在积极推行，如何在开放的市场环境下更好地发展农业生产，如何调整农业生产结构以适应经济全球化的发展趋势，这些都是摆在我们面前的重要课题。

近代农业生产结构的变化——经济作物不断增加、商品经济持续发展，对农民来说，在生产中的选择余地加大了，各类生产间相互替代的程度进一步提高了。在价值规律的作用下，它有利于农村经济中机会成本的下降。对农民来说，一种作物的生产缺乏市场，他可以转向有市场前景的其他作物

① 王玉茹.增长、发展与变迁[M].北京：中国物资出版社，2004：9.

② 王玉茹.增长、发展与变迁[M].北京：中国物资出版社，2004：15.

的生产，与传统的、相对闭塞的自给性生产相比，这无疑是一种进步。通过对近代农业生产结构的考察，可以得到以下几点启示：

(1)种植业的发展仍然是农业生产中最主要的环节。

改革开放以来，虽然农业生产结构中种植业的比重在不断下降，但是种植业是农业中的第一大产业的地位始终没有改变，种植业产值一直占据农业总产值中的最大比重。“民以食为天”，种植业是人们主要的食物来源，饮食是人类的第一需要，解决了食物需求，人类才可以追求更高层次的需要。因此，当前我国的农业生产仍然要以种植业为重点，不可因盲目追求结构的均衡而忽视了种植业生产的必要性。

(2)种植业生产中粮食作物种植是主要的，其次是经济作物的种植。

因为粮食作物解决的是人们的口粮消费，经济作物既可以作为人们的食物补充，也可以为人们创造额外的经济收益，但是经济作物无法完全替代粮食作物的消费地位。前文已经述及，经济作物的发展可以推动农产品的商品化，粮食作物的发展也可以参与到商品经济活动中，推动商品化的进一步发展。因此，粮食作物和经济作物是不能互相替代的，二者都有其存在的必要性，粮食作物和经济作物的共同繁荣，才是农业生产结构优化的合理表现。

此外，提高粮食作物的生产效率也十分必要，近代粮食生产的单位面积产量和劳动生产率全面下滑，这一现象是农业生产倒退的表现。当前，我们应当吸取教训，努力提高粮食总产量的同时，不断改进生产方式和生产技术，提高粮食单产和劳动生产率，力争实现农业生产的全面进步。

(3)加强畜牧业在农业生产中的地位，不仅是优化农业生产结构的需要，更是提高人民生活水平、推进经济社会全面发展的需要。

近代，畜牧业生产远未得到充足的发展，畜牧业发展的滞后，不仅影响了农业生产的现代化发展，同时也是导致生活水平低下的原因之一。由于畜禽的缺乏，农业生产缺少畜力工具，大量依靠人力劳作，生产效率低下；由于畜禽的缺乏，人们的食物结构单一，肉食严重缺乏，导致营养不良，生活水平和身体素质低下。因此，充分发展畜牧业，是合理优化农业生产结构的必要环节。

(4)林业、渔业和副业生产有待进一步开发。

近代由于毁林现象严重，造成林业资源匮乏，使得薪柴资源不足，一些农副产品被用作燃料，用于家畜的饲料和返还给耕地的肥料也就相应减少。这诸多的因素交织在一起，又大大地制约着中国农业的发展。渔业和副业生产也是农业生产中的重要组成部分，它们的存在并不是可有可无的，重视发展渔业和副业生产，不仅可以改善人们的食物结构和生活条件，同时又可以促进商品经济的发展，为劳动者创造更多的收入来源。

(5)农业生产结构的优化是一个长期的过程。

农业生产结构变动的一般趋势是，随着农业生产专业化、商品化、社会化的发展，必将改变落后、封闭、自给、单一的农业生产结构，逐步建立起商品化、开放、多层次的农业生产结构。改革开放以来，随着我国经济的高速发展，农业产值结构开始发生良好的变化，农业总产值也持续快速上升，与此同时，农业生产中种植业产值比重下降，到2005年已经下降至50%以下(49.7%)；同时，畜牧业和渔业比重明显上升，林业比重也稍有增加(见表11-1)。这表明，农业生产结构已经改变了单一、落后的局面，得到显著的优化。从表11-2的数据可以看出，2006年以来，种植业的产值比重稳定在50%上下小幅浮动，林业比重基本稳定在4%左右，畜牧业比重徘徊在30%左右，渔业及服务业的比重在13%左右浮动。这表明我国农业生产结构保持了比较稳定的态势，农业生产结构的优化不再拘泥于产值比重的变化，而是进入深层次的内在优化过程。

表11-1 1978—2005年中国农业总产值构成

单位：%

年 份	种植业	林 业	畜牧业	渔业及服务业
1978	80.0	3.4	15.0	1.6
1980	74.1	5.0	18.3	2.6
1985	69.2	5.2	22.1	3.5
1990	64.7	4.3	25.7	5.4
1995	58.4	3.5	29.7	8.4
2000	55.7	3.8	29.7	10.8
2004	50.1	3.7	33.6	10.0
2005	49.7	3.6	33.7	10.2

资料来源：国家统计局.中国农村统计年鉴[M].北京：中国统计出版社，1978—2006.

表 11-2　2006—2014 年中国农业总产值构成

单位：%

年　份	种植业	林　业	畜牧业	渔业及服务业
2006	52.7	3.9	29.6	13.8
2007	50.4	3.8	33.0	12.8
2008	48.4	3.7	35.5	12.4
2009	51.0	3.6	32.3	13.1
2010	53.3	3.7	30.0	13.0
2011	51.6	3.8	31.7	12.9
2012	52.5	3.9	30.4	13.6
2013	53.1	4.0	29.3	13.6
2014	53.6	4.2	28.3	13.9

资料来源：国家统计局.中国农村统计年鉴[M].北京：中国统计出版社，2006—2015.

经济现代化是 500 年来世界近现代经济发展的基本趋势与时代特征，也是一个半世纪以来中国近现代经济发展的基本趋势与时代特征。经济现代化就是市场化和工业化。① 实现市场化和工业化必然要求农村商品经济的发展，以及农业经济的全面发展，农业生产结构的优化调整是其中的必要环节。因此，优化发展农业生产结构是经济现代化过程的重要组成部分。近代我国的农业生产结构在整体上仍然是落后、单一、不发达的，但是并非一成不变的。农业生产结构在近代也发生了明显的变化，其中相当一部分变化是积极、合理的，因此它在一定程度上也促进了经济的发展。

当前，全球经济形势变化明显，粮食价格持续上涨，导致各国将粮食生产列为重点问题。合理调整农业生产结构，增加粮食生产，满足经济社会发展的需要，是当前各国经济发展的重要任务。从当前经济形势看，我国经济在国际国内的复杂局面下，克服重重困难，取得了较为显著的成绩，但仍存在许多问题亟待解决，比如有效需求不足、农村市场疲软、农业收入增长缓慢、农业结构不合理的矛盾，等等。不调整就没有出路，不优化就无法提高农业经济效益，无法推进农业现代化和农业经济的可持续发展。因此，农业生产结构的优化不仅是一个历史的问题，它是伴随着经济发展一直存在的，不同的时期对农业生产结构的要求也不同。只有认清经济形势，了解经济发展的真正需求，才能合理安排农业生产结构，为市场化和工业化奠定坚实的基础，才能真正加快经济现代化的进程。

① 赵德馨.市场化与工业化——经济现代化的两个主要层次[J].中国经济史研究，2001(1).

参考文献

中文书籍

[1]许道夫.中国近代农业生产及贸易统计资料[M].上海:上海人民出版社,1983.

[2]巫宝三.中国国民所得(一九三三年)[M].上海:中华书局,1947.

[3]陆文聪.粮食市场化改革的农业结构变动效应及对策研究[M].北京:中国农业出版社,2005.

[4]吴慧.中国历代粮食亩产研究[M].北京:农业出版社,1985.

[5]德·希·珀金斯.中国农业的发展(1368—1968年)[M].宋海文,等译.上海:上海译文出版社,1984.

[6]章有义.近代徽州租佃关系案例研究[M].北京:中国社会科学出版社,1988.

[7]从翰香.近代冀鲁豫乡村[M].北京:中国社会科学出版社,1995.

[8]林德宏,张相轮.东方的智慧[M].南京:江苏科学技术出版社,1993.

[9]林之光,张家诚.中国的气候[M].西安:陕西人民出版社,1985.

[10]全国农业区划委员会.中国自然区划概要[M].北京:科学出版社,1984.

[11]许涤新,吴承明.中国资本主义发展史(第二卷)[M].北京:人民出版社,1990.

[12]李文治.中国近代农业史资料(第一辑)[M].上海:三联书店,1957.

[13]章有义.中国近代农业史资料(第二、三辑)[M].上海:三联书店,1957.

[14]中国人民大学农业经济系.中国近代农业经济史[M].北京:中国人民大学,1980.

[15]冯和法.中国农村经济资料[M].上海:黎明书局,1933.

[16]谢成侠.中国养马史(修订本)[M].北京:农业出版社,1991.

[17]中国畜牧兽医学会.中国近代畜牧兽医史料集[M].北京:农业出版社,1992.

[18]顾谦吉.中国的畜牧[M].上海:商务印书馆,1939.

[19]王长富.中国林业经济史[M].哈尔滨:东北林业大学出版社,1990.

[20]申报年鉴社.第三次申报年鉴[M].上海:申报年鉴社,1935.

[21]农林部林业司.中国之林业[M].南京:农林部林业司,1947.

[22]辽宁省林学会,吉林省林学会,黑龙江省林学会.东北的林业[M].北京:中国林业出版社,1982.

[23]赵尔巽.清史稿(第13分册)[M].上海:中华书局,1976.

[24]中华年鉴社.中华年鉴(上册)[M].南京:中华书局,1948.

[25]王长富.沙皇俄国掠夺中国东北林业史考[M].长春:吉林人民出版社,1986.

[26]《云南森林》编委会.云南森林[M].昆明:云南科技出版社,北京:中国林业出版社,1986.

[27]《梁希文集》编辑组.梁希文集[M].北京:中国林业出版社,1983.

[28]李士豪,屈若搴.中国渔业史[M].上海:上海书店,1984.

[29]吴承明.中国资本主义与国内市场[M].北京:中国社会科学出版社,1985.

[30]彭泽益.中国近代手工业史资料(第二卷)[M].上海:中华书局,1962.

[31]严中平.中国棉纺织史稿[M].北京:科学出版社,1955.

[32]徐新吾.中国近代缫丝工业史[M].上海:上海人民出版社,1990.

[33]阮湘,吴秉均,余祥森,等.中国年鉴[M].上海:商务印书馆,1926.

[34]实业部国际贸易局.中国实业志——浙江省(第7编)[M].国民政府实业部,1933.

[35]卜凯.中国土地利用[M].乔启明,邵德馨,黄席群,等译.成都:成城出版社,1941.

[36]梁方仲.中国历代户口、田地、田赋统计[M].上海:上海人民出版社,1980.

[37]实业部《中国经济年鉴》编纂委员会.中国经济年鉴[M].上海:商务印书馆,1934.

[38]实业部中央农业实验所农业经济科.农情报告汇编[M].南京:实业部中央农业实验所,1934.

[39]丁长清,慈鸿飞.中国农业现代化之路[M].北京:商务印书馆,2000.

[40]乔启明.中国农村社会经济学[M].上海:商务印书馆,1945.

[41]许涤新,吴承明.中国资本主义发展史(第三卷)[M].北京:人民出版社,1993.

[42]国家统计局.中国农村统计年鉴[M].北京:中国统计出版社,1950—1980.

[43]农商部总务厅统计科.第三次农商统计表[M].上海:中华书局,1916.

[44]农商部总务厅统计科.第四次农商统计表[M].上海:中华书局,1917.

[45]吕传钧.中国粮食地理[M].上海:商务印书馆,1947.

[46]实业部中央农业实验所农业经济科.农情报告[J].实业部中央农业实验所,1933,6(10).

[47]许涤新,吴承明.中国资本主义发展史(第一卷)[M].北京:人民出版社,1985.

[48]翟克.中国农产问题之研究[M].广州:中山大学农学院推广部,1935.

[49]钱俊瑞.钱俊瑞选集[M].太原:山西人民出版社,1986.

[50]王寅生,薛品轩,石凯福.中国北部的兵差与农民[M].南京:中央研究院社会科学研究所,1931.

[51]汪敬虞.中国近代经济史[M].北京:人民出版社,2000.

[52]黄宗智.中国农村的过密化与现代化:规范认识危机及出路[M].上海:上海社会科学院出版社,1992.

[53]吴承明.市场、近代化、经济史论[M].昆明:云南大学出版社,1996.

[54]刘佛丁,王玉茹,于建玮.近代中国的经济发展[M].济南:山东人民出版社,1997.

[55]姚贤镐.中国近代对外贸易史资料[M].北京:中华书局,1962.

[56]卜凯.中国农家经济[M].张履鸾,译.上海:商务印书馆,1936.

[57]马扎亚尔.中国农村经济研究[M].陈代青,彭桂秋,译.上海:神州国光社,1930.

[58]史志宏.清代前期的小农经济[M].北京:中国社会科学出版社,1994.

[59]胡焕庸,张善余.中国人口地理(上册)[M].上海:华东师大出版社,1984.

[60]上海市粮食局,上海市工商行政管理局,上海社会科学院经济研究所经济史研究室.中国近代面粉工业史[M].北京:中华书局,1987.

[61]严中平,等.中国近代经济史统计资料选辑[M].北京:科学出版社,1955.

[62]满铁上海事务所调查室.江苏省太仓县农村实态调查报告书[M].上海:满铁上海事务所调查室,1940.

[63]孙毓棠,张寄谦.清代的垦田与丁口的记录[M]//中国社会科学院历史研究所清史研究室.《清史论丛》(第一辑).上海:中华书局,1979.

[64]翦伯赞.中国史纲要[M].北京:人民出版社,1964.

[65]王玉茹.增长、发展与变迁[M].北京:中国物资出版社,2004.

中文期刊

[1]雷颐.中国农村派对中国革命的理论贡献[J].近代史研究,1996(2):107-126.

[2]吴承明.中国近代农业生产力的考察[J].中国经济史研究,1989(2):63-77.

[3]慈鸿飞.二十世纪前期华北地区的农村商品市场与资本市场[J].中国社会科学,1998(1):91-106.

[4]黄宗智.略论农村社会经济史研究方法:以长江三角洲和华北平原为例[J].中国经济史研究,1991(3):89-94.

[5]丁长清.试论中国近代农业中资本主义的发展水平[J].南开学报,1984(6).

[6]刘圣宜.张謇与通海垦牧公司[J].江海学刊,1983(5).

[7]戴鞍钢.近代中国新式农垦企业述略[J].中国农史,1985(2).

[8]毛德鸣.中国近代新式农垦企业初探[J].中国经济史研究,1989(2).

[9]章有义.中国农业资本主义萌芽史料问题琐议[J].中国经济史研究,1987(4).

[10]朱坚真.略论中国农业资本主义的不发展[J].学术研究,1991(4).

[11]王玉茹.在近代化发展过程中日本和中国农业发展的比较研究[J].南开经济研究,1992(2).

[12]章有义.近代东北地区农田单位面积产量下降的一个实证[J].中国经济史研究,1990(3);近代中国人口和耕地的再估计[J].中国经济史研究,1991(1);海关报告中的近代中国农业生产力状况[J].中国农史,1991(2).

[13]卢峰.近代农业的困境及其根源[J].中国农史,1990(3).

[14]王天奖.从单产看近代河南的农业生产[J].史学月刊,1991(1).

[15]魏丽英.论近代西北农村经济的破产及其主要原因[J].甘肃社会科学,1992(5).

[16]符长泉.三十年代中国农业危机及其影响[J].中国社会经济史研究,1993(2).

[17]万振凡.江西近代农业的生产关系与生产力[J].江西社会科学,1993(6).

[18]吴存浩.中国近代农业危机表现及特点试论[J].中国农史,1994(3).

[19]郑庆平.中国近代的农业危机[J].中国农史,1985(4).

[20]吴柏均.无锡区域农村经济结构的实证分析(1920—1949)[J].中国经济史研究,1991(1).

[21]邓亦兵.民国时期北京农业述略[J].北京社会科学,1993(2).

[22]庄维民.近代山东农业科技的推广及其评价[J].近代史研究,1993(2).

[23]唐文起.江苏地区农业近代化述略[J].学海,1993(5).

[24]刘克祥.清末和北洋时期东北地区的土地开垦和农业发展[J].中国经济史研究,1995(4).

[25]杨显东.论当前棉业问题与对策[J].中农月刊,1943,4(7).

[26]张淑琼.中国农村破产之原因及救济办法[J].农业周报,1935(3).

[27]菲利浦.中国畜牧改良计划[J].许振英,译.中央畜牧兽医汇报,1944(1).

[28]王树基.上海市畜牧业之现状[J].工商半月刊,1933(17).

[29]刘行骥.中国耕牛问题[J].中国实业,1935(12).

[30]李群.湖羊的来源和历史研究[J].农业考古,1987(1).

[31]方行.论清代前期地主制经济的发展[J].中国史研究,1983(2):97.

[32]金陵大学农业经济系.中华民国二十年水灾区域之经济调查[J].金陵学报,1932,2(1).

[33]索景炎.两年来林业界(二十一、二十二两年)[J].中华农学会报,1934:129-130.

[34]福建省农林厅.福建省山权林权调查报告[J].中国林业,1951,3(1).

[35]凌道扬.森林与旱灾之关系[J].森林,1921,1(1).

[36]高秉坊.山东省森林问题之商榷[J].森林,1921,1(2).

[37]张肇镇.论直隶省亟宜提倡草帽辫业[J].农商公报,1917(35).

[38]佚名.山东麦秆草帽辫之调查[J].农商公报,1917(37).

[39]继定.我国草帽辫工业状况[J].钱业月报,1924,4(4).

[40]佚名.中国出口花边[J].中外经济周刊,1924(26).

[41]莫曰达.1840—1949年中国的农业增加值[J].财经问题研究,2000(1).

[42]佚名.石家庄之经济状况[J].中外经济周刊,1926(181).

[43]杨锺健.北四省灾区视察记[J].东方杂志,1920,17(19).

[44]纪彬.农村破产声中冀南一个繁荣的村庄[N].益世报,1935-08-17.

[45]江苏省拟拨巨款救济战区农业[J].中外经济周刊,1925(98).

[46]韦东.湖南溆浦县的农村经济概况[J].中国农村,1934,1(2).

[47]刘克祥.1927—1937年农业生产与收成、产量研究[J].近代史研究,2001(5):97-98.

[48]王宝卿.我国历代粮食亩产量的变化及其原因分析[J].莱阳农学院学报(社会科学版),2005,17(1):14.

[49]赵粿僧.商业性农作物的发展及其意义[N].益世报,1935-09-28.

[50]吴承明.我国半殖民地半封建国内市场[J].历史研究,1984(2).

[51]赵德馨.市场化与工业化——经济现代化的两个主要层次[J].中国经济史研究,2001(1).

[52]李进霞.近代中国粮食生产的经济效益分析[J].河南工业大学学报(社会科学版),2012(1).

[53]李进霞.近代中国经济作物生产的发展[J].河南商业高等专科学校学报,2009(2).

英文文献

[1] BUCK J L. Land utilization in China [M]. Shanghai: The Commercial Press,1937.

[2]STROSS R.The stubborn earth:American agriculturalists on Chinese soil,1898—1937[M].Berkeley:University of California Press,1986.

[3] RISKIN C. Surplus and stagnation in modern China [M]//PERKINS D H.China's modern economy in historical perspective[M].Stanford:Stanford University Press,1975.

[4] MYERS R. The Chinese peasant economy: agricultural development in Hopei and Shantung,1890—1949[M].Cambridge:Harvard University Press,1970.

[5]HUANG P.Analyzing the twentieth-century Chinese countryside:revolutionaries versus western scholarship[J].Modern China,1975,1(2).

[6]ELVIN M.The pattern of the Chinese past[M].Stanford:Stanford

University Press，1973.

[7]HUANG P.The peasant family and rural development in the Yangzi Delta[M].Stanford：Stanford University Press，1990.

[8]BRANDT L.Commercialization and agricultural development：central and eastern China，1870—1937[M].New York：Cambridge University Press，1989.

[9]RAWSKI T.Economic growth in prewar China[M].Berkeley：University of California Press，1989.

[10]FAURE D.The rural economy of pre-liberation China：trade expansion and peasant livelihood in Jiangsu and Guangdong，1870—1937[M].New York：Oxford University Press，1989.

[11]BERNHARDT K.Rents，taxes，and peasant resistance：the lower Yangzi Region，1840—1950[M].Stanford：Stanford University Press，1992.